Odd Fellows
Rediscovering More Than 200 Years of History, Traditions, and Community Service

知られざる巨大秘密結社
オッド・フェローズ
世界史を動かした【謎の組織】の全貌

ルイ・ブレイク・セイル・サルミエント［著］
Louie Blake Saile Sarmiento

宇佐和通［訳］
Watsu Usa

ヒカルランド

ニカ・セイリー、クリスティーナ・セイリー、アントニオ・セイリー、
ジョゼファ・セイリー・マルティネス、マリア・ロザリオ・ザムノー・セイリー＝コロディ、
ドナルド・スミス、ラース・イルスタム、ケイティー・バーンズ・ジョン・ケイン、
トーマス・ワイリーを偲んで

註記

本書は500種類以上の日記・書籍・新聞記事と、北米・ラテンアメリカ・ヨーロッパ・東南アジアに住む2120人のメンバーに対して行われたアンケート調査結果・インタビューなどの文献の6年間にわたるリサーチを基にしている。本書の内容は著者個人、あるいはソブリン・グランドロッジ・オブ・ジ・インディペンデント・オーダー・オブ・オッド・フェローズの意見を必ずしも反映するものではない。

凡例

・文中の〔　　〕は訳註を示す。

献辞・謝辞

Dedication and Acknowledgment

　本書をオッド・フェローズ、レベッカ、ジュニア・オッド・フェローズ、シータ・ロー・ガールズ、そしてこの友愛組織を持続させ、将来に向けて進めるために多くの時間と才能、そして援助をもたらしてくれる未来のメンバーに捧げる。ここで全員は紹介できないが、世界中の兄弟姉妹の助けなしに私が本書を書き上げることはなかったはずだ。

　ソブリン・グランドロッジ・オブ・ジ・インディペンデント・オーダー・オブ・オッド・フェローズ（IOOF）のおかげで、オッド・フェローズに関する議事録や書簡、写真、そして歴史的遺物に関する3年間の調査が可能になった。歴代のソブリン・グランドマスターであるデルマー・バーンズ、ポール・カミネイル、ジョージ・グローバー3世、チャールズ・レニンガー、ハリー・ローマン、ドナルド・スミス、そしてソブリン・グランド・セクレタリーのテリー・バレット。ソブリン・グランドロッジのスタッフであり友人でもあるスージー・ロバートソン、ブレンダ・ネルソン、ケリー・ウエストブルック、ステイシー・レイン、ジョン・ケイン、ウォーカー・ホーキンズ、エイミー＝ルース・ハレット、そしてウィリアム・J・ハンドリー・ジュニア。

　アメリカ、カナダ、ヨーロッパ、オーストラリアのオッド・フェローズおよびレベッカのメンバーから与えてもらった体験が、この世界的友愛組織についての私の知識を広め、深めるために大いに役立ってくれた。特にマンチェスター・ユニティ・オッド・フェローズのジェーン・ネルソンとピーター・イングリッシュ、ノルウェーの元グランドサイアーであるハラルド・トーエン、デンマークのグランドサイアーであるエーリング・シュテンホルト・ポウルセン、オーストラリアのグランドサイアーであるゴードン・ビター、スウェーデンのラース・イルシュ

003

タム、カリフォルニアの元グランドマスターであるピーター・セラーズ、ミシガンの元グランドマスターであるデイブ・マスターとケイティー・バーンズ、ペンシルバニアの元グランドマスターであるジャスティン・ベイリー、ブリティッシュ・コロンビアの元グランドマスターであるスコット・エイチソン、カリフォルニアの元グランドマスターであるデイブ・ローゼンバーグ、マサチューセッツのマイケル・フロイモウィッツ・グリーンジーガー、フィンランドのピーター・レンストロームとジリ・サイムズ、オレゴンのデビッド・シェアーとテネシーのバーバラ・ロジャーズ。

このプロジェクトを通して編集、レイアウトデザイン、ISBNの取得と印刷などの費用で協力してくれたIOOFのペンシルバニア州、デンマーク、スウェーデン、テキサス州、メリーランド州の各グランドロッジ、ニューヨーク州ロックビルセンターの第279ロックビルセンター・ロッジ、ペンシルバニア州ブリストルの第87ホプキンス・ロッジ、ペンシルバニア州フィラデルフィアの第306ウォーカー・ロッジ、ペンシルバニア州ベルフォンテの第1032ステートカレッジ・ロッジ、メリーランド州アッパーフォールズのアッパーフォールズ第175ロッジ、メリーランド州ノースポイントのノースポイント第4ロッジ、メリーランド州タウソンのタウソン第79ロッジ、メリーランド州グラナイトのボルチモア・シティ第57ロッジ、ペンシルバニア州ジョンズタウンのウィリアム・F・パッカー・エンキャンプメント第127ロッジ、デブラ・ラヴェルニュ、ジョハンナ・ノートン、マイケル・ザレル、ジャン＝ヒューゴ・ニーレン、ハンス・スロンストローム、エイリフ・ヘンリクセン、イースレイブ・ギスラーソン、ジェームス・ハリントン、ダニエル・ワインブレン、ロレッタ・カスキー、ジェイソン・ウォルト、ダン・ウールバー、ビョルン・アルネ・コノリー、エディー・ルブーフ3世、ラース・カークビー、アリス・レッグ、ロイ・キング、ダニーロ・ロペス、フランセス・ピーターソン、マイケル・ミラン、クリストファー・ミラン、レン・テイラー、ロナルド・オーゲンバーグ、ベンジャミン・カドウ、アントニネット・ヴァスタ、ロバート・チェイニー、ジェイミー・リスト、タティー・サルミエント、ベルナデット・マラデーン・サルミエント＝フォークナー、そしてクリストファー・フォークナー。

フィリピン・グランドロッジの兄弟姉妹たち、特にレックス・ボイソン・

オルポック、アーメル・カバール、アナトリー・カルポフ・バス、サイドレイク・アーノルド・メンデス、シリル・プランティラ、アイヴァン・ジェイソン・デロス・サントス、ケリル・レイエス、ウィランド・オイ、ジェフ・ニコロ・パラッド、カーウィン・エルマン、アレホ・ヴィラルメア・ジュニア、ノヴィー・マエストリカンポ、グレン・ディマユガ、ジョナサン・パウロ、ジョナサン・パウロ、アポロ・ニール・モンロイ、ケルヴィン・エイスブロン、マカルダス・カスタナレス、ルディル・ファーネイズ、イヴァナ・メイ・カンラス、アーリーン・ドミニク・オイ、シーマ・バジャナ、マリア・セレステ・グイモン、クリスティリス・トロサ、ギフト・オルポック、シーラ・リン・フランシスコ、メーリネ・バスティラーダ、そしてコライン・フェイ・コルネリア。

マデリン・キアムコ博士、テリー・バレット、ハロルド・トーン、スコット・モイエ、シリル・ジェイムス・プランティラの編集者としての提言によって原稿の文章の流れがよく読みやすくなり、書き直しによって文意が明瞭になった。

これまで私を支えてくれた、愛する両親と家族にも感謝する。マルセリーノ・サン・サルミエント・ジュニア、マリア・イザベリータ・ダノルデーザ・ギント・セイル、アントニア・ギント・セイル、ベルナデット・マラデーン・サルミエント＝フォークナーとクリストファー・フォークナー、グランド・テレンス・サルミエントとライザ・アイラ・アラゴネス＝サルミエントとマイケル・ビンセント・サルミエント。私の甥と姪であるイーサン・ダーセル・サルミエント、デイナー・アントワン・フォークナーとミキーラ・ロレンヌ・サルミエント。

そして最後に、世界規模の友愛団体であるIOOFについて学び、歴史を守りたいと思ってくださっているあなた。IOOFのとあるソブリン・グランドマスターが、かつてこう語った。

「オッド・フェローズを活性化させるための真の努力とは、メンバーに対する教育と情報提供であるべきだ。知識は自信につながる。自信は熱狂をもたらす。熱狂は献身を生み出す。そして献身は誇りにつながる。すべてがひとつになって、成功がもたらされる」

オッド・フェローズの歴史と知識を文章の形で残しておくことは重要だ。そうすれば、若い世代へと引き継いでいくことができる。私は各地により多くのロッジが復活し、オッド・フェローズが国際的に成長していくために組織全体を支持していくつもりである。

オッド・フェローズやレベッカのロッジがなかった国にロッジを作っていきたい。私ができることはきわめて限られている。若い世代がオッド・フェローズに関する情報に接しやすい状況を作り出し、いつの日か「どうやったらメンバーになれるのか」と尋ねられる日が来ることを望んでいる。私の目標は、本書によってより多くの人たちに働きかけ、オッド・フェローズの精神を通して「人格に磨きをかけ、友人を作り、人々を助ける」行いをさらに続けていただくことにほかならない。

　　　　友情、愛、真実のもとに

　　　ルイ・ブレイク・セイル・
　　　　　サルミエント

Foreword
序文

　オッド・フェローズは、かつて世界最大の友愛組織だった。新天地の探検が続き、新しい国家が形成され、開拓者たちが新天地を征服し、政府による政策が策定されながら世界が発展していた時代において、オッド・フェローズは発展の重要な部分を担い、実際多くの都市や町、州、郡そして国の初期の発展に多大な貢献をした。

　初期のアメリカ入植者たちが幌馬車で西を目指し始める中、小さな町のオッド・フェローズのメンバーが結束し、国中にロッジを結成していった。ロッジは共同体意識をはぐくみ、政府からの社会的・厚生的援助がほとんどない状況でメンバーを支えた。さらには社会秩序が保たれるよう、ロッジで行われる儀式の数々を通して礼儀作法や市民としての義務、法の下の平等など大切な教訓が伝えられた。初期のメンバーは市町村や州、そして国家の先駆的リーダーだった。やがて大統領や首相、上下院議員、知事、市町村長、そしてさまざまな分野の著名人がメンバーとして名を連ねるようになり、国際的、国家的、そして地域的な問題について正々堂々と意見を交わした。高齢者や孤児たちが暮らす施設を作ることにおいても先駆者の役割を果たし、また、社会保障制度や国民健康保険制度のさきがけともなった。当時のオッド・フェローズは「病める者を訪れ、嘆く者を慰め、亡くなった者を埋葬し、孤児を教育する」という信条にしたがって、文字どおり数えきれないほどの人たちの人生に関わった。

　オッド・フェローズはいくつもの戦争と世界的な危機を乗り越えた。木製の帆船でアメリカに渡ったトーマス・ワイルデイによって持ち込まれた組織は最初の鉄道の建設、最初の自動車の生産、最初の映画の上映、最初のテレビ・ラジオ放送、初の潜水艦や誘導ミサイル、初の特効薬、最初の航空機、最初の宇宙船、最初のコンピューター、そしてインターネットの登場に立ち会

った。オッド・フェローズは、インターネットが生まれるはるか昔から多くの人たちのためのソーシャルネットワークとして機能していた。社会奉仕クラブや近代的な慈善団体が誕生する前の時代に地域社会の役に立った。国連が設立される前の時代に、異なる国に住む人たちをつなぎ、お互いを理解し合う助けとなり、国連と手と携えながら長年にわたって各国の若者に国際問題について説いた。オッド・フェローズは、メンバーが地域社会および国家の発展に積極的に関わり、導いたことで栄光の時代を迎えた。多くの人々がオッド・フェローズの価値を認め、人格の改善と向上を目指し、困っている人たちに奉仕することを目的とする組織のメンバーとなることで恩に報いた。

現代人がオッド・フェローズの歴史や目的、そして伝統についてほとんど知らないことは驚きでしかない。図書館や博物館にはかなりの量の記録文書や書物が所蔵されているが、これまでオッド・フェローズの栄光に満ちた過去と現状についてまとめた本が出版されたことはない。メンバーはIOOFについての簡潔で今日的な内容の本が出版されることを心待ちにしていた。本書を通じ、ブラザー・ルイはメンバーおよび一般社会の人々と、世界的な友愛組織であるオッド・フェローズの豊かな伝統と遺産を守り、分かち合うことを望んでいる。彼の目的はオッド・フェローズの物語を伝え、200年以上にわたって、いかに「人格に磨きをかけ、友人を作り、人々を助ける」ことに従事してきたかを語ることにある。

ダグラス・E・ピットマン

インディペンデント・オーダー・オブ・オッド・フェローズ（IOOF）
ソブリン・グランドロッジ、
ソブリン・グランドマスター
任期：2018〜2019年

ルイ・ブレーク・セイル・サルミエントは、長い間手つかずの状態のままだったオッド・フェローズの歴史を顧みる作業に取り組んだ。本書は組織の最新情報を提供し、その存在を社会構造に戻すものである。ブラザー・ルイは過去の成果から現状まで、オッド・フェローズのすべてを鮮やかに描き出す。世界規模の友愛組織であるオッド・フェローズは、素晴らしい行いを通して存在を認められているのが事実だ。つつましやかな始まりから最近の成長まで、ヨーロッパからフィリピンに至る広大な地域を舞台に描く壮大な絵画によって、オッド・フェローズが今も活動していることが明らかにされていく。ブラザー・ルイはオッド・フェローズを「すべてを見る目」から世間の目で見る場所に据える。斬新で素晴らしい本だ。

ピーター・V・セラーズ
インディペンデント・オーダー・オブ・オッド・フェローズ（IOOF）
カリフォルニア州グランドロッジ、
パスト・グランドマスター
任期：2016〜2017年

Ethics of Odd Fellowship
オッド・フェローズの倫理規定

オッド・フェローズは神を信じる。メンバーは、健やかな哲学的原理を基に考え、行動する。メンバーは、地球における人生が一時的なものであることを理解しており、世俗的なもののむなしさ、朽ちることが避けられない人の命のもろさ、そしてやがて訪れる死の確実性は富によっても止められないことに気づいている。「私はどのように生きていくのか？」。彼らはこういう問いかけから始め、人格の改善と向上を目指して努力する。それは人間の弱さと戦うため、そして責任を持って生きるためである。

オッド・フェローズは、善意と調和について説く、最も強い絆である真の友情の擁護者である。メンバーが偏見、独断や外見で人を判断することはない。人種や性別、国籍、宗教、支持政党、社会的地位、階級、身分に関係なくすべての人々が兄弟姉妹であるとする考えを支持する。自らの優位性、あるいは周囲の人たちの脆弱性を不当に利用することはしない。謙虚であり、自分をひけらかすようなことは絶対にしない。自分の強さと弱さを受け入れ、他人に関しては悪口を言わず、理不尽な主張はしない。こうしたやり方で、メンバーは兄弟姉妹を決して貶(おとし)めないことを誓い、彼らが健やかに過ごせるよう守り、彼らにとって最良の助言をし、必要とされる時には救いの手を差し伸べる。

オッド・フェローズはすべての命の全(まっと)うを願うものであり、他者と家族に対する奉仕の基本である、何物によっても束縛されない形の愛の実践者である。人類の善き行い、社会的階級間の理解、国家間の平和のために尽力する。利己心、そして善きことを行うための意思を妨げる弱さと戦う。仲間と責任感を分かち合い、どこでもいつでも、助けが求められた時に意識を向け、救いの手を差し伸べる準備ができてい

る。思いやり、誠実さ、利他心、寛大さの価値を知っている。完全なものなど何もないという事実を受け入れるが、「病める者を訪れ、嘆く者を慰め、孤児を教育し、亡くなった者を埋葬し、孤児を教育する」ことを通して世界をより良い場所にするために貢献しなければならないことを理解している。

　オッド・フェローズは、人と自らの友愛組織の礎となる価値基準となる、曲げることができない真実の追求者である。メンバーは平等と正義、公正を着実に実行する。言葉のみではなく、行いにおいても誠実である。ロッジを欺くことはなく、資産と所有物の不正な使用を防ぎ、福祉活動を推進するすべての機会において努力する。真実の探求は、私生活を通して明確さを求めていくこととらえる。メンバーは、言葉を発したり行動を起こしたりする前によく考える。何かを始める前に何ができるかの選択を行うことができるよう、それについてよく考えることができるよう、自らの選択が正しいかどうか見極めることができるようにするためだ。熟考された善き選択が「責任ある態度のふるまい」を意味することを知っているのである。

Addrebviations and Definitions

略語と定義

- 友愛組織：兄弟愛、姉妹愛、または仲間意識の環境で団結し、共通の目標に向かって努力する男性および/または女性の組織化された結社。共済組合または友愛会とも呼ばれる。
- 友愛組合：保険、年金、貯蓄、協同組合銀行業務を目的とした相互組合。共済組合互恵組合とも呼ばれる。
- オッド：普通ではない。非凡な。格別な。卓越した。異なる。稀有な。
- オッド・フェロー：オッド・フェローズ・ロッジのメンバー。
- オッド・フェローズ：すべてのアフィリエイテッド・オーダーズ・オブ・オッド・フェローズ（オッド・フェローズの関連団体）に使う総称。
- オッド・フェローシップ：オッド・フェローズのメンバーがそれぞれの階位の儀式で教えられる生き方、あるいは哲学。
- DNA：データなし。
- FLT：友情（Friendship）、愛（Love）、真実（Truth）
- GL：グランドロッジ
- GUOOF：グランド・ユナイテッド・オーダー・オブ・オッド・フェローズ
- IOOF：インディペンデント・オーダー・オブ・オッド・フェローズ
- MUIOOF：マンチェスター・ユニティ・インディペンデント・オーダー・オブ・オッド・フェローズ（「Oddfellows」としても知られる）
- SGL：ソブリン・グランドロッジ〔ソブリン（sovereign）は「最高位」の意〕

contents

　　註記・凡例 —— 002
　　献辞・謝辞 —— 003
　　序文 —— 007
　　　ダグラス・E・ピットマン（IOOFソブリン・グランドマスター）
　　　ピーター・V・セラーズ（IOOFパスト・グランドマスター）
　　オッド・フェローズの倫理規定 —— 010
　　略語と定義 —— 012

第 1 章 序 論 —— 018

定義／目的／オッド・フェローズ的ではないもの／会員資格／無差別主義

第 2 章 名 称 —— 025

小規模商人の組合／善き行いをする普通の人々／労働者に門戸を開いたロッジ／誓いを立て合った兄弟／理由は謎のまま／啓発的な説明

第 3 章 伝説と起源 —— 029

中世の騎士団／ローマの友愛組織コレギウム／クラフト・ギルド＝同業者組合／ジャーニーメン・アソシエーション＝年季明け職人組合

> **Column**　フリー・ガーデナーズ／エンシェント・ノーブル・オーダー・オブ・バックス

第 4 章 イギリスの初期クラブと活動内容 —— 036

共済組合／自主機関／合併と吸収／娯楽面／オッド・フェローズの歌

> **Column**　現存する歴史的資料

第 5 章 産業革命 —— 042

第 6 章 政府の弾圧 — 045

啓蒙時代／政府による結社の弾圧／現存する最古の記録

Column | 18世紀の地域硬貨

第 7 章 オッド・フェローズの復活 — 051

ユナイテッド・オーダー・オブ・オッド・フェローズの結成／多数の関連団体の登場

第 8 章 マンチェスター・ユニティ・オッド・フェローズの台頭 — 055

さまざまな儀式／友愛か相互扶助か

Column | MUIOOF誕生前後の年表

第 9 章 北米大陸のオッド・フェローズ — 060

ワシントン・ロッジの誕生／初期の目的／合衆国グランドロッジ／MUIOOFからの離脱／初の女性メンバー受け入れ／IOOFによる友愛組織間認証

Column | 秘密の友愛会「スリー・オッド・リンクス」／アメリカでの草創期のオッド・フェローズ／アフリカ系アメリカ人のオッド・フェローズ組織

第 10 章 ゴールドラッシュと結社の拡大 — 069

旅するオッド・フェローズ／拡大する友愛ネットワーク

Column | カリフォルニア・ロッジの紋章

第 11 章 アメリカ南北戦争 — 074

内戦下のオッド・フェローズ／南北戦争の終結／ワイルデイ記念碑の献納

Column | アンダーソンビル捕虜収容所／友愛精神の神髄

第 12 章 友愛主義の黄金時代 —— 081

最大の友愛組織／複雑な儀式／神＝至高の存在への信仰／疾病および死亡保険の最大供給者／慈善事業の展開

第 13 章 第一次世界大戦 —— 092

深刻な経済問題／戦争中の兄弟愛／活躍する女性たち／終戦時には会員が増加！／埋葬、孤児、生活困窮者への支援

> **Column** イリノイ・ディグリー・デー／盛大なパレード／第一次大戦期のオッド・フォローズの諸事業

第 14 章 大恐慌 —— 100

大恐慌の影響／友愛主義の衰退／社会保障制度と営利保険／地域社会への貢献

> **Column** ルーズベルト大統領とニューディール

第 15 章 第二次世界大戦 —— 106

民主主義のための博愛と戦争／ユニバーサル・フラタニティ＝人類同胞主義／戦後の取り組み／国際親善／国連の青少年巡礼／IOOF国際評議会／青少年のための道徳教育／メンバーの総数

第 16 章 公民権と人種統合 —— 118

アフリカ系アメリカ人のオッド・フェローズ／人種差別／公民権運動以前／国際的な圧力／公民権運動の隆盛／GUOOFとIOOFの関係性

> **Column** アーネット議員とマッキンリー大統領／人種を超える兄弟愛

第 17 章 友愛主義の凋落(ちょうらく) —— 130

自動車の普及／古い都市と建物／テレビ、電話、コンピューター等の技術の進歩／商業保険、福祉国家、医療の進歩／個人主義の台頭／共産主義と反体制運動／結社をめぐる陰謀論／不足する広報努力／会員

の高齢化／広がる世代間格差／トレーニングと教育の欠如／ずさんな管理体制／変化への抵抗／組織構造の問題／ロッジの閉鎖と統合／ヨーロッパおよびその他の国での成長／続く社会奉仕

> **Column** │ 各時代の大統領とメンバーの面会

第 18 章 再発見される結社の価値 ── 151

豊かな歴史、象徴性と儀式／社交イベントと活動／コミュニティへの関与とボランティア精神／積極的な採用活動とオープンハウス／メンタリング・プロセス／若い世代と新しいアイデアを受け入れる／多様性／手入れの行き届いた建物とテクノロジー／厳粛な通過儀礼／強力なリスク管理／今日におけるオッド・フェローズの存在意義

第 19 章 国際的拡大と各地のオッド・フェローズ ── 171

北米および周辺地域／中南米／ヨーロッパ／オーストラリアおよびアジア太平洋／アフリカ

> **Column** │ オッドゥシュとオッド・フェロー・ゴルフクラブ

第 20 章 善意のプログラムとプロジェクト ── 201

IOOF関節炎諮問委員会／IOOF教育財団／IOOFリビングレガシー・プログラム／オッド・フェローズ／レベッカ教育巡礼ツアー奨学金／IOOF視覚研究財団／IOOF世界飢餓災害基金／オッド・フェローズ＆レベッカ・ホーム／オッド・フェローズ＆レベッカ・キャンプ／オッド・フェローズ墓地／オッド・フェローズ・ホール／無名戦士の墓とカナダ戦争記念館への巡礼／S.O.S.子ども村／国際平和庭園の門／オッド・フェローズ・レベッカズ・ローズパレード

第 21 章 組織構造 ── 208

ロッジ／ロッジ役員とその役割／トラスティー／グランドロッジ／グランドロッジ役員とその役割／ザ・ソブリン・グランドロッジ／インディペンデント・グランドロッジ／ヨーロッパ・グランドロッジ／アジア・パシフィック・グランドロッジ／国際諮問委員会／資金と会費

| Column | ロッジ役員の伝統的首掛け、サッシュベルト、階位の印章／パスト・グランドマスター |

第22章　階位の儀式、装飾、慣例 —— 226

典礼・儀式の進化／ロッジの階位（ディグリー）／ワーキング・ディグリー／葬儀／握手と合言葉、象徴／装飾品

| Column | 通過儀礼（イニシエーション） |

第23章　オッド・フェローズの関連団体 —— 240

レベッカ／エンキャンプメント／エンキャンプメントの階位／青少年のための支部／非公式の娯楽グループ

第24章　宗教、フリーメーソン、女性たち —— 264

オッド・フェローズと宗教／オッド・フェローズとフリーメーソン／オッド・フェローズと女性

| Column | すべてを見通す目／アルバート・パイク／未記帳の寄付 |

第25章　注目すべき団員たち —— 278

大統領、首相、王／副大統領／アメリカ合衆国上院議員／アメリカ合衆国下院議員／州議会上院議員／州議会下院議員／州知事／市長／最高裁判事、裁判官、州司法長官／その他／パスト・グランドサイアーおよびパスト・ソブリン・グランドマスター／ソブリン・グランドロッジ年次総会

訳者あとがき —— 328
原註 —— 330
参考文献・参考資料 —— 370

第 1 章

序論

Introduction

> 病める者を訪れ、嘆く者を慰め、亡くなった者を埋葬し、孤児を教育するよう命じる。
> ——IOOFソブリン・グランドロッジ（1834年）

　上記の文章は、オッド・フェローズのメンバーであることの神髄を簡潔に示したものにほかならない。オッド・フェローズは現存する中で最も長い歴史を誇る倫理的・人道的友愛組織のひとつで、現在、世界約30カ国で活動中の友愛団体および共済組合、そして福祉団体を意味する言葉だ。すべて280年ほどの歴史がある組織だが、さらに古いとする意見もある[1]。

　中世のギルドとイギリスの職人組合の伝統[2]から発展した初期のオッド・フェローズのロッジ〔集会所〕は、社会保障制度や国民健康保険、社会奉仕クラブ、あるいは現代でいう慈善施設が存在していなかった時代においてメンバーを守り、世話をするために設立されたものだった。当時も今も変わらない目的は、メンバーとその家族、そして地域社会が必要とする支援を行うことである。それだけではない。演劇や講義、象徴や相互認識のための秘密のサイン——これらを通してそれぞれの階位に従った儀式で伝えられる原則を基に友情をはぐくみ、人格を高めていくことも目的だった[3]。最も普及した組織であるインディペンデント・オーダー・オブ・オッド・フェローズ（IOOF）は1819年4月26日、北米大陸で組織された[4]。

 　　　定義　　　

　オッド・フェローズは現在も進化し

カリタス・オッドフェロー・ロッジ第34支部の創立100周年記念式典の様子。スウェーデン、マルメのペトリ教会にて。

続けているため、確定的な定義は存在しない。伝統的な意味合いでは、以下のようになる。「友愛・共済を目的とする人々の集まりで、それぞれがさまざまな宗教的信条や理想を宿し、必要な時にお互いの問題を緩和するだけでなく、友情・愛情・真実というモットーに基づいて結束する」[5]。

1907年、オンタリオ州グランドロッジが次のような文章を残している。

「オッド・フェローズとは、人間の個人的な無力さ、そして生きている間に起きるすべての出来事に対する他者からの協力の必要性を認識しながら、人類を道徳、知性、社会性、肉体的意味合いで向上させることを目的とする組織である。すべてのメンバーに対してお互いを支援し、助力しそして守ることを義務付ける。病める者を訪れ、嘆く者を慰め、亡くなった者を埋葬し、孤児を教育するよう命じる。神の父権、そして人類の兄弟姉妹愛について説く。人の手によって作られ、同志であるお互いを隔てる障壁を破壊するために尽力し、すべての人をひとつの偉大な家族の一員として平等に扱う」[6]

 目的

オッド・フェローズの活動および目的もまた、長年にわたる進化の中で変わっていった。過去の分裂によって、現存する三つの提携組織がそれぞれ強

調する特定の目的と活動は細かい部分で異なるのが事実だ。三つの組織とは、グランド・ユナイテッド・オーダー・オブ・オッド・フェローズ（GUOOF）、マンチェスター・ユニティ・インディペンデント・オーダー・オブ・オッド・フェローズ（MUIOOF）、そしてIOOFである。しかし概して、オッド・フェローズのメンバーの生き方の目標は、人格を磨く（倫理）、友人を作る（友愛）、そして人々を助ける（慈善）という3点に集約される[7]。

オッド・フェローズは、自分という存在に内側から働きかけるようメンバーに求めることによって、人類全体の人格改善と向上を目的としている[8]。「兄弟愛の倫理と互恵主義、慈善についての教育機関」であると感じるメンバーもいる[9]。IOOF国際評議会は、現時点での使命について「神への信仰に導かれ、人間一人ひとりに宿る友情と愛、そして真実の原則によって人格を向上させること」と述べている[10]。この使命は、一定の倫理的原則に則った、ポジティブな生き方についての教えを授けられる儀式から始まる。オッド・フェローズのメンバーは神に対する荘厳な信仰、人格改善への欲求、他のメンバーや家族と地域社会を助ける心、そして言葉の響き以上に「友情、愛、真実」の原則に生き、実践するという使命によってまとまっている[11]。また、人類同胞の原則を支持し、人種や国籍、宗教、支持政党や社会的身分に関係なくすべての人を同じ家族の一員として考える[12]。オッド・フェローズは組織として寛容の価値を促進し、それによってさまざまな階層の人々の間に調和と理解がもたらされる。隔たりを埋めることに努め、友愛精神の最も純粋で実用的な形態を活かしながら、知り合いはもちろん、敵対する人同士であっても友人になれる手段として機能した[13]。メンバー同士の思いやりを高め、誠実な姿勢で日々を過ごし、世界中のさまざまな国々に住む人たちの信念に対して寛容になるよう仕向ける[14]。さらには、欲求に対して節度を保ち、いかなる形であれ不道徳な行いを避けるよう働きかける[15]。これがオッド・フェローズの倫理面である。

オッド・フェローズでは、兄弟姉妹愛でまとまるよう教えられるため、友人を作ることも目的となっている[16]。友愛組織とは、友愛精神の絆と相互協力、そして日常生活のレベルを超えた

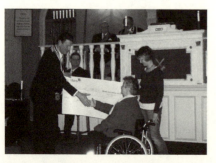

オッド・フェローズのロッジは常に中立的存在としてとらえられるため、宗教と政治に関する討論は禁止されている。これは、異なる政治観や宗教観、社会的・人種的・民族的背景の相違を超える形での相互理解を深めるためである。ロッジ内部においてメンバー間で交わされるのは友情と愛、そして真実だけである。

一段高い場所で生まれる、利他的な仲間意識に惹き寄せられた人々の集団にほかならない。人種や信念、宗教に対する寛容性についての教えが伝えられる。すべての人間のための愛と友情について説く。私たちは隣人を守る立場にあり、近隣地区を住みやすい場所にするための義務を怠るべきではないことが教えられる。オッド・フェローズのロッジは、理想的には創造的で建設的なものごとに関する議論や人的ネットワークの形成から、ふらっと立ち寄って誰かと一緒に過ごすことまで、メンバー同士のありとあらゆる形の交流の場となる。若き者と老いた者が学び合い、富める者と貧しき者が必要な時に助け合う手段である。教育を受けた者とそうではない者が、生きるための知恵と経験を分かち合う場でもある。あらゆる職業や地位、性別、人種、宗教、所属政党、社会的地位に関係なく、人々が、全世界レベルでの寛容と理解の実現に向けてひとつになる。月に少なくとも1～2回ミーティングを行うことで、メンバーはやがて、長く続く友情をはぐくむことができる(17)。さらに言うなら、メンバーになれば世界約30カ国を網羅する国際的ネットワークに加入することになる。どこの都市や国に行っても、メンバーは歓迎され、旅行中や仕事面で協力してもらえることが確約される。これが、メンバーを助

けるための全体方針である「組織が説く理想と価値観に沿って生きる自分なりの方法を定義する」という考え方に基づくオッド・フェローズの友愛組織的側面である[18]。オッド・フェローズの紋章「三つのリンクの鎖（スリーリンクス・チェーン）」は、次のようなメッセージを意味している[19]。

私は信頼できる人物だ。あなたの兄弟であり、友人である。もし問題や恐れがあるなら、ぜひ助けたい。倫理的価値観について言葉を交わすこともできる。なぜなら私も、より意味のある人生を送るために真実を追い求めているからだ。

オッド・フェローズは人助けを目的としている。メンバー同士、そして人間同士お互い助け合うことを求める組織であるからだ。これは「人にしてもらいたいと思うことを人にしなさい」という黄金律に基づくものである。「友愛という言葉は、人道主義につながらない限り、むなしく響くだけである」ということを忘れないようにするための儀式がある[20]。伝えられる内容を自らの行いで活かし、「病める者を訪れ、嘆く者を慰め、亡くなった者を埋葬し、孤児を教育する」よう促す儀式だ[21]。慈善活動そのものではないが、博愛と慈善の原則を進めていくために

構築されたものである[22]。思いやりを持つこと、分かち合うこと、そして仲間を見捨てないこと、まず他者を思いやること、困っている人を助けることに関する思考様式について教える役割を果たす。メンバーは、困っている人や行き詰まってしまった人たちに常に救いの手を差し伸べなければならない[23]。IOOF国際評議会はメンバーに対し「健康と教育、個人的向上と世界的友好」[24]に努めるよう求め、「言葉だけでは十分ではない。目標はそれぞれ個々の能力にしたがって行動に移されなければならない。それが人類全体の進化に貢献するかもしれない」と説いている[25]。「どのような善きことを行わなければならないのですか？」というメンバーの質問に対する答えは、それぞれのロッジとメンバーによって異なるだろう。「善きことも悪しきことも、出会う度に最大限に活かすこと」[26]という言葉になることも、「大切なのは行いの大きさではなく、愛に基づく正しい姿勢である」[27]という言葉になることもあるはずだ。

世界各国に社会保障制度や国民健康保険制度が事実上存在しなかった時代において、オッド・フェローズはメンバーおよびその家族に対して緊急援助や就職支援、疾病手当、そして死亡給付金を提供する共益法人として機能していた[28]。外面的な活動が最も盛んだ

ったのは、老人や孤児そして寡婦向けの住宅と墓地を多く建設した19〜20世紀だ。オッド・フェローズが提供する数多くの社会奉仕は後になって政府や保険会社に引き継がれたが、ロッジは地域社会をはじめ国や国際レベルの慈善事業に対して大口の献金を行い、多くの募金を集めていた。IOOFは今日もIOOFピルグリメイジ・フォー・ザ・ユース、オッド・フェロー＆レベッカス老人ホーム、オッド・フェローズ＆レベッカス関節炎理事会、IOOF国際教育基金、オッド・フェローズ＆レベッカス視力眼球研究基金、IOOFリビング・レガシープログラム、オッド・フェローズ＆レベッカ世界飢餓災害基金といった慈善事業の運営資金を毎年調達している(29)。オッド・フェローズには、こうした人道的側面がある。

2012年、ソブリン・グランドロッジは、著者が以下の通り提出したインディペンデント・オーダー・オブ・オッド・フェローズの目的の概要を受諾した(30)。

● **人格の改善**

儀式で示され、実生活で実行される友情と愛、真実、信念、希望、慈善、普遍の正義の原則を実践し、説くことで全人類の人格を磨き向上させる。

● **友人を作る**

人類同胞の原則、すなわち、人種や国籍、宗教、社会的地位、性別、社会的地位や身分に関係なくすべての人は平等な兄弟姉妹であるという信念を通し、人々および国家の間で善意と理解を生み出す。

● **他者を助ける**

世界を生きていく上でより良い場所にし、困った時には奉仕活動や慈善活動によってお互い助け合い、恵まれない境遇にある人々や子どもたち、若者、高齢者、そして地域社会や環境の利益になるよう「病める者を訪れ、嘆く者を慰め、亡くなった者を埋葬し、孤児を教育する」という言葉にしたがって最大限に努力する。

 ### オッド・フェローズ的ではないもの

オッド・フェローズは非政治的団体である。政治権力や政府権力とのつながりは一切求めない。無宗派であり、特定宗教に属する人たちに限られた団体ではない。宗教ではなく、魂の救済を約束するものでもない。宗教的秘儀を説くものではなく、オカルト教団でも神秘思想集団でもない。秘密の知識や目的はない。金融機関ではない。メンバーが金融資産を持つことを約束するものではない。エリート主義の団体ではない。関心を買うためだけに富める人々や名のある人々と付き合うこと

はしない。団体の歴史に陰謀や犯罪、権力乱用といった汚点はない。組織としてのオッド・フェローズの目標は、人格の改善と向上だけである。これを達成するためには、メンバー一人ひとりに実用的で慈愛に満ちた価値観を浸透させるとともに、組織の原則——性格の改善、人種・政治理念・宗教的背景に関係ない形で他者を理解・受容すること、地域社会、国家、国際レベルの慈善事業を通して必要とされる時に手を差し伸べる相互扶助によって示される人間としての思いやり——を行動に移すのを促すことが必要となる。

会員資格

メンバーになるためには、神の存在を信じ、善良な市民であり、16歳になっていなければならない。この条件は性別、人種、信条、宗教、所属政党、および社会的地位に関係なく適用される[31]。非政治的・無宗教的組織であるため[32]、会員資格はいかなる信念を持つ人に対しても開かれており、ロッジは常に中立的存在としてとらえられるため、宗教と政治に関する討論は厳に慎むべき行為である。

国際的には、今日の会員資格者は、ビジネスマンから医師、弁護士、教師、学生、政府関係者、退職者、ブルーカラーもホワイトカラーも含めた労働者と、あらゆる職業および社会的地位の人々を含んでいる。国によっては男性あるいは女性しか入れないロッジも存在するが、性別に関係なく誰もが利用できるロッジもある。会員の所得層や学歴もさまざまである。白人、黒人、そしてアジア系やヒスパニック系、あるいはプロテスタント、カトリック、イスラム教、そしてユダヤ教など各宗教の信徒がいる。

無差別主義

会員個人が組織全体および他のメンバー、そして本人に対して直接的な脅威をもたらさない限り、IOOFが身体的ハンディキャップや年齢、民族性、性別、人種、性的指向、宗教などを理由に会員資格を認めなかったり、メンバーとして享受できる権利を侵害したりすることはない。こうした指針は組織の運営方針の変更や慣行、または手続き、あるいは補助的要素や実務によって抹消できるものではない。また、身体的ハンディキャップや年齢、民族性、性別、人種、性的指向、宗教などを理由に、事業および施設の完全な平等性の維持を怠ることはない。

第2章

名称

The Name

これまで、数々の仮説によってオッド・フェローズという名称についての説明が試みられてきた。絶対的な正解はないが、ひとつひとつの仮説に従い、あるいはそれらを組み合わせる形で名称に関するさまざまな解釈が世代間で伝えられ、受け入れられている[1]。

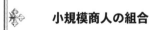

小規模商人の組合

名称の起源は、イギリスの職人ギルド組織の仕組みまでさかのぼることができる[2]。ギルドは石工や庭師、木工職人など同じ業種の労働者によって構成されるのが普通だった。しかし、小さな町や村では、同じ仕事に従事する人の絶対数が少なすぎて、業種ごとの団体を作ることはできなかった。よって、仕立て職人や鍛冶職人、染色業者、パン職人、商人などさまざまな業種の「同志」たちが寄せ集めで作った組合、あるいはodd（オッド）＝不規則的な業種の労働者が集まる協会が生まれた。こうしてオッド・フェローズという名称が生まれたという説もある[3]。確かに、17世紀を通して「ジャーニーメン・アソシエーション（年季明け職人組合）」あるいは「コンパニョン」と呼ばれる組織が、いわゆるギルドから派生する形で存在していた[4]。同業者のみが受け入れられる職人ギルドに対し、ジャーニーメン・アソシエーションはさまざまな仕事に従事するメンバーによって構成されていた[5]（第3章参照）。ジェフリー・チョーサー（1340頃～1400）の『カンタベリー物語』のプロローグには、イングランドのケント州カンタベリーの宿屋で出会った、さまざまな職業の人たちについての記述がある。

そんな季節のある日のこと、こんな

ことが起こりました。

じつは、わたしはとても敬虔な気持ちからカンタベリーへ念願の巡礼に出かけようと、サザークの陣羽織屋に泊っておりました。

ところが夜になるとその旅籠屋に二十九人もの人たちが一団となってどやどやと入りこんできました。

この人たちはいろいろな階級の人たちで、ふとしたことから仲間になった連中でした。

彼らはみんな巡礼さんでカンタベリーへ馬に乗ってお参りしようというわけでした。

『完訳 カンタベリー物語 上』
(岩波文庫／桝井迪夫訳より引用)

善き行いをする普通の人々

200年以上前、人々は多くの困難に直面していた。生きていくのは大変で、必死になるあまり、法律を気にとめないような行いも珍しくはなかった。社会保障制度も国民皆保険制度もまだ存在していなかったので、金銭面で困窮する人たちは助けを求める手段がほとんどなかった。たとえ少しの間であっても、失職という言葉は家族が飢えるだけではなく、やがて訪れる餓死をも意味した。薬品も信用できる品質ではなかった。病人や孤児、子どもを抱えた寡婦が多く、亡くなった肉親をきちんとした形で埋葬できないこともしばしばだった。利己心と無関心を前にすると、道徳観は無力でしかない。富める者と貧しき者の間に深い裂け目が生まれ、自分たちのことだけで精一杯でほかには気が回らないという人がほとんどだった（第5章参照）。

しかし、当時の風潮とは正反対の考え方を基に、相互扶助と友情のためにグループを形成し、それを友愛会組織に育てていく必要性を感じた人たちがいた。さまざまな職業に就いているごく普通の人たちである。普通の人同士が集まってお互い助け合い、困っている人が通常の社会生活を営めるよう手を差し伸べていくという考え方は、当時の常識から考えれば変わっていて、odd＝奇妙であると判断された。彼らはやがて、オッド・フェローズと呼ばれるようになった[6]。名前としては理に適っているので、当事者たちも受け入れた。法的な意味で正式に法人組織

自分たちの力だけでは組合組織を作れなかった職業もあり、そういう「同志」たちが集まってodd＝「雑多な」職業に就く人々のための協会を設立し、オッド・フェローズという名前を付けた。

化された際も、オッド・フェローズという名称がそのまま使用されることになった。博愛、慈善と友愛主義が今日まで続いていることを考えると、この仮説が正しいのかもしれない[7]。

労働者に門戸を開いたロッジ

解釈は他にもある。オッド・フェローズという名称は、イギリス国内のほとんどの友愛組織・クラブが「エリートや貴族、上流階級の人々のための特権的な社交場」であった時代に、労働者階級の人たちに初めて門戸を開いた組織だったことに由来するという説だ[8]。当時ごく当たり前だった傾向とは正反対に、「だらしのない半専制的政府によって貴族階級が労働者階級に背負わせた途方もない重荷」[9]に対する対応として、労働者階級の人たちを受け入れたのだ。よって彼らは、「オッド・フェローズ」＝変わったやつらだったのだ。

誓いを立て合った兄弟

一方、歴史言語学的見地からは、「オッド」の部分は「ad」あるいは「oath」(＝宣誓、誓い)の転訛(てんか)であるという説がある[10]。ギルドと初期の友愛組織の大きな特徴は「ad and wed」＝誓いと結びつきだった。オッド・フ

オッド・フェローズでは、病に倒れたメンバーを訪れ、亡くなったメンバーの寡婦や残された子どもたちを助けるということが伝統的に行われている。

ェローズという名称は「ad fellows」あるいは「oath fellows」から派生した可能性もある。「誓いを立て合った兄弟」[11]という意味合いの言葉だ。発足以来、オッド・フェローズのメンバーは、入会の際に固い約束と誓いを取り交わすことになっている。

理由は謎のまま

近代の資料には、組織の名称が決定された理由が明確にはわかっていない事実が記されている。起源が謎のままであるのは、それぞれの時代において、それぞれのメンバーによって異なる解釈が行われてきたからかもしれない。ここで示してきた数々の解釈が、メンバーからメンバーへの口伝という形で代々語り継がれてきたことは疑いようがない。しかし、本当の理由が何であれ、この変わった名称は200年以上にわたって一般大衆の好奇心の的、批判

対象、果ては馬鹿にされるものであり続けている。

 ## 啓発的な説明

1797年に刊行された『Revised Ritual of the Order of Patriotic Odd Fellows』に、文字情報としては最古となる名称についての記述がある。「White or Covenant Degree」という項目で、バイス・グランドが次のように語る[12]。

ブラザー、教えておこう。これが有用性を縮小させてしまうものなのだ。世界は、心の中では自分たちの意見のほうが優れていると主張する派閥や政党であふれている。しかし、オッド・フェローである君は（オッド・フェローという言葉は、真実の知識を求めて一般大衆から意図的に離れた人物を意味する）、表面的に見える部分を超えるべきであり、すべての人を友愛に満ちた目で見るべきだ。

よって、確実に言えるのは「Odd」という言葉が「奇妙」とか「馬鹿げている」という意味合いでは使われていないことだ。ここに示した文章では、オッド・フェローズという名称の啓発的な起源が指摘されている。社会の統一や宗教的寛容、博愛と慈善など、当時においては「普通とは違う」あるいは「変わった」人々を称賛するための称号となるべく用いられていたことが強く示唆されている。辞書には、「odd」という言葉の項目に「卓越した」とか「類まれな」という意味も示されている。文字という形で残され、さらに初期のリーダーによって書かれたということから考えれば、この説明が正しい可能性が最も高いといえるだろう。他の解釈の核心部分を網羅しながら、メンバーに「odd」であることの意味を説明している。

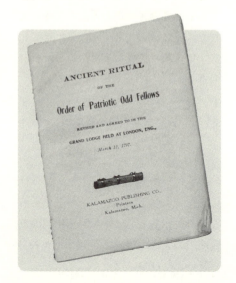

第3章

伝説と起源

Legends and Origins

友愛会やブラザーフッド（協会・組合組織）は初期の文明から存在し続けてきた。誓いで結ばれた血縁者、修道士、騎士、古代ローマ時代の「コレギウム」、手工業者組合、ベリアル・クラブ（貧しい人々の葬儀費用を賄う団体）などの組織が、後になって友愛会組織や市民クラブに進化していった[1]。本性がそうさせるのだろう。人は社交や人生哲学、政治的方向性、宗教、慈善行為、相互利益、そして仕事といったさまざまな理由で他者とつながりた

ジョン・デ・ヌーヴィルをはじめとする6人のフランス人騎士がシェフィールドの宿屋「ブル・アンド・マウス」で会合し、「グランドロッジ・オブ・オーナー」を設立したという伝説がある。絵：リック・アントン・シロット、2017年、著者の依頼により制作。

伝説と起源　　029

がる。中世時代は、「オーダーズ・オブ・ナイトフッド（騎士団）」という革命的な組織が存在していて、社会秩序の一部となっていた。産業革命の時代を通し、「農地改革思想から産業主義への移行によって暮らし向きが大きな影響を受けた人々の社会的・経済的必要に応じるため」、数多くの友愛会組織が誕生した[2]。他の友愛組織や共済組合と同じく、オッド・フェローズもそこから進化したか、あるいは既存のシステムの思想を受け継いだと思われる[3]。

 ## 中世の騎士団

オッド・フェローズの母体となった組織は、1452年にジョン・デ・ヌーヴィルと5人のフランス人騎士によって設立されたという伝承がある。彼らはロンドンの「ブル・アンド・マウス」という宿屋で会い、「ロイアル・グランドロッジ・オブ・オーナー」を創設した[4]。この団体は18世紀に入って「アフィリエイテッド・オーダー（関連団体）」に形を変えるまで存在したと思われる。さまざまな時代で「ロイアル・エンシェント・オッド・フェローズ」、「ユナイテッド・オッド・フェローズ」と名称を変え、最終的に「マンチェスター・ユニティ・オッド・フェローズ」となった[5]。これが真実であるかどうかを証明できる人間はいない。当時、多くの人間が集まる会合には疑念が向けられた。糾弾を恐れて秘密集会を開くグループが多かったため、常識的な行いとして、記録に残されるのは本当に重要なことだけだった。しかしこの伝承は、オッド・フェローズの起源としては神話的なものにすぎない。19世紀には、中世のオーダーズ・オブ・ナイトフッドに起源を辿ることができるという説が支持されていた。長い歴史と組織としてのステータスに加え、神秘性が感じられるからだ。たとえばフリーメーソンは起源をテンプル騎士団まで辿ることができるという主張があるが、この系譜について納得できる証拠はない。

ローマの友愛組織コレギウム

オッド・フェローズのルーツは、追放されたイスラエルの民が相互援助を目的に結束した友愛会であるという伝承もある。この組織は、エルサレム陥落後、皇帝ティトゥス治世下の西暦79年までローマ帝国の軍事拠点にい

オッド・フェローズの名前、使われることが多かった「手と心臓」の象徴、そして「名誉」という文字が刻まれた1794年頃の地域代用貨幣。

> ## Column
>
> ### フリー・ガーデナーズ
>
> 「エンシェント・オーダー・オブ・フリー・ガーデナーズ」の源は14世紀のイギリスまで辿ることができる。スコットランドにおける「フリー・ガーデナーズ・ロッジ」に関する現存する最古の資料は1676年に作成されたものだ。こうしたグループの中には、18世紀までに共済組合的な組織に発展したものもあった。彼らの紋章は定規とコンパスを組み合わせ、中央にナイフがあしらわれている。「最も簡単な園芸用具」の象徴だ。階位は見習い、熟練職人、そしてマスター・ガーデナーという3種類があった。18世紀から19世紀におけるイギリスおよびスコットランドの多くの友愛組織と同じく、彼らもまた同業者組合の慣習に倣って首掛けと腰飾りを式服として使う。
>
> 「フリー・ガーデナーズ」は20世紀までにほぼ消滅してしまった。新設されたもの、現存するものも含めてオーストラリアとベルギー、イギリス、フランス、フィリピン、スコットランド、そして南アフリカにロッジが存在するだけだ。
>
>

たユダヤ人兵士の間で存続していたとされている[6]。もちろん事実であることは証明できないので伝説でしかないが、こうした方向性の紐づけはかなり昔からあった。

ローマ帝国の支配時代、多くの熟練工がローマ軍に随行してヨーロッパ中を回りながら、道路や橋、防御拠点を建設していたのは事実だ。メンバーとなったのは兵士、職人、剣闘士、職工、石工、染色職人などだ[7]。ローマ帝国がヨーロッパ大陸で領土を拡大していく中、ギルド（組合・協会）、社交クラブ、葬祭共済組合として機能する「コレギウム」と呼ばれる正式な組織が発足していった[8]。メンバーは月1回集まって騒ぎ、入会金を支払えば、身内で亡くなった者たちがきちんと埋葬されることが約束された。ローマ人の間では、新会員に入会儀式を行い、階級を進んで行くというシステムを設けた組織も存在していたようだ。名称は何であれ、コレギウムのような組織は何世紀にもわたってヨーロッパ大陸各地を回っていた。技術と労力が必要されるところには必ず出向いたのだ。キリスト教の受容を拒否する組織の多くは抑圧されるようになり、一方、受容を認めた組織は、さまざまな会社や協会、ギルドなどの基盤となった[9]。

クラフト・ギルド＝同業者組合

イギリスの友愛組織の起源は、同業者組合の崩壊を起点に、より明確な形で辿ることができる。友愛会組織およ

伝説と起源　　031

びギルドの儀式、用語、式典には歴史的なつながりがあることが明白だ[10]。イギリスでは、ギルド型の福利厚生システムを備えた組織やクラブの起源を中世までさかのぼることができる。14世紀初頭には、初期のギルドが慈善団体として活動しており、病人や恵まれない人々に救いの手を差し伸べ、老後と埋葬のための準備を手伝っていた。こうした行いをオッド・フェローシップの起源として考えることもできる。イギリスの歴史ある数々のギルドは多くの利益や幸福を実現させた。こうした側面から、自由と開明的原則に基づくイギリス政府の下、イギリスの国土で英語を話す人々の間で生まれた友愛組織のさきがけとなったこれらの団体が、やがてオッド・フェローズへと昇華した。

よくある誤解なのだが、メンバー間の秘密を守っていたのはフリーメーソンだけではない。他の種類の職人たちも協力し、それぞれ同業者組織を立ち上げた。実際、中世時代のイギリスには100以上を数える初期形態のギルドが存在していた[11]。たとえば、「フラタニティ・オブ・ブッチャーズ（精肉店）」は早くも西暦975年から自分たち専用の会館を持っており、1605年および1637年に発行された憲章が残されている[12]。1345年の記録文書には、「フラタニティ・オブ・ガーデナーズ（野菜栽培者、園芸家）」が農作物を聖オースティン教会の前で販売できるよう市長に請願したことが記されている[13]。「ガーデナーズ・イン・ロンドン」にも1605年および1659年の憲章が残っており、スコットランドにも現存する文書がある[14]。「ワーシップフル・カンパニー・オブ・カーペンターズ（大工）」に関しては1477年、1558年、1560年、1607年、そして1868年の憲章が残されており、生業を宗教と慈善的な目的に向けた[15]。1312年から1438年まで存在していた「フラタニティ・オブ・クックス・パステラーズ・アンド・パイベイカーズ（料理人、菓子職人、パイ職人）」という団体についての「秘儀の達人たち」という表記がある文献も残されている[16]。秘儀という言葉が使われているため、彼らもまた独自の秘密と儀式を有していたと考えられる。

ギルドは、同業者あるいは近所に住んでいる人たちが集まった互助的性質の慈善団体だった[17]。兄弟愛を基にした組織で、不遇にあるときはお互い助け合い、仕事面で支え合い、宗教的・儀式的役割を果たすという誓いの言葉で結びつく。会合では首掛けと式服などの正装、そして場に合った立ちふるまいが求められる。入会金が必要で、メンバーは宴会やお祭り騒ぎを楽しんだ。教会機構とも関係が近かったため、

第3章

初期のギルドは守護聖人の名前を冠し、宗教的なテーマ性をもつ儀式を行っていた。メンバーになると、まずアプレンティス＝見習いという階級から始まり、7年間にわたって「秘儀」を学ぶ。見習い期間が終わるとフェロークラフトあるいはジャーニーマン＝熟練工という名称が与えられ、マスター＝親方という役割でそのまま残るか、あるいは自分だけのギルドを立ち上げる[18]。

宗教的、社会的な団体、商人が中心メンバーである団体、そして同業者で構成される団体などを含め、さまざまなタイプのギルドが存在していた[19]。社会的性質のギルドは単に「ギルドと協会」という呼ばれ方をして、同業者のギルドは「秘儀と技能」と形容された[20]。ギルドから友愛会が派生し、クラブの内部にさらにクラブが生まれ、特定の技能を持つ人たちだけが集まったエリート用のクラブが立ち上げられた。業界のトップに立つような威厳を持った者しか入会を許されないような種類のクラブだ[21]。同じ業種に従事し

Column

エンシェント・ノーブル・オーダー・オブ・バックス

『Most Ancient and Honourable Society of Bucks』の写本には、オッド・フェローズに対する一種変わった興味を感じさせる文章が綴られている。この団体はおそらく遅くとも1722年にロンドンのある酒場で結成され[22]、1770年から1820年にかけて最盛期を迎えた[23]。目的と組織としての枠組みが、古来のギルドと初期のオッド・フェローズのロッジとのつながりを示すと思われ、少なくとも同じ方向性の二つの団体がそれぞれの名称で存在していたことを示す[24]。

「モスト・エンシェント・アンド・オーナラブル・ソサエティー・オブ・バックス」の長の呼称は「モスト・ノーブル・グランド」だ[25]。オッド・フェローズでも、1832年までロッジ設立の儀式の際に同じ文言が使われていた[26]。「バイス・グランド」という階位にはジュニアとシニアの区別があり[27]、「バンドル・オブ・スティックス」という言葉が教えを通してひとつになることの象徴として使われていた。さらに言うなら、主要なもののひとつとして使われていた紋章は3頭の牡鹿（バックス）の頭が角を交えているデザインだったが、これはオッド・フェローズの紋章の原型であったことを思わせる[28]。活動には他愛のない娯楽と社交性を養うことが含まれていたが[29]、こちらも初期のオッド・フェローズのロッジで実践されていた特徴的な性質である[30]。この「エンシェント・オーダー」の衰退が始まったのは1780年だ。1802年に残された記録には同じ組織を意味する際に「ユナイテッド・オーダー」という表現が使われており、「バック」という単語は見当たらない[31]。オッド・フェローズの歴史をひもとくと、組織の呼称は「エンシェント・オーダー」、そして「パトリオティック・オーダー」、次に「ユナイテッド・オーダー」と変わっていった。「インディペンデント・オーダー」は「ユナイテッド・オーダー」から分離させる形で使われるようになった文言である[32]。

伝説と起源　033

ていない人たちを受け入れるようになったギルドもあった。たとえば「ザ・ギルド・オブ・ウィーバーズ（織工）」は、1155年の創設当時は同業者組合だったが、後になってメンバーの子息や貴族の入会を認めるようになった[33]。一方「ザ・ギルド・オブ・マーチャント・テイラーズ（仕立て屋）」は、戦費を貸した後でイギリス王エドワード3世をメンバーとして迎え入れた[34]。「カンパニー・オブ・メーソンズ」の帳簿には1620年と1621年に「認証メンバー」で構成されるロッジがあった事実が記載されている[35]。これはメーソンが生業以外の理由で加入を許した最も古い事例にほかならない。団体としての社会的威信を上げるのに役立ったため、貴族をメンバーとして迎え入れるのはギルドにとって有利な行いだった[36]。

　ローマ・カトリック教会機構と決別した時、ヘンリー8世は全ギルドの資産を差し押さえた。伝えられているところによれば、ギルドが教会を通してローマ法王を支持していると思っていたようだ。女王エリザベス1世の治世で、見習い制度とギルドを切り離す徒弟条例が可決された[37]。労働の性質と領域も変化しつつあり、それゆえギルドの役割も徐々に衰退した。こうした状況が、ごく普通の労働者にとって重要だった社会的・経済的支持を奪って

しまった[38]。生き残ったギルドもあったが、変化を続ける時代に適応する形で社会的、道徳的、慈善的あるいは互恵機能を組み合わせる形で備えた友愛会組織や社交クラブに姿を変えた。18世紀までに、こうした性質のグループがイギリス国内でかなり多く誕生したようだ。活動状態にあったフリーメーソンのロッジも、「フリー・アンド・アクセプテッド・メーソンズ」に進化したといわれている。庭職人のギルドはやがて「エンシェント・オーダー・オブ・フリー・ガーデナーズ」という組織になった。「ユナイテッド・オーダー・オブ・キャビネット・メイカーズ（棚職人）」をはじめとする、ギルドのような響きの名称を掲げていたいくつかの友愛会組織も、同じ時代に設立された。他のギルドや事業者団体はどうなったのか？　とある歴史学者は、オッド・フェローズが「ロンドン・ギルド・モデルからの興味深い逸脱」だったとしている[39]。

ジャーニーメン・アソシエーション ＝年季明け職人組合

　同業組合という仕組みから外れてしまうグループもあった。17世紀を通して、フランスの熟練工が「ギルド上層部からメンバーの集団的利益を守り、食料と住まい、および職探しの旅を行う際に手引きを提供する」ために「コ

034　　第3章

ンパニョン（コンパニョン＝仲間）」と呼ばれる組合を形成した[40]。他のギルドと異なり、こうした形式の連携は石工や屋根職人、機械工、鍛冶工などさまざまな業種の見習い工や一般的な職人によって構成されていた[41]。彼らには、メンバーとなった若い職人たちの勇気と忠誠心を試し、組織内の階位を上げていくのに必要な複雑な儀礼があった[42]。親方になるため、職人たちは3年から7年かけてフランス国内および隣国を移動しながら訓練を積んだ。しかし、熟練工のレベルに達していても、親方の地位を得る機会に恵まれない者もいた。

初期のオッド・フェローズの慣例は、ギルドよりも伝統的な職人組合のそれにかなり似ていたといえる[43]。初期の時代、メンバーはロッジ・セクレタリーによって徴収される資金によって救われた[44]。病気をわずらったり支援が必要になったりした時はいつでも、ロッジが緊急拠出として必要な金額を準備した[45]。失業してしまったら、名刺と合言葉と必要な金額を与えられ、最も近い場所にあるロッジに助けを求めることができた。ここでうまくいかなければ、ロッジが旅費を負担してあちこちに出向けるようにし、新しい雇い主を見つけられるように取り計らった[46]。初期のオッド・フェローズのロッジの数々は、ギルドとして発行される認可書（「オールド・チャージ」）を有していなかった。構造と階位も、見習い、熟練工、そして親方というギルドの並びに倣ったものではなかった。「メイキング」あるいは「イニシアトリー・ディグリー」というオッド・フェローズの最古の階位は、初期のジャーニーメン・アソシエーションに近い。よって、初期のオッド・フェローズはフランスにおけるコンパニョネージュから派生したものか、あるいはこのイギリス版だった可能性が高い。

初期のオッド・フェローズ・メンバーのイラスト。

伝説と起源　035

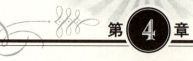

第4章
イギリスの初期クラブと活動内容

Early English Clubs and Their Practices

　オッド・フェローズの正確な設立年月日がいにしえの霧に包まれたままわからないことは、認めざるを得ない。ただ、オッド・フェローズの始まりが「初期における活動は世間一般社会の関心に訴えるものではなかったため、ひっそりと始まった」ということも認められなければならない[1]。過去の時代には記録作業に重きが置かれることがなく、またかなり昔、友愛組織の抑圧を目的として制定された政令によって、初期の活動についての記録が破棄されたことも理由のひとつである（第6章参照）。とはいえ、現存する記録の断片や新聞記事、そして過去の遺物の数々は、オッド・フェローズが1700年代には存在していたことを証明する役割を果たしている。

 共済組合

　イギリスではこうしたグループのさきがけとして、「裕福でも貴族でもなく、お互いを助け合いながら生き、メンバーの誰かが病気になったり、働けなくなったり、失業したり、命を落としたりすればすぐに暮らしが不安定になってしまうような労働者階級の人々が大部分を占めるロッジあるいはクラブ」が現れた[2]。今日の協同組合や労働組合と同じく、メンバーは苦労して得た賃金を共有資金に献金し、それを病気や失業、死といった不幸の際に使

《オッド・フェローズの会合の夜》という題名の風刺画。

った[3]。お互いが結束することによって、労働者はお互いのための基金を作り、メンバーだけではなく家族とコミュニティが困窮した時に備えることができた。こうしたグループはフレンドリー・ソサエティー（共済組合）あるいはボックス・クラブとして知られ、遅くとも17世紀半ばから存在し続けている。

ダニエル・デフォーは1697年の著書『An Essay upon Projects』で共済組合について書き、以下のように説明している。「多くの人々が相互協定を結び、災害や経済的困窮の中でお互い助け合い、貧困率を引き下げ、労働者の自尊心を高めるための方法としてこうしたグループの寄与的な資質を強調した」[4]。デフォーはこうした団体の創設を「経済的困窮および貧困を回避し、国にとっては物乞いや貧困者、救貧院、そして病院対策の有益な方法となる」として推奨した[5]。共済組合を貧民救済に役立てることを熱望する声もあり、18世紀の終わりまでに、イギリス中の都市や村にクラブやロッジが設立された[6]。

1700年代から1800年代初期にかけて、ロッジが合法的に不動産を所有することはできなかった。よってメンバーはパブで会合を開いた。イギリス国内には「オッド・フェローズ」あるいは「オッド・フェローズ・アームス」という名のパブが多い。かつての時代、オッド・フェローズの会合が開かれていた場所であることは間違いない。

 ## 自主機関

初期のロッジは、古来の自主機関の慣習に従った。これは、少なくとも5人メンバーを集めれば、誰でも国レベルのいかなる協会あるいはグランドロッジの許可を得ることなくロッジを設立できることを意味した。それぞれのロッジはそれぞれの規則と伝統、そして慣習の下に運営されていた。こうした理由から、オッド・フェローズという名称のクラブが数多く存在していたが、それぞれが連携していたわけではない。

初期の共済組合は、現在もロッジで行われているものに似た儀式を実践していた。寡婦、および亡くなったメンバーの家族以外に利益をもたらすことはなく、グランドロッジのような仕組みもなかった。多くの団体がすべて独立し、横の連携がない状態で、唯一共に行ったのは、仕事を探すための旅に出るメンバーを援助する仕組みの実現

だ。メンバーが別の町に行くと、その町にあるオッド・フェローズのロッジ向けの暗号を教えられ、証明書を渡される。これで食べ物と寝る場所が保証される。このメンバーが所属しているロッジは、後に料金を支払う。ただ、残念ながら、ロッジ間で立替金をめぐる問題が多発したため、より良い管理体制を確立するためにグランドロッジを設立することにした[7]。

 ## 合併と吸収

オッド・フェローズ初のアフィリエイテッド・オーダー（関連団体）は、無数の独立系共済組合およびボック

 Column

現存する歴史的資料

18世紀における初期のオッド・フェローズのロッジに関する記録は、絶対量は少ないものの、以下に示すようなものが残されている。

◆ **1736年**
1月29日、ロイヤル・ローズ・オブ・シャロン・ロッジが初の自主機関としてダービーシャーのハザーセイジで設立された。このロッジは1836年にマンチェスター・ユニティ・インディペンデント・オーダー・オブ・オッド・フェローズと提携した。

◆ **1748年**
5月13日にロンドンの「グローブ・タバーン」で行われたオーダー・オブ・オッド・フェローズの第9アリスタルカス・ロッジの会合の議事録と規則。

◆ **1750年**
ロイヤル・セント・オリーブス・ロッジが保管していて、1822年に発見され、マンチェスター・ユニティ・インディペンデント・オーダー・オブ・オッド・フェローズに移された文献によれば、このロッジが早ければ1750年から存在していたことがわかった。

◆ **1775年**
ユニオン・オーダー・オブ・オッド・フェローズがダービーに存在していた。

◆ **1780年**
イギリス国王ジョージ4世がまだ皇太子だった頃、ウェスト・イングランドのグロスヴェナー・ストリートの民家で行われた会合でオッド・フェローズに入会した。

◆ **1789年**
ベントレー・アンド・カンバニー社が、風刺画家サミュエル・コリングスによるオッド・フェローズの会合の風刺画を発表。

◆ **1790年**
『パブリック・アドバタイザー』紙の7月27日号に「グランド・オリジナル・ロッジ・オブ・オッド・フェローズ」という記述がある。

◆ **1792年**
ジェームズ・モントゴメリが書いた歌に「友情と愛、そして真実が兄弟の間にあふれる」という歌詞がある。

◆ **1793年**
『モーニング・クロニクル』紙の7月20日号にユナイテッド・オーダー・オブ・オッド・フェローズとインペリアル・オーダー・オブ・オッド・フェローズの合併を祝う記事が掲載された。

◆ **1794年**
1794年から1795年にかけて鋳造された「オッド・フェローズ」という名前が刻まれた硬貨が存在し、現在も所有しているコレクターがいる。

◆ **1796年**
『ロイズ・イブニング・ポスト』紙の2月

ス・クラブの合併から生まれた。お互いの連携をよりよい形で実現させるため、連合の必要性に気づいたのだ。個々のロッジあるいはクラブが地域的な組織を形成するか、あるいは後になって既存のアフィリエイテッド・オーダーと合併した上でオッド・フェローズと名乗るようになった事実を示した歴史的文献がある。たとえば「ネイラーズ・アマルガメイテッド・ソサエティー」は、1808年にサルフォードで設立された共済組合だ[(8)]。その後「プリンス・リージェント・ロッジ」と合併し、1810年に「マンチェスター・ユニティ・インディペンデント・オーダー・オブ・オッド・フェローズ」の

17日号に「バイス・グランド、モスト・ノーブル・グランド、セクレタリーを伴うソサエティー・オブ・オッド・フェローズ」という文章がある。

◆ 1797年
『トゥルー・ブライトン』紙の12月4日号に「グレーブゼントのソサエティー・オブ・オッド・フェローズ」という表記がある。3月12日、『ザ・リバイズト・リチュアル・オブ・ザ・プリヒストリック・オーダー・オブ・オッド・フェローズ』が公認された。『オッド・フェローズ・マガジン』誌の1838年号には1796年から1797年にグランド・オーダー・オブ・オッド・フェローズに贈られた勲章の絵が掲載されていた。

◆ 1798年
『モーニング・ポスト・アンド・ガゼッティアー』紙の1月16日号に、バーミンガムで行われた「ロイヤル・アンド・コンスティテューショナル・サード・ロッジ・オブ・オッド・フェローズの会合」に関する記事が掲載された。『ホワイトホール・イブニング・ポスト』紙の4月7日号には、「ユナイテッド・オーダー・オブ・オッド・フェローズ」という言葉が見られる。1798年の『ジェントルマンズ・マガジン』には、「オリジナル・ユナイテッド・ロッジ・オブ・オッド・フェローズには50のロッジがあり、そのうち39カ所はロンドン周辺にある」という記述がある。1月6日、ロンドンのグランド・ユナイテッド・オーダー・オブ・オッド・フェローズの「アミカブル・ボンド・オブ・ユニオン（声明文）」の署名が行われた。

◆ 1799年
3月7日付の『ジェネラル・イブニング・ポスト』紙に「オッド・フェローズとフリー・アンド・ザ・ジョリー・フライアーズ」がロンドンのグース・アンド・グリドロンという酒場で会合を開いたことが報じられている。

◆ 1800年
5月19日付の『スター』紙、6月25日付の『ロイズ・イブニング・ポスト』紙、6月30日付の『カレドニアン・マーキュリー』紙に、ハッドフィールドがオッド・フェローズ・ソサエティーのメンバーだったことを告白したという旨の記事が掲載された。

◆ 1806年
12月1日、T・テッグ・チープサイドが「船乗りをオッド・フェローにする」というタイトルの風刺画を発表。

◆ 1808年
『オッド・フェローズ・ミセラニー』誌がロンドンで発行される。

◆ 1811年
国語辞典に、オッド・フェローズに関する以下のような定義が記された。「社交家が集まる協会。『ノーブル・グランド』の儀式を見るだけでも入会金を支払ってメンバーになる価値がある」。

イギリスの初期クラブと活動内容 039

「ロード・アバクロンビー第1ロッジ」となった[9]。「ザ・ロイアル・ローズ・オブ・シャロン・ロッジ」は、1736年1月29日にダービーシャーのヘザーセイジで設立された団体だが、1836年に「マンチェスター・ユニティ・インディペンデント・オーダー・オブ・オッド・フェローズ」と提携関係を結んだ。オッド・フェローズのさまざまに異なる団体は、初期のイギリスにおけるクラブやロッジを巻き込みながら起きた合併と吸収の産物にほかならない。

娯楽面

19世紀以前は、友愛会組織と共済組合の厳密な区別がまだなかったことに注目しておかねばならない。実際初期のオッド・フェローズにも社交クラブ的な側面があり、パブや酒場で集会が開かれていた。当時、こうした習慣はごく当たり前だった。イギリス中で行われていたほぼすべての男性の集会において、困った時はお互い助け合うという行いに加え、共に楽しい時間を過ごすことも目的のひとつだった。オッド・フェローズやフリー・ガーデナーズ、そしてフリーメーソンなど、社交組織であれ道徳観で結びついた組織であれ、パブで会合を開くことはごく当たり前だった。酒場のオーナーが「ホスト」となって開かれる会合では、無料でアルコールとタバコがふるまわれた[10]。19世紀の初めに起きた禁酒運動の到来と共に、こうした慣習は変わった。公共の場での飲酒や喫煙は不道徳であるとされるようになり、すべての友愛組織はロッジ内での娯楽を禁止する方向で足並みを揃え始めた。

 オッド・フェローズの歌

イギリスの詩人ジェームズ・モントゴメリ(1771〜1854)は、雇用主であったジョゼフ・ゲイルズによってオッド・フェローズを紹介され、1792年にメンバーとなっている。ゲイルズは書籍商であり競売人であり、新聞社主でもあった人物だ。どうやら、モントゴメリが書いた次の詩は、オッド・フェローズのロッジのためだったようだ。

友情と愛、そして真実が兄弟の間にあふれるとき

喜びの杯が楽し気に回され、皆が皆の至福を分かち合う

甘いバラが、悲しみの谷の棘(とげ)に満ちた道を美しく飾り

今日葉を落とす花は明日再び大きく開くだろう

年老いて壮大、若くあるときはあくまで平等なのは聖なる友情と愛、そして真実

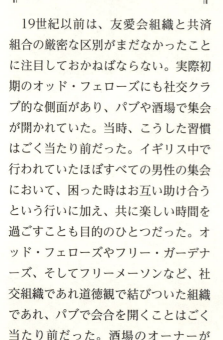

18世紀を通じ19世紀初頭まで、イギリス国内のすべてのクラブがパブで会合を開き、グラスを傾けながら言葉を交わし合った。このイラストは、1806年に描かれた《船乗りをオッド・フェローにする》という作品である。

　カワセミの翼の上で時は経ち、無慈悲な心配が和らぐ
　陽気なほほえみの中、古の時は大鎌とグラスを置かせ
　オコジョのあごひげと前髪が、尊ぶべき装束に飾られ
　これを身につけた人は冬が5月になったよう、夜が明けて朝になったよう
　年老いて壮大、若くあるときはあくまで平等なのは聖なる友情と愛、そして真実

　喜びの泉からあふれ出るのは香りかぐわしい喜びの小川
　これ以上まばゆく輝く宝を人間が望み、天が授けられるだろうか
　豊かなきらめきを放つ宝石を着け、われわれは星座を創る
　すべての星がささやかな光によって居場所を決める
　年老いて壮大、若くあるときはあくまで平等なのは聖なる友情と愛、そして真実

イギリスの初期クラブと活動内容　　041

第 5 章

産業革命

The Industrial Revolution

1770年、イギリスで農業経済から産業経済への移行が始まった[1]。工場制度の台頭によって、働くことを目的に小さな町からロンドンのような大都市に多くの人々が移り住むようになった。こうした人たちは、困ったときに頼ることができる家族や友人といったネットワークを故郷に残すことになっ

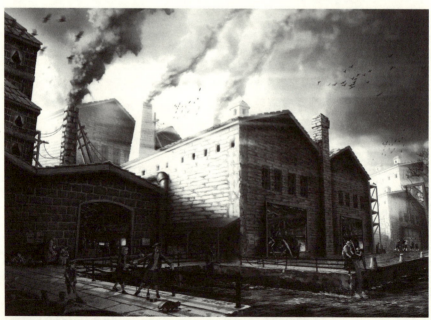

ロンドンでは過密状態で湿度が高く、薄暗い換気状態が悪い環境で多くの労働者が働いていた。絵：アッシャー・アルベイ、2015年、著者の依頼により制作。

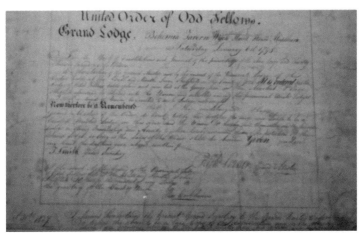

1798年1月6日にアミカブル・ロッジが設立された際の声明文。グランドロッジ・オブ・ザ・ユナイテッド・オーダー・オブ・オッド・フェローズを代表して行われた会合におけるグランドマスターとグランドセクレタリーの署名もある。この文書はイギリスにあるグランドロッジ・オブ・ザ・ユナイテッド・オーダー・オブ・オッド・フェローズの本部で展示されている。

た[2]。失業と貧困が目立つようになり、国家レベルの懸念となりつつあった。工業化で発展を目指す多くの都市が手軽で低コストの臨時的な労働力を利用し、悪臭が漂う工場や危険な炭鉱など、決して良くない環境の中で多くの人々が安い賃金での長時間労働に身を置くことになった。チフスや呼吸器疾患、天然痘、百日咳、そしてひどい下痢で命を落とす人も多かった。どの都市でも非識字率が高く、経営破綻する銀行が後を絶たず、アルコール依存症の人も多かった[3]。経済的・道徳的な難題で満ちたこの時代、特に労働者階級の人々のための友愛組織の必要性が高まったといえる。政府による社会福祉対策が事実上存在しない中、社会的・道徳的・経済的な安定をもたらすため、多くのロッジやクラブが設立された。

ロッジやクラブのメンバーになることによって知り合いを増やして本当の友人を作り、経済的な安定も手に入れることができた。加入によってメンバーは義援金の寄付者にも受益者にもなり、病気や事故、そして怪我や死がもたらす衝撃から自分と家族を守ることができる。ロッジによって形成されるネットワークは、家族の代わりとなって怪我や経済的困窮に見舞われたメンバーを助け、同時に、仕事を探して別の町や都市に旅をする際の社会的ネットワークとしても機能した。

ロッジで行われる儀式では、道徳的規範や公民道徳、適正な礼儀作法、そして法の前の平等などが教えられた。規則によってロッジ内の社会的秩序が

維持され、会合で宗教や政治の話を持ち出したり、汚い言葉を使ったり、ひどく酔ってしまったりすると罰金が科された。さらに言うなら、宴会や毎年行われる饗宴、公共の場で行われるパレードがメンバーにとっても地域社会にとっても娯楽となり、連帯感をはぐくんだ。

　おそらくはこうした発展の結果として、いくつかのロッジが「グランドロッジ」として機能し始め、同じ地域のロッジの設立許可を出すようになった場合もあったはずだ。全国レベルの連合の設立によって他団体が解散したり、合併過程の抑止力となったりしたこともあっただろう。たとえば、1798年まで繁栄していた「オーダー・オブ・パトリオティック・オッド・フェローズ」は、「ユナイテッド・オーダー・オブ・オッド・フェローズ」を形成するために他団体と合併した。18世紀終わりの時点で、以下のオッド・フェローズ組織が存在していた。

- インペリアル・オーダー・オブ・オッド・フェローズ・イン・ノッティンガム
- エンシェント・ノーブル・オーダー・オブ・オッド・フェローズ・イン・ボルトン
- グランド・ユナイテッド・オーダー・オブ・オッド・フェローズ・イン・シェフィールド
- エコノミカル・オーダー・オブ・オッド・フェローズ・イン・リーズ
- ナショナル・オーダー・オブ・オッド・フェローズ・イン・サルフォード

　連合制度は、中央集中型基金および移動労働者に対する援助により、メンバーが怪我や経済的困窮に見舞われた際の援助を通して、集団的自助のための経済的・組織的安定を担保するものだった。

ブリティッシュ・ユナイテッド・オーダー・オブ・オッド・フェローズの名誉勲章（右）と、1799年に設立されたロイアル・エンシェント・アンド・インディペンデント・オーダー・オブ・オッド・フェローズのサー・ジョン・ファルスタッフ・ロッジが所有する100周年記念のメダル（左）。

第6章

政府の弾圧

Government Suppression

　イギリスでは、宗教的・政治的不寛容と偏見が18世紀の終わりまでごく普通に存在していた。君主制と教会組織がまだ絶大な権力と影響力を誇っていた時代の中、先進的な思想のグループや個人はすぐに冒瀆的、異端者、カルト信奉者、魔女、果ては悪魔崇拝者という烙印を押され、教会機構が自分たちと異なる宗教的信念の人々と親しくする信者を非難した時代もあった[1]。教会機構の命令に背いて有罪になった人たちは拷問の対象となったり、迫害されたりして死に至り、多くの場合は火あぶりの刑に処された。ヨーロッパ中の何千人もの人々（主に女性）が魔術の実践の廉で起訴され、些細な理由で火あぶりにされた。ウィリアム・ティンデールは、国王に対する批判と聖書を英訳したことを理由に火あぶりになった。

　形成期の友愛組織と共済組合も、君

地球が太陽を周回していると主張したガリレオは、ローマ・カトリックの異端審問にかけられた。絵：クリスティアーノ・バンティ、1857年、wiki-commonsより。

主制と教会組織双方から向けられる、似たような反発に直面した。18世紀を通じ、すでに確立されていた宗教と異なる考え方の人たちは、火あぶりにされる可能性があった。実際、火刑に処された最後の人物が亡くなったのは1781年、反魔術法が廃止されたのは1951年である[2]。

政府の弾圧　　045

啓蒙時代

啓蒙時代は、宗教的狂信と教会機構の暴力的な処刑、支配階級による権力乱用が知識人によって公に批判され始め、迷信よりも理性に基づく新しい考え方が生まれた時代だった。民主主義、労働者の自由と投票権、公正な賃金、教育の手段、宗教的寛容などの新しい考えが、ごく普通の人たちの心を目めざめさせ始めた[3]。アメリカ革命、フランス革命、そしてヨーロッパでの戦争が続いたのもこの時代で、急進的思想のイギリス人は新しい考え方を大きな好意と共に受け入れた。

迷信や偏見、そして国家権力の乱用を敵視していた当時の自由思想家、急進主義者、社会改革者の中に、いわゆる秘密結社またはクラブを設立したり、この種の団体のメンバーになったりした人たちがいたとされている。本質的に革命的であると考えられており、君主制政府の脅威であると目されていた団体だ。たとえばフランスでは、ジャコバン・クラブと呼ばれる左翼の革命的政治運動が1789年から広がり始めた[4]。自由思想・宗教的平等思想の推進者だったアダム・ヴァイスハウプトがバイエルン・イルミナティを設立したのは1776年だ。この団体の目的は、古代の哲学者の教えと新時代の思想家の考え方に基づく社会を創造するため、賢者たちを政界に送ることにあった。

彼らの存在を知った当局は、非合法化の措置をとった。たとえばイルミナティ、そして同様の団体がバイエルン州で活動を禁止された[5]。ジュゼッペ・バールサモが本名であるカリオストロ伯爵は、フランス革命につながる政治的陰謀において重要な役割を果たした。バールサモは「エイジアティック・ブレザレン」と「ナイツ・オブ・ザ・ライツ」の創設者であり、イルミナティとフリーメーソンのメンバーであると信じられていた[6]。ジャコバイト・クラブ、イルミナティ、そしてフランスのフリーメーソンは、フランス革命を引き起こした陰謀により告発されている[7]。近隣諸国で起きたこうした事件により、イギリスの政府当局は、同種の団体やクラブが政府に対する革命のため陰謀を画策しているのではないかという恐れを抱いていたのだ。オッド・フェローズもまた、疑いようもなく啓蒙主義の産物だった。

政府による結社の弾圧

18世紀の終わりに数多く生まれた友愛団体や共済組合は、支配階級の注目を集めることになった。フランス革命は、政府の目には、一般市民の大規模な集会が議会君主制に対する陰謀

企てるものとして映った。

　当時のイギリスで過激な抗議行動がはびこっていたことは明らかだ。政治・経済的改革の過激な支持者と、現状を何とか守ろうとする体制維持派の間でプロパガンダ戦が繰り広げられた。政府はおそらく、民主主義思想が労働者階級にまで及ぶことを懸念していたのだろう。当時、結社の自由と言論の自由は一般人の間ではまだ広く受け入れられていなかった。スパイや情報提供者を使い、政府側はさまざまなやり方で潜入し、議会君主制に対する潜在的な脅威についての詳しい調査を試みた。1789年、政府は最終的に複数の法案を可決し、拡大傾向にあった国内の不安を抑え込むと同時に、君主制に対する革命を起こしたフランスの例にイギリス人が従うことがないようにした。

　英国政府はまず、1793年のローズ法を可決させた。これは政府が定める設立規定を満たしている団体に対して登録を課すという内容の法律だ[8]。これに続き、1795年反逆法によって政府に対して不満を示す発言や印刷物の発行が禁止され、同年の扇動集会法では50人以上の集会が禁止された。さらに、1797年の不法宣誓法により、団体や協会においての宣誓をはじめとするさまざまな行為が違法になった。また、1799年の通信協会法〔18世紀末ロンドンで結成された民衆運動団体「ロンドン通信協会」の活動を規制する法律〕により、ロッジとクラブの合併と通信が違法になった。最終的に、1799年の不法協会法により、ほぼすべての友愛団体と共済組合に参加することが犯罪行為になってしまった。フリーメ

1780年のゴードン暴動で活躍した政治家ジョン・ウィルクスとジョージ・サヴィル卿はオッド・フェローズのメンバーだったと言われている。絵：チャールズ・グリーン（1840～1898）作。wiki-commonsより。

政府の弾圧　047

ーソンは、メンバーとして名を連ねていた貴族や公爵によるロビー活動を通し、名簿を当該地の治安判事に提出することを条件に活動禁止を免除された。他のすべての団体もこれに倣おうとしたが、無駄だった[9]。フリーメーソンに関する初期の記録の多くが無傷のまま残っている理由は、この免除措置である可能性が高い。一方、他の友愛団体に属する初期の記録のほとんどは破棄されてしまった。

革命への恐怖だけが迫害の理由だったわけではない。オッド・フェローズのような友愛団体や友好団体は、「現代の労働組合の前身的存在であり、慈善資金のためにメンバーから追加寄付を集めることで、効果的な地方ストライキ行動を促進することができた」[10]。こうした資金を使って、ストライキ中のメンバーの家族に対する支払いを行うこともできた[11]。さらに、多くのロッジは労働者階級、中産階級、そして一部の貴族が互いに友好を深めることができる社会の場として機能したが、当時はまだこうした側面が一般的ではなかった[12]。

議会に反対する一部の貴族が革命に資金を提供するかもしれないという恐れがあったため、ロッジが権力者や支配者層の人々にとっての脅威として認識されていた可能性も否めない。そのため、当時の支配階級は多くのグループや組織の会合および集会に疑念を向けていた。その結果、初期のオッド・フェローズのロッジの多くが閉鎖され、一部は地下に潜り、会合のための秘密の暗号を生み出した。これは、メンバーの身元が明らかになるのを防ぎ、逮捕されないようにするため、意図的に多くの文書が破棄された事実を意味する。オッド・フェローズの初期の記録や遺物が今日ほとんど残されていない理由のひとつであることは間違いない。

 ## 現存する最古の記録

オッド・フェローズのロッジに関して現存する最古の記録は、1748年3月12日にグローブ・タバーンで開催されたアリスタルカス第9ロッジの議事録であるとされている。この議事録は1867年に転記されている。

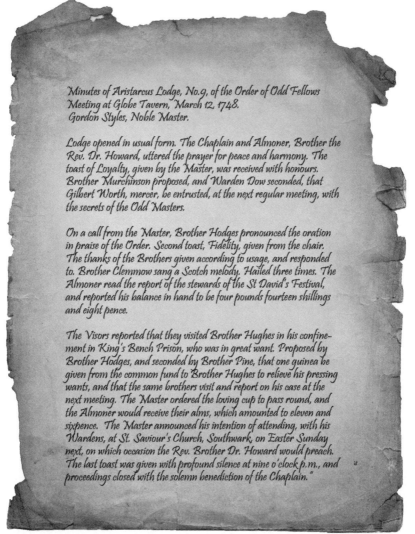

Minutes of Aristarcus Lodge, No. 9, of the Order of Odd Fellows Meeting at Globe Tavern, March 12, 1748.
Gordon Styles, Noble Master.

Lodge opened in usual form. The Chaplain and Almoner, Brother the Rev. Dr. Howard, uttered the prayer for peace and harmony. The toast of Loyalty, given by the Master, was received with honours. Brother Murchinson proposed, and Warden Dow seconded, that Gilbert Worth, mercer, be entrusted, at the next regular meeting, with the secrets of the Odd Masters.

On a call from the Master, Brother Hodges pronounced the oration in praise of the Order. Second toast, Fidelity, given from the chair. The thanks of the Brothers given according to usage, and responded to. Brother Clemmow sang a Scotch melody. Hailed three times. The Almoner read the report of the stewards of the St David's Festival, and reported his balance in hand to be four pounds fourteen shillings and eight pence.

The Visors reported that they visited Brother Hughes in his confinement in King's Bench Prison, who was in great want. Proposed by Brother Hodges, and seconded by Brother Pine, that one guinea be given from the common fund to Brother Hughes to relieve his pressing wants, and that the same brothers visit and report on his case at the next meeting. The Master ordered the loving cup to pass round, and the Almoner would receive their alms, which amounted to eleven and sixpence. The Master announced his intention of attending, with his Wardens, at St. Saviour's Church, Southwark, on Easter Sunday next, on which occasion the Rev. Brother Dr. Howard would preach. The last toast was given with profound silence at nine o'clock p.m., and proceedings closed with the solemn benediction of the Chaplain."

1748年3月12日に行われたエンシェント・オーダー・オブ・オッド・フェローズのロイヤル・アリスタルカス第9ロッジの議事録の転記。

Column

18世紀の地域硬貨

「オッド・フェローズ」という名前が刻まれた18世紀の硬貨がいくつか今も残っている。土地の共同所有権を提唱したイギリスの急進派トーマス・スペンスによって作られたものだ。こうした硬貨には表側に心臓と手が刻まれたものがある。いずれもオッド・フェローズが今日も使用している最古のシンボルだ。18世紀後半、友愛団体が経験した政府による弾圧との関連を示唆する硬貨もある。
表にイギリスの政治家ウィリアム・ピットとチャールズ・フォックスの顔、「誰が笑っているのか」という意味のラテン語の文字列「Quis Rides」が示されている硬貨がある。裏側には「私たちは自由に生まれ、奴隷として死ぬことはない」という文章が刻まれている。表側にロバの頭あるいは尻と絡み合うように描かれた国王ジョージ３世の頭、裏側に貴族から嫌がらせを受けている一般人の姿と「イギリスにおける自由の描写」という文章が刻まれたものもある。表側に「抑圧の始まり」、「著名な人権擁護者」、「自由の声で暴君を震えさせよう」というメッセージが刻まれた硬貨もある。この時代の新聞記事には、初期のオッド・フェローズが労働組合のような機能を果たしていた事実が示唆されており、実際に初期の労働運動を支持するロッジもあった。おそらく、こうした硬貨は18世紀後半の友愛団体や友好団体、労働組合の抑圧を目的とした政府の規制に対するオッド・フェローズの一部メンバーによる過激な抗議だったのだろう。当時の政府の姿勢は、今日受け入れられている人権に基づく結社の自由を侵害するものにほかならなかったのだ。

第6章

第7章
オッド・フェローズの復活

Revival

政府の弾圧にもかかわらず存在し続けたクラブやロッジもあったが、そのほとんどの活動地域は遠隔地だった。オッド・フェローズのこうした孤立状態は、革命と反乱の恐怖が薄れ始めるまで続き、生き残ったロッジはユニティあるいはグランドロッジという名称で知られる地域・全国組織を形成し始めた。

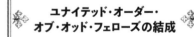

ユナイテッド・オーダー・オブ・オッド・フェローズの結成

1803年、ロンドンにあった複数のロッジがユニオンあるいはユナイテッド・オーダー・オブ・オッド・フェローズによって復興され、後にグランドロッジ・オブ・イングランドと名乗るようになり、国内のすべてのロッジに対する権限を担うことになった[1]。このグランドロッジは、限定的ではあったが1813年まですべてのロッジを管理下に置くことにも成功した。すでに離脱していた数々のロッジがそれぞれ組織改革を行い、再出発したのがこの年だ[2]。マンチェスター地域のロッジとユナイテッド・オーダーの間で意見の相違や誤解が生まれた時期もあり、マンチェスターの複数のロッジが脱退して最終的にマンチェスター・ユニティ・インディペンデント・オーダー・オブ・オッド・フェローズ（MUIOOF）を結成した[3]（第8章参照）。

ロッジの離脱にもかかわらず、グランド・ユナイテッド・オーダー・オブ・オッド・フェローズ（GUOOF）は組織として存続し、1843年には主にアフリカ系アメリカ人のメンバーで構成されたアメリカ国内のロッジを認証した[4]。GUOOFは現在も存在し、アフリカ、オーストラリア、カナダ、キューバ、ドミニカ共和国、グランド・ターク島、オランダ、ニュージーラン

GUOOFのローズ・オブ・ハミルトン・ロッジのメンバー写真。1930年頃の撮影。著者のコレクションより。

ド、西インド諸島、イギリス、アメリカ合衆国にロッジがある[5]。

 多数の関連団体の登場

　他の地域で活動を続けていたオッド・フェローズもリージョナル・ユニティ（地域提携団体）あるいはアフィリエイテッド・オーダー（関連団体）という組織形態になったが、多くの場合は自分たちと同じ性質の団体が存在する事実を知らなかった。1805年、エンシェント・インディペンデント・オーダー・オブ・オッド・フェローズ・ケント・ユニティが結成された。フリー・アンド・インディペンデント・オーダー・オブ・オッド・フェローズは、1807年にドーバーで結成されたようだ[6]。その後、昔からの関係性を断つ団体が多くなり、19世紀末までにイギリスで約34の異なるオッド・フェローズ関連団体が設立された[7]。以下に団体名を挙げておく。

―

- グランド・ユナイテッド・オーダー・オブ・オッド・フェローズ
- インディペンデント・オーダー・オブ・オッド・フェローズ・マンチェスター・ユニティ
- ノッティンガム・エンシェント・インペリアル・オーダー・オブ・オッド・フェローズ
- エンシェント・ノーブル・オーダー・オブ・オッド・フェローズ・ボルトン・ユニティ
- ブリティッシュ・ユナイテッド・オーダー・オブ・オッド・フェローズ
- インプルーブド・インディペンデン

ト・オーダー・オブ・オッド・フェ
ローズ・ロンドン・ユニティ

● アルビオン・オーダー・オブ・オッ
ド・フェローズ

● インディペンデント・オーダー・オ
ブ・オッド・フェローズ・キングス
トン・ユニティ

● ナショナル・インディペンデント・

オーダー・オブ・オッド・フェロー
ズ

● エンシェント・インディペンデン
ト・オーダー・オブ・オッド・フェ
ローズ・ケント・ユニティ

● インディペンデント・オーダー・オ
ブ・オッド・フェローズ・ウォルバ
ーハンプトン・ユニティ

GUOOFの「乾杯の歌」に関する初期の印刷物。著者のコレクションより。

第8章
マンチェスター・ユニティ・オッド・フェローズの台頭

Rise of The Manchester Unity Odd Fellows

1800年代初頭までに、友愛組織と共済組合は「クラフト・ギルド（手工業者組合）に代わって、労働者が貧困を回避するための最も重要な手段となった」[1]。ロッジは貧困の根絶に役立ち、同志であるメンバーと女性、そして子どもを苦痛から守る役割を自らはぐくんだ[2]。政府の規制が緩和されるにつれ、小規模独立ロッジと慈善クラブが提携して、地域的あるいは全国規模の関連団体を形成していった。

1810年、ネイラーズ・アマルガメイテッド・ソサエティーとマンチェスターのサルフォードに本拠を置いていたプリンス・リージェント・ロッジ・オブ・オッド・フェローズが自主的にまとまり、ロード・アバクロンビー第1ロッジを形成してメンバーの救済に取り組んだ[3]。当初は社交性と政治志向、そして慈善目的が特色だったが、合併によって慈善活動が第一の目的となった。この新しい特徴が会員の増加と財政状態の向上につながり、同じ地域の他のロッジも見習った。ロード・アバクロンビー第1ロッジと他の六つのロッジがグランド・ユナイテッド・

マンチェスター・ユニティのインディペンデント・オーダー・オブ・オッド・フェローズの年次総会での写真。1929年イギリス、ハンプシャー州のポーツマスで開催。著者のコレクションより。

オーダー・オブ・オッド・フェローズ（GUOOF）からの「独立」を宣言し、自発的にマンチェスター・ユニティ・インディペンデント・オーダー・オブ・オッド・フェローズ（MUIOOF）を結成した[4]。

当初すべてのロッジはマンチェスター近郊にあったが、体制の改善により、MUIOOFはイギリス中の独立ロッジおよび団体に影響を与え、統一に参加するよう仕向けることができた（オッド・フェローズという名前が付けられていなかった小規模共済組合も含む）。そしてわずか数年の間にアメリカとカナダでもロッジを設立し、1845年までにイギリスのすべての郡、さらにはアイルランド、スコットランド、ドイツ、ニュージーランド、オーストラリア、およびイギリス国内の地域にもロッジが設立された。1860年には南アフリカ、南アメリカ、イスタンブールにロッジが開設され、会員数の増加とともに、マンチェスター・ユニティ・オッド・フェローズは最終的に政府に登録され、迫害を避けるために法規を順守することになった[5]。

法人格となったMUIOOFのロッジは、酒屋やパブに集まる代わりに、独自の集会所を建設または購入することが多くなった。こうした動きは組織の格を上げることにつながり、安定性と永続性を物理的に示すものとして役立った[6]。1850年までに、MUIOOFはかなりの影響力を持つようになり、高学歴で裕福、そして社会的・政治的に高い地位にある人々を引きつけた。教育水準が高い多くの人々がオッド・フェローズに親しみを抱き、熱心な支持者となった。19世紀半ばから20世紀にかけ、MUIOOFは英国最大かつ最も裕福な共済組合のひとつとなった。ピークを迎えた1922年の会員数は200万人を超えていたが[7]、一般的な社会

MUIOOFは常に、人種や国籍、社会的地位に関係なく国際的友愛精神を実践してきた。1910年の同団体の年次総会で撮影された写真。MUIOOF提供。

MUIOOFの慣習には式服を身につけて参加する儀式、紋章や合言葉の使用がある。メンバーには礼節と作法をわきまえた立ちふるまいが求められる。キース・ポーター提供。

オズボーン・ハウスを訪問したMUIOOFのメンバー。1893年撮影。著者のコレクションより。

1909年にブラッドフォードで行われたMUIOOFの年次総会。著者のコレクションより。

保障制度や国民健康保険の普及をはじめとするさまざまな要因により、友愛団体や共済組合全体のメンバー数は減少していった。

さまざまな儀式

MUIOOFにはさまざまなレベルの通過儀礼がある[8]。最初に挙げられるのは、歓迎式あるいは入会儀式だ。これに続いて組織の目標と目的を伝えるための儀式が行われることになるが、進度に応じて金、緋色、青、白という区別がある[9]。その後与えられるパスト・ノーブル・グランズ・ディグリーやパスト・バイス・グランズ・ディグリー、パスト・エレクティブ・セクレタリーズ・ディグリーといった儀式も同じである[10]。ロッジ内でイミディエット・パスト・ノーブル・グランドを務め、ディグリー・オブ・パスト・ノーブル・グランドに加えて下位4階位の儀式を終えたメンバーは、パープル・ディグリー授与の資格を得る[11]。

地区または州レベルでは、ディストリクト・グランドマスターの役職を問題なく終えたメンバーに、パスト・ディストリクト・デピュティ・グランドマスターズ・ディグリーが与えられる。最も高い位置づけはグランドマスターズ・ディグリーで、グランドマスターに就任する前に授与される[12]。亡くなったメンバーに敬意を表する最後の儀式はロッジ・オブ・リメンバレンスという名称である[13]。

友愛か相互扶助か

現在、MUIOOF傘下のロッジは儀式と社交性に重きを置くものと、金融面に重きを置くものに分類される[14]。基本的には、友愛および／または相互扶助という2種類の会員区分がある。友愛系のメンバーは今も伝統的なイニシエーションを受け、儀式的な意味合いが強い会合を開催しているが、相互扶助的な資質が強いメンバーは主として保険をはじめとする経済的利益のために参加し、儀式的な側面にはかかわ

バークシャー州リーディングに本拠を置くインディペンデント・オーダー・オブ・オッド・フェローズのリーディング第30ロッジの会員証。日付は1817年11月5日。著者のコレクションより。

058　　第8章

らないという選択肢がある。また、会合で儀式を行うかどうかの判断は個々のロッジに委ねられている(15)。

今日「オッド・フェローズ」という名称でも知られるMUIOOFは、イギリス、オーストラリア、ニュージーランドに自立グランドロッジを有する世界的組織となっている。英国の母体組織に付属し、北・中・南米および地中海地域で活動するオーバーシーズ・ディストリクトまたはブランチと呼ばれるロッジもある(16)。現在イギリス、オーストラリア、ジブラルタル、ガイアナ、マルタ、ナタール、ニュージーランド、オタゴ、ドミニカ共和国、南アフリカのトランスバール州、そしてアメリカとカナダに31万4000人のメンバーがいる(17)。このうち少なくとも5万人が友愛系メンバーで、残りは相互扶助的資質が強いメンバーとなっている。

Column

MUIOOF誕生前後の年表

◆ **1808年**
ロバート・ネイラーが、慈善性が高い社交クラブ「ネイラーズ・アマルガムメイッド・ソサエティー」を結成し、イギリス、マンチェスターのサルフォードにあるロープメイカーズ・アームズで会合を開く。

◆ **1809年**
ボルトンという名前のロンドン出身のメンバーがマンチェスターに住むようになり、ロンドンのロッジから許可されて、ビクトリー・ロッジ・オブ・オッド・フェローズを設立。

◆ **1813年**
マンチェスター、および周辺地域のすべてのロッジの役員が集う会が開催され、マンチェスター・ユニティ・インディペンデント・オーダー・オブ・オッド・フェローズ（MUIOOF）という名称が正式に採用された。

◆ **1814年**
グランド・コミッティーが結成され、グランドマスターが選出される。

◆ **1817年**
統一性の欠如と旅費救済の問題に直面していたMUIOOFは、「古い」儀式をさらに見直し、ロッジにおけるレベル別の儀式の統一化に動いた。

◆ **1820年**
MUIOOFのデューク・オブ・ヨーク・ロッジは、メリーランド州ボルチモアのワシントン第1ロッジを設立し、このロッジのメンバーに北米の他のロッジを統一する権限を与えた。

マンチェスター・ユニティ・オッド・フェローズの台頭 059

第9章
北米大陸の
オッド・フェローズ

Odd Fellowship in North America

　18世紀、北アメリカにオッド・フェローズを設立しようという試みが何回かあったが、初期のロッジはイギリスからの認可を得ることができなかった[1]。イギリスのマンチェスター・ユニティ・インディペンデント・オーダー・オブ・オッド・フェローズ（MUIOOF）と提携関係を持つ北米オッド・フェローズの公式機関は、トーマス・ワイルデイと他4人のイギリス人移民、ジョン・ウェルチ、ジョン・ダンカン、ジョン・チーザム、リチャード・ラッシュワースによって設立されたと考えられている[2]。

ワシントン・ロッジの誕生

　1817年、トーマス・ワイルデイはイギリスから米国に移住し、メリーランド州ボルチモアで仕事に就いた。知人がひとりもいない中、彼は友人を作る必要性を感じた。当時のアメリカ合衆国は、1812年の米英戦争の悪影響から立ち直ったばかりの若い国だった[3]。イリノイ州は21番目の州として合衆国に加盟したばかりで、アラバマ州はまだ加盟を求めている状態だった[4]。ボルチモアは黄熱病の流行と大量失業の両方に苦しめられており、慈善団体設立の緊急な必要性が明確になっていた[5]。

　その翌年、ワイルデイはイギリス出身でオッド・フェローズのメンバーでもあったジョン・ウェルチに会う。共に過ごす時間が長くなると、2人はボルチモアにロッジを設立する可能性について話し合うようになった。しかし昔からの慣習で、ロッジの設立には最低5人が必要であるという規則が絶対的だった[6]。ワイルデイとウェルチは少なくともあと3人のメンバーを見つけなければならなくなり、1819年2月

1819年4月26日、トーマス・ワイルデイと他4人のメンバーが、メリーランド州ボルチモアのセブン・スターズ・タバーンにおいてワシントン第1ロッジを設立した。絵：エインズリー・ヘンリッチ、2016年、著者の依頼により制作。

13日に『ボルチモア・アメリカン』紙上でロッジ設立計画を明らかにした。ジョン・ダンカンとジョン・チーザムがこの広告を見て会合に出席し、自分たちがメンバーにふさわしいことを証明し、正当な資格を得る。もうひとりメンバーが必要だったが、自分たちで探すことはできなかった。そこで1819年3月27日、『ボルチモア・アメリカン』紙に広告を再度掲載することになった。最終的に、リチャード・ラッシュワースがこの広告を見て連絡をよこし、メンバー資格を有するのを証明することになった。お互いに質問し合い、4人がイギリスのオッド・フェローズに所属していることが確認できた。ジョン・ダンカンに関しては、メンバー間で昔から使われている合言葉や合図、そして握手の仕方を通してオッド・フェローズのメンバーであることが証明された[7]。

1819年4月26日、ボルチモアのセブン・スターズ・タバーンで再び顔を合わせた彼らは、ワシントン第1ロッジ

を自主的に設立した。正式な認証のため、それから1カ月以内にMUIOOFの協力を得ながら具体的な作業を開始した。マンチェスターのアバクロンビー・ロッジは認可したが、それを証明する書類は結局届かなかった。1819年にボルチモアを訪れたジョン・クラウダーを通し、イギリスのプレストンにあるデューク・オブ・ヨーク・ロッジから最終的に認可を得ることができたのは1820年だった[8]。

 ## 初期の目的

　初期の米国ロッジは、道徳的目的と慈善目的を併せ持つ社交クラブという性格が強い組織だった。メンバーは酒場やレストランに集まって楽しいひとときを過ごし、その一方でメンバーの失業や病気、死、経済的困窮に対する相互扶助の義務を厳粛に果たした[9]。ロッジは旅行中のメンバーの社会的ネットワークおよび援助母体としても機能したが、大学教育を受けた男性がメンバーになり始めると、社会的・慈善的側面よりも倫理的・知的側面が主要な特徴になった[10]。入会希望者たちは、個人的な欲求の節度に重点を置きながら、死・慈悲・兄弟愛・慈善についての教訓を学ぶ講義と儀式を受けることになった。

 ## 合衆国グランドロッジ

　しばらくの間、メリーランド州をはじめとする複数の州のロッジは、お互いの存在を知らず、メリーランド州にも米国にも、州／国レベルの統治機関

 Column

秘密の友愛会「スリー・オッド・リンクス」

1822年のいずれかの時点で、トーマス・ワイルデイとジョン・ボイド、そしてウィリアム・クースを最初のメンバーとしてIOOF内に「スリー・オッド・リンクス」と呼ばれる秘密の友愛会が結成された[11]。何であったにせよ、3人の目的が明らかにされることはなかった。創設5周年記念の動きだったとする人も、組織を決して放棄しないという絶対的な秘密の誓約だったことを示唆する人もいた。また、ワシントン・ロッジの創設日と古くからいるメンバーが誓いを新たにする機会を祝うためだったとする人もいる[12]。わかっているのは、スリー・オッド・リンクスのメンバーが毎年4月26日に会い、友情の硬貨を交換していたことだ。

ウィリアム・クースが亡くなると、アウグストゥス・マティオが後継者として選ばれた。ワイルデイの死後はリチャード・マーリーが後任者となった。しかしマーリーは高齢だったため、後継者を指名しないまま亡くなってしまった[13]。残ったのはマティオだけだったが、彼自身が亡くなるまで他の2席の空席のままだったので、スリー・オッド・リンクスの最後のメンバーだったことになる。

はなかった。メリーランド州内の各ロッジの元役員で構成されるコミッティー・オブ・パスト・グランズが形成されたが、あくまで顧問的な意味合いしか持たされていなかった(14)。こうした状態は、メリーランド州・合衆国グランドロッジが設立された1821年に変化を迎える。トーマス・ワイルデイが初代グランドマスターに選出され、デピュティ・グランドマスター、グランド・ウォーデン、グランド・セクレタリー、グランド・トレジャラー、グランド・ガーディアンといった役職に就くメンバーもそれぞれ選出された。フィラデルフィア、ニューヨーク、ボストンの既存の自主設立ロッジは合同に向けて努力し、グランドロッジの承認を申請した。1823年までに、マサチューセッツ、ニューヨーク、ペンシルバニアの各州にグランドロッジが設立された(15)。

1825年1月15日、現在ソブリン・グランドロッジとして知られる合衆国グランドロッジが、メリーランド州グランドロッジとは別の組織になった。これにより、メリーランド州グランドロッジは州内のロッジに対してのみ管轄権を行使する権限を与えられ、合衆国グランドロッジは北米の複数のグランドロッジの代表者で構成することが承認された。こうしてアメリカ合衆国IOOFは、認可された代表団体によっ

トーマス・ワイルデイ（1782〜1861）は、北米インディペンデント・オーダー・オブ・オッド・フェローズ（IOOF）の創設者として尊敬されている。1782年、イギリスのロンドンで生まれ、21歳の時にロンドンのオッド・フェローズ第17ロッジに入会し、23歳でパスト・グランドとなった。3年後にモーニングスター第38ロッジの設立に尽力し、後に議長とパスト・グランドを務めた。1819年にワシントン第1ロッジの初代ノーブル・グランドとして選出される。1821年に合衆国メリーランドグランドロッジが創設された際には全会一致で初代グランドマスターに選出された。その後合衆国グランドロッジが北米ロッジの代表者から成る独立組織となった1824年に、IOOF初代グランドサイアーの地位に就いた。IOOFソブリン・グランドロッジ提供。

てまとめられる民主的連合体制になった。これと同じ年、合衆国グランドロッジは、当時の禁酒運動の高まりに合わせ、率先して会合での飲酒と喫煙を禁止し、同時代の他の社会組織をリードした(16)。

1840年代までに、IOOFアメリカ合衆国グランドロッジは、アラバマ、アーカンソー、カナダ、コネチカット、キューバ、デラウェア、コロンビア特別区、ジョージア、イリノイ、インデ

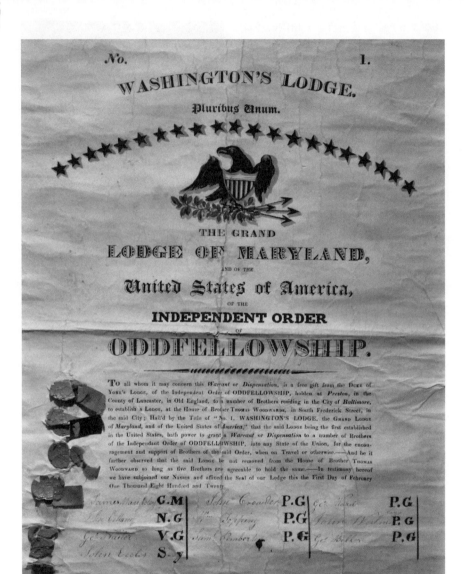

メリーランド州グランドロッジおよびアメリカ合衆国グランドロッジ所属のワシントン第1ロッジの憲章。1820年2月1日にプレストンのデューク・オブ・ヨーク・ロッジから認証を受けた。著者撮影。

ィアナ、アイオワ、ケンタッキー、ルイジアナ、メイン、ミシシッピ、ミズーリ、ニューハンプシャー、ニュージャージー、ノースカロライナ、オハイオ、ロードアイランド、サウスカロライナ、テネシー、テキサス、バージニア、ウィスコンシンのグランドロジを承認した[17]。IOOFは、こうしてあらゆる職業や社会的地位の人々を惹きつけ始めたのだ[18]。

MUIOOFからの離脱

1834年、「トルパドルの殉教者」として知られる歴史的事件に関わった6人の農場労働者が、秘密の誓いを立てたとして逮捕され、7年の禁固刑を言い渡された[19]。この判決は、イギリスの多くの友愛団体に衝撃を与えることになった。組織に対する反発を恐れたMUIOOFは宣誓の儀式を廃止し、通過儀礼も簡素化した[20]。1839年、イギリスのMUIOOFと北米のIOOFがそれぞれ儀式と通過儀礼を改定したが、これは破滅的な結果をもたらすことになる[21]。

変更が極端だったため、北米ロッジを訪れたMUIOOFのメンバーは必要なテストに合格することが難しく、入会を拒否された。こうした背景から、二つの組織は1843年に正式に分離されることになった[22]。この時期、北米

オッド・フェローズが明確な形で理解していなかったのは、友愛団体や友好団体に対する英国政府の反対姿勢にほかならない[23]。反対姿勢の理由は、前述のとおり、友愛組織がイギリス国王に対して陰謀を企てているのではないかという恐れである。存続を望む組織は、政府の要求通りの形での登録を受け入れなければ即刻活動停止となる。登録のため、MUIOOFは儀式典範の見直しを強いられ、特に通過儀礼と入会の誓いに関する方法の変更が必要となった[24]。階位の授与に関しても、演劇形式から純粋な講義形式に変えられた[25]。合衆国IOOFがMUIOOFから離脱したのは、後者がニューヨーク市のアフリカ系アメリカ人ロッジに認証を与えたためだとされているが、これは誤りである[26]。MUIOOFが黒人ロッジを認証したことはない。これを行ったのはグランド・ユナイテッド・オーダー・オブ・オッド・フェローズ（GUOOF）であり、1843年という年は単なる偶然でしかない。

初の女性メンバー受け入れ

同じ時代、女性は財産を所有することや学校に行くこと、職業を持つこと、投票すること、公職に就くこと、または友愛団体に参加することをまだ許可されていなかった。IOOFがこうした

北米大陸のオッド・フェローズ 065

傾向から意図的に離れる動きを見せ始めたのは、1845年に合衆国グランドロッジが女性に対して友愛精神を向け、保護していくという方針の決議を行ったことがきっかけだった。

「決議：当グランドロッジは、メンバーの妻が他のメンバーに自分について知らせ、自分が当グランドロッジのメンバーの妻である事実を示すことを認めるものとする」

1851年9月20日の「レベッカ・ディグリー」の設立をもって、IOOFが公式に女性をメンバーとして受け入れた初の国際的友愛組織となったことにより、改善はさらに進んでいく。レベッカ・ディグリーの憲章は、1869年から1873年までアメリカ合衆国副大統領を務めたスカイラー・コルファック

IOOFは家庭にも関わりだした。オッド・フェローズのメンバーの息子たちがロッジに入会し、娘たちは早ければ18歳でレベッカ・ロッジに入会した。写真は著者のコレクションより。

Column

アメリカでの草創期のオッド・フェローズ

◆ **1799年**
フリーメーソンの年代記編集者ロバート・マコイは、オッド・フェローズが「早ければ1799年に米国に導入され、その時点でコネチカット州にロッジが設立された」と書いている。

◆ **1802年**
1819年にワシントン第1ロッジの創設メンバーだったジョン・ダンカンは、1802年にボルチモアのロッジで入会した。

◆ **1806年**
シェイクスピア第1ロッジが1806年12月23日にニューヨークに設立された。このロッジは1812年に解散し、1818年に復活している。シェイクスピア・ロッジによって、フィラデルフィアとニューヨークにもロッジが設立された。

◆ **1815年**
早ければ1815年にはカナダのハリファックスに二つのロッジが存在していた。

◆ **1816年**
オッド・フェローズのプリンス・リージェント・ロッジがニューヨークで設立されたが、最終的には解散したか、ほとんど知られていない存在になった。

◆ **1817年**
マサチューセッツ第1ロッジがボストンに設立される。このロッジは後にIOOFと提携し、1820年3月20日にメリーランド州グランドロッジと合衆国グランドロッジから認可を受けた。

スが書いたものである。1868年9月25日までに、レベッカ・ロッジは独自の役員を選出して投票し、会費を徴収し、独自の慈善事業を自由に展開する許可を得た。この先例の成功により、他の多くの友愛組織も女性のための補助グループの設立を通して女性に門戸を開いた。アメリカ合衆国が女性の権利と参政権を認めたのが1920年になってからであることを考えると、かなりの度合いで時代を先取りしていたといえるだろう。

IOOFによる友愛組織間認証

1876年、IOOFとMUIOOFの関係修復を目指す動きが見え始めたが、実際の進展はほとんどなかった[27]。第一次世界大戦と第二次世界大戦中の経験が、二つの組織に友好関係の重要性を認識させる上で重要な役割を果たすことになる。1944年に、提携組織間のより友好的な関係の可能性を探るための委員会が設立された[28]。

しかし階位ごとの通過儀礼の構成、財政状態、および一般的な運営方法における大きな相違により、有機的な連帯の可能性はほとんどなかった。二つともそれぞれの母体から正式な認可を受けた組織であり、すでに確立されていた運営体制と組織構造から逸脱することなく、相互訪問を可能にする仕組みを構築することが限度だった。これは、「インターフラターナル・サイン・オブ・レコグニション（友愛組織間認証）」の受容によって実行された。

Column

アフリカ系アメリカ人の
オッド・フェローズ組織

この時代、アメリカでは白人と黒人が同じ学校、教会、トイレ、または友愛団体のロッジに集まることが公に容認されていなかった（第16章を参照）。多くの国がこれに従い、生活習慣や法律において人種隔離が実践されていた。こうした背景から、特に人種隔離法が施行されている米国で、IOOFは黒人をメンバーとして受け入れることを制限されていた。1843年以前の時代には、ペンシルバニア州ポッツビルとその周辺の白人男性から成る複数のグループがグランド・ユナイテッド・オーダー・オブ・オッド・フェローズという名前で活動していた。当時の人種的偏見のため、このグループも黒人のメンバーの受け入れを禁止されていた[29]。

1843年、アフリカ系アメリカ人がニューヨークにフィロマシーアン第646ロッジを設立し、リバプールに本拠を置くビクトリア第448ロッジのメンバーだったピーター・オグデンの努力により、イギリスのGUOOFから認証を受けた[30]。合衆国GUOOFは後に黒人のためのオッド・フェローズのグループになった。合衆国GUOOFロッジの創設メンバーの多くは、ペンシルバニア州GUOOFのグランドマスターを務めたジョン・C・バウアーズを含め、奴隷制度廃止論者や公民権活動家として知られていた。GUOOFの初期の目的は以下の通りだった[31]。

「第一に、健全な身体的健康と良好な道徳的資質、社会的許容性を有する21歳以上のすべての有色人種の男性を、友愛精神を基に団結させること。

第二に、メンバーが扶養する人々にすべての道徳的および物質的な援助を与えるのに全力を尽くすこと。

第三に、メンバーを社会的、道徳的、知的に教育すること。

第四に、病気や苦しんでいるメンバーの救済のための基金を設立すること」

1800年代後半から、著名なアフリカ系アメリカ人のほぼ全員がGUOOFのメンバーとなっていた[32]。

第10章
ゴールドラッシュと結社の拡大

The Gold Rush

　植民地化が始まった当初、北アメリカは農民の地だった[1]。この状態が変わったのは、1848年にカリフォルニアで、続いて1850年代にカナダ、オーストラリア、ニュージーランドで金が見つかったときだ。その結果、世界中から数えきれないほどの人々が金を求めてこれらの地域に移住した。多くの男女がそれまでの生活を捨て、金を掘り当てる、あるいは鉱山労働者向けの仕事でひと財産を築くことを夢見ながら、命を危険にさらすような旅に出た。そのうちの多くが、有り金すべてを旅費に充ててしまい、到着時には一文無しの状態だった。発熱や下痢、壊血病が蔓延する中での旅は容易ではなかった[2]。旅の途中や到着時に病に倒れる人も多く、目的地に辿り着けない人もいたのが事実で、金がたくさん出ると言われる地域に向かう中でたくさんの人が息を引き取った。裕福になる人もいたが、たくさんの人たちが失敗した。歴史におけるこの時期は、ゴールドラッシュとして知られている。

1849年のゴールドラッシュでカリフォルニアに金を掘りに来た男性。カリフォルニア州を流れるアメリカ川の開口部を覗いているところ。1850年撮影。こうした金鉱労働者たちがカリフォルニア州内の初期ロッジの設立に寄与した。写真はwiki-commonsより。

ゴールドラッシュと結社の拡大　069

旅するオッド・フェローズ

人々が旅する中で、兄弟愛と慈善精神を基にしたオッド・フェローズの目的が実現されるようになった。たとえば1849年、若い男性のグループが馬を使った長い旅に出たが、旅程を半分ほど終えたところでひとりが病気になってしまった[3]。他のメンバーは病人のために旅を遅らせる必要はないと判断し、彼を置いていくことにした。切羽詰まった状態に陥ったこの男、トーマス・K・フックが「オッド・フェローズの苦痛の合図」[4]を示すと、とあるオッド・フェローズのメンバーがこれに気づいて彼を助け、回復するまで見守った。フックは後に郡保安官、ストックトン市議会議長、さらには市長の座に就いた[5]。同じ年にサクラメントでは、ジョン・F・モース博士、A・M・ウィンと100人以上のオッド・フェローズのメンバーがオッド・フェローズ救援協会を組織し、ウィン将軍を初代会長に選出した。この協会は、旅行や金鉱での作業に関連して病気になった人々を援助した。政府による社会福祉や慈善団体が存在しなかった時代

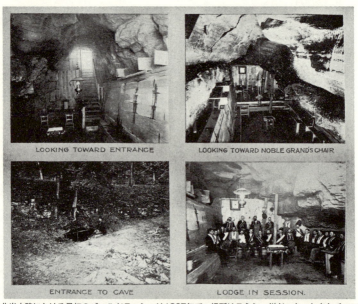

北米大陸における最初のゴールドラッシュは1827年で、場所はテネシー州だった。しかしチェロキー・インディアンの定住地だったため、金の採掘が本当の意味で始まったのは1836年だった。写真は、カーター郡の洞窟に設立されたIOOFのギャップクリーク第72ロッジの会議場。この土地は州内における金の採掘地のひとつだった。ヘンリー・スティルソン著『The Three Link Fraternity』(1900年)より。

第10章

において、オッド・フェローズによる慈善活動の対象はメンバーだけに限られなかった。たとえば1850年のコレラ大流行の間、オッド・フェローズは約2万7000ドルを投じて地域社会の人々のために臨時病院を設立し、亡くなった人たちのために棺を寄贈した[6]。病院ではメンバーが病人を無料で看護し、食事を準備し、亡くなった人たちを埋葬した[7]。同じ年にフリーメーソンと協力し、カリフォルニアに協同体制で初めての病院も設立している[8]。モース博士のような献身的メンバーも、金銭的に困窮している人たちに惜しみなく無償の活動を行った。1849年、ウィン将軍がサクラメント市行政官に就任すると、埋葬のための棺を手に入れられない人はいなくなった[9]。

 ## 拡大する友愛ネットワーク

ゴールドラッシュが始まる前の時代も、アメリカ西部だけでなく海外にオッド・フェローズがすでに存在していて、その多くが認証を得ないままロッジを設立していた。1836年、イギリス人のグループがオーストラリアのシドニーにオッド・フェローズのロッジを設立した[10]。1840年、イギリスのオッド・フェローズがオーストラリアのメルボルンで初めて会議を開催し、オーガスタス・グリーブス博士をノーブル・グランドに選出した[11]。1847年、カリフォルニア州サンフランシスコで会議が行われ、ロッジが開設されたが、ほとんどのメンバーが金鉱に向かった

オッド・フェローズの人々はメンバーであることにプライドを持ち、豪華な式服に身を包み、ロッジで使う装備品を手にしてパレードを行った。1878年撮影。IOOFイリノイ州グランドロッジ提供。

ゴールドラッシュと結社の拡大

ため、最終的には閉鎖されることになった。サンフランシスコに公式ロッジを設立する試みは何回かあったが、十分な数の人々がとどまることがなかったため、うまくいかなかった。

しかしメンバーが市に戻ってきて、1849年9月9日、カリフォルニア第1ロッジが正式に認証を受けた[12]。カリフォルニアの人口増加に伴い、近隣の町にもロッジが設立されるようになった。成長があまりにも急速だったため、インディペンデント・オーダー・オブ・オッド・フェローズが1852年4月12日に組織され、1853年5月17日にカリフォルニア州グランドロッジが設立された[13]。それ以降、カリフォルニア州内外の多くの人々が金を求めて集まる土地に、さらに多くのロッジが急速に設立されることになった。1864年3月10日、カリフォルニア州から訪れたオッド・フェローズのメンバーが、カナダのブリティッシュ・コロンビア州にビクトリア第1ロッジを設立した[14]。オーストラリアでは、金を探す人たちが移動しながら、金が見つかった町にロッジを開いていった。たとえば1867年当時、最強のロッジは金の町ワハラにあった。採金者たちはオーストラリアからニュージーランドに渡り、定住地にロッジを設立した[15]。

オッド・フェローズのメンバーは、旅を重ねながら自分たちの思想を広め

> ### Column
>
> **カリフォルニア・ロッジの紋章**
>
> IOOFカリフォルニア第1ロッジは、カリフォルニアが31番目の州として認められるちょうど1年前に設立された。ロッジの正式な設立に必要な手続きは1847年に開始されたが、多くのメンバーが金鉱に向かったため、しばらくの間保留されることになった[16]。ロッジ設立に先立ち、紋章がデザインされ、採用された。
>
> カリフォルニア第1ロッジの紋章（画像右）には、右を向いた知恵の女神ミネルバ、水辺で金を掘る労働者、そして背景に港に停泊している船と山が配置されている。1849年、カリフォルニア州もよく似た紋章を採用した。こちらにも女神ミネルバが描かれているが、左を見ている（画像左）。水辺で採掘している労働者と港の船は同じだ。ミネルバの足元に、カリフォルニアハイイログマが立っている。
>
> 州の紋章をデザインした功績は、インディペンデント・オーダー・オブ・オッド・フェローズのメンバーであるロバート・S・ガーネットに与えられた[17]。ガーネットがロッジとカリフォルニア州双方の紋章を手がけたか、少なくともロッジの紋章を原型にしたと考えられている。残念ながら、カリフォルニア第1ロッジおよびカリフォルニア州の紋章に関する文字記録は、1906年のサンフランシスコ地震で失われてしまった[18]。
>
>

ていった。まもなく、この時代の開発中の町では、ロッジの設立が一般的になる。通常は、町の中心部にある建物がロッジとされた。こうした建物はメンバーの集会所としてだけでなく、その土地で初めての学校や裁判所、法廷、公民館としても機能した[19]。生まれて間もない町の指導者、開拓者の多くはオッド・フェローズのメンバーだった[20]。よって、発展途上地域での法と秩序の確立をオッド・フェローズが何らかの形で支援したことになる。その後すぐに、夫を亡くした女性たちや孤児のために墓地や家を建てるようになった。

第11章

アメリカ南北戦争

American CiVil War

植民地化当初から、奴隷制は北米全土で容認されていた。工場生産システムの成長と移民の増加によって北部の州では奴隷の必要性が減少したが、南部の州では事情が違った[1]。南部は移民が少なく、大きな都市もほとんどなく、工場生産システムの進歩も遅かったため、北部に比べてはるかに停滞した状態だった[2]。綿花工業が継続的な成長を遂げていた南部では、奴隷労働力を充てたほうが生産コストを低く抑えることができたので、奴隷制が不可欠な要素になっていた。1860年だけでも、綿の輸出額はアメリカの全輸出額の57%に相当する1億9100万ドルに達した[3]。約400万人の奴隷が雇い入れられ、資産として計算すると、少なくとも20億ドルの価値があった。奴隷制の廃止は南部経済全体の崩壊、そして南部の奴隷所有者にとっての大きな経済的損失を意味した[4]。

1860年の大統領選挙中、エイブラハム・リンカーン率いる共和党は米国における奴隷制の拡大に反対した。その結果、綿花生産を基幹産業としていた南部の7州が1861年3月4日のリンカーン大統領就任式の前にアメリカ合衆国から離脱し、ジェファーソン・F・デイビスを大統領とする南部連合国を形成した。内戦が始まり、約210万人の北部人と88万人の南部人が武器を取り、1861年から1865年まで戦うことになった[5]。

内戦下のオッド・フェローズ

開戦当初、南部ではオッド・フェローズが所有する多くの建物が放棄され、あらゆる式服や書籍、記録文書が放置されてしまった。強制的に奪われたり、兵舎として使用されたりした建物もあった[6]。他の建物は病院、食堂、さら

奴隷解放宣言を書くリンカーン大統領。三つのリンクの鎖が施された書物、地球儀、秤など、背景にオッド・フェローズの象徴性が感じられるものが描かれている。絵：デビッド・ギルモア・ブライス作、1863年。

にはその場しのぎの遺体安置所となった[7]。書籍や記録文書をはじめとするさまざまなものが単純で悪質な好奇心にさらされ、破棄された。建物が破壊され、貴重品が強奪されることもあった。オッド・フェローズのメンバーだった一部の兵士たちは書籍を集めることに尽力し、合衆国グランドロッジに渡して安全に保管してもらうことにした[8]。

合衆国グランドロッジ（現在はソブリン・グランドロッジと呼ばれている）が開催した1861年の総会では、グランドサイアーであるR・B・ボイルストンと11カ所の南部グランドロッジに所属する30人のグランド・レプレゼンタティブが欠席した[9]。出席者はオッド・フェローズが「政党や宗派の区分や分類を超え、オッド・フェローズ精神の永続性を再確認し、あらゆる場所にいるメンバーに対し、オッド・フェローズ関連の建物に一歩入った瞬間から、すべての政治的相違を内部に持ち込まないよう促す」と宣言する決議を採択した[10]。この決議は全会一致で可決され、忠実に遵守されることとなった。南部諸州のメンバーとの友愛の絆は、彼らが戻るまで椅子を空けたままにしておくことで確認された[11]。この総会にはトーマス・ワイルデイも参加していたが、彼にとって最後の出席となった。北米オッド・フェ

アメリカ南北戦争　075

ローズの創設者ワイルデイが亡くなったのは、1カ月後だった[12]。

1862年、デピュティ・グランドサイアーのミルトン・ハーンドンは、困っている人々に奉仕し続けるIOOFを称賛した。南北が争う状態にあっても、オッド・フェローズのメンバーはお互いに忠実であり、亡くなったメンバーの寡婦や孤児を助けるという厳粛な誓約を守り、メンバーの葬儀を執り行った[13]。当時は、カナダやオーストラリアなど他国でもロッジを設立する取り組みが進められていた[14]。1863年、グランド・レプレゼンタティブは南部諸州のメンバーに対して政治的なわだかまりが一切ないことを再確認し、欠席中の南部諸州の代表者に会議の議事録を送るようグランド・セクレタリーに指示した[15]。彼らはまた、一定の金額をメンバーに支給する福利厚生プログラムを採用した。1864年には、経済的に困窮しているメンバーとその家族の救済、孤児の教育、および亡くなったメンバーの埋葬に合計46万2196ドルが費やされたことが報告された[16]。トーマス・ワイルデイを称える記念碑の建設費用として、1万2077ドルを供出することも決定した[17]。

Column

アンダーソンビル捕虜収容所

一方、ジョージア州のアンダーソンビル捕虜収容所では、収容者たちがきわめて厳しい状況の中で日々を過ごしていた。水を飲み、洗濯をして体を洗い、排泄物が流されたのは同じ小川だ。生活スペースは木の枝と板、テントの一部や毛布の切れ端で作られていたので、収容者たちは夏の暑さにも冬の寒さにも苦しめられた[18]。ただ、オッド・フェローズのメンバーは幸運だったと言えるだろう。兄弟愛の誓約に忠実であり続け、戦争中にもかかわらず、同情し合っていたからだ。収容所の内外で「兄弟たち」から特別な援助を受けることができた[19]。テントが届くと、オッド・フェローズのメンバーの南軍看守は、メンバーの収容者が最初に手にしていることを確かめた[20]。

しかし、収容所内には「レイダーズ」と呼ばれる150人〜500人の北軍収容者から成るギャングがいて、情報と引き換えに食料やより良い待遇を求めていた。それだけではない。仲間から強奪し、暴力を振るい、殺し、支配していたのだ[21]。1864年、リロイ・L・キー軍曹が率いる北軍収容者のグループが「レイダーズ」に対抗する内部勢力として「レギュレーターズ」を組織した。「レイダーズ」の指導者たちは最終的に裁判にかけられ1864年7月11日に6人が収容所内で絞首刑に処された[22]。

アンダーソンビル収容所内で「レギュレーターズ」を創設し、有名人となったリロイ・L・キー軍曹は、IOOFのメンバーだった。彼は1880年12月2日に亡くなり、イリノイ州スプリングフィールドにあるオークブリッジ墓地にあるオッド・フェローズのメンバー用区画に埋葬された。

第11章

南北戦争の終結

1865年4月9日、南軍のロバート・E・リー将軍は北軍のユリシーズ・S・グラント将軍に降伏した。その5日後にリンカーン大統領が銃撃され、翌朝早くに亡くなった。1865年5月10日、ジェファーソン・F・デイビスがリンカーン大統領暗殺の首謀者として告発され逮捕された。他の南軍の将軍たちも最終的に夏までには降伏し、合衆国全土に平和が広がり始めた。

南部諸州との通信が可能になった直後、合衆国グランドロッジが南部諸州すべてのIOOFグランドロッジに手紙を送り、現状について尋ね、アドバイスと励ましを与えた(23)。

合衆国グランドロッジは「不断の団結を宣言し、北部州と南部州のグランドロッジ間の兄弟関係の再確立を妨げるものがないことを知らせる」という内容の声明を採択した(24)。IOOFの組織内で解体された可能性があるすべてのグランドロッジとグランド・エンキャンプメントに対し、再編成して組織としての活動を進めることが奨励された(25)。合衆国グランドロッジはさらに、南部諸州のロッジが必要とする物資をすべて提供した(26)。

1865年4月26日、グランドサイアーのアイザック・ヴィーチは、メンバ

1861年から1865年まで南部連合国の大統領を務めたジェファーソン・F・デイビス（左）と、1864年から1869年までアメリカ陸軍の指揮官を務めたユリシーズ・グラント。2人ともIOOFのメンバーだった。

ーおよび市民と共にメリーランド州ボルチモアに集まり、ワイルデイ記念碑の礎石を設置した(27)。オッド・フェローズのメンバーは黒い服をまとい、一部は交差した羊飼いの杖がシンボルとして刺繍されたハイプリーストの式服を身につけていた(28)。この式典が行われたのは終戦直前で、「南北間の最初の親交的行為」であるとされた(29)。南北戦争中激しく戦った者同士が、IOOFの式服に身を包み、兄弟として隣り合って行進した(30)。1865年9月18日に行われた合衆国グランドロッジの式典には、南部諸州の代表者も出席している。フロリダ州およびノースカロライナ州の代表は、それぞれのグランド・レプレゼンタティブが突然亡くなってしまったため欠席だった(31)。握手、温かい抱擁、気持ちがこもった挨拶、感動の声、そして喜びの叫びが

続いた。グランドサイアーを務めるジョン・ケネディは頬を涙で濡らし、手を差し伸べながら「ジョージア、お会いできてうれしいです」と語りかけた[32]。一方、同じくグランドサイアーを務めるヴィーチは椅子から登って机の上に立ち、叫び、踊った[33]。「戦争が終わった！　兄弟たちが戻った！」——その場にいるすべての者の喜び、そして祈りの声がひとつになった[34]。この会合では南部州のIOOF代表の議席が空席だった前回の会議とは異なり、ほぼすべての席が埋まっていた。グランドサイアーは、戻ってきた南部州のメンバーを歓迎し、友愛精神の原則は戦争によって揺らぐことがない本質的で基本的な真実であると語りかけた[35]。合衆国グランドロッジは、支援を必要とする人々の救済のために合計50万7957ドルを支出した事実を報告している[36]。

ワイルデイ記念碑の献納

南北戦争後、ジェファーソン・デイビスは連邦刑務所に収監され、裁判が開始されるのを待っていた。彼は看守に軽蔑され、ひどい扱いを受けていた[37]。訪問者に会うことも許されず、看守も彼との会話を禁じられていた。当時は、トーマス・ワイルデイ記念碑の献納の準備が進んでいた[38]。近づく式典について聞いたデイビスは、これについて時々質問した。ある日デイビスに新しい担当看守が割り当てられたが、この人はデイビスに親切に接した[39]。会話の流れで、デイビスはこの式典に参加する将軍のひとりがオッド・フェローズのメンバーであることを知った[40]。そこでデイビスは若い看守を説得し、その将軍にメモを渡してくれるよう頼んだ[41]。何日か経ったが、何の知らせもない。しかし献納式の前日に将軍がデイビスの独房を訪れ、看守にドアを開けるように命じた。外に出たデイビスは、将軍に手を差し伸べ、メンバーだけがわかる握手を交わした[42]。

1865年9月20日、ボルチモア市は休日を宣言した。最高の馬車が連邦刑務所に到着し、ジェファーソン・デイビスが献納式会場まで送り届けられ、特別ゲストとして賓客のすぐそばの席に座って式典を見守った[43]。出席したすべての役員とメンバーは黒いスーツに身を包み[44]、ロッジのメンバーと役員は白、エンキャンプメントの代表たちは黒い手袋を着用していた[45]。式の進行中はアウトサイド・ガーディアンが剣と横断幕を捧げ持ちながら行進し、それにメンバーが続いた。各ロッジの最後の列に並んでいたのは剣を持ったインサイド・ガーディアンだった[46]。

警察と軍から成るグループの一部には、式服を着たオッド・フェローズのメンバーも並び[47]、ボルチモアの

 第11章

アメリカ中から5万人のメンバーと賓客を集めて行われたトーマス・ワイルデイ記念碑の献納式。IOOFソブリン・グランドロッジのコレクションより。

IOOFが世話をしている約30人の孤児を乗せた5台の大型車が大きな注目を集めた[48]。少女たちは白い服を着て、オッド・フェローズが存在するすべての州と準州の名前が書かれた盾を手にしていた[49]。車は白、ピンク、青、緑、緋色といったロッジでの階位を示す各色で装飾され、白いスーツを着た6人の騎手に護衛されていた[50]。車の後を歩いていたのは、こちらもIOOFの保護下にある約350人の年長の孤児たちだった。それに続いて歩いていたのは、各州のロッジやエンキャンプメントを代表する何千人ものメンバーたちだ。深紅色の布でできた車輪付きのテントがイヌワシを載せ、6頭の馬に引かれていた[51]。テントの下には紫のベルベットのローブを着たハイプリーストが座り、槍で武装したガーディアンたちが周囲を守っていた[52]。行列の最後にいたのは、合衆国グランドロッジの上位の階位のメンバーたちだ。さらには、行列には約15ものブラスバンドが参加した[53]。

アメリカ南北戦争　079

Column

友愛精神の神髄

献納式の途中で、ダン・ノークロスというカリフォルニア出身のメンバーがウィリアム・バーンズという南部出身のメンバーの隣に立ち、「式服を持っていないのですか？」と尋ねた。バーンズは「式服はありません。買うお金もありません」と答えた。美しい首掛けを外しながら、ノークロスはバーンズに「私のものを使ってください」と言った。バーンズは後に、ジョージア州IOOFグランドロッジのパスト・グランドマスター、およびカリフォルニア州グランド・エンキャンプメントのグランドスクライブの座に就いた人物だ。彼は生涯を通じてノークロスがくれた首掛けを持ち続け、1915年になって、友愛精神の神髄についてのこの話を誇らしげに語った[54]。

080　第11章

第12章

友愛主義の黄金時代

Golden Age of Fraternalism

　アメリカ南北戦争は、経済的および道徳的大惨事だった。多くの人々が家族や家を失い、それが「国民意識を高め、人々をひとつにまとめてロッジに加入するという行動に仕向けた」[1]。

アメリカでは、オッド・フェローズやフリーメーソンをモデルに「戦争していた男たちが再び兄弟として向き合い、戦争によって断たれた兄弟関係を再現するための手段」として、多くの友愛

この時代、オッド・フェローズのロッジでは100人以上のメンバーが集まって会合が行われていた。メンバー数が500名を超えるロッジもあった。よって、各ロッジが大きな建物を建設した。著者のコレクションより。

友愛主義の黄金時代　081

団体や社交クラブが結成された[2]。

　1890年から1920年にかけてアメリカに入国した1800万人以上の移民も、会員数の増加を促進した[3]。これにより、個人向けであれ特定の集団向けであれ、何百もの友愛団体、慈善団体、大学の友愛団体および女子学生クラブ、そして民族団体が急増した。イギリス人、スコットランド人、北欧人、アイルランド人、プロテスタント、カトリック、反カトリック、禁酒派、鉄道員、機械工など、当時はさまざまなグループが存在していた[4]。友愛組織は、入会式に関する資料をさまざまな言語に翻訳して印刷する必要に迫られる。当時の北米文化における人種差別的性質に配慮し、アフリカ系アメリカ人も独自の友愛組織や共済組合を形成し、数を増やしていった。1860年から1870年までに、他の多くの友愛組織がインディペンデント・オーダー・オッド・フェローズ（IOOF）に倣い、女性のための外郭団体を設立した。当時のアメリカでは女性の友愛組織参加を許可すべきかどうかがまだ議論されており、レベッカ・ロッジが有意義な実験的組織になったといえる[5]。

　1896年には、150を超える組織に属する約7万のロッジが存在していた。会員数としては約81万人がオッド・フェローズ、75万人がフリーメーソン、47万5000人がピシアス騎士団、そしてさらに他のグループのメンバーが多くいた[6]。同年、プリンス・ホール・フリーメーソンなどのアフリカ系アメリカ人の友愛団体の会員数は22万4000人、グランド・ユナイテッド・オブ・オッド・フェローズ（GUOOF）は13万350人に達していた[7]。その年のアメリカ国内の友愛組織の会員総数は、約1900万人の人口のうち約640万人を占めていた[8]。当時の男性の少なくとも8人に1人が友愛組織のメンバーだったとする資料もある[9]。こうした友愛組織や共済組合の多くは儀式の内容を見直し、式服の見栄えを良くし、魅力的な福利厚生システムを充実させることで競い合い、著名人を惹きつけようとした[10]。二つ以上の組織に所属することが一般的になったため、ほぼすべての著名人がオッド・フェローズかフリーメーソンのいずれか、あるいは双方のメンバーとなった[11]。さらに、オッド・フェローズとフリーメーソンは初期の慈善活動に広く関与し、1897年には6億4900万ドル以上を救済援助に費やした[12]。この時代における三大友愛組織だったオッド・フェローズ、フリーメーソン、そしてピシアス騎士団は、経済的に困窮しているメンバーを助けるため、個人的な贈与を除いて1年あたり推定1億7600万ドルを費やした[13]。1870年から1920年にかけて人々が友愛組織への加入を急

第12章

1912年頃カナダのウィニペグで行われたオッド・フェローズのパレード。IOOFソブリン・グランドロッジ提供。

いだこの驚くべき時代は、「友愛主義の黄金時代」として知られている。

 最大の友愛組織

南北戦争の終結直後に、経済的に困窮し壊滅的状態にあった地域でロッジを復活させるための措置が取られた。1869年にオーストラリアのエンシェント・インディペンデント・オーダー・オブ・オッド・フェローズが合衆国グランドロッジと提携したのは、重要な出来事だった[14]。同じ年、IOOFはカリフォルニア州サンフランシスコで年次総会を開催し、東海岸から西海岸まで列車で移動した史上初の全国組織となった。他国にロッジを開設するためにさらなる措置が取られ、1870年、IOOF傘下のロッジがドイツに設立された[15]。19世紀の終わりまでに、IOOFは世界各地に広がり、南北アメリカ大陸、オーストラリア、ニュージーランド、アジア、アフリカ、そしてヨーロッパのほとんどの国にロッジが設立された。

1900年から1910年にかけ、IOOFは毎年平均12万4175人の新会員を受け入れ続けていた。1910年末の時点でメンバーの数は150万人を超え、北米に1万7705のロッジがあった[16]。IOOFの組織としてのピークは、190万人を超えるメンバーと1万6986のロッジ、そして8500万ドルという潤沢な資金を有していた1921年だった

と考えられる[17]。他の二つの主要な関連組織であるマンチェスター・ユニティ・インディペンデント・オーダー・オブ・オッド・フェローズ（MUIOOF）とGUOOFを合わせると、この年には350万人以上のメンバーが在籍していたことになる[18]。この数字に加え、9793に上るIOOF傘下組織のレベッカ・ロッジが100万人以上の女性メンバーを擁し、130万ドル以上の資金を保有していた[19]。1929年、ソブリン・グランドのグランドサイアーを務めるフランク・マーティンは、自信に満ちた口調でこう語った。「オッド・フェローズには米国で225万人以上、世界で300万人以上のメンバーがいる」[20]。オッド・フェローズの人気はやがて国際的になり、遠くはシリアでロッジが設立されるまでになった[21]。

 ## 複雑な儀式

友愛組織の数が非常に多くなったため、北米ではさまざまなグループ間で健全な競争が生まれた。オッド・フェローズやフリーメーソンは入会儀式を見直し、より複雑でより長いものに変更した。多くの友愛団体が、通常の講義や問答式教授法の代わりに贅沢な衣装、槍や剣などの小道具を盛り込んだドラマ仕立てに変えていった。劇のように進行するタイプの儀式は、入会希望者に道徳的原則を教える方法であると同時に、娯楽の提供と資金集めとしても機能した。メンバーは階位が上がるたびに料金を支払う必要があり、通過儀礼への参加は、役者として劇場の舞台に立つことに似ていた。儀式の内容が風変わりになるにつれ、より多くの人々が参加したがるようになった。

神＝至高の存在への信仰

19世紀後半、無神論が無視できないほどまでに台頭すると、信仰心のあるアメリカ人は脅威を感じるようになった。神の存在を固く信じていた当時のIOOFソブリン・グランドロッジの代表者たちは、1893年に会員資格として「至高の存在への信仰」を盛り込んだ[22]。これはこの時代の友愛組織で共通していた必須条件である。

疾病および死亡保険の最大供給者

友愛組織の多くは生活保護と厚生、そして雇用を保証するシステムが整っていなかった時代に、メンバーの世話をするための方法として始まった。当時、病気や死亡に対して給付を行う保険会社や政府による仕組みは存在していなかった。一家の稼ぎ頭の病気や死はしばしば貧困を意味し、埋葬も家族の責任によって行われるべきものだった。

20世紀以前の時代、生命保険は裕福な人しか利用できず、平均的な労働者階級の財政能力を超えていた。こうした理由から、合衆国オッド・フェローズは困っている家族を支援する方法として病人を訪問し、死者を埋葬し、孤児を教育し、寡婦や高齢者の世話をする責任を負った。メンバーになることの社会的側面はさておき、オッド・フェローズの主な魅力は、今の時代の人々が享受している多くの慈善・福祉事業がまだなかった時代に、メンバーと家族を保護し、世話をするという献身的姿勢だった。

　当初、オッド・フェローズは慈善事業としてメンバーへの資金提供を行っていた。やがて、「オッド・フェローズ・レリーフ・アソシエーション」という名称の団体が、メンバーの手によってロッジとは別に複数立ち上げられ

1881年のオッド・フェローズの共済組合カード。チフスで亡くなったメンバーのため、1ドルの特別寄付を知らせる内容。著者のコレクションより。

る。しかし1863年、IOOFは「社会の流れを生み出す上での主要な存在となり、社会保障制度の前身的存在となった。以前の時代にほとんどの友愛団体が行っていた無計画な財政的援助の許可ではなく、明確なスケジュールにのっとって行われる確実な給付を実現させた」[23]。

　オッド・フェローズはまた、メンバーに提供される援助を「慈善」と「救済」ではなく、「利益」と「権利」という言葉に置き換えることで、友愛主義で用いられる文言を見直す上でも役立った[24]。よって、ロッジからの支援は寄付ではなく会員の権利と見なされ、社会的身分や経済状態とは無関係に、病気にかかったすべての会員に対して支払われた。こうした文言は、一時的な危機に陥ってロッジから財政援助を受けるメンバーが恥じたり、自尊心を失ったりしないようにするため用いられるようになったのだろう[25]。相互扶助の仕組みは成功し、寄付をしたメンバー

多くの組織がロッジ内での共益法人としてスタートした。早ければ1870年の時点で、リグリー・プロテクティブ・アソシエーションという組織が存在していた。この組織は、1840年から1881年まで合衆国グランドロッジのグランド・セクレタリーを務めたジェームス・L・リグリーから名付けられた。秘密の合図と合言葉の他に、病気にかかったり事故に遭ったりしたときの身元確認のため、メンバーは指輪やバッジ、サスペンダー、そして認識票を身につけていた。

友愛主義の黄金時代　085

1913年、テキサス州ヒューストンで開催されたIOOFテキサス州グランドロッジの総会。著者のコレクションより。

1918年、IOOFインディアナ州グランドロッジの総会にて。著者のコレクションより。

1921年、ミシガン州ランシングで開催されたミシガン州グランドロッジの総会にて。著者のコレクションより。

第12章

友愛主義の黄金時代 087

が援助を受けることもあったのだ[26]。

1863年から1925年にかけ、IOOFはアメリカとカナダで最大の疾病保険供給者となった。病気になったメンバーは、欠勤中の給料を補うため週あたり約3ドルから6ドルの定期給付金を請求できる[27]。ロッジの共有資金は医療費の支払いや薬品の購入代金に役立った。さらには、亡くなったメンバーの埋葬料金は通常ロッジが支払い、大黒柱を失った家族や孤児にも援助の手が差し伸べられた。こうすることで、遺族は救貧院の世話になる不名誉や貧困者向け墓地への埋葬という気まずさから守られることになった。1900年から1910年にかけて財政力が大幅に強化され、IOOFは経済的に苦しんでいるメンバー、世帯主が亡くなってしまった家庭、孤児、死者の埋葬およびその他の慈善事業に対して、年間平均440万ドルを支出できるまでになった[28]。

エンキャンプメントなどの他部門組織は年間平均30万ドル、レベッカ・ロッジは救援と慈善のために年間平均7万700ドルを支出した[29]。1910年末、IOOFはすでに総額1億3600万ドル以上を救援・慈善目的で支出しており、組織全体の年間収入は2億7500万ドル以上に達していた[30]。今日の貨幣価値にすると、膨大な金額になる。IOOFでは、相互扶助を通じて貧しい人々が貧しい人々を助けることができた。こうした行いには、次のような教訓が込められている。「労働者階級は、効果的で組織化された大規模な自助努力の仕組みを創り出すことができた。これは、受給者とは異なる経済階級・社会的地位の人々によって運営されていた当時の大規模かつ官僚的な性質の慈善団体とは一線を画すものだった」[31]。

慈善事業の展開

IOOFは孤児院、老人ホーム、診療所など重要な社会福祉施設の確立、そして予防治療に特化した医療施設と墓地の設立を重視する姿勢を通して、優れた行政手腕をさらに証明した。1872年、ペンシルバニア州グランドロッジが孤児の世話と教育、寡婦や高齢者の支援に特化したオッド・フェローズ・ホーム・オブ・ウェスタン・ペンシルバニアを建設し、IOOFはこの種の施設を建設した初の友愛組織になった[32]。ほどなくして、アメリカのほぼすべての州、カナダ、そしてオーストラリアに、オッド・フェローズ・ホームが建設されるようになった。寡婦、孤児、高齢者に対するケアを提供しながら、あらゆる側面において機能する自立型小規模コミュニティという位置づけができる施設だ。1909年、デンマークIOOFはバージン諸島のセントクロイ島にハンセン病患者のための病院を建

CLINTON LODGE
NO. 98, I. O. O. F.

LOCK HAVEN, PA., MAY 24, 1904.

To the N. G., V. G., Officers and Members of *Seely Creek*

Lodge, No. *641* I. O. O. F.

DEAR SIRS AND BROTHERS:—

It is with deep regret that, for the first time in the history of this Lodge (which was instituted in 1844) we are compelled to appeal to our sister Lodges in this Jurisdiction to solicit aid in behalf of our worthy Brother, P. G. J. D. Miller, who as you can see in this picture, had both legs cut off on a railroad on March 31, 1903, on his way home from his work (he being an axe maker by trade) by avoiding one train of cars he stepped in front of another train and was in this way crippled for life.

Brother Miller is a poor man; he is 41 years of age; he has a wife and two children to support and he has no means of support except what aid he receives from this Lodge and his Brothers in the Fraternity, and this Lodge is not conditioned financially to make further donations.

Now Brothers, this is a very deserving case, and we hope it will receive a generous consideration at the hands of the Fraternity. Our aim is to start the Brother in a small business to make a living for himself. Therefore, Whereas, Clinton Lodge never refuses to assist Brothers in distress by appeal, we feel justified in making this our first appeal to our sister Lodges in time of need.

Send all contributions to GEORGE A. MILLER.

No. 518 E. Main St.,
LOCK HAVEN, PENNA.

We hereby submit the following as a true and correct report of this Lodge:

Number of members in good standing	55
Amount paid by the Lodge or its members to the petitioner	$266.50
The fee for initiation	8.00
Weekly dues	.10
Funeral assessments	member 75 cents; Wife 35 cents
Weekly benefits	$3.50 first 15 weeks; 37 weeks $2.00, after $1.00
Funeral benefits	Member $50.00; Wife $25.00
Invested funds	....
Cash in hands of officers	....

Resolved, That should the prayer of our petition be granted, we do hereby promise and agree to yield a strict compliance with the requirements of Sections 2 and 3 of Article XXXII of the By-Laws of the Grand Lodge.

Fraternally submitted,

S. G. DAVIS, Noble Grand,
GEORGE A. MILLER, Secretary.

I. O. O. F.

Office of the Grand Master of the
Grand Lodge of Pennsylvania.

Approved, Philadelphia, June 24, 1904.
GEORGE HAWKES, Chairman
AMOS H. HALL
CHARLES CHALFANT
JAMES H. AVERY
J. P. HALE JENKINS
Committee on the State of the Order.

SEAL OF GRAND LODGE

Approved, ROBERT GRAHAM,
Grand Master.

ATTEST:
JOSEPH H. MACKEY, Grand Secretary.

他のメンバーが困窮を克服するのを助けることがオッド・フェローズの義務であり、伝統だった。著者のコレクションより。

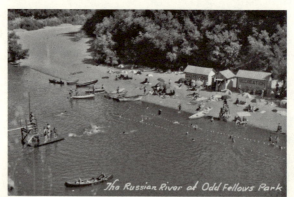

孤児院や老人ホーム、そして墓地を建設するかたわら、オッド・フェローズとレベッカはアメリカ国内およびカナダのキャンプ地や公園を買収し、メンバーの家族のレクリエーションに使った。

1898年、イリノイ州マットゥーンにオッド・フェローズのホームが建設され、孤児や寡婦、そして退職者の住居となった。農場が併設され、施設の運営に専従する人たちもいた。

オッド・フェローズの各ロッジはすべて墓地あるいは埋葬用地を確保していた。写真は1894年に建設されたミズーリ州ニュートニアのIOOF墓地。

第12章

設する計画に協力した(33)。

　しかし、IOOFの慈善事業は物的・財政的援助に限定されるものではなかった。主要な目的としてしばしば言及されたのは、倫理的または道徳的な援助である。通過儀礼で伝えられる数々の教えを通し、同胞に思いやりを持ち、他の人々の信念に寛容であり、過度の飲酒を避け、あらゆる形の悪と戦うよう求められた。

　メンバーは病気にかかった時や経済的につらい時期、お互いを訪問した。無職になってしまったメンバーの仕事探しを手伝うこともあった。住んでいる地域で見つけられなかったら別の都市に移動させ、ロッジを通して資金提供をしながら、仕事を得られるまで旅を続けられるようにした。メンバーが亡くなると、ロッジの役員が葬儀を取り仕切り、旅立ったオッド・フェローズの兄弟あるいはレベッカ・ロッジの姉妹に敬意を払う儀式を行うための時間を与えてくれるよう遺族に許しを請うた。オッド・フェローズは、お互いを思いやり、お互い分かち合うという行動様式を尊重したからこそ、メンバーの数が大幅に増加することになった。

友愛主義の黄金時代　　091

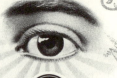

第13章

第一次世界大戦

World War 1

　第一次世界大戦の宣戦布告は、文明世界全体に衝撃を与えた。金融、商業、および産業界の大部分を一時的に麻痺させるほどの効果があり[1]、本質的なものの変化、不安な世界状況、対外戦争に巻き込まれた男性の数によって、多くの市民団体や友愛組織は集会を開催し続けることが難しくなった[2]。大部分のメンバーがヨーロッパ・アジア戦線に向かったオッド・フェローズは、

ロードアイランド州プロビデンスのIOOF製造業従事者第15ロッジの第一次世界大戦復員兵グループ。著者のコレクションより。

会員数の大幅な減少に見舞われることになった[3]。

1916年には、オーストラリアのIOOFのグランド・セクレタリーが「戦争が大きな不満の原因となった」と語っている[4]。4000人を超えるメンバーが軍事訓練や戦線で活動していたオーストラリアのIOOFは、会員数を急速に減少させることになった[5]。また、病人や負傷者への救援、そして戦死者の遺族からの葬儀費用の請求により、ロッジの資金が大幅に減少し[6]、アルバータ州とオンタリオ州では、多くのメンバーが志願して兵役に就いた[7]。

1917年、ブリティッシュ・コロンビア州IOOFグランドロッジでは、推定約1万人のメンバーが志願して軍に入隊した[8]。IOOFソブリン・グランドロッジは、1917年だけで合計6万7858人のメンバーが兵役に就いていたとしている[9]。スイスのオッド・フェローズは会員数の増加と良好な財政状態を報告したが、ヨーロッパの戦争の影響が多くのロッジの繁栄を妨げたことに変わりはない[10]。対照的に、北米本土とヨーロッパ以外のオッド・フェローズは移民によって会員数が増加した。たとえば1916年、日本ロッジは自国にやってくる外国人の数が増えたため、会員数が増加したと報告している[11]。アラスカ、キューバ、ハワイ、メキシコ、パナマ、フィリピンのロッジで同じことが起こった。

 ## 深刻な経済問題

アメリカとカナダの一部の州で会員数の増加が報告される一方で、全組織的に見る純増加数は過去に比べてかなり少なくなった。多くのグランドロッジから会員数の減少が報告されたが、これは兵役に就くメンバーが多かっただけではなく、経済状況が悪化した州があった事実も理由として挙げられる。

コロラド州では、炭鉱のストライキが産業全般に影響を与え、多くのロッジが会員数の維持に苦労した[12]。カンザス州では1913年末に農村地域で不作が発生した結果、会員数が減少した。カリフォルニア州では多くの鉄道員と整備士が一時解雇され、州全体でかなりの数のメンバーが減少する悪影響に見舞われた[13]。農業州であるジョージアとノースカロライナは、ヨーロッパでの戦争の結果、綿花価格の下落によって深刻な影響を受けた[14]。ノースカロライナ州では海岸部の漁業部門が2年間にわたって大規模な不漁に襲われ、多くのメンバーが1年間の収入を失ったり、解雇されたりした[15]。

製材業と海運業が衰退したワシントン州では、多くの労働者が他の土地に仕事を探すことを余儀なくされた[16]。オーストラリアでは、深刻な干ばつが

オッド・フェローズはヨーロッパおよびアジア戦線の兵士たちにとってのソーシャル・ネットワークとして機能した。1919年、ドイツのオッド・フェローズ・クラブによって開催された食事会にて。著者のコレクションより。

国土の大部分を壊滅状態に陥れ、経済状況の悪化をもたらした[17]。1918年、北米はインフルエンザの大流行に襲われ、保健当局の判断によってイリノイ州、インディアナ州、アイオワ州、マサチューセッツ州、ミネソタ州、ネバダ州、ニューハンプシャー州、ニューヨーク州、ノースダコタ州、オハイオ州、ケベック州、サスカチュワン州、ユタ州の膨大な数のロッジが数週間にわたって会合を禁止された[18]。アイオワ州では各ロッジを2、3カ月ほど閉鎖したと報告されている[19]。オレゴン州では、約4カ月間会合を開くことができなかった[20]。同じ年、ミネソタ州北部は壊滅的な火災に見舞われ、マサチューセッツ州とコネチカット州を合わせたよりも広い面積の地域が焼失してしまった[21]。多くの家屋、村全体、さらには人口1万人の町までが完全に破壊された。こうした事態に応じ、北米中のソブリン・グランドロッジとグランドロッジの被害者支援を目的にした募金は、2万8574ドル41セントに達した[22]。

こうした状況により、多くのメンバーがロッジの会合から遠ざかり、年会費の支払いを怠るようになった。1915年、テネシー州では544人のメンバーを失った[23]。プエルトリコではロッジはいかなる会議においても議決に必要な定足数を維持することができず、最終的には1915年にロッジとしての認証を返上することになった[24]。

戦争中の兄弟愛

戦争はメンバーの負傷や障害をもたらしただけではなく、多くの寡婦や孤児も生み出した[25]。北米でも外国でも、メンバーおよびその家族に可能な限りあらゆる方法で支援を提供するための

第13章

措置が取られた[26]。失業や兵役のために年会費を支払うことができないメンバーに対し、グランドロッジおよび各ロッジは「会費の不払いを理由に会員資格停止を避ける」ためあらゆる努力を払い[27]、「失業中または経済的問題に陥っている会員は組織全体からの助けを受ける必要があり、そうするべきである」という事実を強調した[28]。

開戦当時、ソブリン・グランドロッジは、IOOFが「戦争ではなく平和のみを支持するが、戦争中でもメンバーの最良の状態を確保し、公正な扱いの徹底に対して大きな責任がある」ことを明確にした[29]。「IOOFは国際機関であるため、所属国以外の国で兵役に就いたメンバーであっても、病気になった場合はIOOFの支援を受ける権利がある」と強調していた[30]。これに続き、ソブリン・グランドロッジは陸軍および海軍で兵役に就いているメンバーを救済する議案を採択した。これによって「いかなる会員も、会費の不払いを理由に資格停止処分を受けることはなく、陸軍および海軍での兵役期間において、いかなる権利または特権も失うことはない」とされた[31]。これを実現するため、多くのグランドロッジとロッジが、該当メンバーの会費を賄うための資金を調達した[32]。1917年、ソブリン・グランドロッジによって戦争救援委員会が設立され、海外で兵役

に就いているメンバーやその他の人々、および帰国後支援を必要とする可能性のある人々のために7万5000ドルが確保された[33]。同じ年、オッド・フェローズ陸軍／海軍兵士救済基金が導入され、困っている同志を支援するためにすべてのメンバーから、1ドル未満の金額が徴収された[34]。

IOOFはまた、すべてのロッジがすべての兵士とその扶養家族についての記録を保管していることを確認した[35]。さらには、多くのロッジが赤十字やYMCA、およびその他の戦争関連救済事業に対する寄付および運営に関わっていた[36]。国際的には、ニュージャージーのIOOFグランドロッジがパーシング将軍のフランスの本部に、兵役に就いているメンバーおよび非メンバーでも使用できる部屋を提供していた[37]。爆発物運搬船がカナダのハリファックスで誤爆事故を起こしたとき、ソブリン・グランドロッジは、3万8834ドル51セントを寄付してIOOFハリファックス救済基金を立ち上げた[38]。

この期間、IOOFには寡婦、孤児、高齢者、そして経済的に恵まれていないメンバーのための55カ所の施設を運営していた。1919年には救援と慈善活動のために700万ドル以上を費やしたが、これは毎分10ドル、1時間ごとに600ドル、そして毎日1万5000ドルという金額になる[39]。1918年には約

9000世帯、14万人のメンバーを支援し、22万5000ドルを約7万人の孤児の教育費に充てた[40]。12万5000人以上のメンバーが、第一次世界大戦で祖国のために戦った[41]。1914年の開戦から1919年の終戦まで、第一次世界大戦を通して、IOOFは病気に倒れたメンバーの救援、埋葬費、寡婦への財政支援、そして孤児の教育に3210万ドル以上を供給した。この金額により、5年間で合計95万7657人のメンバー、一家の大黒柱を失った5万8972の家庭に恩恵がもたらされることになった[42]。

 ## 活躍する女性たち

多くの男性が軍隊に入り、母国を離れて戦地に向かう中、故郷に残ったレベッカ・ロッジの女性メンバーも多くをこなした。戦死で増加した多くの寡婦や孤児を助け、支援していく上で重要な役割を果たしたのだ。ニューヨークでは、メンバーが寡婦や高齢者のための四つの施設、孤児のための二つの施設、およびその他数ヵ所の施設の居住者の世話をするため、ほとんどの時間を費やした[46]。カンザス州では、マンハッタンのユーレカ湖に高齢者と孤児のための新しい施設が建設された[47]。

アメリカおよびカナダ全土のレベッカ・ロッジのメンバーは、赤十字をはじめとする戦争救済団体のため、ボランティア活動を精力的に行った[48]。オンタリオ州では、赤十字やその他の愛国団体に代わって時間をいとわずに活動を展開した[49]。ミシガン州では、赤十字のボランティア活動も担い、孤児となった少年たちの世話をした[50]。オクラホマ州では、多くのレベッカ・ロッジが赤十字との連携体制を確立した[51]。オンタリオ州では、前線で戦うオッド・フェローズのメンバーを元気づけるため、何百もの箱を海外に送った[52]。1917年、イリノイ州で行われた集会の募金6000ドルがアメリカ赤十字本部に寄付され、フランスで兵役に就いている人々のための2台の大型救急車の購入に充てられた上、アメリカ政府の要請に応じて行われた食料品の備蓄

イリノイ・ディグリー・デー

1919年11月19日、イリノイ州スプリングフィールドで2003人のメンバーに対してサード・ディグリー(あるいはディグリー・オブ・トゥルース)の階位が授与される中、驚くべきことがあった[43]。メンバーの中には著名人もいた。イリノイ州知事のフランク・O・ロウデンと国務長官のルイス・L・エマーソンが含まれていたのだ[44]。長く人々の記憶にとどまることになるこれらのメンバーは、1万人の観衆の前で階位を受け取った[45]。

にも寄与した[53]。

その結果、レベッカ・ロッジはオッド・フェローズのロッジと比較しても大幅な会員数の増加を記録した。たとえばニューヨークのレベッカ・ロッジは、1917年だけで2000人の新会員加入と10カ所の新ロッジ設立を報告している[54]。1919年までに、82万4901人の女性が9625カ所のレベッカ・ロッジに所属していた[55]。開戦から終戦までを通し、レベッカは病人や苦しんでいる寡婦の家族への救援資金、また孤児の教育資金として合計70万7451ドル73セントを集めた[56]。

 終戦時には会員が増加！

1919年の第一次世界大戦終戦時、IOOFは米国での設立以来最大の会員数の増加を経験した。カリフォルニア州IOOFは、州全体の活動中のメンバーが合計4万6292人である事実を報告している[57]。コネチカット州では1080人の新メンバーが入会儀式を受け、合計2万6901人になった[58]。オハイオ州IOOFは州全体で合計9万4835人のオッド・フェローズ、5万1439人のレベッカ・ロッジのメンバーを誇った[59]。イリノイ州では、IOOFに8682人、レベッカ・ロッジに4500人の新メンバーが入会した[60]。

1919年末までに、アメリカ4州のIOOFが、活動中のメンバーの総数を以下のように報告している。イリノイ11万7956人[61]、ニューヨーク13万7245人[62]、ペンシルバニア18万227人[63]、オクラホマ4万180人のメンバーと495のロッジ[64]。全体として、IOOFは北米で250万人以上の現役メンバーを誇ることになった[65]。同年、MUIOOFは93万2063人の現役メンバーを擁し[66]、GUOOFの現役メンバーの合計は四捨五入すると30万人となった[67]。これら三つの主要関連組織を合わせると、当時の北米、ヨーロッパ、アフリカ、アジアに400万人内外のメンバーがいたことになる。

 埋葬、孤児、生活困窮者への支援

戦争がもたらしたものに苦しめられる人々を助けるため、IOOFは多くの慈善事業プロジェクトを実行した。終戦時、ソブリン・グランドロッジは第一次世界大戦中に約7万人のメンバーが戦死し、15万人が結核で亡くなったと発表した[68]。こうした状況に対応し、IOOFは墓地を追加建設し、亡くなったメンバーの埋葬費用を支払った[69]。

1919年、スウェーデンのオッド・フェローズは、戦争の影響からの回復を目的にメンバーが個人的に引き取って6カ月間面倒を見る中央ヨーロッパ出身の貧しい子どもたちのための旅費、

食料、衣類を賄うための資金を調達した[70]。また、スウェーデンのグランドロッジは生活困窮者を助けるために一部を現金で、一部を食料品と衣料品という形でベルリンとウィーンに寄付した。ウィーンのオッド・フェローズには、困難な状況で苦しむ赤ちゃんたちを助ける施設のための資金として、10万クローナ以上が送られた[71]。デンマークのオッド・フェローズは、国内で2カ所の孤児用施設を運営していた。1カ所は10エーカーの敷地に二つの建物があり、児童養護施設として機能していた[72]。コペンハーゲンにも施設が建てられ、市外に住むメンバーの子どもたちが学校や大学での就学期間にごく

Column

盛大なパレード

1920年9月29日、マサチューセッツ州IOOFは、組織における史上最大規模のパレードを開催した。32のグループが一斉に並び、パレードに参加した総人数は4万人と推定されている[73]。このパレードは終了するまで何時間もかかり、沿道は観覧台に乗った多くの見物人でにぎわった。

わずかな料金で住めるようにした[74]。1921年、スウェーデンのオッド・フェローズはオーストリア出身の孤児130人、デンマークのオッド・フェローズは400人の孤児の世話をしていた[75]。メンバーは孤児を自宅で引き取って半年以上の間面倒を見る。旅費、衣料費などすべてがメンバーの自発的な寄付によって賄われた。クイーンズランド州では、オーストラリアのオッド・フェローズが戦争中に息子や父親を亡くした高齢者や孤児のためのホームを建設した[76]。

1921年から、若年層向けの道徳的なアドバイスとリーダーシップ訓練を提供するため、IOOFはジュニア・ロッジズ・フォー・ボーイズとシータ・ロー・クラブス・フォー・ガールズの設立を開始した。初期メンバーの多くは戦争中に父親を亡くした子どもたちだった[77]。1927年には、ソブリン・グランドロッジによってIOOF教育財団が設立され、高等教育を受ける若者たちを財政的に支援した[78]。

 Column

第一次大戦期の
オッド・フェローズの諸事業

食糧備蓄

1918年から、IOOFは行事における食糧消費を減らし、州政府の食品管理局を支援するボランティアを派遣して、合衆国食品局に協力した。

平和強制実現連盟

ウィリアム・ハワード・タフト前大統領がIOOFに平和強制連盟への参加を呼びかけ、ソブリン・グランドロッジから4人の委員が派遣され、会議に参加した。

調査委員会

1918年、IOOFのスティーブンソン師と、エンシェント・アンド・アクセプテッド・スコティッシュ・ライト・サザン・ジュリスディクションでインスペクター・ジェネラルを務めるムーア閣下が、海外の友愛組織とメンバーの状態を調査することを目的とした委員会を結成した。彼らはヨーロッパを訪れ、兵役中のオッド・フェローズおよびフリーメーソンのメンバーの状態を調査し、彼らの要求を明らかにした。

緊急時用基金

1919年、ソブリン・グランドロッジは10万ドルの緊急時用基金を創設し、災害を受けたメンバーの救援に充てた。

青少年支部

戦争によって父親を失った多くの青少年を助けるため、16歳から21歳までの若者向け支部の設立案がIOOFソブリン・グランドロッジに提出された。

第一次世界大戦　　099

第14章

大恐慌

The Great Depression

1870年から1920年にかけ、オッド・フェローズは世界最大の友愛組織だった[1]。ソブリン・グランドロッジの調査委員会は、メンバー数がピークに達したのは1921年だったと報告している[2]。しかしながら、メンバー数は1922年の初めに減少傾向に転じ始めた[3]。何千人ものメンバーが失業した大恐慌の到来で、会員数の減少はより明白になった。

 大恐慌の影響

1929年の初めにウォール街の機能が停止し、全世界レベルの景気後退がこれに続いた。多くの金融機関や企業、

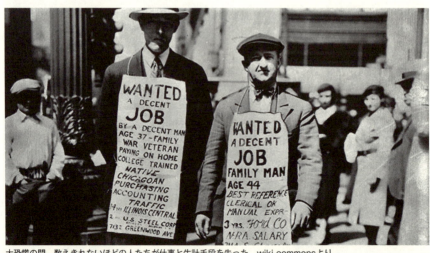

大恐慌の間、数えきれないほどの人たちが仕事と生計手段を失った。wiki-commonsより。

 第14章

農業機関が閉鎖され、多くの人々が失業した[4]。アメリカのあらゆる地域の銀行が破綻したが、フーバー大統領の命令によって銀行は閉鎖により資金の流出を抑えることができたため、金融システムのほぼ完全な崩壊を引き起こすことになった[5]。このような状況下で、多くのメンバーが長い時間をかけて貯めたお金を失い、あらゆる場所で悲嘆と苦痛があふれた[6]。

経済状況にかかる圧迫とそれに伴う銀行の破綻は、一夜にしてすべての貯えを失った多くの労働者に衝撃を与えた[7]。会費や年会費を支払う余裕があるメンバーがいなくなってしまったため、多くのロッジが新規メンバーの入会も既存メンバーに対する資格復活もほぼ不可能な状態に陥った。

経済不況により、多くのロッジが破産した。オッド・フェローズ所有の建物も多くが売却されるか、放棄されて荒れるがままになった。

1931年、ソブリン・グランドロッジは、新規入会数が年間10万人以上から４万人未満に減少したと報告している[8]。また、ニューヨーク州グランドロッジは約4000人が脱退した事実を伝えた[9]。ブリティッシュ・コロンビア州ではIOOFへの新規入会数がわずか24人しかいなかったが、この数字は10年間で最少だった[10]。ジョージア州グランドロッジは、脆弱で停滞した状態に陥ったロッジの再編成や統合、そして閉鎖に忙殺された[11]。一方、オーストラリア・グランドロッジは財政的に深刻な状況に直面したため、３年に一度の総会の開催の延期を検討していた[12]。ヨーロッパでは、ドイツ・グランドロッジが、経済状況と銀行の破綻により、すべての義務を履行することが不可能である事実を報告した[13]。彼らの主な懸念のひとつは、当時のドイツ全土を巻き込んでいた動揺がもたらすものに対する恐れだった[14]。税金と産業金利が重荷になり、国全体が混沌とした状況に陥っていたのだ[15]。

ドイツIOOFグランドロッジのグランドサイアー、アウグスト・ヴァイス博士は、1931年のソブリン・グランドロッジ総会のセッションに出席するための旅行をキャンセルしなければならなかった[16]。1931年12月の終わり、ドイツのオッド・フェローズのメンバーとその家族は、少なくとも20パーセ

大恐慌　101

ントが切迫した支援を必要とする災害的レベルに達していた[17]。これに応じ、IOOF特別救済委員会がドイツのメンバーに5000ドルの救済金を送った[18]。しかし、国内の社会的不安定とドイツ国民が友愛組織に対して抱く不信感の高まりにより、ドイツ・グランドロッジは1933年に全国組織を解散せざるをえなくなった。ただ、秘密裏に会合を続けたロッジも残った[19]。ラテンアメリカでは、メキシコで三つのロッジが閉鎖された[20]。北米以外では、ハワイとフィリピンだけでメンバー数の安定あるいは増加が報告された[21]。

さらに、高齢者や孤児のための大きな建物やホームを建設したロッジの多くが、需要の高まりと維持費の増加を実感した[22]。税負担が耐えられないレベルにまで達したことを察した数々のロッジが、やがて認証を放棄することになった。その結果、オッド・フェローズが所有していた多くの物件が差し押さえになったり、放棄されたりすることになった[23]。ピシアス騎士団やフリーメーソンを含むすべての組織も同様に、こうした負の影響を経験した。

友愛主義の衰退

継続的な経済不況は、北米のすべての友愛組織のメンバー数減少の大きな要因となった。しかし、減少傾向には他の要因もあった（第17章参照）。一般的に言うなら、それは社会的および経済的生活の変化が生んだ副産物である[24]。異なる時代、新時代、変化した生活様式は、社会のシステムから脱落した人々に最大の影響を与えた[25]。

ソブリン・グランドロッジ研究委員会は、この時代の人々が一般的に市民団体への参加や慈善活動よりも「必要以上の生活水準の設定、富の蓄積、利益の獲得」について深く考え、気を配っていたという意見を述べている[26]。また、オッド・フェローズの目的は「実用主義の時代においては実用的というよりも理想主義的であり、その原則は過去の世代に対してのみ強い訴求力がある理想となった」と、若い世代がとらえていることを明らかにした[27]。

さらなる調査が実施され、当時の社会を支配していた状況の影響を受けたのはオッド・フェローズだけではなく、フリーメーソンやピシアス騎士団を含む他のすべての友愛組織や市民団体が同じ状況に置かれていたことが明らかになった。すべてではないにしても、ほとんどの組織が「苦慮し、従来のやり方を新しい時代の自由主義精神に適応させることができなかった」[28]。伝統的な方法では、若い男女がロッジで積極的な役割を果たそうという気になるような十分な説得にはならず、想像力と興味をかきたてることはできなか

った[29]。「この時代の若者は不必要な儀式なしで結果を要求し[30]、階位の取得に伴って行われる伝統的儀式、合図と試験、多くの道具、あるいは秘密主義の継続に正当な理由があるのかを疑問視した」[31]と考えるメンバーもいた。

メンバーがただ座って、儀式的行為や通常のロッジの行事にじっと耳を傾けているだけで満足しなくなったことは明らかだった。そうではなく、自分を楽しませてくれるものを切望するようになったのだ[32]。ロッジが社会的および慈善的側面に焦点を当てていた時代のオッド・フェローズの基本に戻る時が来たと考えるメンバーもいた。規則や規制を柔軟にし、州および国レベルの統治部門による管理体制を緩め、儀式的活動を少なくした上で、パブやレストランで会合を開くことを再び許せば、組織全体の拡大が容易になるだろう。

こうした新しい考え方は、ロータリーやキワニスなど、職業上のつながりの構築と地域社会への奉仕に重点を置くいわゆる社会奉仕クラブの形成によって明らかになった。社会奉仕クラブには階位システムも豪華な式服も装身具もなく、会議のための広いスペースも必要としない、より簡素化された環境の中でメンバーになることができた。こうして社会奉仕クラブは国際的な拡大がより容易になった[33]。ソブリン・グランドロッジも「過去25年間、友愛組織団体のメンバー数は大きく減少したが、社会奉仕クラブはメンバー数およびクラブの絶対数を大幅に増加させた」と報告している[34]。スイスのオッド・フェローズは、「ロータリークラブは、メンバーの勧誘に関してかなり手ごわい競争相手であることが判明した」と伝えている[35]。こうして、ソブリン・グランドロッジは指導層に対し「各ロッジが必要な活動への従事、地域社会に対する活動の拡大を自由に行えるよう権限を与える」[36]ことを奨励し、メンバーが「純粋に社会的および慈善目的のためにオッド・フェローズ・クラブを結成する」ことを許可した[37]。しかしそれでも、多くのロッジが時代に適応するために必要な変化を取り入れることに失敗した。

社会保障制度と営利保険

大恐慌の後、生命保険会社は友愛組織が提供する疾病／死亡給付金との競争を積極的に展開し始めた[38]。オッド・フェローズのメンバーだったフランクリン・ルーズベルト大統領は後になって、大恐慌の影響を軽減するための連邦プログラムと公共事業プロジェクトをもたらすニューディール政策を導入した[39]。1934年から、アメリカ連邦議会は失業補償、老齢および障害保

険、そして扶養児童への援助を提供する政府の措置を可決し始めた[40]。その後政府は、北米中のオッド・フェローズが所有し管理していた孤児院の重要性を引き継ぐ形で運営していく里親制度に焦点を当てた。

やがて、オッド・フェローズやその他の友愛組織による社会奉仕事業は、社会保障制度と国民健康保険の導入により、政府に引き継がれることになった。友愛組織が提供していた社会的セーフティネットはもはや不必要とみなされ、最終的に多くのメンバーが資格を放棄するに至った[41]。その結果アメリカ、イギリス、オーストラリア、ニュージーランドのほぼすべての友愛組織と共済組合が多くのメンバーを失うことになった[42]。こうした組織の多くは必要とされる変化に迅速に適応できなかったため、立ち直ることがないまま最終的には消滅してしまった。

ソブリン・グランド・セクレタリーは、1931年末までに北米のメンバーが大幅に減少した事実を報告している。1830年から1931年末に至る期間の年次統計記録によると、IOOFはオッド・フェローズのロッジで584万9141人の男性を入会させたが、死亡と会費未払いによる資格停止により合計359万7540人のメンバーを失った[43]。IOOFに所属する200万人以上のオッド・フェローズのメンバーの数は、128万121人まで減少した。エンキャンプメントの会員数も20万7496人、レベッカは83万114人に減少した[44]。

ヨーロッパのIOOFに属する独立管轄区域だけが、満足のいく大幅な増加を示していた[45]。1951年、ソブリン・グランドマスターのマイルズ・ペックは「特にオッド・フェローズやレベッカを

Column

ルーズベルト大統領とニューディール

フランクリン・デラノ・ルーズベルトは、1912年1月24日にニューヨークIOOFの第203パークロッジに加わった。大量失業と戦うため、大統領としての任期の初めにニューディール政策を導入した。プログラムに含まれた社会保障制度は、以前にインディペンデント・オーダー・オブ・オッド・フェローズによって提供されていた制度をモデルにしたことは明らかだ。1940年7月23日、ロッジの15人のメンバーがルーズベルトの家に集まり、メンバーになって25周年を祝う記念品を贈った。ルーズベルトは、1945年に亡くなるまでIOOFのメンバーであり続けた。IOOFソブリン・グランドロッジ提供。

第14章

すぐに思い浮かべられるような、新たな国内および国際的プロジェクトを立ち上げる必要性」を認識していた[46]。彼は疾病／死亡給付金、寡婦や孤児のための居住施設など、過去のプロジェクトの立案と運用の必要性が時代の変化によって消滅したと結論した[47]。IOOFソブリン・グランドロッジはやがて、メンバーに対する強制保険要求条項として規定されていた疾病／死亡給付金の支払い義務を撤廃し、多くの孤児院の運営を停止した。

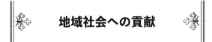

地域社会への貢献

　財政的な問題にもかかわらず、ソブリン・グランドロッジは各ロッジに「失業に苦しむ人々を救済し、オッド・フェローズを地域社会における真の奉仕組織にするために特別な努力をする」よう奨励し続けた[48]。メンバーには「オッド・フェローズの影響力と有用性が広がるよう、友愛、親交、兄弟愛という使命の美しさと栄光についてだけ考える」よう訴えた[49]。まだ残っていたロッジは、管轄内の地域社会で実施されるプロジェクトに積極的関心を示した。慈善目的のプロジェクトを組織し、メンバーに対する個別の支援を行った。この時代、アメリカ合衆国のIOOFだけでも毎年600万ドル以上が慈善目的のために使われた[50]。この金額は、地方または州レベルで他のメンバーやその他の慈善活動を支援するための自発的な寄付は含まない[51]。

大恐慌

第15章

第二次世界大戦

World War II

1937年、アジアと太平洋での日中戦争が始まった。その後、1939年にドイツがポーランドに侵攻し、イギリスとフランスがドイツに対して宣戦布告すると、事態は第二次世界大戦へとエスカレートしていった[1]。ドイツは1941年までにヨーロッパ大陸の大部分を支配し、一連の軍事行動と条約を通してイタリアおよび日本と共に枢軸同盟を形成した。同じ年、日本は真珠湾とフィリピンのマニラにあるアメリカ空軍基地に対する爆撃を実行した[2]。

ヨーロッパ諸国のオッド・フェローズは、大きな苦痛を強いられることになった。メンバーの多くが兵役に就くか、安全を求めて他国に逃亡した。戦争と侵略は、メンバーの命とロッジの財産の破壊を意味するものにほかならなかった[3]。戦争が起こっている国では、オッド・フェローズ所有の建造物が没収されたり、壊されたりした[4]。

IOOFは多額の募金をアメリカとカナダの政府に寄付し、それが前線で使われる救急車や航空機の購入に充てられた。テキサス州IOOFグランドロッジ提供。

ナチスからの通達により、メンバーは残った建物の中で集会を開くことを禁じられた[5]。ナチスはまた、友愛組織や人道目的の活動を行うクラブへの参加を禁止した。友愛組織に対する負のプロパガンダが実施された結果[6]、ヨーロッパとアジアの多くのロッジが公的活動を停止し、秘密裏に会合を行うようになった。

ノルウェーでは、デンマークおよびスウェーデンと連絡を密にしながら、オッド・フェローズが全国規模の地下

運動として継続された[7]。中国では、ドイツ難民によってオッド・フェローズ・ソサエティーが結成された[8]。彼らはIOOF傘下のロッジを正式に設立するための認証を申請したが、すべてが困難な戦時中のため、ソブリン・グランドロッジの関係者が現地を訪れてロッジ設立の手続きを行うことは不可能だった[9]。日本のオッド・フェローズ・ロッジはしばらくの間、メンバー間の相互理解によって迫害を避けるために目立たないよう活動を続けていたが、長くは続かなかった。結局彼らは、1943年に解散している[10]。

フィリピンとパナマのロッジも大多数のメンバーが兵役に就き、多くが捕虜になったため、活動を停止した。オーストリアにあった四つのロッジはすべて消滅した[11]。一時期、アメリカ政府によって参加者が50人を超える集会も禁止されていた。多くのグランドロッジが年次総会を開催できず、必要な議案を採択できないことが問題となった[12]。1943年、IOOFは死亡で1万3359人、会費の未払いによって46万3646人のメンバーを失い、活動停止の状態に陥った[13]。

 ## 民主主義のための博愛と戦争

戦争のニュースが北米に届いたとき、ソブリン・グランドロッジは「人類同胞意識の信条を実践する方法と手段を考案し、その実行を計画していくため、世界が親しく交わる努力、そして世界中の国々の間における平和」を熱望する旨を表明した[14]。戦争がもたらす抑圧のため、IOOFの指導者層は、当時の世界情勢が全世界レベルの奉仕活動へのチャンスであるという見方をしていた[15]。こうしてIOOFの100万人以上の会員が、持って生まれた自由と自らの手で勝ち取った自由を守るための相互防衛計画において、国境を越えてカナダとアメリカ両国が手を携えていくことの重要性を認識した[16]。

多くのロッジが資金を集め、戦時中の「民主主義と結社の自由を守る」ための努力を支援した[17]。ソブリン・グランドロッジは資金節約のため1942年と1945年の総会を中止し、戦費と将来の復興努力への支援に回した。資金はアメリカとカナダ両政府に寄付され、数百万ドルが戦時公債に投資された[18]。IOOFが利用可能なすべての原資を対象として、政府支援のためにさらに節約が進められ、戦後の復興期における友愛活動の継続のための予備基金として確保された[19]。

ソブリン・グランドロッジは、あらゆる地域における社会奉仕活動の緊急性をさらに表明した。オッド・フェローズの各ロッジが「地域社会から力と人的資源、資金を得ており、地域社会

に属する人々はその地域の問題において、ロッジからの何らかの見返りを期待する権利がある」と強調した[20]。戦争のさなか、北米のロッジでは兵役に就いているメンバーが忘れ去られたと感じないよう、楽しい気持ちにさせるような手紙を書いて送った。出征したメンバーが残した家族の世話もした。それに加えてロッジは地域社会の奉仕活動に参加し、地域の市民活動に積極的な姿勢で関心を持ち、赤十字社、米国奉仕機関（USSO）の活動にも加わり、債券の販売、前線で必要とされる野外炊事設備や救急車、飛行機、その他の物資の購入に関わった[21]。

1943年までに、IOOFは組織全体で、国防債や戦時貯蓄切手の売買、赤十字でのボランティア活動、民間防衛、戦勝本のキャンペーンに積極的に参加するようになった[22]。すべてのグランドロッジおよびロッジから完全な形の報告書が届いているわけではないが、信用に値する物証には、1943年の終わりの時点でIOOFによる戦時公債と戦勝公債の購入額が1億ドルを超え、赤十字に対する10万パイント（4万7300リットル）以上の血液の供給に貢献した事実が示されている[23]。

同年、一部のグランドロッジから送られた大小さまざまな金額の資金は合計約2万ドルに達し、病院で使用される適切な設備や備品の購入、また、祖

1941年8月14日、フランクリン・ルーズベルト大統領とウィンストン・チャーチル首相は、第二次世界大戦終結後の世界をアメリカとイギリスで支えて行く上での8項目の「一般的原則」を示した大西洋憲章を公表した。ルーズベルト大統領はアメリカのIOOFの長年のメンバーで、チャーチル首相はイギリスのナショナル・インディペンデント・オーダー・オブ・オッド・フェローズのメンバーだった。写真はパブリック・ドメイン。

国に命を捧げて負傷した人々のリハビリテーションに充てられた[24]。オッド・フェローズとレベッカの後援の下で数カ所の奉仕施設が運営され、多くの兵士たちに娯楽と食事を提供した[25]。トロントではオッド・フェローズが所有していた建物のひとつを政府に寄付し、「英国からの難民は大いにその恩恵に浴した」[26]。

IOOFはさらに、軍人のための物資提供を目的にロッジを活用し、兵役に就いているメンバーの家族が不自由なく暮らせるようにした[27]。看護師や介護士を必要とする病人や障害のあるメンバーの世話をするため、その種のケアに関する法律を履行する権限がロッジに与えられ、ロッジはすべてのサービスの費用を支払った[28]。亡くなったメンバーに対する葬儀費用や給付金の

支払いの資金を準備するための葬儀給付費基金の設立も承認された[29]。また、北米大陸の境界線外にあるロッジの再建、困窮したメンバーの救済、そして平和が戻った後に戦争被害を受けた国々のオッド・フェローズ組織の再設立を支援するための緊急基金も立ち上げられた[30]。

1946年、ソブリン・グランドロッジは交戦地帯にいるメンバーを支援するために総額25万ドルの「オッド・フェローズ戦争救援基金」を設立した[31]。「オッド・フェローズ・ケア・コミッティー（保護委員会）」が設立され、ナチス政権下で苦しみ、難民として逃亡することを余儀なくされ、ほとんどすべての財産を残したまま徒歩で長距離を移動した人々に対する支援を開始した[32]。設立後12カ月以内に、委員会はドイツとオーストリアに留まって経済的に困窮しているメンバーと寡婦に救援物資の箱を689個送った[33]。救援物資の箱を500～800個ヨーロッパに送るIOOFプロジェクトは、10年近く続いた。

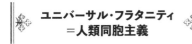

ユニバーサル・フラタニティ＝人類同胞主義

MUIOOFとIOOFは1843年に別の組織になったが、MUIOOFのメンバーは第二次世界大戦中に英国に駐留していたIOOFのメンバーに親切に接した。オッド・フェローズのメンバーであることを証明できる兵士に対し、マンチェスター・ユニティ・ロッジが名誉会員権を授与することもあった[34]。この行いのため、ソブリン・グランドロッジは、二つの組織を結集してより緊密な関係を築く決議を採択した[35]。アメリカとカナダで軍事訓練を受けていたMUIOOFのメンバーは、返礼としてIOOFのロッジで歓迎され、親交と友情が確約された[36]。

オッド・フェローズの国際的な性質は、過度の愛国主義から生じる敵対感情や誤解をなくす機会を生んでいくことにつながった。第二次世界大戦中、ノルウェーはドイツに侵略され、両国間には戦後も敵意が続いていた。しかし、ストックホルムで開かれたオッド・フェローズの会合で、ソブリン・グランドマスターのG・J・ビアンキはドイツ代表がノルウェー代表の隣に座り、歓談している場面を目の当たりにした。オッド・フェローズは、国際的な友情と理解を実現したのだ[37]。

 戦後の取り組み

1945年に終戦が訪れた時も、オッド・フェローズとレベッカ・ロッジはそれぞれのコミュニティで積極的な活動を続けていた。1948年、ソブリン・グランドロッジは、アメリカとカナダの多

くのロッジが青少年非行の抑制、障害者の雇用、ポリオとがんに関する運動、赤十字社と退役軍人病院の活動において他の組織と協力体制を構築している事実を報告した[38]。オッド・フェローズとレベッカは、シカゴに本部を置く国家安全評議会にも参加し、交通事故を減らす努力をした。さらに教育委員会、PTA、自治体当局と協力して清掃運動を展開するロッジもあった[39]。同年、ソブリン・グランドロッジは援助と戦後復興のためにデンマーク、オランダ、ノルウェー、スウェーデン、スイスのグランドロッジに5万8000ドルを寄付した[40]。翌年以降、アメリカとカナダのオッド・フェローズとレベッカはヨーロッパへの援助として50万ドルを寄付した[41]。

ヨーロッパでは、スイス・グランドロッジがオーストリア、チェコスロバ

第二次世界大戦中は、グランドロッジもロッジも、兵役に就いているメンバーとその家族に関する何千という数の書類をソブリン・グランドロッジに提出した。メンバーの戦死を確認し、怪我を負ったメンバーに敬意を表し、家族が経済的に困らないようにした。IOOFソブリン・グランドロッジのコレクションより。

110　第15章

キア、オランダ、ドイツでの救援活動に2万6000フランを供出した(42)。これらの国の出身で、難民となってしまったオッド・フェローズのメンバーの多くが支援を受けた(43)。デンマークでは、オッド・フェローズが捨て子の赤ちゃん50人を収容する乳児院を運営していた(44)。両親の捜索活動が行われる2年間、赤ちゃんたちは施設で育てられた。両親が見つからなかったり、両親がいても養育費を賄うことができなかったりする場合は、オッド・フェローズが里親を探した(45)。アメリカでは、カリフォルニアのオッド・フェローズが約25万ドルをかけて病院を建設し、戦役に就いた人々への想いを込めてカリフォルニア州に寄贈した(46)。オハイオ州をはじめとする各州のオッド・フェローズとレベッカも、若者向けのレクリエーション・キャンプを含む同様の施設を建設した(47)。

 国際親善

1946年、IOOFのソブリン・グランドロッジは、当時最大の国際友愛組織のトップとして「ロッジは世界平和を実現するための国際部隊となる機会を活かしていく」と宣言した(48)。数多くの善意の信念が形になり、メンバーに対する国際問題の教育のためのクラブが設立され、多くのロッジが著名な指導者によって国連について議論される公開会議を後援した(49)。

 国連の青少年巡礼

国連が設立されてから4年後の1949年、ソブリン・グランドロッジによってオッド・フェローズとレベッカの国連青少年巡礼教育プログラムが立ち上げられた(50)。

その目的は世界中から高校生を集め、教育、政治、宗教についての意見を交換しながら、国連や国際関係、経済、政治学について学んでもらうことだった。

 IOOF国際評議会

第二次世界大戦中、ソブリン・グランドロッジと北米以外のグランドロッジの間の通信は遮断されていた。1946年、ソブリン・グランドロッジと戦後計画委員会が、メンバーの社会的および友愛的関係に関する集団的措置を促進、拡大、維持するとともに、組織の原則を促進し発展させ、数カ国にわたるオッド・フェローズ組織間の友好関係と国際協力を発展させることを目的に、IOOF国際評議会を設立した(51)。評議会の設立当時の目的は、特に元兵士がオッド・フェローズ精神に基づいて集まり、対立するお互いの信念を解

決し、組織の原則を世界中で促進していくための場を提供することだった。予備会談には北米のソブリン・グランドロッジのリーダーとノルウェー、スウェーデン、デンマーク、スイスのグランドロッジのリーダーが出席した[52]。IOOF国際評議会は、国連と同じようにさまざまな国を代表するオッド・フェローズのリーダーたちが問題を審議し、世界中のオッド・フェローズ組織の緊密な協力に向けて取り組むための手段として機能した[53]。

 ## 青少年のための道徳教育

1939年の初め、ソブリン・グランドロッジはアメリカにおける青少年非行の増加に注目し[54]、この問題の背景には戦争による感情的動揺と、さらなる世界大戦勃発への恐怖が介在してい

1972年、IOOF国際諮問委員会が3年ごとの会合をアイスランドのレイキャビクで開催した。会場はレイキャビクにあるオッド・フェローズ所有の建物だった。IOOFソブリン・グランドロッジのコレクションより。

ると考えた[55]。戦争で父親を亡くした若者の間で非行が増加し、国際道徳の崩壊が悪化する中、IOOFは権威と民主主義を理解し尊重する子どもたちを育てていくことの重要性を強調する意味を込め、独自の道徳教育プログラムを開発した[56]。このプログラムは、オッド・フェローズのメンバーではない政府の指導者層から注目を集めた。この時代には、オッド・フェローズの公開会議に多くの訪問者が参加した。グランドサイアーは、米国上院から道徳教育プログラムについて議論するための会議に出席するよう招待された。カリフォルニアでは、グランドサイアーが州上院と州議会で演説することが可能となり、1941年に道徳教育法案が可決された。

青少年のための道徳教育に対する支援運動は、青少年支部——ジュニア・オッド・フェローズ・ロッジとシータ・ロー・ガールズ・クラブの設立を通してIOOFの組織内部でも実施された。

目標は友情で団結し、他者への奉仕、助け合い、身体的、精神的、道徳的、社会的な個人の成長の概念をはぐくむために協力していく機会を若者たちに与えることだ[57]。ジュニア・オッド・フェローズは市民としての健全なあり方、愛国心、正直さと誠実さを重要視しながら、人格を向上させ発展させる

ための努力の重要性を学んでいくことに重点が置かれていた[58]。一方、シータ・ローの少女たちは、肉体的にも精神的にも自分を向上させ、家庭での幸福を実現するために必要な人格を形成し、地域社会に善をもたらす影響力を生み出すために全力を尽くすよう教えられた[59]。1950年までに、アメリカとカナダには積極的に活動する9104人のジュニア・オッド・フェローズ、2万4303人のシータ・ロー・ガールズがいた[60]。

 メンバーの総数

メンバーの数は終戦時に増加した。この理由は主として退役軍人が自分と同じような立場にある人々との友情を求めたためである[61]。上海のオッド・フェローズ・ソサエティーは、最終的に約100人のメンバーを擁するフランクリン・D・ルーズベルト第1ロッジを結成することになった[62]。女性のためのレベッカ・シスターズ・クラブも中国で設立された[63]。太平洋南西地域、アリューシャン列島、アジア、そして連合軍が進駐した多くの地域に親睦、友愛、そして入会儀式の研究のための定期的な会合を開催する多くのミリタリー（軍事）・ロッジまたはオッド・フェローズ・クラブが存在したことが報告されている[64]。ドイツに残ったメン

北米およびヨーロッパ、オーストラリアにおけるオッド・フェローズの滞在型施設の多くは、亡くなったメンバーの妻や孤児たちにとっての避難所となった。著者のコレクションより。

バーは、ベルリン・グランドロッジがソブリン・グランドロッジに承認されるまで、認可を受けずにクラブという形で会合を開催していた[65]。

1945年末までに、オッド・フェローズは4万7071人、レベッカは4万7197人の新メンバーを迎え入れた[66]。しかし、オッド・フェローズとレベッカによる多大な慈善活動やボランティア活動にもかかわらず、北米のIOOFはかつての統計的強度を完全に取り戻すことはできず、メンバー総数は戦前に比べて大幅に減少した[67]。1946年の記録によれば、戦前のメンバー総数は数百万人だったが、戦後はそれぞれの部門ごとに100万人未満まで落ち込んだ。オッド・フェローズは83万8254人、レベッカは67万642人、ジュニア・オッド・フェローズは8441人、シータ・ロー・ガールズは2万777人という数字だった[68]。1951年までに、北米のIOOFは主として高齢化により毎年1万人程度のメンバーを失い始めるようになった[69]。

ソブリン・グランドロッジはまた、ロッジによる通過儀礼をはじめとする儀式の厳粛さの低下、不健全な財務状況、ロッジ施設の清潔さの欠如、そして新メンバーの受け入れと維持に苦慮しているロッジが多いという事実に気づいた[70]。一部メンバーは、オッド・フェローズがムースやエルクス、そしてロータリーなどの姉妹組織に対処できなかったのは、IOOFの宣伝活動が消極的だったことが原因だと主張した[71]。自ら関わっている慈善活動を頻繁に宣伝する社会奉仕クラブとは異なり、伝統的に目立つことを嫌い、秘密主義を貫くオッド・フェローズとレベッカの誇るべき活動は、一般社会にはまったくといっていいほど知られていなかった。指導者層には、こうした考え方を

114　　第15章

変えていく必要があることに気づいている人もいたはずだ。しかし、ソブリン・グランドロッジ・オッド・フェローシップ研究委員会による検証では、ソブリン・グランドロッジがIOOFへの資金提供と広報活動を遅れさせ、先延ばししたことが原因だったとされている[72]。それに加え、国際統治機関を擁する組織構造ではソブリン・グランドロッジ代表者の過半数の承認が常に求められたため、北米では実施が遅れてしまった。

委員会はさらに、ソブリン・グランドロッジの意思決定機関としての役割が大きくなりすぎ、可決される議案の多くが「すべからず」的な内容であるか、特定の管轄区域や代表の考えと合致するよう起草されたものであったことを確認した[73]。ソブリン・グランドロッジ所属のパスト・ソブリン・グランドマスターのひとりは、こうした流れの原因がいわゆる「コード・フェローズ」——IOOFの運用規約や規則、規制項目を徹底的に調べ上げることだけに多くの時間とエネルギーを注ぎ込み、圧倒的な支持を受ける可能性がある進歩的プログラムが実施されず、実行されない理由を見つけようとするメンバーにあると考えていた[74]。規則の網は、北米グランドロッジおよび各ロッジから必要な自治権を奪い、組織の進歩における不必要な障害となった。同時に、一部のグランドロッジがソブリン・グランドロッジに過度に依存するようになった。

さらに、ソブリン・グランドロッジによる規則やプログラムに対する絶え間ない修正は、前年に制定された内容が翌年の会議で変更されるようなことがしばしばあったため、地域レベルのロッジでは実施が困難な状態だった[75]。通過儀礼に対する継続的な改定も不安と混乱を生み出した[76]。ほとんどのメンバーは、「変更を行っても改善は見られず、むしろ階位認定チームのメンバーでさえ何年も行ってきた部分を学び直さなければならないことが困難だった」と感じた[77]。

通過儀礼の見栄えもよくなく、入会希望者にオッド・フェローズの教えや

スウェーデンのハッランド公爵ベルティル王子は、フォルケ・ベルナドットという彼の友人名を冠したロッジのメンバーになることを切望し、1950年5月22日にスウェーデンのIOOFに入会した。

第二次世界大戦　　115

1700年代から1900年代まで、オッド・フェローズのメンバーは壮麗な衣装で着飾ってパレードに参加し、所有する建物の前で写真を撮ることもしばしばだった。式服を着て公共のパレードに参加する習慣は、ナチスによるすべての友愛組織に対する迫害が始まったため、第二次世界大戦中に変化した。多くのロッジが地下に潜ったのもそれが原因だったはずだ。今日、ヨーロッパ諸国のIOOFでは公共の場での式服の着用は避けられている。著者のコレクションより。

儀式を印象づけることができなかった[78]。さらに、式服や装具の買い替え代金が上昇したため、多くのロッジですり減って汚れたローブが使い続けられるようになった[79]。委員会はさらに、組織の地位と重要性に関する十分な教育と情報が新メンバーに与えられなかったという旨の意見を明らかにしている[80]。「オッド・フェローズの世界的な資質、それが人類にもたらす活動の範囲を候補者に印象づける」努力はほとんど見られなかった[81]。こうした要素すべてによって、北米のオッド・フェローズは「威信を徐々に失い、以前のようにはメンバーを集められなくなった」ように感じられた[82]。

一方、ヨーロッパやラテンアメリカでは、オッド・フェローズやレベッカが戦後期において着実に成長していった。デンマーク、アイスランド、ノルウェー、スウェーデン、そしてスイスのIOOFはいずれも1950年までに会員数が増加した[83]。ほぼ独立した状態だったため、北米のグランドロッジとは異なって、必要な措置を実行する自治権を行使できたのだ。

ソブリン・グランドマスターのエドワード・シャープがヨーロッパを旅行したとき、ヨーロッパのインディペンデント・オーダー・オブ・オッド・フェローズが「コミュニティ内で最も優れた人物を会員として選ぶ」という点で異なっていることに気づいた[84]。場合によっては、貴族自身がオッド・フェローズのメンバーになろうとした[85]。また、通過儀礼が「深い威厳と厳粛さをもって行われた」ことも確認した[86]。より高い階位に進むには、入会後少なくとも1年が経過していなければならなかった[87]。サード・ディグリー＝第三階位のメンバーは、より高い支部として位置づけられているエンキャンプ

第15章

メントへの入会が認められるまで３年間待つ必要があった[88]。シャープはさらに、会合が礼儀正しく、丁寧に行われていたと述べている。建物は友愛精神を尊ぶ場所として完璧なものだった。ロッジは地域社会にとっても必要不可欠な部分であり、多くの家族が頻繁にロッジの建物に集まって、夜に開催される社交的な行事を楽しんだ[89]。さらに、すべてのロッジで会合の後に食事と飲み物が提供された[90]。シャープが語ったのはまさに、大恐慌と戦前の北米IOOFの姿だった。

第二次世界大戦　　117

第16章

公民権と人種統合

Civil Rights and Racial Integration

オッド・フェローズは、組織としてすべての人の間での同胞主義を教えている。イギリスのオッド・フェローズは、設立当初から人種、信念、経済的状態に関係なく「自由にある人々」の存在を認めていた。1819年の設立時、IOOFの規約や儀式に人種的制限は設けられていなかった。実際、1853年以前には数名のモンゴル人および類似の人種の子孫が、合衆国のグランドロッジの決定に基づいてIOOFメンバーとして認められていた[1]。その後、アメ

ブッカー・T・ワシントン、J・C・ネピア、J・D・ライオンズ、リンカーン・ジョンソンといった当時の著名なアフリカ系アメリカ人が出席したオッド・フェローズの晩餐会。グランドマスターをはじめとするその他の人々もよく知られていた。写真はパブリック・ドメイン。

リカ社会による人種隔離法の押し付けにより、IOOFのメンバーは大多数が白人で占められることになる。しかしそれよりも前の時代、アメリカの黒人たちはすでにGUOOFを設立し、北米オッド・フェローズ機構内におけるアフリカ系アメリカ人のみをメンバーとする支部として管轄区域を確立していた。友愛組織内で無理な形で採用された人種隔離は、奴隷制の長い歴史を持つ北米が主な起源だとされている。一方、北米以外のオッド・フェローズは、さまざまな人種や民族的背景を持つ人々がロッジに参加することを寛容に認めていた。

奴隷解放論者、公民権運動家として著名だったジョン・C・バウアーズは、1870年にペンシルバニア州GUOOFのグランドマスターだった。

 アフリカ系アメリカ人の オッド・フェローズ

友愛組織には「自由闘争」とのつながりがあった[2]。アメリカでアフリカ系アメリカ人の公民権運動が始まるはるか前から、黒人コミュニティはすでに独自の友愛グループを設立し、元奴隷という身分の人間同士でコミュニティの連帯と市民として抱くべき勇気に満たされた神聖な空間を提供していた。こうしたグループはまた、アフリカ系アメリカ人の家庭が失業、病気、死その他人生の苦難に直面したときに支援を提供した。

南北戦争中に奴隷制に反対し、公民権運動の中で平等を求めて戦った初期のアフリカ系アメリカ人の指導者の多くがGUOOFに所属していたことは間違いない[3]。初のアフリカ系アメリカ人オッド・フェローズ組織の創設メンバーの多くは、著名な奴隷制度廃止論者や公民権活動家だった。たとえば、フィラデルフィアの反奴隷制運動で積極的な役割を果たしたジョン・C・バウアーズは、ペンシルバニア州初のアフリカ系アメリカ人オッド・フェローズ・ロッジの創設メンバーだ[4]。奴隷制度廃止論者パトリック・ヘンリー・リーズンは、ハミルトン・オッド・フェローズ第710ロッジの創設者であり、アフリカ系アメリカ人女性のための団体「ハウスホールド・オブ・ルース」の創設者だった[5]。ジョージ・モートン・ジュニアは、カナダのGUOOF地区第28ロッジでグランド・セクレタリーを務めていた。公民権運動に参加し、オンタリオ州内の学校での人種隔離問題についてオンタリオ州知事オリバー・モワット卿と面会した代表団の一員でもあった[6]。フレデリック・ダグラス〔著名な奴隷制廃止運動家〕もアメリカのGUOOFの初期メンバ

2列目の右端にいるマー・モン・チン氏（1846～1923）は、タスマニア北東部の都市ウェルドボローで人生のほとんどを過ごした、尊敬される族長であり、商店経営者であり、すず炭鉱作業員だった。タスマニアに移住した中国人グループ第一陣のひとりで、1870年代にウェルドボローのオッド・フェローズに加入した。写真は中華系オーストラリア人歴史博物館提供。

ーのひとりだった[7]。

アフリカ系アメリカ人のメンバーは、オッド・フェローズを通して、「地下鉄道運動」に有益となるネットワークを構築した。「地下鉄道」というのは、アフリカ系アメリカ人の奴隷が、奴隷制度廃止論者や同盟者の援助を受けて自由国家に逃げるために使用する秘密の道と隠れ家から成る仕組みを意味する。逃亡奴隷を隠すための安全な避難所として機能した家には、オッド・フェローズのメンバーが所有者だったものも含まれていた。実際、こうした家を識別するためのマークとして、レンガの煙突や木製の外装にオッド・フェローズのシンボルが施された。グリーンズボロのギルフォード大学のキャンパスには、幹に三つのリンクの鎖の紋章が刻まれた木があって、隠れ家がある方向を示していた。GUOOFの建物は、アフリカ系アメリカ人のための集会所となり、社交行事も開催された。こうした建物は、アフリカ系アメリカ人が多くの公共スペースの使用を禁止されていたジム・クロウ時代には重要だった。

オッド・フェローズはまた、アフリカ系アメリカ人が「ビジネス上のつながりを生み、リーダーシップスキルを育み、さまざまな改革に参加し、会合を開催する」ことを可能にし[8]、これが黒人の誇りと仲間意識を生み出した[9]。北米のアフリカ系アメリカ人のオッド・フェローズの年次集会には、著名

な奴隷制度廃止論者や社会改革者が出席している。

たとえば1848年7月、フレデリック・ダグラスはニューヨークで開催されたオッド・フェローズの年次会議で、5000人のメンバーを前にスピーチを行った(10)。1854年、ダグラスは再びニューヨーク州ロチェスターでアフリカ系アメリカ人のオッド・フェローズに向けて演説を行い、「信頼なきところに友情はない」という言葉で友情の主柱が信頼であることを強調した(11)。1880年、GUOOFのメンバーは誓約に従い、当時コロンビア特別区連邦保安官だったダグラスをホスト宅からソールズベリー裁判所まで付き添って送り届け、そこで有名な「セルフ=メイド・メン」演説が行われた(12)。

ダグラスはラザフォード・ヘイズ大統領によってコロンビア特別区連邦保安官に任命されたが、これがアフリカ系アメリカ人として米国上院の承認を必要とする初の任命となった。ヘイズ大統領は「ダグラス氏の意見を高く評価し、尊重し、在任中はさまざまな機会に彼に相談した」(13)。興味深いことに、ヘイズ大統領はIOOFに所属するオッド・フェローズのメンバーであり、ダグラスはGUOOFに所属していた。

1886年にフィラデルフィアで大会が開催されるまでに、GUOOFはカナダ、中米、バハマ、バミューダ、西インド諸島、そしてアフリカにロッジを持つ米国最大のアフリカ系アメリカ人の友愛組織に成長した(14)。組織としてのピーク時には北米で780万ドル以上の共済保険(15)、4000以上のロッジ、そしてプリンスホール・フリーメーソンの会員数の約2倍にあたる30万人のメンバーを擁していた(16)。

 ## 人種差別

1865年の南北戦争の後、アメリカでは奴隷制が廃止されたが、白人の大多数は元奴隷と対等な条件で関わり合うことを躊躇（ちゅうちょ）した。1870年、アフリ

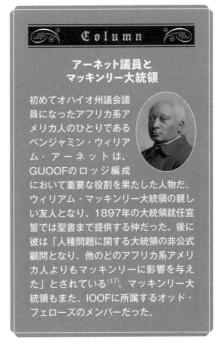

アーネット議員とマッキンリー大統領

初めてオハイオ州議会議員になったアフリカ系アメリカ人のひとりであるベンジャミン・ウィリアム・アーネットは、GUOOFのロッジ編成において重要な役割を果たした人物だ。ウィリアム・マッキンリー大統領の親しい友人となり、1897年の大統領就任宣誓では聖書まで提供する仲だった。後に彼は「人種問題に関する大統領の非公式顧問となり、他のどのアフリカ系アメリカ人よりもマッキンリーに影響を与えた」とされている(17)。マッキンリー大統領もまた、IOOFに所属するオッド・フェローズのメンバーだった。

カ系アメリカ人に対して法律に基づく選挙権が与えられたが、多くは暴力や脅迫によって有権者登録を妨げられた。南部では黒人が白人と同じ施設を利用することを拒否するジム・クロウ法が可決され、1896年には最高裁判所が7対1の多数決でトイレと鉄道車両、食堂における人種隔離は合憲であるという判決を下した[18]。

最終的に「分離はするが平等である」という考え方が全米の基準となっていったが[19]、実際は多くの州が白人と他の人種との結婚を禁止し、黒人と白人の間の性的関係を禁止する反異人種間結婚法を可決した。黒人が夕方6時以降に特定の町や都市に行くことを禁止する「日没ルール」と呼ばれる暗黙の政策を実施する州もあった[20]。

学校、教会、軍隊、レストラン、そして墓地で人種隔離が強制され、さまざまな施設が「白人のみ」、「有色人種のみ」という形で分けられた。労働人口とアメリカ軍において「有色人種グループ」は「白人部隊」から例外なく区別されていた。南アフリカでも白人だけで構成される政府がアパルトヘイトと呼ばれる人種隔離制度を可決した。社会規範の影響を受けやすかった友愛組織では、「自由白人男性」という入会資格が、最終的にアメリカとカナダ、南アフリカのすべての組織やクラブでの共通方針となった。

公民権運動以前

北米のIOOFは、板挟みの状態に陥った。指導者や会員の中には人種隔離への賛成者もいれば、反対者もいた。下院議長であり、影響力のあるIOOFメンバーだったスカイラー・コルファックスは束縛からの解放、兵役、選挙権などに関するアフリカ系アメリカ人の先進的な地位の擁護に積極的だったが[21]、正反対の信念を貫こうとするメンバーもいた。この時代にアメリカのIOOFが白人以外の人種に会議室への立ち入りを許したら、組織全体を巻き込む内部派閥抗争に発展し、おそらくは南部諸州の多くのロッジが離反することになっただろう。当時人種隔離は国策として厳格に施行されていたため、IOOFは政府やその他の組織を含む大多数の白人からの公開糾弾にさらされた。実際、多くの白人が「黒人の同調者」とされたことで他の白人から脅迫されたり、告げ口をされたり、殺害されたりしている。

社会規範に反して人種差別に異議を唱え、有色人種のロッジへの入場を認めようとする一部のメンバーも存在した[22]。1873年、テキサス州IOOFのパスト・グランドマスターであるベン・クリスチャンは、アメリカン・インディアンをメンバーとして迎え入れた。

122　第16章

Column

人種を超える兄弟愛

GUOOFとIOOFのメンバーはアメリカ文化が強いる人種差別によって隔てられていたが、アフリカ系アメリカ人の公民権運動以前から二つのグループが文通を通して交流し、互いに助け合っていた事実が新聞記事に残されている。たとえばこんな例がある。1899年、イリノイ州スプリングフィールド地区のGUOOFグランドロッジが、夫を亡くした女性と孤児のための施設を建設する資金集めに苦労していることが広く知られると、イリノイ州のIOOFグランドロッジが建設支援のためGUOOFに100ドルを寄付した[23]。GUOOFのデピュティ・グランドマスター、F・W・ローリンズは、IOOFメンバーへの感謝の手紙の中で彼らを「ブラザーズ」と呼んだ[24]。これに応え、イリノイ州IOOFのグランド・セクレタリーだったJ・R・ミラーは次のように書いている。「オッド・フェローズ傘下の組織は、どの支部も同一の教えを共有している。GUOOFが異なる人種の男女で構成されていようとも、IOOFのメンバーが彼らの善行に対する友好的な敬意と兄弟愛に基づく関心を抱くことは何ら驚きにもあたらないし、奇妙でもない」[25]。
1920年代にテネシー州のGUOOFのキー・オブ・ザ・ウェスト第1692ロッジとメンフィス・スター第1501ロッジの役員の就任式で、IOOFの五つのロッジから13人の代表者がゲストとして壇上に立った。IOOFのパスト・グランドマスターであるJ・D・ダンベリー氏は、GUOOFのシニア・パスト・グランドマスター、D・W・ワシントン氏によって紹介され、IOOFの来賓がこの夜執り行われた式典に満足していた事実が明らかになっている。

この行いにより、依然としてアメリカン・インディアンに対して敵意を抱いている人々が訴えを起こすことになったが、最終的に告訴は取り下げられている。クリスチャンは、1875年5月8日に初のチョクトー族IOOFロッジとなったカド第1ロッジの設立に尽力した[26]。1879年には、ネイティブ・インディアンに限る形で「自由白人男性」という資格を削除する取り組みが行われた。これはハワイ、オーストラリア、ニュージーランドの会員から強い希望と共に提起され続けていたのが事実だ[27]。1888年までに、IOOFメンバーのアメリカン・インディアンの妻たちはすでにレベッカへの入会を始めていた[28]。

1885年にオーストラリアのシドニーで紅茶商／紅茶店オーナーのクオン・タート（メイ・グァンダー）が会員として認められたが、彼はオッド・フェローズのロッジに入会を認められた初のアジア人となった[29]。1902年には「ブラザー・シミズ」という名前の日本人がニューヨークIOOFのデクスター・ロッジによって入会を認められた。1911年、パスト・グランドサイアー・フルトンは、ビクトリア州のIOOFロッジに有色人種の男性が入会したと報告している[30]。1913年、クイ

公民権と人種統合　123

ーンズランド州で同じことが起きた。ニュージーランドでも、IOOFは有色人種に対する規定はないという宣言が行われた。1920年、グランドサイアーのヘンリー・ボーストは、シドニーのオッド・フェローズが開催した歓迎会の出席者の中に「有色人種」がいることに気づいたが、この人物がその場にいる権利を疑問視するメンバーはいなかった(31)。ニュージーランド北島のIOOFロッジに多くのマオリ族の人々が会員として受け入れられたことも記録されている(32)。1920年にソブリン・グランドロッジに宛てた通信の中で、オーストラレーシア・グランドロッジのグランド・セクレタリーは、「私たちは入会希望者に対して肌の色の規定を設けておらず、染料を使って肌を黒く染めたIOOFロッジを代表する兄弟たちをさまざまなグランドロッジで見かけた」と述べた(33)。

 国際的な圧力

1904年から、ヨーロッパ、オーストラリア、ハワイのIOOFの国家指導者たちが、北米の人種差別に対して反対の声を上げ始めた(34)。アメリカの人種隔離政策がもたらした過去の困難な状況を理解していたため、人種、肌の色、宗教に基づいて人々を隔離することがオッド・フェローズの原則に反すると問題提起したのだ(35)。こうした指導者の多くは、人種差別は「友愛組織の原則に反する」と考えていた(36)。

スウェーデンのグランドサイアー、ダールグレンはこう語っている。「今の世界には新たな規範があり、最も重要なことのひとつは人種の平等である」(37)。彼はスウェーデンとフィンランドでは、メンバーの大部分が、白人男性で構成されているロッジの存在に反意を示している事実を伝えた。ロッジに「白人限定」の制限があるために、当の白人メンバーが脱退しているのも事実だ(38)。デンマーク、ドイツ、アイスランド、オランダ、ノルウェー、スウェーデン、スイス、オーストラリア、ニュージーランドのIOOFは、IOOFのソブリン・グランドロッジが発行した古い憲章から「白人の血」という言葉を削除するよう動いた(39)。

ドイツのグランドサイアー、ブリニョフソンもまた、人種差別は友愛主義の基本的かつ道徳的本質に矛盾すると熱心に意見した。彼は「オッド・フェローズの倫理は創造主の父性のメッセージを伝えるものであり、地球上に住むすべての人々が創造主の子どもであると教えている」と指摘した(40)。また、人種や肌の色、宗教に基づいて人々を隔離することがオッド・フェローズの原則に反すると述べた。チリIOOF代

表のブルムは「友愛組織は揺らぐことのない価値原則を持ちながら、人権の大切さ、そして精神の自由性と個人の自由の保証を尊重しなければならないというオッド・フェローズ思想の普遍性」を強調した[41]。カナダのIOOF指導者たちも人種差別の問題を取り上げ、「普遍的人類愛の形として、オッド・フェローズは些細な偏見を無視し、混乱した世界の状況を少しでも良くしようと試みている人々に加わるのに十分な規模の組織であり、また、そうあるべきだと宣言する」と強調した[42]。

ハウスホールド・オブ・ルースは、アメリカおよび管轄区におけるGUOOFの女性支部である。写真はデビド・シアー提供。

 公民権運動の隆盛

1944年までにマラヤ民族の人々がアメリカのIOOFに入会し、その多くが「優れた資質を持つ会員」となった[43]。アメリカでは、数人の純血および混血のネイティブ・アメリカンがIOOFで州および国家の指導的地位に就き始めた。1948年にハリー・トルーマン大統領が連邦職員と米軍の人種差別撤廃を命じる大統領令第9980号と第9981号に署名すると、アメリカの人種差別的な姿勢はさらに弱まった。トルーマン大統領はまた在任中に、アメリカ国内のアフリカ系アメリカ人に対する暴力の調査を任務とする公民権委員会を設立した。1955年、ローザ・パークスが白人乗客のためにバスの後部座席に移動することを拒否した一件は、公民権運動における重要な出来事となった。ストライキ、ボイコット、平和行進、人種差別に対する座り込みなどが連日話題になっていった[44]。その後、IOOFのソブリン・グランドロッジの年次総会において人種差別主義と人種統合が優先的に討議されるようになった。

1962年までに、アメリカのIOOF会員資格は「純粋なポリネシア人、中国人、日本人、韓国人の血」に対しても門戸が開かれた[45]。同年、ポリネシア人や東洋人の祖先を持つ人々がハワイでメンバーとなった。アメリカ初のアジア系アメリカ人メンバーは、ホノルルのパシフィック・レベッカ・ロッジに入会した、韓国にルーツを持つ女性だった[46]。1964年、スイスのレベッカ・アッセンブリーの議長はインドネシアとのハーフだった[47]。こうしたメンバーの多くが積極的に活動し、1966

人種隔離政策の強制的な施行も、オッド・フェローズのロッジとは無関係だった。この写真は1920年代にマサチューセッツ州ブリストル郡のニュー・ベドフォードのロッジで撮影されたもの。白人も黒人も関係なく集っている。写真はレオノラ・ヘプサベス・キッド・ホワイト提供。

1951年、トルーマン大統領がカリフォルニアのオッド・フェローズおよびレベッカの指導者層の人々と会見した際の写真。トルーマン大統領は翌年オッド・フェローズのメンバーとなったと噂されている。ソブリン・グランドロッジに宛てた手紙の中で、IOOFの上位メンバーに「兄弟たち」と呼びかけていた。この言葉遣いからも、メンバーだったことがわかる。写真提供はピーター・セラーズ。

　　　第16章

年にマラヤの血を引く女性がオランダのレベッカ・アッセンブリーの議長になった事実は、特別な情熱を込めて伝えられた[48]。

人種統合は北米大陸以外の多くの国ですぐに受け入れられたが、白人と黒人の間の緊張がより大きかったアメリカでの実施は困難だった。ジョンソン大統領が1964年の公民権法と1965年の投票権法に署名した後でさえ、多くの白人が黒人との同化にまだ躊躇を感じていた。しかし黒人の中にも慎重派がいたため、白人による一方的な行動だったとはいえない。白人の絶対数が多い組織やクラブへの参加を控える黒人もいた。こうした姿勢は1980年代まで続いた。

1988年、ベトナム退役軍人のクラレンス・プラントはアメリカ国内で白人が大多数を占めるIOOFに入会した最初のアフリカ系アメリカ人のひとりとなった。彼は最終的にマサチューセッツ州グランドロッジ初の黒人グランドマスターの座に就いた。ソブリン・グランドロッジでさまざまな役職を歴任し、現在に至るまでマサチューセッツ州オッド・フェローズ・ホームのCEOを務めている他の多くのアフリカ系アメリカ人もIOOFに加わり、現在IOOFのグランドロッジおよびソブリン・グランドロッジで重要な指導的地位を占めている人物もいる。2007年、リチャード・キムはポリネシア系アメリカ人として初めてIOOFのソブリン・グランドマスターの地位に就いた。2016年、ダーリーン・パーカーはメリーランド州のIOOFのグランドマスターにアフリカ系アメリカ人女性として初めて就任した[49]。

 ## GUOOFとIOOFの関係性

北米におけるGUOOFとIOOFそれぞれのメンバーの関わり合いはいまだに非公式のままだ。1989年、スウェーデン代表のダグ・ウォレンが、アフリカのガーナでGUOOFのパスト・グランドマスターに会い、この人からIOOFと少し似た入会儀式と秘儀を見せてもらう機会があった[50]。1993年、ヨーロッパ、北アメリカ、オーストラリアのIOOFの指導者たちが、グランド・ユナイテッド・オーダー・オブ・オッド・フェローズなど他のオッド・フェローズ組織とより良い協力関係を築くことについての話し合いを開始した[51]。GUOOF間、そしてMUIOOFとGUOOFの間のより良い協力体制の構築を目的として、オーストラリアでオッド・フェローズ・ネットワークが初めて設立された。アメリカでは、多くの人々がIOOFとGUOOFの双方に参加し始めたが、進歩のペースは遅かった。

2008年、テキサス州の両組織の代表者が集まって、協力体制の強化、共同プロジェクト、二つの組織にまたがる形でのメンバー資格に対する理解についての話し合いを行った。やがて多くのIOOFメンバーがアメリカ、イギリス、アフリカ、プエルトリコ、そしてキューバのGUOOFメンバーと非公式の友愛関係を築くことになった。この結果、マンチェスター・ユニティIOOFとIOOFの間の協定と同じく、IOOFとGUOOFの間に公式の友好関係を確立するという提案が生まれた。この提案は、2015年にソブリン・グランドロッジ活性化委員会を通じて、作家でありカリフォルニア州のパスト・グランドマスターであるピーター・セラーズによって提出されたが、ソブリン・グランドロッジの代表者の大多数によって却下された。2017年、IOOFのパスト・ソブリン・グランドマスターであるジミー・ハンフリーが、二つのオッド・フェローズ組織間の正式な関係構築に向けた準備段階として、GUOOFのメンバーとなった。最近では、GUOOFウェイマン第1339ロッジのパスト・ノーブル・ファーザーであるエマニュエル・ペイジ・シニアが、2018年8月17日から23日までメリーランド州ボルチモアで開催されたソブリン・グランドロッジの第192回年次連絡会においてIOOF指導者の前

人種的多様性は、オッド・フェローズのロッジが世界中で発展していく上で大きな役割を果たした。各ロッジが人種的・民族的理解を深める懸け橋として機能した。写真は著者提供、2012年。

で講演している。GUOOFの承認に関する議案はその直後にジョージア州のIOOFグランドロッジに提出され、現在承認待ちの状態にある。

しかし、GUOOFとIOOFの間に正式な友好関係がすぐに確立されても、それはかつてMUIOOFとIOOFの間で取り交わされた「友愛組織間の訪問権」と同様のものにすぎない。何十年も経過している現在、三つの主要オッド・フェローズ組織は、すでにそれぞれの儀式と慣例、習慣、そして組織構造を確立しており、ひとつの組織として統合することは不可能になっている。したがって、実質的な差異を解消するためにそれぞれが儀式的要素、言語化されていない部分、組織構造についての大幅な見直しをしない限り、完全な統合は不可能である。興味深いのは、IOOFとGUOOF双方に、IOOFとGUOOFの入会儀式を組み合わせた、いわゆる「ユニファイド・イニシアト

IOOFとGUOOF双方の組織にメンバーとして在籍していた人もいる。2017年、IOOFパスト・ソブリン・グランドマスターのジミー・ハンフリーは、サウスカロライナ州コロンビアのGUOOFフローレンス第2122ロッジのメンバーとなった。現在はGUOOFのウェイマン第1339ロッジでワージー・チャプレンという役職に就いている。写真はエマニュエル・ベイジ提供、2017年。

リー・ディグリー＝統一入会階位」を生み出したメンバーが存在するという事実だ。

第17章

友愛主義の凋落(ちょうらく)

Decline of Fraternalism

オッド・フェローズは、150年以上にわたって多大な成功を収め続けてきた。献身的なメンバーたちが、組織内での争いがほとんどない状態で、焦点を絞った目的を追求してきたからこそ実現できたことだ。オッド・フェローズのメンバーになる主な理由が社会的関係性であれ、福利厚生や娯楽、リーダーシップ開発の機会であれ、または権威ある友愛組織に所属することで得られる内面的な満足であれ、地域社会で責任ある地位に就く多くの人々がメンバーになりたがった[1]。オッド・フェローズが目覚ましい成功を収めることができたのは、ロッジが「コミュニティに手を差し伸べ、世間でよく知られている組織だった」からにほかならない[2]。組織として成功し続け、何千人という単位の新入メンバーがロッジのホールに詰めかけるにつれ、全体的な目的や戦略、計画がないまま補助的グループが作られていった[3]。

しかし20世紀までに、北米のすべての友愛組織および社会奉仕クラブの会員数が減少し始める。1969年、パスト・ソブリン・グランドマスターのドナルド・スミスおよびチャールズ・ウォレルは、ニューヨーク市で開催された「ブラザーフッド2000カンファレンス」という会議に、他の多くの友愛組織の代表と共に出席した。フリーメーソンをはじめとするオッド・フェローズの姉妹団体は会員数減少の懸念をあらわにし、すべての団体が同じ問題を共有していることが明らかになった[4]。1922年の初めには、IOOF、GUOOF、MUIOOFに所属するオッド・フェローズのメンバーの数は400万人近くになっていた。このうち、IOOFに所属していたのは約200万人だ[5]。しかし1983年までに、三つの主要なオッド・フェローズ関連組織のメンバー総

数は100万人まで減少した[6]。フリーメーソンのメンバー数も、1959年の410万人から2012年には130万人まで減少した[7]。ドキュメンタリー映画『インサイド・ザ・フリーメーソン』(2017)によれば、毎年少なくとも100のロッジが閉鎖されている。「毎年約11万2000人の会員を失っていた」。国際ロータリークラブも例外ではなかった[8]。衰退の理由はひとつだけではなく、単純でもない。きわめて複雑なのだ。

 ## 自動車の普及

馬と馬車は、車に完全に取って代わられた[9]。友愛組織や社会奉仕クラブのメンバーの減少が始まった理由の一部は、ヘンリー・フォードと彼が作ったモデルTにある。1962年だけでも、アメリカでは約600万台の自動車が生産され、ほとんどが2000ドルを超える価格で販売された[10]。自動車の普及は、地元の小さなロッジだけでなく、田舎の学校や教会などの施設の廃止をもたらした[11]。国際レベッカ・アッセ

カリフォルニア州クロケットのオッド・フェローズ・ホール。現在は機関車博物館となっている建物はオッド・フェローズおよびフリーメーソンのロッジとして使われていた。写真はマシュー・X・キーナン撮影、ニューヨーク・ビッグアップル・イメージズ所有、2018年。

ンブリー協会の会長ジョイス・サマーヴィルは1967年、「自動車の出現によって移動が容易になったため、地方の小さなロッジが不要になった」と語っている[12]。さらには、IOOFが所有する建物の多くは車が存在しなかった時代に建設されていたため、大都市のロッジでは駐車スペースの問題も生まれてしまった[13]。

移動が容易になったことにより、多くの人々が都市部の外に出て、新たに開発された郊外のコミュニティに家を構え、旧都市部や大都市のロッジから遠く離れた場所で生活するようになった。実際のところ、移動性の向上によって一部の町の人口が劇的に減少したことで、いわゆるゴーストタウンが生まれることになった。

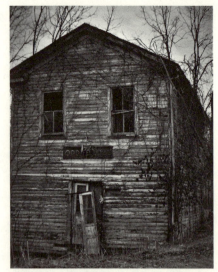

可動性の向上と都市開発により、町の人口は減少した。写真の家があるバージニア州グードもかつては鉄道業で栄えていたが、ゴーストタウンと化して長い年月が過ぎることになった。写真はエリック・ローウェンバック提供。

古い都市と建物

多くのロッジの建物は、建築後およそ100年が経過していた。都市が成長し、その後老朽化が進むにつれ、多くのロッジの建物が町の古い部分、または荒れた部分に残されることになった。2階建て以上なのにエレベーターがないこともあり、年配のメンバーたちが会議に出席することは難しくなった[14]。オッド・フェローズの建物やホームの時代遅れの建築様式や外観も、若い男女がメンバーになりたいと思えるよう

なものではなかった[15]。当時は、「便利で清潔で魅力的で、地上階または上層階にありながらエレベーターなど最新の設備がある入りやすい場所」に対するニーズが高まっていた[16]。場合によっては、それまで使っていた建物を諦め、住宅開発により人口が増加した地域にある新しい集会場所に移らなければならないこともあった[17]。そのため、IOOFが所有する多くの広い土地が遊休状態に陥り、建物は十分に活用されず、多くの場合ほとんどが補修もされないまま放置されることになった。

所有する土地や建物の維持コストが高額になり、多くの国々で課税政策が変更されるにつれ、問題は深刻化して

いった[18]。ソブリン・グランドロッジは、影響を受けたロッジに対して、古い物件を売却し、地域のより条件が良い場所にあり、駐車場が利用可能な新しい物件を購入することを提案した[19]。多くのロッジは建物を売却したが、その利益で管理可能な規模と状態の新しい建物を購入することはなかった。代わりに、他の友愛組織やクラブからスペースを借りることを選択したのだ。ところが所有財産がなく、十分な収入がないため、多くのロッジが最終的に家賃の支払いに苦労するようになった。とうとう売却で得た資金を使い果たしてしまい、新しい建物を購入する余裕はなくなった。

1964年、ソブリン・グランドロッジは、オッド・フェローズ・ホーム寄付基金の総額がほぼ2100万ドルである事実を明らかにし、各グランドロッジに対し、資金の少なくとも一部をロッジの建物の改善に投資するよう促した[20]。しかし当時のドル安のため、この案を広めて実行していくことは困難だった。オッド・フェローズは時間に関しても資金に関しても人類に多大な貢献をしてきたが、北米における会費の安さも、組織内部での必要条件を満たしていくという観点からは非現実的になっていた。この「実際の価値を明らかに反映できていない金額が、オッド・フェローズのかつての威信を大き

く損なった原因」となった[21]。安い会費では建物を改築する余裕が生まれないロッジも多かったのだ[22]。一方、ソブリン・グランドロッジとグランドロッジは、各ロッジが得る年会費の総額から一定額を徴収し続けていたが、これが各ロッジに残る金額よりも高くなってしまった。こうした資金は、新しいロッジの開設や苦境にある多くのロッジの再建、そしてメンバーの支援に重点を置くプログラムのために使用されるのではなく、ほとんどが役員の旅費や飲食費として支出された。

テレビ、電話、コンピューター等の技術の進歩

電話によってリアルタイムのコミュニケーションが可能になり、映画、ラジオ、写真、コンピューターがその場で楽しめるエンターテインメントとして提供されるようになった[23]。究極的にはテレビが家庭をエンタテインメントの場に変えたため、人々が外出する理由はほとんどなくなった。しかし多くのロッジは、最新のテクノロジーと最新のコミュニケーションツールを提供できる状態にはなかった。テレビやその他の技術を備えたロッジもあったが、そこにこぎつけるまでには何年もかかっていたのが事実だ。今の時代も、コミュニケーションに電子メールやソーシャルネットワーキング・ウェブサ

友愛主義の凋落　　133

イトを使用していないグランドロッジやロッジはまだ多い。その結果ロッジへの参加者が減少し、最終的にはメンバーの数が減少することになった[24]。

商業保険、福祉国家、医療の進歩

同時に、民間保険会社の経営状態が安定し、一般の人にとってより魅力的な商品が提供されるようになった[25]。また、労働法の改善に伴い、雇用主が健康保険や年金給付を提供し始めた。医療の進歩により平均寿命は大幅に延び、死に対する不安が減少した[26]。さらに政府は、「一般国民の痛みや苦しみを取り除く努力において、宗教団体や友愛組織の慈善活動や有益な活動を模倣する大規模な福祉行政機構」を創設した[27]。こうした社会福祉制度プログラムは本質的に、以前はオッド・フェローズが提供していた相互扶助に代わるものとなった。多くのロッジは、傷病手当や死亡手当を提供する友愛組織から、人格の向上と地域奉仕に焦点を当てた組織に移行するのに苦労した[28]。

個人主義の台頭

社会的・技術的進歩によって世界の価値観、イデオロギー、原則、目標が根本的に変化を遂げた。1940年代初頭の収入の増加と生活水準の向上により、

1967年。カンザス州ウィチタで反戦の抗議行動をする人たち。写真はwiki-commonsより、パブリック・ドメイン。

多くの人々がより自立し、個人主義的になった。こうした進歩とともに訪れたのが人間的要素の無視、つまり「個人的人間関係からの乖離と共同体意識の低下」だった[29]。IOOFの指導者層は、この時代には、「他者の幸福あるいは安全に対する冷酷な無関心と、その結果として生じる個人的責任の拒否」[30]、また、「宗教や道徳的基準を提唱する組織、高学歴層の中の激しい反対姿勢、個人の行動に対するあらゆる種類の制限に対する一般的な無気力」があったとしている[31]。

1990年代までに、若い世代の多くの人々が、仕事の後や週末は近所の人たちと交流したり地域組織に参加したりするより、家で映画を見たりコンピューターゲームをしたりすることを好むようになった[32]。また、メンバーは自分が属するロッジだけに集中して他のロッジと協力しようとはせず、個人主義になった。こうした姿勢はオッ

ド・フェローズが信奉する「共同体意識」に反していた。

共産主義と反体制運動

さらに、世界レベルで繰り広げられた共産主義との闘争の結果、1963年から1969年にかけてベトナムで戦争が始まった(33)。アメリカ政府が国民から支持を受けることはなく、代わりに抗議活動に直面した。徴兵対象の若者たちは公共デモで徴兵カードを破り、燃やして見せた。反戦活動はアメリカ国民を激しく分裂させた。IOOFの指導者層は、ベトナム戦争の結果として発言した反体制的見解により、若い世代の多くが何らかの排他性や会員資格がある組織への加入を断念するようになったという見解を抱いていた(34)。既存の体制は攻撃にさらされ、若者は確立された権力に対する無秩序な抗議運動に身を置いた。こうした状態は「既存の権威と個人の良心との間の闘争」という言葉で表現される(35)。「法の制定過程や伝統に根ざした古い考えに対する、この時代の若い世代特有の焦燥感」も認識された(36)。したがって、この時代は多くのロッジが若年層の関心を惹いたり、友愛組織や市民グループに参加するよう仕向けたりすることが困難だった。

結社をめぐる陰謀論

孤児の教育や寡婦の世話、そして死者の埋葬といった福祉国家プログラムが存在せず、人々の神秘性への意識が高まっていた時代が、友愛組織にとっては最良の日々だった(37)。友愛団体が人々を惹きつけるために一時期利用したのは大衆の好奇心を生み出す「排他的感覚」と「神秘的な畏怖の念」、そして「秘密主義」だった。自ら入会を望む人が多かったため、組織側が積極的に新しいメンバーを募集する必要はほとんどなかった。

オッド・フェローズが行っていた福祉事業の大部分が政府によって引き継がれたとき、多くのロッジは若干「内向きになり、地域社会よりも秘密の儀式や式服と装具、握手の仕方や合言葉を重視するようになった」(38)。しかし20世紀に入ると、人々の「神秘性」嗜好と「秘密主義」の人気は衰退し、より社交的でくつろげる雰囲気をはじめとする多くの要素を含んだ社会奉仕クラブが友愛組織に取って代わる。ニューヨークのフリーメーソンロッジ内で入会希望者が射殺された事件など(39)、フリーメーソン内部の不祥事は、いわゆる「秘密結社」とその儀式に対する「汚点」を生み出した。この種の事件が、すべての友愛組織を陰謀論者の否

定的憶測にさらしたともいえるだろう。ソブリン・グランドロッジは1992年までに、メディアと一般大衆を含めた大部分の人々が、すべての友愛組織は秘密結社であると信じていることを認識した[40]。

 不足する広報努力

不十分な広報プログラムも、オッド・フェローズに悪影響をもたらした。1981年、バージニア州グランドロッジは「オッド・フェローズに対する国民の意識の低下」について懸念を表明している[41]。過去50年間に行われた研究や調査によれば、一般の人々がオッド・フェローズの理念に無関心である主な理由は、どんな組織であるかを知らないためであることが明らかになっている[42]。オッド・フェローズという名前は、50歳以下の人々にはもはや知られてさえいないこともわかった[43]。ソブリン・グランドロッジは、若い世代が組織の名称をまったく異なる意味合いで受け取っていることを認識した。さらに悪いのは、名称のせいで、公共のパレードやその他の行事に参加したメンバーがからかわれる実例があったことだ[44]。これは、オッド・フェローズとレベッカ・ロッジの多くが「地域社会から離れて秘密裏に運営されてきた期間があまりにも長かった」ためか

もしれない[45]。ヨーロッパ大陸のIOOFにも同じことがいえる。ヨーロッパ大陸では、オッド・フェローズのような組織が実際に存在することさえ知らない人が多い。

1974年にソブリン・グランドロッジがアメリカで実施した全国調査では、一般メンバーがソブリン・グランドロッジと各グランドロッジに対して、知名度を上げ、より多くの広報活動を行い、コミュニケーションを活発化させ、より多くのプロモーション活動を行うことを望んでいる事実が報告された[46]。各ロッジが行っている地元での取り組みを促進して、これを宣伝し、活動について報道される機会を増やしていくための支援を目的とした広報プログラムの構築が必要であることも明らかになった[47]。また、オッド・フェローズとレベッカの合同行事、家族集会、社交的な催し、そしてエンタテインメントがもっと必要であるという提言もあった[48]。しかし、オッド・フェローズに関することがらはすべて非公開または秘密にされておくべきであるとする古参メンバーもいたため、多くのロッジが難題を抱えることになった。

 会員の高齢化

過去50年間、組織が必要とする改革と広報活動のほとんどを実行できな

かったため、特に北米では若年層に対する入会の勧誘とメンバーの維持が著しく乏しかった。時間の経過と共にIOOFメンバーは高齢化し、世代交代すべき若いメンバーは減少するか、まったくいなくなってしまった。

1994年に一部の区域で実施された調査によると、オッド・フェローズのメンバーの平均年齢は70歳近くかそれを超えており、レベッカの平均年齢はそれよりわずかに高かったことが明らかになった(49)。長きにわたり、引退を表明したグランド・レプレゼンタティブはひとりしかいなかったが、1994年には全体の3分の2が引退を表明した(50)。引退による欠員を補うのに十分な数の新規メンバーを迎え入れたロッジもあったが、高齢と衰弱が原因で、メンバーの数は依然として減少し続けた(51)。たとえば、IOOFは1981年に1万1807人の新メンバーを受け入れたが、死亡者だけで7427人のメンバーを失った(52)。

オーストラリアおよびヨーロッパ地域でも、メンバーの年齢が懸念材料となった。2017年末の時点で、ノルウェーのオッド・フェローズの平均年齢は男性65歳、女性68歳だった。フィンランドでは、自国のIOOFの弱点は「メンバーの高齢化が依然として進んでおり、地域社会で知られていないこと」だとされていた(53)。

過去50年間、IOOF指導層は40歳未満のメンバーの獲得の必要性と、オッド・フェローズのロッジとレベッカ・ロッジがそれぞれの地域で社会奉仕に参加することを強調し続けてきた(54)。1999年の統計によると、55歳から60歳までのメンバーが増加し、60歳から70歳までのメンバーはさらに増加していたことがわかる。その一方、50歳未満のメンバーを獲得するのは大変だった(55)。やがて、古い世代のメンバーの後継者となる若い世代がいないことが主な理由で、多くのロッジが閉鎖されることになった。

 広がる世代間格差

メンバーの高齢化の結果、オッド・フェローズ内部で大きな世代間格差が生じることになる。ソブリン・グランドロッジは「現実と乖離した状態にあり、地域においてグランドロッジによる外部からの介入が必要な」ロッジの存在を認識した(56)。会合への出席者が少ないロッジは、明白な関心の欠如が生まれている原因を突き止め、より前向きで活発な雰囲気を生み出していく必要に迫られた。しかし、変化に真っ向から抵抗する長年のメンバーの存在により、進歩は本当に困難だった。1986年、ソブリン・グランドロッジは年長のメンバーが若年層に近づき

「それは私たちが以前やっていたやり方ではない」と意見するような状況が多く見られたと報告している(57)。こうした行いから一部のロッジに不信感が生まれ、「若いメンバーのオッド・フェローズでの活動への意欲と熱意を萎えさせた」(58)。

年配メンバー間の衝突は若手メンバーの脱退という結果をもたらし(59)、若い世代は時代遅れの考え方を許容しないことが明らかになった。50歳以下の若いメンバーは、「年配メンバーのあまりにも気楽で独りよがりで、心が狭い態度」を感じたため、活動への熱意を失っていった(60)。

長年のメンバーの中には、現状に固執するあまり、変化を望まない人たちもいた。過去20年以上、同じ方法でものごとを進めていくことに慣れ切ってしまっていたのだ(61)。彼らの中には「自分たちの小さな世界を自分たちだけのものにしておいて、次の世代や将来のロッジの存在を無視したい」だけの者がいるようにも感じられた(62)。大学生や若い職業人のグループが、高齢メンバーが8人しか残っていないオッド・フェローズ・ロッジへの参加を希望したが「私たちに問題はありません。新規メンバーには興味がありません」と断わられたことさえあった。同じ人物が何年も役員の職を務め続けるかたわらで、若手メンバーは脇役に追いやられることが多かった。その結果、「オッド・フェローズは、現在の形ではほとんど何も提供できないと考えた」ため、若い人たちがとどまることはなかった(63)。

若い人たちは「メンバーが笑わず、握手を交わそうとせず、会議では座っているだけで、月に一度の持ち寄りパーティーを開催し、慈善団体への小切手を1、2枚書くだけ」の退屈で古くさいロッジへの参加には興味を示さなかった(64)。そうではなく、若い世代は「成長するにつれ、刺激的でやりがいがあり、有意義で満足のいく時間とエネルギーの使い方を求めていた」(65)。

トレーニングと教育の欠如

新しいメンバーの募集、そして脱退の防止に苦慮していた北米の多くのロッジでは、入会のプロセスを迅速かつ簡単にした。階位授与のための集会が頻繁に開かれるようになり、新加入メンバーが一日ですべての階位を取得することも可能になった(66)。その結果、「儀式、合図、合言葉の深い意味が完全に理解されない」という状況が生じることになる(67)。多くの場合、階位が授けられるメンバーは「何も知らない組織についてスピーチするよう求められる」ような状況に置かれることになった(68)。儀式を通して伝えられるオッ

138　第17章

ド・フェローズの倫理的な教えは、大部分が無視された[69]。その場しのぎの解決策は、「入会希望者の不十分な選択、役員の非効率、そして新メンバーに対してオッド・フェローズの歴史、目的、目標、成果を適切に知らせる段取りの欠如」という結果になって現れた[70]。

1982年、パスト・ソブリン・グランドマスターのD・D・モンローは、北米のロッジや支部のつながりにおいて最も弱い部分のひとつは、情報交換とメンバー育成過程の欠如であると繰り返し述べた[71]。オッド・フェローズが「新メンバーに興味を示さなかった」[72]のはその結果であるということだ。また、そういう側面が「最終的にはメンバーが会員資格を失効する」ことにつながる[73]。1993年、パスト・ソブリン・グランドマスターのロイド・シェルベイは、組織への無関心を指摘した。これは「組織の存在そのものに対する理解の欠如と、IOOFが今日の問題とは無縁であるという感覚」が主な原因となって起きたことだ[74]。「この問題は、メンバーに対するより良い教育、より多くの情報が提供され理解されることによってのみ是正され、改善できる」と考えていた[75]。1994年のソブリン・グランドロッジの調査で、北米のオッド・フェローズの最大の欠点はメンバーの教育であることが明らかにな

った[76]。ただちに実施された会員調査により、「会員の大部分が組織に関する基本的な知識さえも欠如している」ことがわかった[77]。

1994年、パスト・ソブリン・グランドマスターのJ・W・フレデリック・レイコックは次のように強調した。「北米のIOOFは、メンバー自身がオッド・フェローズとは何か、その目標と原則が何であるかに関する教育を受け、全く足りていない歴史的知識以上のものを身につけないかぎりは、損失に対応する十分な数のメンバーを獲得することはできない」[78]。集会の開催方法や地域活動への参加方法、自分たちについて知ってもらう方法、そしてどのような活動をどのように促進していくことができるかを伝える会員向けのトレーニング・プログラムを設ける必要性が徐々に高まっていた[79]。多くの指導者がグランドロッジやロッジに質の高いメンバーを獲得し、メンバーが望むプログラムを提供し、メンバーがあらゆるレベルで積極的に参加していくことを奨励するよう求めた[80]。オーストラリアのイアン・ウィットンは、「明確な形で説明が可能なオッド・フェローズのビジョン、魅力的な建物、印象的な服装規定、他の組織と比べて見劣りしない儀式、自信に満ちた役員」といったイメージを創り上げることができない限り、ロッジに加入しようと

友愛主義の凋落　139

いう人は出ないだろうと述べた[81]。ウィットンはまた、「組織を活性化するための真の努力は、メンバーを教育し、情報を提供することであるべきだ」と提案した[82]。彼は次のように述べている。「知識は自信につながり、自信は熱意につながり、熱意は献身につながり、献身は自尊心につながる。そして総合的に、こうした要素が成功につながっていく」[83]。しかし、彼の助言が広まることはなかった。多くのソブリン・グランドロッジおよび多くのグランドロッジの役員や委員会がほとんど行動を起こさなかったため、必要とされる結果がもたらされることはなかった。

ずさんな管理体制

トレーニングと教育の欠如により、階位が上がっていく過程で伝えられるIOOFの中核的価値観がメンバーに効果的に浸透することはなかった。こうした状態が、一部のグランドロッジやロッジにさらなる問題をもたらすことになる。アメリカでは1983年から組織の資産利用法に関する懸念が生じた[84]。大きな金額の寄付基金と小規模基金の管理が問題視され始めたのだが、これらの総額はかなりの規模になる[85]。また、「長年のメンバーはロッジの資金や資産が自分たちのものであり、オッド・フェローズやレベッカ・ロッジの復帰資産とはみなしていない」例もあった[86]。メンバー個人に対するロッジの資金や財産の不正な譲渡、役員によるあからさまな横領も発生した[87]。専門家による管理が推奨されていたが、これをうまく実施できたグランドロッジは少なかった。依然として自分たちの中から役員を選出し続け、必要な管理手法やリーダーとしての能力が欠けている外部の人間を雇い入れるグランドロッジやロッジもあった。組織に対して利益よりも損害をもたらした人々に長い間同じ仕事をさせ続ける例もあり、多くのロッジが不動産を失い、運営資金も不足するようになった。寄付金でやりくりしながら、ロッジホールを売却しない限り運営が立ち行かなくなるロッジが増加した[88]。

変化への抵抗

長期にわたる衰退が始まったとき、IOOFはものごとの優先順位を真剣に見直すことができなかった。代わりに「古い非生産的プログラムを一切放棄することなく、多数のプログラムを追加した」のだ[89]。長年にわたり、特に北米のメンバーは、オッド・フェローズが漂流状態にあるという警告を受けていた。「IOOFが他の国際機関に追いつくためには、指導部がソブリン・

グランドロッジ、グランドロッジ、またはロッジで横行している時代遅れの考え方やシステムを捨てなければならない」という指摘だ[90]。

まず、社会の現状に合わせて組織内に変化をもたらす必要がある[91]。第二に、若い世代の新たな要求や姿勢を受け入れる必要がある[92]。しかし、19世紀に発達した複雑な組織構造と官僚制度的な資質は、今世紀においてすでに効果がまったくないことが明白に示されている。1968年に北米のIOOFの状況を調査するために立ち上げられたソブリン・グランドロッジ特別委員会は、「手順を簡素化する必要があり、すべきではないことについて話し合う時間を減らし、できることやすべきことについて話し合うことに時間を使うべきである」と提案した[93]。

1968年、パスト・ソブリン・グランドマスターのジーン・ビアンキは、組織の将来のために直ちに必要な変化のリストを作成した。ところがこのリストは「ゴミ箱に捨てられ、彼が推奨した変更は何ら実行されなかった」[94]。IOOF国際評議会の欧州メンバーも、過去50年間に会議で討議され採択されたはずの提案が、アメリカとカナダの指導者で構成されるソブリン・グランドロッジ代表団によって実行されたことはほとんどなかった事実に注目した[95]。1993年、ソブリン・グランドマ

スターのロイド・シェルベイは、IOOFが「計画に1年、資金に対する投票までの準備期間として1年、そして収入額に合わせてプログラムの内容を調整するのに1年かかった」と述べた[96]。シェルベイはまた、「抑制と均衡は絶対に必要だが、秩序立って適時的な意思決定、そして決定事項の実行を可能にしながら支出を監視できるような手続きが導入されなければならない」と意見した[97]。

ソブリン・グランドロッジが実施したとある調査によると、この時代にIOOFが直面した最大の課題は「メンバーの考え方をどう変えていくか」ということだった[98]。指導者層では、組織の構造的かつ根本的な変化の必要性はもはや否定できないと主張する声もあった[99]。1968年の時点で、とある全国調査を通してIOOFの組織構造を簡素化する必要が勧告されていた[100]。新しいアイデアと新しい方法を採用することによって、単なる打合せを面白くてためになる集まりに変えていく必要があったのだ[101]。若い新メンバーを呼び込むためには、「創設以来維持されているオッド・フェローズの気高い教えを損なうことなく、将来の世代の考え方に適合するように変化」させていかなければならないことが、これ以上ないほどに明白になった[102]。

スウェーデンのパスト・グランドサ

友愛主義の凋落 141

イアー、ダグ・ワレンは1993年のソブリン・グランドロッジでのスピーチでこう述べている。「この50年間、私たちは『よく考えろ、時間はたっぷりある』と言われてきたが、今はもう時間が足りない」[103]。彼はソブリン・グランドロッジの指導者らに対し「行動を起こすか、さもなければこの組織に将来の希望がまったくないことを認める」よう詰め寄った[104]。「グランドロッジおよびロッジが変化を拒否し続けるなら、IOOFに最終的かつ避けられない終焉が起こり得る」[105]。必然的に、時代に適応できなかった多くのロッジが閉鎖されることになった。同じ運営方法を続けたグランドロッジの多くは州全体でも10カ所に満たないロッジと共に残され、IOOFのメンバー数も全体的に徐々に減少していった。

 ## 組織構造の問題

1994年にソブリン・グランドロッジの委員会が実施した調査によって「IOOFの組織構造は最終的な形や目的を念頭に置かないまま進化し、過度に複雑になっている」ことが明らかになった[106]。この報告書は、IOOFが「現在のメンバー数では過負荷であり、過度に組織化されている」という1982年の特別委員会による調査結果の内容を繰り返すことになった[107]。

求められていたのは、組織構造の簡素化だ。多くの管轄区域において、少ないメンバーをやりくりしながら、グランドロッジ、レベッカ・アッセンブリー、グランド・エンキャンプメント、デパートメント・カウンシル、レイディーズ・オグジリアリー・パトリアークス・ミリタントに加え、こうした複雑な組織構造を下支えするためいくつものロッジが運営されていた[108]。時間、労力、資金の消費が組織全体を疲弊させていた。委員会は、ひとつの管轄区域がひとつの統括機関あるいは州レベルの組織のみによって運営されていく方法がよりよく機能するだろうと考えた。これは、すべてのIOOF支部がグランドロッジの直轄になっているヨーロッパにおいて実証されていた方法だ。

同じ調査で、ソブリン・グランドロッジ特別委員会は、ソブリン・グランドロッジ自体の構造あるいは内部の変化を提案している。ソブリン・グランドロッジの構造は、19世紀から20世紀初頭における友愛組織の隆盛期においては最適だったかもしれないが、衰退期のさなかでは構造そのものが障害になり始めていた。「なされるべきことがなされておらず、経費が適正化されない」こともわかっていた[109]。実際、ソブリン・グランドロッジからの脱退の可能性が討議された管轄区域もあっ

た[110]。

州レベル以上の統治機能が存在しない形で運営されるフリーメーソンのロッジと異なり、北米のIOOFは国レベルおよび国際的統治機関によって統治されている。フリーメーソンでは、組織全体で受け入れられている大原則に反しない限り、変化の採用は各区域内での自治性に基づく自由裁量に委ねられていた。しかしIOOFでは、ソブリン・グランドロッジがすべての管轄区域の意思決定に関わる必要があるため、組織としての反応と適応が遅くなる。いかなる変更もアイデアも、ロッジから各州のグランドロッジ、そしてソブリン・グランドロッジへと、さまざまなレベルの組織を通過しなければならない。そしていかなる提案であっても、グランドロッジまたはソブリン・グランドロッジでの投票が行われる前に、推薦を担う特定の委員会による審査を受ける必要があった。委員会が機能しなかったり、提案されている変化に抵抗しようという意図があったりする場合は、プロセス全体が遅れることになる。たとえばソブリン・グランドロッジでは、お役所仕事体質と委員会メンバーの非効率性のため、ウェブサイトのデザインを更新するのに10年近くかかった。

1994年、特別委員会はソブリン・グランドロッジが「最小限の権限内で計画および政策決定を行っていく」ようになれば、メンバーに対してよりよく機能すると勧告した[111]。また、ソブリン・グランドロッジが「ライオンズ・インターナショナルや国際ロータリークラブのような広報機能をより重視していくべきである」とした[112]。ソブリン・グランドロッジが国際統治機関として存続するためには、必要な改善に迅速に対応しなければならなかった。

委員会は、ソブリン・グランドロッジの会議の運営方法に対しても大きな変更を加える必要があると結論づけた。1994年から、ソブリン・グランドロッジの役員に対してそれまでよりも長い任期が必要であることがわかっていた。任期を1年から2年に変更し、ソブリン・グランド・ワーデンという役職の廃止が勧告された[113]。ソブリン・グランドロッジの年次総会の開催には高額な費用がかかるため、2年ごとの開催の必要性と利点も指摘された[114]。この方法は、グランドロッジの会議が2年に1回から5年に1回というペースで行われ、グランドロッジ役員の任期が最低2年間であるヨーロッパのIOOFによって効果的であることが証明されていた。こうした方法でヨーロッパ内の組織の経費が削減され、役員はさまざまな計画の実施とプロジェクトの拡大に、より多くの時間を費やす

友愛主義の凋落　　143

デンマークのIOOFグランドロッジの総会は2年に1回開催される。2年に1回の開催なら費用を最小限に抑えることができる。節約した分は他のプログラムに回された。この方法は、上級階位メンバーがさまざまな計画を立て、実行していくための時間を生んだ。写真はIOOFソブリン・グランドロッジ提供。

ことができた。また、グランドロッジおよびソブリン・グランドロッジ代表者の任期制限も推奨された。グランドロッジとソブリン・グランドロッジの一部の役員が20年以上にわたって同じ役職に就いていたり、同じ委員会のメンバーを務めていたりしたことが検証によって明らかになっていたからだ。高齢のため、組織が現在必要としていることとかけ離れた考えを持っていた人もいれば、無能であるにもかかわらず自分の立場を守りたいがために、新しいアイデアの妨げになっているような人もいた。

ヨーロッパIOOF連盟はさらに、オッド・フェローズ思想を世界中に広めるため、ソブリン・グランドロッジを世界中の代表者で構成されるより大きな権限を持つ真の国際統治機関にしていくことを提案した[115]。スイスのグランドロッジのパスト・グランドサイアー、ダニエル・コッローディは「非営利団体としてのオッド・フェローズは、効率的に運営されている他の国際協会の例に倣うべきである」と強調した[116]。たとえば、元は純粋なアメリカの組織だった国際ロータリークラブは、過去の会長すべてがアメリカ人だったが、近年はインド、スイスをはじめとする国々からも会長が就任している[117]。しかし、アメリカとカナダの代表者で構成されるソブリン・グランドロッジは、こうした案を毎年拒否し続けていた[118]。現在、IOOF国際諮問委員会という組織が存在するが、ソブリン・グランドロッジにおける立法権

 第17章

限は持たされていない（第21章参照）。

ロッジの閉鎖と統合

　また、ソブリン・グランドロッジおよび北米グランドロッジの一部の役員の伝統的な管理方式と指導力の低さが、多くのロッジの崩壊の一因となった事実も記録されている。1964年、ソブリン・グランドマスターのマーフィーは「この組織が過去20年間行ってきたことは、新しいロッジの設立や休眠状態にあるロッジの活性化の方策を見つけることではなく、認証を剥奪して一元管理することだった」と述べた[119]。一部の州の指導層がしていたのは、基本的にロッジが機能停止していくのを眺めていることだけだ。彼らは「活動中のロッジの絶対数が減ればより多くの会員を募集できると期待していたが、メンバーの獲得に失敗したため、オッド・フェローズのロッジが存在しないコミュニティが数多く生まれることになってしまった」[120]。パスト・ソブリン・グランドマスター、レイノルズは「機能していないロッジの資金の一部を、他のコミュニティで新しいロッジを設立するために使用するほうが有益かもしれない」と語った[121]。これはよく議論されることだが、レイノルズは「グランドロッジが資金に困っているなら、機能不全のまま残っているロッジにしがみつくのではなく、会費を増額すべきだ」と提案した[122]。州全体でロッジが五つしか残らず、メンバー数は100人未満という地区もあった。こうした状態を招いた責任の一部は、該当地域を管轄するグランドロッジの役員が苦境に陥ったロッジを支援するどころか認可を取り消したためであり、また、一部の役員が閉鎖したロッジから集めた資金を他の地域での新ロッジ設立に使わず、ただ浪費してしまったからだと言われている。

ヨーロッパおよびその他の国での成長

　北米のオッド・フェローズとレベッカ双方がメンバー数減少という問題に取り組んでいた一方で[123]、諸外国では活発に組織の推進が行われていた[124]。1969年から、南米大陸で多くのロッジが設立された。チリのロッジの数は、ベネズエラ、コロンビア、ペルーと並んで大幅に増加した[125]。ウルグアイのモンテビデオでも会員数が若干増加した[126]。ノルウェーのオッド・フェローズは、新しいロッジおよびメンバー総数において常に発展し続けていた[127]。アイスランドではメンバー数が着実に増加し、慈善事業も前途有望な状態にあった[128]。フィンランドでは多くのロッジが設立され、オーストリアでもロッジが再設立された[129]。1993年、

フィンランドのグランドロッジがエストニアにオッド・フェローズ・ロッジとレベッカ・ロッジを設立した[130]。数カ月後、ポーランドのヴロツラフで設立されたロッジが60名近くのメンバーで認証を受けた[131]。エンキャンプメントはヨーロッパでも成功を収め、その方法を北米でどのように採り入れるかについての研究が行われた[132]。

ヨーロッパを訪問したソブリン・グランドマスターのヴェルディ・ドッズは「ヨーロッパにおけるオッド・フェローズの会合の礼儀作法に表現されている威厳と誇りは、比類なきものである」と述べた[133]。すべての役員とメンバーが正装し、首掛けと宝石を身に着けた姿はまばゆいばかりだった。組織的には、メンバー全員が当面の間行われるべきことに常に気を配っていた。入会金と年会費についても現実的な対策が講じられていた[134]。ヨーロッパのロッジは「質の高い階位取得過程」を提供することで成長を遂げ、若いメンバーからの関心を集めていることが明らかになった[135]。

ヨーロッパのオッド・フェローズは、一日限りの階位取得式に頼りながら社会奉仕クラブのような形で機能するのではなく「まずは儀式を通してメンバーに友情、愛と真実、寛容、慈善活動を教えるというオッド・フェローズ思想の倫理的活動に重点を置いていた」[136]。

第二に、ロッジは高齢者や病気をわずらっているメンバーだけでなく、組織外の人々や団体のための人道的活動にも積極的に関与した[137]。ヨーロッパのIOOFは、階位取得の過程をひとつにまで減らすというソブリン・グランドロッジの案に反対だった。ドイツのIOOFリーダーは「階位取得の過程は、説得力を持って正確に説明・教授し、現代の世代にとってより適切な言葉を選択することによって、依然として魅力的なものとなり得る」と意見した[138]。

ヨーロッパでは、今でもロッジの集会が伝統的な儀式とともに行われ、その後に社交活動が行われる[139]。彼らの強さは、メンバーが進めていく教育から発するものだ[140]。通常は、入会希望者がメンバー申請できるようになるまで約6カ月を要する。この期間中は、ロッジの役員が本人や家族と連絡を取る。希望者の妻は、夫がオッド・フェローズへ入会することに同意していなければならない。新メンバーは、入会することが特別な出来事であることを強く認識しなければならない。ロッジは、入会希望者の風評を確かめなければならない。初級階位の取得後、新メンバーは第3階位を取得できるまで、ロッジのすべての会議やイベントの少なくとも65%に参加する必要がある[141]。また、年間少なくとも10人の病人や

146　　第17章

高齢メンバーを訪問し、近くの町にあるロッジを年に少なくとも3回訪問することを誓約しなければならない。またスピーチをしたり、さまざまな仕事を引き受けたりしなければならない。一般的に言って、ロッジのすべての階位を取得するには少なくとも1年かかり、新メンバーは5年後にエンキャンプメントへのメンバー申請をできるようになる(142)。ヨーロッパの一部のロッジでは、新メンバーは第3階位に昇進するまでの約3年間、ロッジ内で積極的に活動しなければならない(143)。1996年までに、アメリカおよびカナダのソブリン・グランドロッジ管轄区域はメンバーのほぼ30％を失ったが、ヨーロッパの独立管轄区域は11％増加させた(144)。1999年までに、ヨーロッパのIOOFメンバー数は北米を上回った。

 ## 続く社会奉仕

メンバー減少という問題は解決され

 Column

各時代の大統領とメンバーの面会

メンバー数の減少という問題にもかかわらず、この時代のIOOFの慈善活動は大規模に展開されていて、組織としての貢献は複数のアメリカ米国大統領が認めている。
1961年、パスト・ソブリン・グランドマスターであるアングレアは、ピープル・トゥ・ピープル・プログラムの議長として、ミズーリ州カンザスシティで2日間を過ごし、元米国大統領アイゼンハワー氏とトルーマン氏、ジョイス・ホール氏およびホールマーク財団の関係者と会談した。1963年、IOOFの指導層は、オッド・フェローズとレベッカの青少年団による15回目の国連訪問を高く評価したジョン・F・ケネディ大統領と会談している。1070年、ソブリン・グランドマスター、ドナルド・スミスはフリーダムズ財団の後援の下、ベトナムへの巡視に参加した。IOOFは、参加した20以上の国内外の団体の中で唯一の友愛組織だった。後に、リチャード・ニクソン大統領によって参加者全員がホワイトハウスに招待されている。1982年、IOOFはロナルド・レーガン大統領からホワイトハウスでの会議に招待された。レーガン大統領は、IOOFの「これまでの取り組みを大いに評価し、感謝の意を表し、同様の友愛団体と共に、オッド・フェローズが高齢者や貧困層への配慮という重大な責任から政府を解放する一助となってくれるよう要請した」。

1970年、ソブリン・グランドマスターを務めていたドナルド・R・スミスはフリーダム・ファウンデーションによるベトナム訪問に参加した唯一の友愛組織関係者だった。スミスはベトナム共和国のグエン・バン・チュー大統領に150周年記念メダルを手渡した。写真はピーター・セラーズ提供。

ないままだったが、オッド・フェローズとレベッカ・ロッジはさまざまな公共サービスに資金を提供し続けた。20世紀に入っても財政は依然として安定しており、1968年度の総収入は13億ドルだった[145]。IOOFの投資基金総額は北米だけで9180万ドルに上り、高齢者向け住宅への投資額は2660万ドルに達した[146]。組織全体が人類に貢献したいという大きな願望で満たされていた。メンバーとその家族に対する義務を見失わないまま、オッド・フェローズの理念の原則がすべての人に適用されなければならないという信念が高まりを見せていた[147]。IOOF国際評議会はメンバーたちに、発展途上国に住む貧しい人々に対する支援に参加するよう奨励し、これは実行に移された[148]。

従来の公共サービスの継続に加え「エコロジー、薬物中毒の解決策、優れた教育の支援」といった分野への進出も開始された[149]。この時代、オッド・フェローズとレベッカ は、IOOFの青少年向けプログラムの一部である教育巡礼プログラムを通じて数百人の学生に旅行の後援を開始した。IOOF視覚研究財団を設立し、ジョンズ・ホプキンス大学での視覚研究プログラムのための最初の資金となった総額100万ドルを集めた[150]。IOOF教育財団を通じて学生に低金利の学生ローンも提供した。さらには、オッド・フェローズとレベッカはマニトバ州のピース・ガーデンの入口ゲートを建設し、ピープル・トゥ・ピープル・プログラムに参加し、さまざまな教育プログラムに広く関心を示した[151]。実際、アメリカにオッド・フェローズ大学を設立する可能性を調査する委員会が1962年に設立された[152]。さらに、カリフォルニアおよびテキサスの洪水やアラスカ大地震など被災者への支援を目的として、年間750万ドルを超える救援援助を供出した[153]。

1979年までに、50州において依然として孤児、高齢者、病弱者、寡婦に評価額4000万ドルの住宅が提供され続けていた。こうした施設に住む5万8380人以上の居住者が、オッド・フェローズの思いやりを実体験として刻み込んだ[154]。2167人以上の学生が総額190万ドルの融資を受け、希望する大学で高等教育を受け続けることができた[155]。自然災害、個人的な問題、経済的問題に充てられる資金は、1977年までに4億5391万5159ドル48セントに達した[156]。1982年以降、北米のオッド・フェローズとレベッカは急速に「高齢者向けホーム建設事業のリーダー」としての評判を確たるものにした[157]。

ヨーロッパでも、オッド・フェローズとレベッカは、老人ホーム、がん検査センター、その他の目的のために数

百万ドルを集めた。スイスのオッド・フェローズは、特別支援が必要な子どもたちのための新しい施設の建設に9万ドルを助成した[158]。オランダとベルギーのオッド・フェローズは、障害のある子どもたちのためのキャンプ体験やボート旅行を後援した[159]。アイスランドの二つのロッジは地元病院に血液検査用の機器を寄贈し、レイキャビクの六つのロッジが5年間で約200万ドルを退職者のための保養所に寄付した[160]。

ノルウェーのオッド・フェローズとレベッカズは、75万クローネ相当の心臓診断装置をオスロ市立病院に寄贈した[161]。彼らはまた、「グランドロッジ人道基金」を設立し、年間約10万ドルをさまざまな慈善活動に寄付し、12万ドルを多発性硬化症の研究財団に寄付している[162]。1965年、ノルウェー・グランドロッジは多発性硬化症患者のための介護施設を建設した。1973年、ノルウェーのオッド・フェローズは約200万クローネを供出して「オッド・フェローズ」という名前の救助船をノルウェー沿岸警備隊に寄贈した[163]。1979年、ノルウェーのレベッカはオスロの国立病院の小児心臓部門で使用されるエコー機器寄贈のため75万クローネを集めた[164]。

1983年、スウェーデンのオッド・フェローズは開始資金350万クローナと年間約100万クローナの寄付でグランドロッジ人道基金を設立した[165]。また、がん検査施設に約43万クローナ、全国心臓病患者連盟に95万クローナを寄付した[166]。1990年から1995年にかけ、スウェーデン・グランドロッジは医学研究、救助船、海外援助などに580万クローナ以上の金額を供出した[167]。デンマークでは、オッド・フェローズが大規模な慈善活動を展開していた。デンマーク・グランドロッジは毎年少なくとも400万デンマーク・クローネを人道的および文化的活動に供出している[168]。1993年には、共産主

IOOFの複数のグランドロッジは、キャビンとキャンピングカー用スペース、キャンプ場、大型テントと湖があるオッド・フェローズとレベッカ・ユース・キャンプを所有している。写真はミシガン州ボールドウィンのトール・オークス・オッドフェロー・アンド・レベッカ・キャンプ提供、2016年。

友愛主義の凋落　149

ニューヨーク州ロックポートのオッド・フェローズ・リタイアメント・ホーム。写真は著者のコレクションより。

義政権によって約100人の乳児が収容されていたルーマニアの乳児院の修復のために、赤十字社に100万デンマーク・クローネ以上の金額を寄付した[169]。ドイツでは、オッド・フェローズとレベッカが無線通信機器を備えた数台の救急車を赤十字に寄贈した[170]。

これらに加え、世界中にある個々のロッジがそれぞれの地域でのさまざまな救援活動のために多額の費用を供出している。実際、ほとんどのロッジが視覚障害者、病人、若者に対して行われる人道的活動を支援した[171]。多くのロッジが進んで学生たちの活動の後援に取り組んでいるようだ。バスケットボールや野球のチームを後援し、ユニフォームを購入し、軽食を提供したりする活動もある。とあるロッジでは、中学校入学を控える5年生を毎年招待し、記念の夕食を提供していた。子ども用の靴、そして必要に応じて提供される暖かいコートや手袋も人気だった。ホームレスの子どもたちのため、学用品を詰めたバックパックを準備しておくロッジもいくつかあった。学生の個別指導や、地元の消防士、警察、病院へのテディベアの寄付も、人気のあるボランティアプログラムだった[172]。イースターの卵探しを後援するロッジ、地域の花火大会や毎年恒例のクリスマスパレードを後援するロッジもあった。多くのロッジが虐待された女性と子どものための保護施設に寄付を行っている[173]。また、竜巻がテキサス州内の多くの地域を破壊したとき、オッド・フェローズとレベッカは大量の食料と物資を集めた。驚くべきことに、膨大な量の物資を被災地へ輸送するため18輪の大型トラックが必要だった[174]。

第18章
再発見される結社の価値

Signs of Rediscovery

　時代は劇的に変わった。今日の世界には、多くの機会や競争がある。友愛組織や社会奉仕クラブによって提供されていた事業の多くは病院、葬儀場、そして政府機関に吸収されている[1]。優先順位の感覚も進化を遂げた。今の世の中では男性も女性も同じように仕事をして生計を立てている。家族を優先しなければならないし、レジャーも必要だ。人々には今、貴重な時間を費やして「他の数多くのグループ、組織、クラブ、ロッジに参加する」という選択肢がある[2]。しかし、100年の歴史を持つ組織の多くが運営法をほとんど変えず、実質的には50年以上前と同じ方法で運営され続けている。

　他の複雑な要因に加え、多くの友愛組織や社会奉仕クラブといった組織が今の時代のニーズに適応できないままだったため、若い世代の人々を引き付け、メンバーとしてとどめておくことができなくなった。若い世代にとって刺激的なものを提供できなかったロッジやクラブは最終的に認証を放棄したり、一部は活動が停滞したままの状態に陥ったりしている。メンバーの年齢層が文字通り2世代飛び越えた形になっていて、メンバーの高齢化に悩まされているロッジもある[3]。

　IOOFのソブリン・グランドロッジは長年にわたって「メンバーの増加、平均年齢の引き下げ、階位取得の儀式の意味に関する教育」について懸念を表明していた[4]。しかし指導者層は、メンバーの地位に関する問題や組織発展の懸念に対処するため取るべき適切な手段について寄せられるさまざまな意見にさらされていた[5]。毎年、代表者らは議案や決議、委員会を通して「IOOFを前進軌道に乗せるために同じ提案を行っていたが、進展はまったくなかった」[6]。

再発見される結社の価値　　151

最近は「衰退しつつある友愛組織に残る独特な象徴性が、ハリウッドやミュージシャン、アーティスト、歴史家などの注目を集めている」[7]。友愛組織の装飾品や骨董品がインターネット、テレビ番組、美術展示会などで見られることも多い。いわゆる「秘密結社」の暴露をテーマにした映画やドキュメンタリーは一部の人々、特に若い世代の目に留まった。インターネットはオッド・フェローズに関する宣伝やメンバー間のコミュニケーションに最適な形式のひとつとなっている。フェイスブックやインスタグラムなどのSNSウェブサイトやユーチューブなどの共有サービスの人気により、若い世代がごく簡単にさまざまな組織について知ることができるようになった。ロッジやグランドロッジがコミュニティ内で多くの人々の目に留まるようになり、最新テクノロジーと組み合わせれば、ごくわずかな費用だけで、あるいはまったく費用をかけずに必要な宣伝効果[8]を得ることができるようになった。

その結果、オッド・フェローズのような友愛組織に参加し、ロッジで新しい形態のコミュニティを再発見することに新たな関心を向ける人々もいるようだ。「同胞への敬意、コミュニティへの強力な支援、他者との分かち合い」[9]など、昔の時代の基本的信念に立ち返ることに興味を抱く人々もいる。時代のニーズに応えようと努力を重ねたロッジが今、劇的な形で甦りつつある。多くのロッジが歴史愛好家、タトゥーアーティスト、バイカー、地域活動家、

オッド・フェローズの壮麗な集会室と象徴性、入会儀式が若い世代のメンバーを惹きつけた。写真はコロンビア・オッド・フェローズ第2ロッジ提供、2017年。

ミュージシャン、弁護士、ビジネスマンなどさまざまなグループに属する若い人たちからの入会希望の復活を実感している。

2001年から、バイク愛好家のグループがイリノイ州北部とウィスコンシン州にある複数のオッド・フェローズとレベッカ・ロッジを復活させた。2005年にアルバータ州、カリフォルニア州、ジョージア州、アーカンソー州に五つの新しいオッド・フェローズ・ロッジが設立された(10)。2007年から2008年にかけ、ドミニカ共和国とナイジェリアで新しいオッド・フェローズのロッジが設立され、ハワイ、ミズーリ、ミネソタ各州でユナイテッド・ユース・グループが設立された(11)。2009年にはオッド・フェローズがフィリピンで復活し(12)、以来フィリピンに14の新ロッジが設立された。最近の記録によると、北米でIOOFに入会を許可された新規メンバーの数は、2012年の3097人から2013年の4578人に増加している(13)。現在、多くのロッジが依然としてメンバー獲得に苦戦しているが、メンバーが5人未満というレベルから100人を超えるまでに成長したロッジの成功例が世界各地から寄せられている。ならば、成長を続けるロッジの成功の秘訣とは何だろうか？

 豊かな歴史、象徴性と儀式

オッド・フェローズなどの友愛組織の長い歴史、儀式、象徴性、式服、仲間意識の伝統は魅力的で、メンバーシップについての問い合わせや、入会検討の最初の理由になっている。過去50年間、年長層のメンバーたちは組織を近代化していく方法について議論を重ねてきた。古い世代の中には、儀式や合言葉を廃止しようという意見さえ出ている。しかし、現在の若いメンバーの見方は違う。実際にオッド・フェローズのメンバーになった人たちの多くは、社会奉仕クラブとは異なる性質、また伝統的な儀式に関心を抱いているのだ(14)。彼らはロッジを「長い間失われた伝統、親睦、社会奉仕、リーダーシップを維持する」ための手段と考えている(15)。

カリフォルニア州ヘイワードのシカモア・オッド・フェローズ第129ロッジは、近頃活気を取り戻した。このロッジの最年少メンバーのひとり、リック・ブラッギーはこう述べている。「最近の若者は帰属意識、歴史の感覚、そして自分たちの過去を知ることを求めている」(16)。彼は、オッド・フェローズへの参加が「若い世代にとって帰属意識を感じ、歴史的なもの、長く続くもの、自分よりもはるかに大きなも

のの一部であると感じる機会」であると考えている[17]。フィリピンのドゥマゲテにあるウォッチドッグ・オッド・フェローズ第１ロッジのヴィック・アントン・ソモザが入会した理由のひとつは、「長年にわたって守られてきた習慣と儀式」だ[18]。最近、地元のオッド・フェローズのロッジの復活に協力したトーマス・ロームは、「僕と同じ年齢の人たちは儀式の独創性を好み、それを実行することに大きな魅力を感じる」と付け加えている[19]。彼は儀式に劇的要素を持たせるため、「暗記」を盛り込むことさえ提案した。17歳で最近メンバーになったグラハム・フラートンは「自分と同じ価値観を共有する人々と出会う機会は楽しかったし、儀式はちょっとクールだった」と語った[20]。実際、世界中の多くの若いメンバーが、階位授与の儀式におけるパフォーマンスの向上を求めている。

しかし、である。ロッジが豊かな歴史を誇り、古代の儀式、秘密の握手、合言葉、合図があり、メンバーがスタイリッシュな式服を着ているという理由だけでメンバーとなり、活動し続けていく人はいないだろう[21]。他の要素がもっとあるはずだ。成功するロッジとは、メンバーとその家族のための社交行事を主催し、地域社会で良い行いを実現するロッジなのだ。

社交イベントと活動

オッド・フェローズはそもそも、メンバー同士が楽しい社交生活を体験できる場所であるイギリスのパブや居酒屋で始まった。その「昔ながらの古いつながりは、分断された今日の社会で価値あるもの」なのだ[22]。人々は今でも楽しい時間を過ごし、他の人たちと触れ合いながらさまざまな活動を楽しめる社会的ネットワークを求めている。常に真面目で厳格なロッジのメンバーであり続けたいと思う人はいないだろう。成功を収めているロッジのリーダーたちは、「ロッジが提供できる唯一の活動が月に１、２回の30分間の正式な会合」[23]と「特に何もしない、時々行われる持ち寄りパーティー」[24]程度なら、若いメンバーを引き付けることはできないことを認識していた。

成長し続けるのは、開会と閉会の儀式の形式性だけに頼るようなことがないロッジだ。若いメンバーが「自分のロッジが時間のゆがみに閉じ込められているように感じられることに不満をあらわにする」[25]例は数多くある。こうした状態は、メンバーが儀式の本に目を通しているだけで、ディナーや持ち寄りパーティーの計画以外はほとんど何もしないロッジで生まれがちだ。とあるメンバーは「僕は退屈している

し、僕と同じように退屈するだけだろうから、新しいメンバー候補を自分のロッジに招き入れるつもりはない」と語っている[26]。

　単調さと退屈が、新しいメンバーを惹きつけず、ロッジにとどめておかないことの原因であることも、もちろん明らかだ。今日成長を続けているのは、仕事で忙しい一日を過ごしたメンバーにくつろぎと交流を許すロッジにほかならない。1700年代の初期のオッド・フェローズのロッジでは、会議後に食事と酒を提供していた。この習慣は禁酒運動の高まりを受け、1825年の初めにIOOFがアルコールを禁止するまで続いた。そして、人を酩酊状態にする酒の製造、販売、流通を違法とする禁酒法がアメリカで成立した。この種の法律は1933年から1966年にかけてすべての州で廃止され、禁酒法時代は終わりを告げた。

　現在ほぼすべての国で酒類は合法化されているが、多くのロッジは古い規則を刷新できないまま、依然として建物内でのアルコール摂取の禁止を続けている。成功を収め、活気に満ちたロッジは建物内でのアルコールを許可している。今日的な成長中のロッジには、実際に建物内での娯楽のひとつとしてバーが備えられていることもある。この種の設備によって若いメンバーが定期的に会合に出席し、基本的には会合

後もロッジにとどまって他の会員と交流するようになることは明らかだ。心理的観点から見ると、こうした行いがメンバー間の強い絆を育むことにも役立ち、ロッジ全体の士気を高めていくことにつながる。1970年にソブリン・グランドロッジが実施した調査によると、成長するロッジは儀式的な会議を開催したり、単に決まった議題を通過させたりするだけでなく、会議の前後にメンバーを集めることで、「お互いを知り合って真の友情で団結し、より強い気持ちでロッジの会合を終えることができる」[27]。成功するのは「内部で活発な社交生活を提供するロッジである。なぜなら、ちょっとした楽しみがなければ、オッド・フェローズが大切にしていると主張する友情が失われてしまう」からだ[28]。これは、メンバー共通の興味や趣味に役立つ活動を組み込んでいく必要があることを意味する。

　カナダのブリティッシュ・コロンビア州オッド・フェローズ第2ロッジのパスト・グランド・オブ・コロンビアであるスコット・ショーは、オッド・フェローズを「ひとつの場所に集まり、大家族として働き、地域社会を支援し、一緒に募金をし、お互いの家族と顔を合わせ合うグループ」と見なしている[29]。したがって、正式な会議の前後のディナーはセールスポイントにはならない。ロッジはサイクリング、ハイキング旅

再発見される結社の価値　　155

行、映画鑑賞会、ゲームを楽しむ夜、ワインテイスティング、ビール醸造、ダンス、コンサートなど、メンバーがお互いに一緒にいることを楽しみ、社交的な交流を楽しむためのイベントを企画しなければならない。

ヨーロッパでは、若いメンバーがロッジを日常生活とは異なる場所として思い描いている。彼らはロッジを「休息し、考え、エネルギーを得て、倫理教育を受け、同胞や隣人について知ることを学ぶ場所」にしたいと考えているのだ[30]。これに応えて、スイスやヨーロッパの他の地域のほとんどのロッジでは、倫理的なテーマに関する講義を少なくとも月に2回開催しており、これが前向きに受け止められている[31]。メンバー数が大幅に増加した他のロッジでは、メンバーとコミュニティ全体のために独自の「特徴的なイベント」を生み出し、毎年開催している。現在、オッド・フェローズが主催する人気の社交行事やコミュニティ向けイベントには「オッドフェスト」、「オッドトーバー・フェスト」、「オッドベンチャー」、「オッド・マーケット」などがある。こうした行事は一般の人々が参加できる音楽、芸術その他の活動を通してボランティアの機会を提供し、メンバーの才能を披露する場となっている。集まった資金は地元の慈善活動の支援に充てられる。各ロッジがこのような社会活動を本格的に展開していけば、新規メンバーの募集が劇的に強化される[32]。

コミュニティへの関与とボランティア精神

オッド・フェローズの歴史から得られる友愛の学びのひとつとして挙げられるのは、コミュニティへの参加と関与の必要性だ。オッド・フェローズは「メンバーがコミュニティや国家の成長に積極的に取り組んでいた時代に、最も輝かしい日々」を迎えていた[33]。組織の創成期の時代に生きていた市民はオッド・フェローズの価値を認識していて、「奉仕することを主な目的とする友愛会」のメンバーになることでそれに応えた[34]。実際、オッド・フェローズはメンバー同士や仲間を助ける機会を提供した初期形態のサービス組織のひとつにほかならない。

19世紀を通し、オッド・フェローズとレベッカはどの町においても重要な存在であり、必要不可欠な医療援助や傷病手当を提供し、困っている人たちに救いの手を差し伸べた。各州のIOOFは州で初めての墓地や老人ホーム、そして孤児院を運営した。こうした事業が政府のプログラムやその他の機関に引き継がれると、多くのロッジは最終的に内向きになり、町から事実上姿を消してしまった。今日、経済や

エネルギー、道徳観、国の防衛、生活における政府の役割、その他無数の問題について不快感や不安を抱いている人々がいる。医療、教育、退職、失業に十分な資金を提供できなくなる政府が出て、国民の間で道徳的崩壊が進む中、オッド・フェローズのような友愛組織の役割が見直されている。

成長を遂げるのは、今日多くのコミュニティが直面している問題により深く関与するロッジだ。カリフォルニア州デービスのデービス・オッド・フェローズ第169ロッジは、活動中のメンバーが20名未満という状態から[35]、現在300名を超えるレベルに成長した。ロッジのパスト・グランド、デイブ・ローゼンバーグは、彼らのロッジが「コミュニティに奉仕し、コミュニティに手を差し伸べて存在感が伝わるようふるまい、善き行いを重ね、そして楽しむという方向性に進んだ」と語っている[36]。新しいメンバーがロッジに惹かれる理由のひとつは、質の高い活動を積極的に行っているため、コミュニティでの注目度が高いからだ[37]。デービス・オッド・フェローズの最年少メンバーであるグラハムは、「コミュニティで何か良いことをできる機会があったから参加した」[38]ことを強調している。テレビのリアリティ番組「インク・マスター」で審査員を務めるオリバー・ペックは、テキサス州ワクサ

ハチー・オッド・フェローズ第80ロッジの若返りに尽力している。彼は「ほとんどの人はバーに行ってただ時間を潰すだけで、本当の意味でのコミュニティ感覚を宿している人はもういない。そういう事実を感じたから、私はオッド・フェローズに惹かれたのだと思う」と語った[39]。彼はオッド・フェローズについて「バーに行かなくてもできる社会的な行い、そしてコミュニティを意識して何かをすること」[40]だと考えている。

ただしコミュニティへの参加は、慈善団体に小切手を渡すこと以上でなければならない。今日のロッジは、メンバーが協力できるボランティア活動の機会やコミュニティ・イベントを提供する必要がある。成長を続けるロッジにとって、認知度を高めコミュニティの誰もが参加できる年次イベントを主催することが、新しいメンバーを集める素晴らしい方法だった[41]。こうしたロッジはまた、適切なイベントのために所有している建物を一般公開した[42]。たとえばノースダコタ州のあるロッジでは、建物をコミュニティ演劇の会場として使用することを許可した[43]。他の市民団体と協力して樹木祭で木を飾り付けたり、長距離競歩大会に参加したりするロッジもあった。山車を作り、地元のパレードに参加するロッジもある。ボランティアで一般道路や高速道

禁酒運動（1784～1933年）はアルコール摂取の反対を主張し、北米の社会に大きな影響をもたらした。ロッジだけではなく、国家全体でアルコール飲料の製造と販売、流通が禁じられた。アメリカでは1920～1933年の間、憲法によって禁止された。その後ビールとワイン、および蒸留酒の製造が合法化された。今日成長しているロッジは、アルコール飲料の消費に関する規則を刷新し、建物内にキッチン設備やバー、レセプションエリアを設け、メンバー同士が会合の前後に社交活動を行えるようにしている。写真はスコット・アイチソン提供、2019年。

成長を続けるのは、ワインテイスティングであれバイクであれ、メンバーの趣味や嗜好に合う社会的なイベントを企画・実行するロッジである。写真（左）はコロンビア・オッド・フェローズ第2ロッジ提供、2017年。写真（右）はオッド・フェローズ・モーターサイクルクラブ提供、2016年。

路の清掃を行ったロッジもある。ドライバーの運転中の注意力を高めるため、レストエリアでコーヒーやクッキーが配られることもあった[44]。フードドライブ（保存食の寄付を募るイベント）も非常に人気があり、あるロッジでは中米や東南アジアの貧しい子どもたち向けの「クリスマスチャイルド作戦」のためにおもちゃやキャンディー、洗面用具、学用品などの小さなプレゼントを靴箱にいっぱい詰めて送っていた[45]。地元の病院、赤十字社、救世軍、学校、養護施設で積極的にボランティア活動を展開したロッジもある[46]。こうした活動のすべてが、オッド・フェローズをコミュニティに向けて公開し、メンバー間のより強い絆を築き、入会希望者を呼び込む上での優れた方法であることが証明されている[47]。ロッジは自らが属するコミュニティと自分たちを同化することで成長を遂げる――こういう言い方なら、よくわかる話であることがわかる。

積極的な採用活動と
オープンハウス

メンバーの増加は、関係者全員が募集と絶対数の回復に全力を尽くしてこそ初めて実現する。ソブリン・グランドロッジとグランドロッジが一般メンバーを増やすためにできることは限られている。新しいメンバーを引き付けるための継続的な努力が必要で、それは「草の根」レベルで行われなければならない。つまり、ロッジのメンバー一人ひとりが努力しなければならない[48]。自己満足は大問題だ。停滞している上にメンバーの減少が続いているロッジ

オッド・フェローズの行事は厳粛な内容のものばかりではない。多くのロッジが資金集めの楽しいイベントを企画している。アメリカやカナダのロッジが開催する「オッドフェスト」や「オッドトーバー・フェスト」がオッド・フェローズならではの地域イベントとして知られている。こうした行事は音楽とアート、そして資金集めを通して特定の慈善事業を目的に行われる。また、こうした行事を通してメンバーの絆が強まり、友情が深まる。写真はセント・ヘレナ・オッド・フェローズ第167ロッジ提供、2017年。

再発見される結社の価値　159

は、積極的な募集活動を行わず、誰かが参加してくれることを望みながらただ待つだけだ。

これは北米においてもヨーロッパにおいても深刻な問題であり、ごく普通の人々のほとんどは、自分たちが住む地域にロッジが存在するかどうかも知らない。「長期メンバーがロッジに対して抱く秘密主義の考え方によって、死に物狂いで秘密を貫くよう仕向けられる方向性が生み出され、メンバーがその犠牲になった」[49]ことは明らかだ。こうした長年のメンバーは明らかに、「高齢化がすでに顕著になっているにもかかわらず、若い会員を迎え入れようとせず、ロッジの現状に満足している」というメッセージを送っているのだ[50]。彼らはただ「自分たちが死ぬまで、これまでと同じように続けていき

たい」と望んでいる[51]。

その一方、成長を遂げているのは毎年積極的に募集活動を行っているロッジだ。こうしたロッジは招待状を送ったり、新しいメンバーの募集を新聞広告で知らせたりしている。コミュニティ内でのロッジの認知度や関係性を高めることでも同じ効果が得られる。また、メンバー候補者にオッド・フェローズの建物内を案内する「オープンハウス」を企画するロッジもある。Facebook.comなどのソーシャルメディアへのオッド・フェローズに関する写真やビデオの投稿は、大いに役立っている。現在のメンバーの多くが友人、家族、同僚に参加を求めただけで成長を遂げたロッジもある。結論として言えるのは、メンバーはロッジのホールから出て、一般の人々に自分たちの存在を知らせ、参加を呼びかけ、若い世代と出会い、ロッジに参加してくれるよう誘うための新しいアプローチを生み出さなければならないということだ。

 メンタリング・プロセス

メンバーの減少が始まると、多くのロッジが新規メンバーを求めるあまりに、希望者が見つかると入会手続きを急ぐようになった。かなり小規模になってしまい、「階位授与の儀式を執り行

慈善事業に対し、ロッジは小切手を渡す以上の行いをしなければならない。アメリカ、カナダ、そしてフィリピンでは、ロッジの外の社会でのボランティア活動に関わる機会を提供することもまた、メンバー数の増加につながることが証明されている。写真はコロンビア・オッド・フェローズ第2ロッジ提供、2017年。

160　第18章

うための適切なメンバーからなるチームを編成することが困難になった」ロッジもあった[52]。階位を授けるメンバーも階位を受ける側も同様に、儀式の文言を理解していなかった[53]。入会の通過儀礼を受けた新メンバーが、ロッジに二度と現れないこともあった[54]。

　成長を遂げているロッジにおいても、新規メンバー候補者が、すぐに簡単に入会できるわけではない。彼らは、すべての初級レベルの階位を得るまでに約6カ月かかる「メンタリング・プロセス」を体験する必要がある。この期間中、新規メンバー候補者たちはオッド・フェローズの歴史、原則、目的、組織構造についての教育を受ける。デイブ・ローゼンバーグは、デービス・オッド・フェローズ第169ロッジで「候補者は、少なくとも13人のメンバーと面接し、少なくとも8回の懇親会に出席し、委員会に参加して活動し、ロッジとコミュニティのためのイベントの計画を立てなければならない」と語る[55]。これにより、「メンバーが候補者に会う機会、そして候補者がメンバーに会う機会を設けることができ、オッド・フェローズは自分が属するのに正しい組織であるかどうかを判断できる機会」を得ることができる[56]。このプロセスは、新しいメンバーが知識豊富な将来のロッジのリーダーになる準備をするためにも役立つ。同様の過

スウェーデンとノルウェーのオッド・フェローズおよびレベッカは、スウェーデン／ノルウェー沿岸警備隊に多数の救命艇を寄贈している。

程がヨーロッパにおいても成功していることが証明されている（第17章参照）。

若い世代と新しいアイデアを受け入れる

　新しいメンバーを獲得するだけでは十分ではない。オッド・フェローズがこれからの時代で生き残っていくためには、若い世代が自身の足で歩んでいかなければならない。停滞し、衰退しているロッジの多くは、率直に言って新しいアイデア、新しいアプローチ、新しいビジョンを必要としている。しかし、メンバーや役員の大半が60代から70代で、過去10年にわたって同じ人物が役員を務めているようなロッジは、若い世代を取り込んで積極的に活動していくことはできない。長期メンバーはいずれかの時点で、若い世代のリーダーが進化し、成長できるようにしていかなければならない。グラン

ドロッジやロッジを支配し続け、これまでのやり方を押し付け続けることはできないのだ。

長い間行使し続けてきた「支配」を手放すことができない長期メンバーの存在が大きな問題になっているグランドロッジやロッジもある。これは多くの場合、「組織にとっても、また新規メンバーと長期メンバーの間の良好な親睦にとっても」有害な状況をもたらす[57]。新しいメンバーがロッジに対して新しいアイデアを提案する際、長期メンバーが「それはできかねる」、「うまくいかない」、「反対だ」、「それは規範に反する」といった言葉遣いで激しく拒否するという状況が発生する可能性も否めない[58]。こうした場面を通し、多くの場合、若いメンバーはロッジ内で自分に発言権がないと感じることになる。よって、意思決定プロセスから締め出されていることへの不満から、会議への出席をやめてしまう。

組織が大きな「世代間ギャップ」を克服するには、上級メンバーの意識の変化が重要であることに疑いはない[59]。古い世代が若い世代に積極的な活動を望むのであれば、若い世代が新しいアイデアを提案し、リーダーシップを行使し、組織の意思決定を行えるようにする必要がある。こうしたアプローチは、困難な状況の中でも成長し続けるロッジにおいて、効果的であることが証明されている。一例として、あるロッジでは18歳から45歳までの若いメンバーのグループを分離してロッジのホール内の会議室を与え、そこを独自の地域プログラムを実施する際の自分たちのロッジとして運営するようにした。このようにして彼らは自分たちの年齢層だけで活動し、1年後には年長のグループが確保した数の3倍のメンバーを集めた[60]。

成長するロッジは、新しいメンバーがリーダーシップを引き継げるように訓練していく年長のメンバーがいるロッジだ。今日メンバー数の増加を体験しているのは、毎年新しいリーダーを育成できるロッジだ。ロッジが新しいリーダーを輩出しているかどうかを知る方法のひとつとして、より若く新しいメンバーがリーダーシップを執り、役職に就いているかどうかを調べることが挙げられる。

しかし、若いメンバーに参加を呼びかけ、その後は何もしないということは許されない。上位メンバーは、オッド・フェローズ思想の本質の枠内で、若いメンバーが自身の強みを示していくことを許さなければならない。一方、若いメンバーも、先輩メンバーの経験や知恵から学ぶ意欲を持たなければならない。テキサス州ワクサハチー・オッド・フェローズ第80ロッジの現役最長期会員であるエメット・ホーレ

ス・ブラッチャーは92歳で、長年のメンバーが新しいアイデアを受け入れ、若いメンバーと積極的に協力していくことで前向きな結果が得られる事実を示す生きた例だ[61]。友愛組織が若いメンバーの関心と注意を引きつけていく方向性で運営されない限り、若いメンバーは他の活動に意識を向けるようになってしまう。オッド・フェローズの各ロッジは間違いなく、若い世代と古い世代が効果的に協力できる環境を開発していく必要がある。

 ## 多様性

「男女、民族、年齢、宗教、職業の面で多様性に富むロッジが、将来繁栄するロッジである」[62]と言われることがある。既存メンバーと同年齢のメンバーを集めるのは、持続可能な行いではない。存続可能で活気があり、活動的なロッジには、幅広くすべての世代（20代、30代、40代、50代、60代、70代、80代）のメンバーがいる。

オッド・フェローズ・ロッジへの女性の入会は、特にレベッカ・ロッジやシスター・ロッジがない地域においては、女性の成長と持続可能性に効果的な行いであることが証明されている。テキサス州オーククリフにあるダラス・オッド・フェローズ第44ロッジは、男性と女性双方のメンバーで構成されており、現在米国で最も急速に成長しているロッジのひとつである[63]。驚くべきことにメンバーの平均年齢は40歳で、男性メンバーよりも女性メンバーのほうが多い[64]。ブリティッシュ・コロンビア州のビクトリア・オッド・フェローズ第1ロッジも同様に女性の受け入れによって成長し、新メンバーの多くは20代と30代だ[65]。同様に、カリフォルニア州ハーフムーンベイにあるオーシャン・ビュー・オッド・フェローズ第143ロッジのメンバー数は80名を超え、女性が大部分を占めている[66]。

女性が魅力を感じる理由のひとつは、夫と一緒に何かをしたいという気持ちだろう。他の地域では、男女に分けてそれぞれのロッジを運営していくにはメンバー数が足りない場合もある。男女別のロッジは、それぞれが少なくとも実質50名にまで増加したところから実行可能であると考えられる。著者がフィリピンのロッジで行った社会的実験では、男性メンバーと女性メンバーの数的バランスが取れている場合、男女共用のロッジが効果的に機能することが確認された。しかし男性中心のロッジでは、多くの場合、集まる新入メンバーは男性のみになる。同様に、女性主体のロッジには主として女性がはるかに多く集まる。両性のニーズを満たせるような活動がなければ、少数

写真中央に写っている92歳のエメット・ホーレス・ブラッチャーはテキサス州のワクサハチー・オッド・フェローズ第80ロッジの中心的存在であり、若い世代にとってのお手本そして善き指導者として活躍している。写真はワクサハチー・オッド・フェローズ提供。

派である男性メンバーは最終的に集会に出席しなくなる可能性があり、また、男性主体ロッジにおける女性メンバーにもまったく同じことがいえる。

　男女共用のロッジに関して議論の余地があるもうひとつの問題は、恋愛関係にあるカップルが別れたり、夫婦が離婚したりする場合だ。おそらくどちらか、あるいは両方がロッジの集会や活動に参加しなくなってしまう可能性がある。両者の緊張がロッジ内に持ち込まれ、内部の調和に影響がもたらされることもある。ガールフレンドや妻が許可しないという理由で、男性が男女共用のロッジに参加しないケースもある。女性の中には、ボーイフレンドや夫が夕方にロッジに行くことを快く思わない人もいるからだ。したがって、二つのロッジを形成するのに十分な数

の男性と女性のメンバーがいる地域では、女性の特定の興味や趣味に応えるためにレベッカ・ロッジまたはシスター・ロッジを加えることが依然として効果的である可能性が高い。しかし、オッド・フェローズとレベッカズの連帯感を育むためには、合同会議やプロジェクトを開催することが必要となる。それ以外は、組織にとって男女共用のひとつのロッジが最も効果的となる。

　さまざまな民族的・人種的背景のメンバーを受け入れることが、認証ロッジの運営を維持する上で役立っている。アメリカで最も多様性が高いロッジのひとつであるカリフォルニア州サンフランシスコのヤーバ・ブエナ・オッド・フェローズ第15ロッジは、さまざまに異なる民族的および社会的背景の人々を受け入れることを通して、メン

バーの数が増加することを証明した。グローバリゼーションに伴って、会員が人種的偏見を示すロッジは世間からの否定的な批判にさらされ、会員数が減少していくことになる。実際、サウスカロライナ州やラテンアメリカの一部地域にある多くのIOOFロッジは、一部のメンバーが白人以外の受け入れを拒否したために閉鎖された。こうした問題は、ロッジを管理する立場にある人々が依然として自分と異なる人種的背景を持つ人々に対して偏見的な態度をとっている場合に発生する可能性がある。

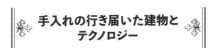

手入れの行き届いた建物とテクノロジー

多くのロッジにとって、オッド・フェローズ所有の建物は最も貴重な財産だ。こうした建物の多くは、町の中心部にある。歴史あるオッド・フェローズ・ホールに対する一般社会の好奇心から、一部のロッジでメンバー数が増加しているのは興味深い事実だ。2009年、カリフォルニア州アーバックルの住民グループが、地元にある放棄されたIOOFの歴史的な建物に興味を持ち、スプリング・バレー・オッド・フェローズ第316ロッジの復活に成功した[67]。しかし現在、こうした建物の多くが劣化しており、改修が必要な状態になっている。オッド・フェローズやレベッカが中で集会を行っていることを知らせる看板すらないロッジもたくさんある。ロッジによっては役員が電子メールやフェイスブックを使用しておらず、Wi-Fi設備がないホールもある[68]。

アメリカとカナダのオッド・フェローズが所有する建物の多くは、歴史家や芸術家にとって魅力的な歴史的建造

年齢層が異なる男女のメンバーが集うダラス・オッド・フェローズ・ロッジ。2017年、数年のうちにメンバーが40人から120人にまで増えた。写真はダラス・オッド・フェローズ第44ロッジ所属のスコット・ウェイン・マクドナルド提供、2017年。

再発見される結社の価値

物だ。今日成長しているロッジは、建物の外観と設備に大きな誇りを抱いている。こうしたロッジのメンバーは、設備に手入れが行き届き、清潔であることを確認するのを忘れない。建物の外には、きちんと看板を設置している。フラットスクリーンテレビ、液晶プロジェクター、Wi-Fi、プレイステーションなどの最新テクノロジーを揃え、建物をメンバーのたまり場にしたロッジもある。豊かな歴史と古の香りに新しいテクノロジーを組み合わせることで、飛躍的に成長したロッジがあることは間違いない。ただし、建物が町のいかがわしい区域にある場合も考えられる。こうした状況での最善の選択肢は、より多くのメンバーを引き付けるために古い建物を売却し、より良い区域にロッジを移転することにほかならない。ただ、古い建物の売却益を新しい建物の購入費用にしなければならない。過去に多くのロッジが建物を売却し、他の団体から部屋を借りるという過ちを犯した。売却して数年が経過すると、家賃の支払いに苦労するようになり、売却益で新しい建物を取得しなかったことを後悔することになった。

厳粛な通過儀礼

ヨーロッパ大陸のIOOFグランドロッジは、「儀式の意味の深さに踏み込むのではなく、人気だけで基盤を広げていくやり方」[69]につながる北米での慣行の修正を懸念していた。ヨーロッパ諸国のIOOFの指導者層は、オッド・フェローズの教えが若いメンバーにとって魅力的で効果的であり続けるためには、儀式を見直し、使用される言葉を随時変更していく必要に賛意を見せた[70]。IOOF国際諮問委員会の会議の席上、彼らはオッド・フェローズが博物館のような存在になることは許せないという意見に同意している。それどころか、ロッジが常に「倫理面の発電所」[71]でなければならないこと、そして「儀式を近代化するための対策が講じられるべきである」という意見にも賛成した[72]。

しかし北米ソブリン・グランドロッジは、階位授与の儀式の見直しに失敗した。式次第をきわめて低いレベルにまで簡素化し、ずさんな通過儀礼を許可してしまったからだ。また、集会における一部の宗派的慣習、たとえば「聖書」という用語の使用や「主の祈り」の朗読などは省くことができなかった。こうした祈りの言葉は、メンバーの大多数がキリスト教徒だった1900年代初頭に、ソブリン・グランドロッジによって追加されたものだ。この事実は、ユダヤ教／キリスト教徒以外の人々が入会を躊躇する理由になっているかもしれない。「聖典」また

は「神聖法の書」という言葉が、IOOFが実際にはすべての人に開かれた無宗派の友愛団体であることを示したい場合に使用すべき、より包括的な用語かもしれない。

　一方、ヨーロッパ諸国のIOOFは、これまでの慣習を完全に放棄しないまま組織を刷新し、現代人の要求に応えていく姿勢が可能であることを証明した。倫理的教訓が若い世代にとって興味深いものと映るよう、儀式を簡素化する代わりに、階位のシステムをさらに充実させていく方向に進んでいる。現代においてあまりにも宗派的または不公正と思われる用語や慣習は削除され、また多くのロッジで、入会式が威厳ある方法で行われることを徹底した。ロッジの部屋は清潔で、式典中はメンバーと入会希望者が正装し、儀式での指示は暗記で行う。デンマーク語版の階位儀式はフィリピンの20代、30代、40代のメンバーによって積極的に受け入れられ、現在では同国内のロッジで使用されている。デンマークのIOOFの儀式は、同じ様式でノルウェー、スウェーデン、フィンランド、アイスランドのIOOFによって使用されている。

 強力なリスク管理

　ほとんどのロッジにとっての最大の問題は、メンバー間あるいは内部での問題や対立の発生だ。衰えつつあるロッジでは、メンバー同士が陰口を言い合ったり、お互いに誹謗中傷を繰り広げたりしている。運営費用やその他の問題に関する些細な意見の相違をめぐる内紛は、多くのメンバーがロッジを去る主な原因のひとつだ。ロッジの指導者層とメンバーの間で、オッド・フェローズであることの本当の意味と概念が共有されていないとき、こういうことが起きる。リスク管理がどのくらい有効に実現できているか。それによって対立や誤解でメンバー間の関係が悪化し、ロッジの閉鎖につながる可能性も否めない。

　今日運営が成功しているのは、しっかりとしたリスク管理計画を立てているロッジにほかならない。財務状態や立場、個人のプライドよりも人間関係を重視する。メンバー全員が常に同意するわけではないが、お互い尊重し合っている。オッド・フェローズのモットーである友情、愛、真実が効果的に伝えられれば、入会時点での階位の教えによって、お互いの相違点の理解とそれに対処していく方法が示されることになる。

 **今日における
オッド・フェローズの存在意義**

　今日の世界は、複雑で、困惑に満ち、

劇的な階位授与の儀式は、威厳と熱意をもって執行されれば、若い世代のメンバーにとって魅力的なものとなる。写真はジム・ウォルターマン提供、2019年。

時には苛立たしくもある多くの問題に直面している。大都市のコンクリートとアスファルトのジャングルには、帰属意識を持たない多くの孤独な人々が住んでいる[73]。誠実な友情を求める男女が何千人もいるのが事実だ[74]。暴力と憎しみが、多くの国の人々をその触手で巻き取り続けている。悪徳、汚職、麻薬、薬物は魂と人格を破壊する力を持ち、世界中のあらゆる場所で人々の生活に大きな混乱をもたらしている。これらは目新しい問題ではないが、今日の無気力や無関心、自由放任主義が織りなす肥沃な土壌にしっかりと根を下ろしている。われわれは、国際社会が「ものごとに限界はない。贅沢すぎるということもない。そして抱くことが禁じられている感覚もない」と語り

かけてくる時代を生きている。文字通り、何千人もの若い世代が新たな興奮、新たな感覚、現実逃避のための新たな方法を求め、薬物や麻薬に走る。人生の方向性がわからず、悩む人たちもいる。

　若い世代に属する多くの人々が、より良い生き方を得ようと手を伸ばしている。一方、高齢者は社交の場や一緒に時間を過ごせる友人を求めている。今の時代はこれまで以上に、オッド・フェローズが大きな助けになりえる。儀式の中で提供される倫理的な教えは、今の時代であっても若い世代に人生のより深い意味と方向性を与えるかもしれない。人は、グループとして協力し合えば、コミュニティや世界全体を助けるため、さらに多くのことができるのだ。国際レベルで組織されたオッド・フェローズは、友好を促進するだけでなく、メンバーに自国以外の国から来た人々をより深く理解する機会も提供する。

　しかし、友愛組織はまず変化が必要であるという事実を受け入れなければならない。より近代的な他の組織と競争できるようにするため、IOOFのあらゆるレベルの指導者は、これまで慣れ親しんだものではなく、完全に斬新な方法論を吹き込んでいく必要がある。オッド・フェローズが組織を現代化し、今世紀の男女にふさわしいものにしな

い限り、会員数は減少し続けるに違いない。組織の存続は、時代の変化に適応できる戦略と活動を発展させられるかどうかにかかっている。とはいえ、オッド・フェローズ精神の実践の指針となる原則、習慣、伝統の完全な放棄を意味するものではない。課題はむしろ、こうした原則を現代に適用する方法を見つけていくことなのだ。

国際的な運動である以上、オッド・フェローズはばらばらな目標に向かって進み続けることもできない。組織のあらゆるレベルのリーダーが団結して行動できなければ、100年以上前のように組織を拡大し、成長させていくことは困難だろう。ひとつの普遍的な目標や目的を追求することを通し、オッド・フェローズをまとまりのある倫理的かつ人道的な世界規模の運動にするための方法を生み出していく必要がある。また、メンバーは共通的意識として一般的目的、展望、使命、核となる価値観を分かち合う必要がある。しかし、国際レベルおよび国家レベルの指導者は、メンバー全員が特定の規則や規制に従うことを期待することはできない。それぞれの管轄区域の間に文化的および地域的な違いが常に存在するため、各ロッジは一般的な使命と展望をそれぞれの環境に適合する方法で当てはめていく必要がある。

オッド・フェローズが直面している

ものは、社会的および技術的な変化だけではない。同様の目的を持ち、同じように社会に貢献する他の多くの組織とも競合している。グランドロッジとソブリン・グランドロッジには地域的、国内的、そして国際的な拡大計画を加速していく必要がある。効果的なプログラムを導入しなければ、オッド・フェローズは同じ性格の国際機関に大きな差をつけられてしまう。ソブリン・グランドロッジとグランドロッジは、運営が苦しくなっているロッジに対する最初の救済策としての認証取り消しをやめなければならない。そうではなく、指導者層が利用可能な資源を活用し、こうしたロッジが立ち直れるようメンバーの増加を支援していく必要がある。グランドロッジは、管轄区域内でのメンバー募集と拡大により重点的に取り組み、オッド・フェローズが存在しない地域での新しいロッジの開設のために資金の相当額を投資すべきである。残ったロッジだけに依存し続けることはできない。今日、オッド・フェローズやレベッカ・ロッジのない町や都市はたくさんある。隣のロッジが困難に陥っている時に他の団体を支援したり寄付したりしても、意味はほとんどないはずだ。だからこそ、他のロッジへの支援も始めなければならない。より多くのロッジが存在し続ければ、オッド・フェローズはより多くのこと

ができるのだ。

しかし国際的に事業を拡大したいなら、ソブリン・グランドロッジはすべての国に一律の年会費を請求し続けるわけにはいかない。その代わりに、国ごとの通貨の購買力を考慮する必要がある。そうしないと、オッド・フェローズ思想を他の国に広めることは困難になる。ソブリン・グランドロッジとグランドロッジはまた、ロッジからの年会費や寄付金に頼りすぎることなく、独自のプログラムや慈善活動のための資金を集める新しい方法を考えていく必要がある。今まで以上にメンバー数の増加、研修、広報活動が最優先されるべきだろう。大多数の人々はオッド・フェローズが誰であり何であるかを知らない。そしてオッド・フェローズの内部組織の最大の問題は、新しいメンバーに対して歴史と原則、慣習に

ついての教育を行っていないことである。数多くの研究家がこういう内容の指摘を行っている。

運営方法の不備、一部の役員のリーダーシップや対人スキルの欠如という問題に対処するため、グランドロッジとソブリン・グランドロッジはリーダーシップ研修や対人関係改善プログラム、リーダーシップ向上を目的とする効果的な非営利経営セミナーの開発にも投資していく必要があるだろう。これは組織のあらゆるレベルに当てはまることだ。役員が必要とされる姿勢とスキルをもって優秀で効果的な非営利組織として導いていけば、IOOFは最終的により大きな利益を得ることができる。とはいえ何より重要なのは、各ロッジのメンバーとリーダーが、コミュニティと関わり合いながら有益な組織になっていこうとする姿勢である。

第19章 国際的拡大と各地のオッド・フェローズ

International Expansion

現在、三つの主要提携組織であるインディペンデント・オーダー・オブ・オッド・フェローズ（IOOF）、マンチェスター・ユニティ・オーダー・オブ・オッド・フェローズ（MUIOOF）、およびグランド・ユナイテッド・オーダー・オブ・オッド・フェローズ（GUOOF）の推定メンバー総数は60万人を下らない。毎年少なくとも１万人の新規メンバーが約30カ国にある１万以上のロッジに受け入れられている。さらに、スコットランドにはカレドニアン・ロッジ・オブ・オッド・フェローズなどの小規模な組織がある。

北米および周辺地域

バルバドス

グランドサイアー、ジョン・ハーモンは、アーチボルド・ベインにオッド・フェローズを結成し、西インド諸島のバルバドスにロッジを設立する権限を与えた[1]。数名のメンバーを認めた後、IOOFは1879年11月４日にバルバドスのブリッジタウンにアメリカス第１ロッジを立ち上げ、正式設立となった[2]。しかし、人種的偏見がその発展を妨げる。1882年に書かれた最後の報告書には、「バルバドスの同胞たちにロッジを継続させ、人種差別に対する偏見を克服するよう熱心に働きかけたにもかかわらず、IOOFアメリカス・ロッジの認証は放棄された」と記されている[3]。この国では、GUOOFとMUIOOFに所属するロッジが繁栄を遂げた。

カナダ

オッド・フェローズが初めてカナダに入った正確な日付は、初期の記録が存在しないため、特定できない。しか

し、オッド・フェローズのロイヤル・ウェリントン・ロッジとロイヤル・ボン・アコルデ・ロッジが1815年以前にノバスコシア州ハリファックスに存在していたことを示す新聞記事がある[4]。両ロッジは同じ場所で集会を行っていたため、ユナイテッド・オーダーあるいはMUIOOFの下で協力体制を構築していたようだ。早ければ1815年にオッド・フェローズ・ホールを所有していたため、すでに十分な地位を築いていたことは明らかだ。しかし国全体に及ぶ権威を行使できなかったため、すぐに没落してしまった。

　IOOF傘下のカナダ初のロッジは、1843年8月10日にプリンス・オブ・ウェールズ第1ロッジとして認可された[5]。この後数カ月のうちに、さらに多くのロッジが設立された。1844年4月2日、ホチェラガ第1エンキャンプメントがモントリオールに設置された[6]。最初の女性グループであるビクトリア・レベッカ第1ロッジは1869年12月3日に設立されている[7]。メンバーが多くなると、1844年11月16日にモントリオールを中心として英領北米グランドロッジが設立された[8]。しばらくの間、このグランドロッジに所属する各ロッジには多くの著名人がメンバーとして名を連ね、繁栄した。カナダの初期オッド・フェローズにはカナダ社会のエリートたち

——ドミニク・デイリー卿、W・B・ロビンソン卿、アラン・マクナブ卿、ヒュー・アラン卿、ジョン・A・マクドナルド卿、L・H・ホルトン閣下、G・シャーウッド閣下、メティソン牧師、コードナー牧師、P・マギル閣下、J・パングマン閣下、ジョン・ヤング閣下、エドムンド・マーニー閣下、R・F・ハミルトン、オーグル・R・ゴーワン、J・モイア・フェレス、T・D・ハリントン、トーマス・キーファー、J・モルソン、E・L・モンティザンバート、J・トーランス、ウィリアム・ワークマン、W・H・ボールトン、ジョージ・B・ホール、ダイド大佐、J・C・ベケット、ウィリアム・ユアンなど——も含まれていた。彼らは当時、有力な政治家、国会議員、著名な商人、製造業者として知られていた人たちだ[9]。

　しかし、英国領北米グランドロッジに対する認証は、モントリオール地域の多くのロッジが閉鎖された1853年10月14日に放棄された[10]。これにより、多くのロッジが解散する中で、引き続き合衆国グランドロッジの管轄下で活動を続けたロッジもあった。間もなく、残りのメンバーが追加のロッジを開設し、最終的に1855年にカナダ西部グランドロッジとローワープロヴィンス・グランドロッジが設立された[11]。

172　第19章

1867年にカナダ自治領が形成され、カナダは八つの州に分割された。カナダ西部グランドロッジは、1867年にオンタリオ・グランドロッジに改名された。続いて1874年にブリティッシュ・コロンビア・グランドロッジ[12]、1878年にケベック・グランドロッジ[13]、1883年にマニトバ・グランドロッジが設立された[14]。ローワープロヴィンス・グランドロッジは1892年にマリタイム・プロヴィンス・グランドロッジに改名された。MUIOOF傘下の多数のロッジとメンバーは、最終的にIOOFに加入した[15]。現在、カナダのIOOFには七つのグランドロッジがある。アルバータ・グランドロッジ、アトランティック・プロヴィンス・グランドロッジ、ブリティッシュ・コロンビア・グランドロッジ、マニトバ・グランドロッジ、オンタリオ・グランドロッジ、ケベック・グランドロッジ、サスカチュワン・グランドロッジだ。2012年には、178カ所のオッド・フェローズ・ロッジに約4000人、83のレベッカ・ロッジに2209人のメンバーが所属していると報告されている。GUOOFの下で運営されているロッジもいくつかある。

キューバ

キューバIOOFの最初のロッジはポルベニール第1ロッジとして知られ、1883年8月26日にハバナに設立された[16]。キューバ全土にさらに多くのロッジが設立されたが、ほとんどすべてが消滅するか、1895年から1896年のキューバ革命中には秘密集会を余儀なくされた。戦後、オッド・フェローズは繁栄期を迎える。サグア第1エンキャンプメントとサグア・レベッカ第2ロッジは1924年3月5日に設立された[17]。同年、アメリカ人メンバーがキューバを訪問し、ソブリン・グランドロッジに対して「キューバでは上院・下院とも議員の過半数はオッド・フェローズかフリーメーソン、あるいは双方に所属するメンバーだった」という報告を行っている[18]。メンバーの大幅な増加により、1925年2月28日にキューバ・グランドロッジが設立された[19]。

現在、130のロッジに約1万5000人の会員がおり、キューバ全土に広がる51のレベッカ・ロッジ[20]、および33

キューバでは、共産主義体制になっても、オッド・フェローズの存在感は消えなかった。写真はキューバ・グランドロッジ提供、2016年。

国際的拡大と各地のオッド・フェローズ　173

のエンキャンプメント、12の州、および14のオッド・フェローズ青少年協会グループ（GAJO）[21]に約3000人のメンバーがいる。キューバにはGUOOFの下で運営されているロッジもあり、その会員数は約8000人と伝えられている。

❧ ドミニカ共和国

人種差別の歴史のため、この国ではGUOOFのロッジがIOOFのロッジよりも繁栄した。IOOFに属する最初の組織として、2007年2月24日にサン・クリストバルでホアキン・バラケル第1ロッジが設立された[22]。現在、このロッジはソブリン・グランドロッジの管轄下で直接運営されている。

❧ メキシコ

IOOFの下の最初のロッジは、1882年8月5日にメキシコシティに設立されたリッジリー第1ロッジだった[23]。1885年、フアレス第2ロッジが続いた[24]。ロッジの数は1906年に10カ所に達し、メキシコ・グランドロッジが設立され、国レベルの統治機関として認可された。しかし、国の政治的および経済的状況が進捗に影響を与えることになる。しばらくの間、残りのロッジはグランドロッジ・オブ・テキサスの管轄下で運営され、一部はグランドロッジ・オブ・アリゾナの管轄下で運営されることになったが、結局メキシコのロッジは20世紀半ばにすべて閉鎖された。

1996年2月3日、メキシコのハリスコ州コロトランにコロトラン第1ロッジが設立され、これがIOOFのメキシコ国内での再出発となった[25]。これに続いて、1996年12月14日にカシオペア・レベッカ第1ロッジが設立され[26]、現在、両ロッジはソブリン・グランドロッジ直接の管轄下で運営されている。

❧ プエルトリコ

IOOFは、1905年12月12日にサンファン第1ロッジという名称で知られる最初のロッジをサンファン市に設立した[27]。その後多くのロッジが開設されたが、第二次世界大戦中にすべて閉鎖された。IOOF設立の二度目の試みは、1972年のプエルトリコ第1ロッジの認可によって始まり[28]、1972年にホセ・マルティ第2ロッジとローラ・ロドリゲス・デ・ティオ・レベッカ第1ロッジが続いた[29]。さらに少なくとも三つのロッジが1986年まで成長を続けていたが、やがてすべてが消滅してしまった。

1999年11月7日、ニュージャージー、フロリダ、ニューヨークのメンバーの協力を得てボリケン第1ロッジが

174　　第19章

設立され、IOOFがこの国に再設立された[30]。2003年8月23日、ナポリアス・レベッカ第1ロッジに認証が与えられた[31]。両ロッジは現在、ソブリン・グランドロッジの管轄で直接運営されている。プエルトリコではGUOOFの加盟ロッジにより多くのメンバーがおり、数はさらに増えている。

✤ アメリカ

おそらく、1700年代後半には自主設立のロッジが複数存在していたと思われる。とある歴史家は、「オッド・フェローズは早くも1799年にはアメリカに入り、当時コネチカット州にロッジが設立された」と書いている[32]。他にも初期のオッド・フェローズ・グループが数多く存在していたが、IOOFが全国的な組織を形成し、アメリカ全土の既存の自主設立ロッジに承認を与えていたため、圧倒的優位に立っていた。一時は、IOOF所属の200万人を超えるメンバーが北米大陸だけでも1万6000以上のロッジに所属していた。友愛組織の衰退が始まると、ロッジは半数以上が閉鎖されるか、放棄されたままになった。会員や役員の自己満足、必要な変化への適時適応の失敗、会員の高齢化などの多くの要因により、ロッジと会員の数は減少していった。これは、グランドロッジとソブリン・グランドロッジの役員が多くのロッジを閉鎖したままで放置し、新しいロッジの開設や困難に陥っているロッジの支援に十分な時間と資金を投入しなかったことが部分的な原因となっている。多くの若者がIOOFのロッジを復活させ始めたのはつい最近の出来事だ。

本書の執筆時点で、ハワイとコロンビア特別区を含む49州にある1309のロッジに11万1167人、913のレベッカ・ロッジに7万1017人のメンバーがいる。アラスカにはかつて多くのロッジがあったが、20世紀末までにすべて閉鎖された。MUIOOFの下で活動しているロッジも一部の州でわずかに見られるのみだ。さらに、アメリカ国内には、アメリカおよび管轄区のGUOOFと提携している3000人程度のメンバーを擁するロッジがある。最近では、GUOOFが全米でロッジを復活させている。GUOOFはハイチ、バミューダ、バハマ、ジャマイカ、西インド諸島、コスタリカ、ニカラグア、ヴァージン諸島、ホンジュラス、トリニダード、バルバドスにもロッジを有している。

中南米

アルゼンチン

IOOFは1901年1月25日にこの国にブエノスアイレス第1ロッジを設立した[33]。しかし1909年にロッジの全財産を管理していたノーブル・グランドの兄弟が謎の失踪を遂げる[34]。この人物は暴動のさなか、駅に向かう途中で流れ弾に当たり、同じ運命を辿った多くの人たちとともに埋葬されたと思われる。とある公務員が彼のアパートで発見したすべての物品を回収したが、これにはロッジの所有物も含まれていたと報じられている。この不幸な出来事の後、経験豊富なアルゼンチンのディストリクト・デピュティ・グランドサイアー、ウィリアム・ヘンリー・レイモンドが1911年に突然亡くなった[35]。国内に有能な指導者がいなかったため、ロッジは数年後に閉鎖された。

ベリーズ

IOOFは、2004年1月15日にベリーズ第1ロッジがサン・イグナシオの町に開設されたときにこの国に設立された[36]。このロッジは現在、ソブリン・グランドロッジの管轄下で直接運営されている。

ボリビア

1876年、アントファガスタに拠点を置くオッド・フェローズのグループが合衆国のグランドロッジに認証を申請した[37]。このグループは急速に発展し、レブンワース・ホールで会合を開いた。同年、チリ・グランドロッジに対し、ロッジ設立のための認可書と白紙の認証状が発行された[38]。このロッジが成長することはなかったが、その理由は記録に残されてはいない。

ブラジル

1847年、ブラジルに拠点を置くオッド・フェローズのグループが、ブラジルで正式にロッジを設立するための認証を合衆国グランドロッジに申請したが、拒否された。2019年、国内にある三つのIOOFロッジの認証に関する請願書が提出された。ブラジル第1ロッジは2020年に設立された。

チリ

IOOFの初のロッジは、1874年4月15日に設立されたバルパライソ第1ロッジだった[39]。翌年にはさらに四つのロッジが設立された。こうした成功により、1875年11月18日にチリ・グランドロッジとサザン・ウォッチ

176　第19章

第1エンキャンプメントが設立された[40]。しかし国内政治情勢により、ロッジは1888年に三つに減らされ、これがグランドロッジ認証の返上につながった。

チリ・グランドロッジは1965年5月29日に再設立された[41]。成長はかなり順調に進み、1967年には21歳から26歳のグループによって大学内にユベントス第10ロッジが設立された[42]。しかし1996年、IOOFの下に残っているのは、二つのロッジ——サンティアゴ第1ロッジとアンデス第2ロッジであることが報告された[43]。また、コピウエ・レベッカ第1ロッジ、プログレッソ・レベッカ第6ロッジ、エスペランサ・レベッカ第13ロッジという三つのレベッカ・ロッジもあった[44]。このため、チリ・グランドロッジは、ロッジの数が必要最低数の5を下回ったとして、1996年に再び認証を放棄した[45]。1999年、サンティアゴのロギア・フューチュロ第25ロッジとサンティアゴのロギア・デ・レベッカ・アレグリア第14ロッジが新しいロッジとして認証を受けた[46]。

✿ ペルー

リマ第1ロッジは1872年1月3日にIOOFによって設立された。続いて1876年9月22日に設立されたのは、アタワルパ第1エンキャンプメントだった。同じ年に、リマのフォルツシュリット第3ロッジと、カヤオではチャラコ第4ロッジが設立されている[47]。当時のペルー共和国の特異な政治情勢は極度の景気低迷を引き起こし、IOOFの成長を遅らせたため、最終的にはすべてのロッジが1901年に認可を放棄することになった[48]。復活を遂げたのは、1966年11月16日にリマ・ネル第1ロッジがリマに設立されたときだった[49]。それにもかかわらず、このロッジは21世紀に入って消滅してしまった。

✿ パナマ

1907年9月10日、運河地帯のゴルゴナにあるイスミアン運河第1ロッジに対し、ソブリン・グランドロッジによって認証状が発行された[50]。これに続いて1908年5月16日にクリストバルにクリストバル第2ロッジ、1908年5月29日にクレブラ島に運河ゾーン第3ロッジが設立された[51]。1908年10月10日には、イスミアン運河レベッカ第1ロッジが設立されている[52]。イスミアン運河第1ロッジと運河ゾーン第3ロッジは戦時中に閉鎖された。ヴィルツ記念第1ロッジは1952年8月13日に承認を受けたが[53]、クリストバル第2ロッジは1955年までに活動を停止した[54]。イ

スミアン運河レベッカ第1ロッジは
1970年まで存在していた。今日、
IOOF傘下のロッジはすべて消滅して
いる。

ウルグアイ

ウルグアイ初のIOOFロッジである
アルティガス第1ロッジは1966年2
月9日に設立された[55]。これに続き、
1966年11月19日にアマネセル・レベ
ッカ第1ロッジが設立されている[56]。
さらにウルグアイ第2ロッジ、ホリ
ゾンテス・レベッカ第2ロッジ、エ
ル・セイボ・レベッカ第3ロッジが続
いた。1966年、ソブリン・グランド
ロッジは、国内で二つのオッド・フ
ェローズ・ロッジと三つのレベッ
カ・ロッジが運営されている事実を
報告した[57]。

ベネズエラ

IOOF傘下の初のロッジは、1847年
10月にカラカスに設立されたベネズ
エラ第1ロッジだった[58]。国の革命の
ため、このロッジはすぐに廃止され
た[59]。IOOFは、1986年8月1日にボ
リビア、キューバ、アメリカからの
11人の新メンバーと4人の元メンバ
ーによってプラクリティ第1ロッジが
開設されたことで、ベネズエラで再設
立された[60]。1987年5月16日、サマ
リタン第2ロッジが続いた[61]。その後

1993年9月11日にアンマンサー・デ・
オリエンテ第3ロッジが追加され[62]、
初の女性グループであるオーロラ・
デ・オリエンテ・レベッカ第1ロッジ
が設立されたのは1994年5月11日だ
った[63]。しかし、ベネズエラのすべて
のロッジは数年前に消滅してしまった。
これは、ソブリン・グランドロッジが
請求する年会費が高すぎたことが原因
のひとつである。

ヨーロッパ

オーストリア

1898年2月、オーストリアのボヘ
ミア州ライヘンブルクの住民の一部が
メンバー登録を申請し、そのうちのひ
とりがドイツ・グランドロッジの管轄
下にあるベルリン、ブランデンブルク
のベロリーナ第15ロッジに入会し
た[64]。スペシャル・デピュティ・グラ
ンドサイアーを務めていたブロックは、
この一件について知らされたが、当時
オーストリアではオッド・フェローズ
の正式機関が設立されていなかったた
め、これは規約違反であり、外国にお
けるIOOFの導入に等しいとして、ド
イツのグランドサイアーに対して異議
申し立てを行った[65]。ドイツ・グラン
ドロッジはブロックの意見を尊重し、
この問題に関する疑問が適切な形で処
理されるまでは入会儀式を行わないよ

178　第19章

う指示した。

1906年、プラハのオッド・フェローズのグループとアメリカ大使館員がウィーンに人道的なオッド・フェローズ・クラブを設立した。当時の政治状況のため、オッド・フェローズのグループは1911年に初めて「ソサエティー・オブ・フレンズ・フォー・ヒューマンビーイングス（人間のための友の会）」と呼ばれた[66]。

第一次世界大戦後に状況が変化すると、このクラブは1922年6月4日にフリーデンス第1ロッジとして改組された[67]。ドイツのグランドサイアー、オランダのグランドサイアー、スイスのグランドサイアー、そしてデンマークのグランドサイアーから成る委員会がオーストリア共和国大統領と面会し、組織について説明を行った。オッド・フェローズ側の意見を聞いた大統領は国内におけるIOOFの存在を承認し、ロッジの公式施設として使用するために官邸の一室の貸し出しさえ申し出た[68]。これに続き、イカリウス第2ロッジ、ペスタロッツィ第3ロッジ、フリチョフ・ナンセン第4ロッジが設立された。モーツァルト第1エンキャンプメントと名付けられた最初のエンキャンプメントは、1932年6月3日に設立されている。第二次世界大戦中はすべてのロッジが閉鎖されており、

1968年にピース第1ロッジが設立され[69]、オッド・フェローズがオーストリアで復活したが、通常の活動を続けていく体制が構築できなかったため、1974年に認証を放棄した[70]。

1999年10月29日、ザルツブルクのパラケルスス第1ロッジがヨーロッパIOOF連盟（グランドロッジ・オブ・ヨーロッパ）に知らされないままソブリン・グランドロッジの認証を受け、IOOFが再設立された[71]。この一件で生まれた論争のため、ロッジはヨーロッパ・グランドロッジの管轄下に置かれることを拒否し、最終的には2007年に認証を放棄した。

✤ ベルギー

ベルギーにおけるIOOF初のロッジは、1911年6月13日アントワープに設立されたベルギー第1ロッジで[72]、2番目のフィアット第2ロッジはブリュッセルにあった[73]。1929年4月20日、アントワープに3番目のヴェ・ソリ第3ロッジが開設された[74]。オーロラ・レベッカ第1ロッジは1975年3月15日、同じ市に開設されている。さらに二つのロッジが開設され、いずれも数年間の運営状態はきわめてよかったが、やがて国内の世俗的な友愛組織に対するカトリック教徒の強い抵抗もあり、メンバー数は減少していった。現在、ベルギー

国際的拡大と各地のオッド・フェローズ　179

にはアントワープのベルギア第1ロッジ[75]、そして男女双方のメンバーで構成されるザントホーフェンのブラボ・ゲメンデ第3ロッジという二つのロッジがある[76]。

チェコ共和国

IOOFのフレンドシップ第1ロッジが1901年に開設されたとき、この国はまだ旧オーストリア帝国の一部で、カトリック教会を除くすべての友愛団体は禁止されていた[77]。したがって、IOOFロッジは迫害から逃れるために架空の名称を使っていた。こうした措置は、戦争が終わった1918年10月まで必要だった[78]。それまでロッジはプラハ、テプリッツ、ピルゼンにそれぞれひとつずつあり、計三つのロッジは5年間でメンバー数を2倍にした。

新しい国チェコ・スロバキアが成立し、いくつかのロッジがあった土地の一部がドイツ領土から分割されることになった。最終的に、1924年1月10日にこうしたロッジによってチェコ・スロバキア・グランドロッジが設立された[79]。このグランドロッジは一時的に18のオッド・フェローズ・ロッジ、七つのオッド・フェローズ・クラブ、ひとつのレベッカ・クラブ、および三つのユース・クラブから成っていて、合計メンバー数は1400人だった。メンバー数に反するように、戦時中の国の不安定な政治的および社会的状況によって組織の発展は妨げられることになった。第二次世界大戦中、ナチスは友愛組織の活動を禁止し、すべてのロッジが閉鎖された。1948年に閉鎖中のロッジを再開する試みもあったが、共産主義独裁政権のため失敗に終わっている。

1994年3月、デンマークのコペンハーゲンのロッジが、プラハにロッジを設立する目的でチェコ共和国から4人の新メンバーを受け入れたことで状況が変わる[80]。メンバーは1995年に10名に増え[81]、1996年6月15日にジャテツの町でオッド・フェローズ・クラブが設立された[82]。最終的に、このクラブは1996年10月12日にボヘミア第1ロッジとして改組された[83]。現在、ボヘミア第1ロッジ、コンコルディア第2ロッジ、マーテル第4ロッジというチェコ共和国の三つのロッジすべてがデンマーク・グランドロッジの管轄下にある。

デンマーク

IOOF管理下の最初のロッジは1878年6月29日にコペンハーゲンで設立され、デンマーク第1ロッジと名付けられた[84]。1881年にはヴァルデマール第1エンキャンプメント、キャロライン・アメリア・レベッカ第1ロッジが後に続いた[85]。1883年にはコペンハー

180　第19章

1751年に建設されたオッド・フェローズのコペンハーゲン宮殿は、オッド・フェローズが所有する建造物である。建物にはデンマーク・グランドロッジおよび30のロッジの本部がある。写真はIOOFデンマーク・グランドロッジ提供。

IOOFデンマーク・グランドロッジの2017年度総会。写真はIOOFノルウェーのグランドサイアー、モーテン・ブナン提供。

国際的拡大と各地のオッド・フェローズ 181

ゲンに統一支部としてエクセルシオール・キャンプが設立された。このグループは最終的に1889年にパトリアークス・ミリタントのカントン第1エクセルシオールとなった。デンマークのロッジは、デンマーク・グランドロッジが設立された1892年6月9日まで、ドイツ・グランドロッジの管轄下で活動していた。注目すべきは、IOOFの支部間の平等を促進するために、デンマークのレベッカ・ロッジがシスター・ロッジまたはオッド・フェロー・シスターズと改名されていた事実だ[86]。

デンマークのIOOFは長年にわたってメンバー数の減少を経験していたが、現在はメンバー数が増加している[87]。本書の執筆時点で、デンマークのIOOFには113を超えるオッド・フェローズまたはブラザー・ロッジ、94のレベッカまたはシスター・ロッジ、16のパトリアーク・エンキャンプメント、および13のレイディーズ・エンキャンプメントがあり、メンバーの総数は1万3000人近くになる[88]。デンマークとアイスランドを合わせると、1991年に設立されたデパートメント・カウンシル・オブ・デンマークの下に四つのカントンズ・オブ・ザ・パトリアークス・ミリタントと四つのカントンズ・オブ・マトリアークス・ミリタントが所属し、すべてが2012年11月17日に設立されたジェネラル・ミリタ

リー・カウンシル・オブ・ヨーロッパの下で活動している。ジェネラル・ミリタリー・カウンシル・オブ・ヨーロッパは、グランドサイアー・オブ・デンマークをトップに据えた組織である[89]。

エストニア

1990年、数人のエストニア人がフィンランドのIOOFに加入した。その後もメンバーが増え続けたことが、1992年4月24日のエストニアン・オッド・フェローズ・ソサエティーの設立につながった[90]。この協会はその後、1993年11月20日にマージャマ第1ロッジとして認証され、28名の設立メンバーが加わった[91]。1995年6月10日、リンダ・レベッカ第1ロッジは12名の認証済みメンバーと共に設立された[92]。国内のメンバーはすでに100名を超え、現在はフィンランド・グランドロッジの管轄下で活動している。

フェロー諸島

1986年、この北大西洋の諸島に16名のメンバーによってロッジが設立された。ロッジはデンマーク・グランドロッジの下で運営されていた[93]。

フィンランド

1901年、フィンランドにロッジを設立する旨の意向通知書がスウェー

第19章

デン・グランドロッジに送られた。当時ロシア帝国の一部であったフィンランドの政治的・社会的状況を考慮し、スウェーデン・グランドロッジは申請者に断念するようアドバイスした。1917年に独立したフィンランドでは、オッド・フェローズ・ロッジの設立への関心が再び高まったが、進展は遅かった。1924年、フィンランドのヴァーサから7人の男性がスウェーデンのハパランダに旅行した際に、オッド・フェローズに入会した。1925年にソブリン・グランドロッジがスウェーデン・グランドロッジに対し、フィンランドでの正式なロッジ設立を認証するまで、彼らはスウェーデン・グランドロッジの管理下にあった[94]。フィンランドで最初に設立されたロッジは、ヴァーサ第1ロッジと名付けられた[95]。1927年にはヘルシンキ、1931年にはトゥルクに追加のロッジが設立された。

戦時（第二次世界大戦）中はフィンランド国内でのさらなる拡大は妨げられたが、三つのロッジはほとんど中断することなく活動を続けていた。戦後、1951年に4番目のロッジが設立された。これに続いて、1952年5月9日にヘルシンキにフィンランディア第1エンキャンプメントが設立され、最初の女性部門であるマチルダ・レーデ・レベッカ第1ロッジが設立されたのは

1967年だった[96]。さらなる拡大により、1980年までに35以上のオッド・フェローズ・ロッジと19以上のレベッカ・ロッジが開設された。この成功が1984年6月1日のフィンランド・グランドロッジの設立につながった[97]。現在、国内の65のオッド・フェローズ・ロッジと53のレベッカ・ロッジに約9000人のメンバーが所属している[98]。

フランス

デ・ラ・コンコルド第1ロッジは、ニューヨークのコンコルド第43ロッジの認証メンバー5人によって、1887年3月2日にフランスのアーブルで開設された[99]。このロッジのメンバー数は、1887年12月末までに75名に増加した[100]。フランスで2番目のロッジは、1888年8月3日に開設されたフラテルニテ第2ロッジだった[101]。1893年、アメリカがメンバー資格として「至高の存在への信仰」を導入すると、フランスのメンバーとソブリン・グランドロッジの間に意見の相違が生まれた。フラテルニテ第2ロッジのメンバーは、「オッド・フェローズとしてのわれわれの義務は、すでに『ロッジ』という言葉の響きに怯えている将来のメンバーの信頼を完全に破壊してしまう可能性がある政治的、または宗派的な問題について、会合における議論を

国際的拡大と各地のオッド・フェローズ　**183**

禁止することだ」と強く主張した。「慣習にいかなる変更も加えることがないよう、心からお願いする。さらに、フランス国内で維持されている形の宗教に対するあらゆる提案を拒否していただきたい」[102]。

その後不況が続き、年会費を支払えないメンバーが増え、これによって両ロッジはミーティングに使う部屋代を支払うのに苦労するようになる[103]。フランスの二つのロッジが独自の会議室を作る資金を募るためにソブリン・グランドロッジに許可を求めたとき、状況はさらに悪化した[104]。この要請は、200ドルを寄付したニューヨークのコンコルド第43ロッジを除き、アメリカ国内のグランドロッジおよび各ロッジに無視されてしまった[105]。これがフランスのメンバーの意欲を削ぎ、最終的には1901年までに多くのメンバーが辞めてしまった[106]。影響は深刻で、1905年にフランスのディストリクト・デピュティ・グランドサイアー、D・ペランは「会員数は増加していない」と報告した[107]。インディアナ州フランクリン第35ロッジのパスト・グランドで、当時パリ総領事を務めていたジョン・K・ゴーディの指導の下でロッジを復活させる試みがあったものの、失敗に終わった[108]。

1908年4月20日、ルイ・パスツール第1ロッジはドイツ・グランドロッジの下で設立された。このロッジは、第一次世界大戦の結果、フランスの領土になったストラスブールにあった。したがって、管轄はスイス・グランドロッジに移されることになった[109]。1926年にパリでオッド・フェローズ・クラブが組織され、これを受けて1929年7月7日にルテシア第2ロッジが開設された[110]。同年、1、2年以内にレベッカ・ロッジへ発展していくことを期待してパリでレベッカ・クラブが組織されたが[111]、ルテシア第2ロッジとレベッカ・クラブはそれぞれ1933年と1938年に消滅してしまった。その後、ルイ・パスツール第1ロッジは危機的状況により解散した。1990年に、フランス人とスイス人のメンバーでビクター・シェルチャー第3ロッジが新しく設立されたが、これは失敗に終わった[112]。フランスにおけるIOOF再設立への3回目の試みは、1998年にスイス・グランドロッジの職員によってマルセイユのフランス・フォセア第4ロッジの設立という形で実現した[113]。「至高の存在への信仰」という必要条件はフランス国民に馴染まず、このロッジも短命に終わった。

ドイツ

1869年9月、ソブリン・グランドロッジは、ヨーロッパの国家であるドイツとスイスにIOOFを持ち込むこと

第19章

に同意した。E・D・ファーンズワース氏は最初のステップとして、ドイツの大臣に対してオッド・フェローーシップについての説明を行うため、影響力のあるIOOFメンバーであるスカイラー・コルファックス米国副大統領とジョセフ・ファウラー米国上院議員に協力を求めた[114]。しかし、ドイツへのオッド・フェローーズの導入に反対がないことを確信できるまで約1年かかってしまった[115]。

1870年12月1日、カリフォルニアのパスト・グランドマスターであるジョン・F・モース博士と、カリフォルニア州サンフランシスコのカリフォルニア第1ロッジのメンバー、B・F・オースティンが、最終的に南ドイツのヴュルテンベルクにヴュルテンベルク第1ロッジを設立した[116]。これに続き、1871年3月30日にベルリンにゲルマニア第1ロッジが設立された[117]。最初の10年間に多くのロッジが設立され、その数は56を超えた。ファーンズワース第1エンキャンプメントは1871年5月23日にベルリンで開設された[118]。また、1871年2月25日、ヴュルテンベルク第1ロッジは、シスター・サークルと呼ばれる、女性のための補助ロッジと位置づけられた組織に13人の女性メンバーを受け入れた。このグループは1871年4月28日にアイニヒケイト・レベッカ第1ロッジと

して頂点を迎えた[119]。こうした大成功があって、1872年12月28日にドイツ・グランドロッジが設立された[120]。

さまざまな戦争を経てメンバーの数は増減し、1925年には160のロッジに1万2000人以上のメンバーが属していた。しかし、ドイツ国内の経済不況と政治的対立がもたらした艱難な状況により、メンバー数は1932年に8000人にまで減少した。ナチスが政府を掌握すると、状況はさらに悪化した。1933年、ドイツ・グランドロッジは国民の不信感の高まりを受け、国レベルの統括機関としての解散を決定した。フリーメーソン的な存在であり、教会機構に反する国際的な秘密結社であるという誤解を受けてしまったからだ[121]。一般社会による、ありとあらゆる種類の友愛組織に向けられた敵意により、多くのメンバーが命の危険を感じて退会した[122]。

第二次世界大戦後、国内でIOOFを復活させる取り組みが、戦争を生き延びた約1300人のドイツ人メンバーの努力によってハンブルクから始まった。複数のロッジが1949年にドイツ・グランドロッジを再設立したが、ソブリン・グランドロッジから新しい認証を受けたのは1952年7月6日だった[123]。本書を書いている時点で、ドイツでは40のオッド・フェローーズ・ロッジと

国際的拡大と各地のオッド・フェローーズ　　185

12のレベッカ・ロッジに約800人のメンバーが所属している。男女共用のロッジもひとつあり、もちろん男女問わず参加できる。

アイスランド

オッド・フェローズは、ハンセン病患者のための病院をアイスランド政府に寄贈したデンマーク人オッド・フェローズ・メンバーによって、1892年に初めてこの国で知られることになった[124]。この人道的プロジェクトに触発され、レイキャビクの著名な市民5人が入会を決意した。こうして1897年8月1日にインゴルファー第1ロッジが設立された[125]。バーグソーラ・レベッカ第1ロッジも設立された[126]。1933年8月1日、ディストリクト・グランドロッジが開設されている[127]。

この統括組織が、1984年になって最終的にアイスランド・グランドロッジとなった[128]。

本書の執筆時点で、28のオッド・フェローズ・ロッジ、18のレベッカ・ロッジ、六つのパトリアーク・エンキャンプメント、五つのレイディーズ・エンキャンプメント、ひとつのパトリアーク・ミリタント、およびひとつのマトリアーク・ミリタントに所属するメンバーは合計約4000人いる。オッド・フェローズは国内では非常によく知られた組織となっており、全人口の約1％がメンバーになっている。新メンバーには、オッド・フェローズという組織と彼らに何が期待されているかを説明するマニュアルが渡される。メンバーは、階位が上がるごとに追加的な知識を得ることになっている[129]。

Column

オッドゥシュとオッド・フェロー・ゴルフクラブ

アイスランドのオッド・フェローズは、レイキャビクに162エーカー〔約0.6平方km〕のゴルフ場を所有している。彼らは1990年にプライベート・ゴルフクラブを設立し、その7年後、オッド・フェロー・ゴルフクラブ（GOF）はオッドゥシュ・ゴルフクラブという名称の素晴らしい18ホールのゴルフコースを建設した。このゴルフコースはアイスランド選手権の定期会場で、国内で最も美しい18ホールコースのひとつである。

イタリア

1893年、ソブリン・グランドロッジは数人のイタリア人からナポリにおけるIOOF設立申請を受け取った[130]。これにより、1895年3月12日にコロンボ第1ロッジが開設された[131]。このロッジはスイス・グランドロッジの傘下に置かれたが、何らかの理由で1898年に認証を放棄している[132]。国内でIOOF再設立のための努力が払われたが、いずれも短期間で失敗した。

現在、国内にはジェノヴァのサン・ジョルジオ第1ロッジとミラノのサンタンブロージョ第2ロッジの二つのオッド・フェローズ・ロッジがあり、スイス・グランドロッジの傘下で運営されている。IOOF、MUIOOF、またはGUOOFのいずれとも直接的な関係はないものの、オッド・フェローズという名前で活動している他の小さなグループも複数存在している。

オランダ

オランダでIOOFを結成しようという機運は1876年に生まれたが、入会儀式の翻訳に問題があったため、実際の行動は遅れてしまった。翻訳が完了した後、1877年3月19日にパラダイス第1ロッジがオランダ北部のアムステルダムに開設された[133]。その後多くのロッジが設立され、1900年5月2日にオランダ・グランドロッジ設立に十分な数に達した[134]。ベルギア第1ロッジはベルギーで設立され、グランドロッジは両国をカバーするためにオランダ・ベルギー・グランドロッジへ改名された。1920年までに30のオッド・フェローズ・ロッジが設立され、この年の1月28日にホランディア・レベッカ第1ロッジが加わった[135]。1922年9月9日、ホランディア第1エンキャンプメント、1922年12月10日にはさらに四つのエンキャンプメントが開設された。

第二次世界大戦では、オランダとベルギーの人々が抑圧に直面し、活動が停滞期を迎える。これは特に、多くのユダヤ人メンバーを擁していたアムステルダム市内の複数のロッジに見られる傾向だった。戦後いくつかのロッジを再建する取り組みが成功し、本書の執筆時点で、リンブルフ州を除くオランダの各州にある60カ所のオッド・フェローズ・ロッジ、35カ所のレベッカ・ロッジ、7カ所のパトリアークス・エンキャンプメント、および3カ所のレイディーズ・エンキャンプメントに計約3500人のメンバーが属している。国内には、GUOOFと提携しているロッジもある。

ノルウェー

1898年4月26日、デンマーク・グ

ノルウェーのトンスベルグにあるオッド・フェローズ・ロッジに集まったメンバー。写真はIOOFノルウェー・グランドロッジ提供。

ランドロッジによってスタヴァンゲルにノレグ第1ロッジが設立されたが[136]、このロッジは1903年に廃止されてしまった。それでもノルウェーにIOOFを設立するという目標が放棄されることはなく、オスロに住んでいた元メンバーが1907年にオッド・フェローズ・クラブを結成した。メンバーが増えるにつれ、ノレグ第1ロッジがかつて受けていた認証の日付が変更され、1908年2月18日にノルベジア第1ロッジとしての認証になった。1909年、オスロでレベッカ・クラブが結成され、その後スンニバ・レベッカ第1ロッジとして認証された。1919年11月2日には、ノルゲ第1エンキャンプメントが開設された。

メンバーの数が充実し、1920年8月7日にノルウェー・グランドロッジが設立された。1960年代には、障害のある若者の援助という人道的活動に焦点を当てたジュニア・オッド・フェローズ・クラブが設立された[137]。現時点で、IOOFは国内で最も力の強い友愛組織のひとつであり、157のオッド・フェローズ・ロッジ、132のレベッカ・ロッジ、28のパトリアーク・エンキャンプメント、そして26のレイディーズ・エンキャンプメントに約2万2056人の活動的なメンバーを擁している。

ポーランド

IOOFは1876年にポズナンで初めて設立され、ポーランドが独立する前の1879年にヴロツワフに設立された。

第19章

IOOFポーランド・グランドロッジの再設立。写真は同グランドロッジ提供、2014年。

シレジアとポズナンのリージョナル・グランドロッジは1885年に設立され、1895年にビドゴシュチュ、1896年にグニェズノ、1898年にトルン、1899年にグダニスクとピーワ、1901年にグルジョンツにロッジが開設されている。第一次世界大戦後はポーランド国内で活動する六つのロッジ、下シロンスク（シレジア）に18のロッジがあり、これにはヴロツワフの五つのロッジも含まれていた。1925年10月19日にポーランド・グランドロッジが設立され[138]、数カ月かけて本部の新しい建物が建設された。しかし、第二次世界大戦中の反フリーメーソン感情のため、ナチスに占領されたヨーロッパのほとんどの地域で、すべての友愛組織が違法になっていた。オッド・フェローズをはじめとする友愛組織は、フリーメーソンではないにもかかわらず、迫害を受けることになる。

1994年9月18日、ヴロツワフ市にシグムント第1ロッジが設立され[139]、スウェーデンで階位を受けた60人のメンバーが参加し、IOOFがポーラン

MUIOOFの2013年度総会。写真はMUIOOF提供、2013年。

国際的拡大と各地のオッド・フェローズ 189

ドで復活した。アンナ・レベッカ第1ロッジは1999年9月17日[140]、これに続いて2010年5月8日にシレジア第1エンキャンプメントが設立された[141]。スウェーデンのオッド・フェローズの支援により、さらに多くのロッジの開設が相次いだ。こうしたロッジは2014年9月27日にポーランド・グランドロッジが再設立されるまで、スウェーデン・グランドロッジの管轄下にあった。ポーランド・グランドロッジの開設式には、ソブリン・グランドロッジ、ヨーロッパ・グランドロッジ、そして近隣のグランドロッジからメンバーと高官を合わせて約400人が出席した。現在、国内に七つのオッド・フェローズ・ロッジ、二つのレベッカ・ロッジ、およびひとつのパトリアークス・エンキャンプメントに所属するメンバーが500名を超えている。

スペイン

1887年、キューバにあるとあるロッジの役員らにより、スペインにおけるIOOFの設立を求める嘆願書がソブリン・グランドロッジに提出された。ロッジの第3階級会員でスペインの政治家ラファエル・モントロ・イ・バルデスは、IOOFをスペインに紹介するという任務を担うことになった[142]。しかし、この一件の経緯についてはほとんど知られていない。

1936年、ラテンアメリカ出身のIOOFメンバーが何人か集まってスペインでオッド・フェローズ・クラブを結成し、国内でのロッジ設立に関心を示したが、第二次世界大戦によってものごとはうまく進まなかった[143]。1975年、別のグループがスペインのロッジで認証を受けることを提案したが、こちらの進捗も遅かった[144]。こうした状況は、1996年にスペインのレベッカ・グループが設立され、1998年2月14日にアンダルシア・レベッカ第1ロッジとして認証されたことで変わる[145]。女性支部の成功を受け、デンマーク、ノルウェー、またはフィンランドのオッド・フェローズ・ロッジに以前参加していたスペイン在住者が主体となって、2002年11月16日にコスタ・デル・ソル第1ロッジが設立された[146]。また、グラン・カナリア島のトレビエハ、コスタ・ブランカ、およびプエルトリコに三つのオッド・フェローズ・クラブが存在していた[147]。こうしたクラブは北欧諸国からのメンバーで構成されているが、正式な認証を受けたロッジという形で活動していく意向は見せていない。

スウェーデン

オッド・フェローズがデンマークで

成功し、影響力を持つようになると、その熱気はスウェーデンにも伝わった。1884年6月8日にマルメ市でスカニア・オッド・フェローズ・クラブが設立され、スウェーデンでの歴史が始まった。このクラブのメンバー数は45人ほどに増え、全員がコペンハーゲンのデンマーク第1ロッジで入会した。このグループはマルメで設立され、1884年10月29日に認証されたスカニア第1ロッジを含んでいた[148]。

1887年にベリタス第2ロッジが設立され、1888年にアミシティア第3ロッジが続いた。アミシティア第2ロッジのメンバーは、率先して他の都市にロッジを設立していった。さらに、1891年10月12日にソブリン・グランドロッジの管轄下で、スエシア第1エンキャンプメントが設立された。しばらくの間、一部のロッジはデンマーク・グランドロッジの管轄下、他のロッジはソブリン・グランドロッジの直接の管轄下で運営され、こうした状態はスウェーデン・グランドロッジが設立される1895年7月8日まで続いた。最初のレベッカ・ロッジが1967年に開設され[149]、それ以来スウェーデンのオッド・フェローズとレベッカは174以上のオッド・フェローズ・ロッジ、115以上のレベッカ・ロッジ、24カ所のパトリアークス・エンキャンプメント、および20カ所のレイディーズ・エンキャンプメントで活動している[150]。

スイス

1871年6月19日にヘルベティア第1ロッジがスイスのチューリッヒで開設され、IOOFが設立された[151]。間もなく多くのロッジがこれに続き、1874年4月22日にスイス・グランドロッジが間を空けることなく設立された[152]。最初のエンキャンプメントであるエイゲノッセン第1エンキャンプメントは1888年にチューリッヒに設立され[153]、1971年4月24日にベルンでアンナ・ザイラー・レベッカ第1ロッジが開設されて女性も加わった。1989年9月30日に設立されたシュヴァイツ・レイディーズ第1エンキャンプメントがこれに続いた。スイスのオッド・フェローズは、すべての印刷物と広告で独自性を発揮した。ロッジの部屋は誰にとってもモダンで、使う人たちに良い印象を与えることが求められている。また、ロッジはメンバー登録を申請する人の評判を確認する[154]。本書の執筆時点で26のオッド・フェローズ・ロッジ、四つのレベッカ・ロッジ、三つのパトリアーク・エンキャンプメント、およびひとつのレイディーズ・エンキャンプメントに約1400人のメンバーがいる。

国際的拡大と各地のオッド・フェローズ　　191

✤ イギリス

　18世紀から19世紀にかけ、イギリスには数多くのオッド・フェローズ関連組織が存在していた。一時期は、オッド・フェローズの名を冠した提携組織が全国で30を超えていた。グランド・ユナイテッド・オーダー・オブ・オッド・フェローズ（GUOOF）フレンドリー・ソサエティーのルーツは、1798年1月6日に行われたエンシェント・オーダーとパトリオティック・オーダーの合併まで辿ることができる。マンチェスター・ユニティ・インディペンデント・オーダー・オブ・オッド・フェローズ（MUIOOF）は、いくつかのロッジによって1810年から始まったマンチェスター・ユニティからの独立宣言を経て結成された。GUOOFもMUIOOFも、世界中の多くの国々にオッド・フェローズ・ロッジを設立した。

　1843年にIOOFとMUIOOFが分離すると、IOOFはイギリスでのロッジ設立を試みた。1844年6月27日、IOOFはウェールズのトレデガーにあるフレンドリー・アイボリアン第1ロッジに認証を与え、モンマス、ストックポート、リバプールにもロッジが設立された。1853年、ロンドン・オーダー・オブ・オッド・フェローズはIOOFとの提携を提案したが、前者が北米IOOFによる慣習、形式、慣行に従わない限り不可能であるとして、合衆国グランドロッジによって拒否された[155]。翌年、MUIOOFはIOOFとの相互関係を再確立することを申し出た。合衆国グランドロッジは意欲を見せたが、MUIOOFがIOOFで実践されるすべての慣習を受け入れることを条件にした。交渉は長年続いたが、結局MUIOOFはこの対案に耳を貸さないままだった。

　続いて、IOOFは1875年11月17日にロンドンにトーマス・ワイルデイ第1ロッジとアングロ・アメリカン第1エンキャンプメントを設立したが[156]、どちらも1878年以降に活動を停止している[157]。MUIOOFとIOOFは最終的に相互関係を確立し、IOOFがイギリスにロッジを開設しないこと、同様にその逆も行われないことを確認して合意に至っている。現在、MUIOOFのメンバーは国内だけで31万400人を超え、GUOOFフレンドリー・ソサエティーも国内に拠点を置き、アイルランドやスコットランドを含むイギリス全土に約2万人のメンバーがいる。どちらも友愛組織および共済組合として機能しており、メンバーに各種資金や特典を提供している。

オーストラリアおよびアジア太平洋

オーストラリア

　この国のオッド・フェローズはオーストラリアのほとんどの銀行、住宅協会、保険会社が誕生する前に設立され、長年にわたってオーストラリアの何千もの家族に多大な安全と援助を提供し続けた。IOOFおよびその他の共済組合は共通の要求、そして労働者、鉱山労働者、大工、その他の労働者といったごく普通のオーストラリア人のために設立された。目的は自分たちの仕事関連のことがらや乏しい資源に対処し、欠如していた医療やその他公共事業、そして必需品を提供することだった(158)。メンバーたちは政府にも裕福な人々にも助けを求めず、お互いに助け合った。

　この国にはおそらく、かなり昔の時代からオッド・フェローズ・クラブが存在していたと思われる。記録に残る最初のインディペンデント・オッド・フェローズ・ロッジは、1836年2月24日にイギリス人移民によって、ロイアル・オーダー・オブ・インディペンデント・オッド・フェローズという名前でシドニーに設立された(159)。初期の組織の習慣どおり、グループはグランドロッジとしてもロッジとしても運営されてい

た(160)。当時の他のグループと同じく、ロッジのミーティングは居酒屋で行われた。こうした場所は「会議室と隣接する部屋との間にスライドパネルがあり、一定のプライバシーを維持すると同時に、適切なタイミングで飲み物を容易に運べるようにする二つの目的を満たしていた」(161)。オーストラリア・グランドロッジは1846年1月22日にイギリスのタイスハーストに本部を置くイングランド・グランドロッジから初めて認証を受けた(162)。エンシェント・ブライトンズなどの他の多くの独立グループは、最終的にオッド・フェローズ・ロッジとなった(163)。何年か後、オーストラリアおよびニュージーランドのグランドロッジがエンシェント・インディペンデント・オーダー・オブ・オッド・フェローズの傘下組織と認定された。

　1858年、エンシェント・オーダーのビクトリア・グランドロッジが北米のIOOFとの提携交渉を行った。しかし物理的な距離のため、ビクトリア・グランドロッジが最終的に合衆国グランドロッジから認証を取得したのは1868年2月22日だった。1878年3月4日、ニューサウスウェールズ州、クイーンズランド州、南オーストラリア州、タスマニア州、西オーストラリア州、ビクトリア州、そしてニュージー

国際的拡大と各地のオッド・フェローズ　193

ランドのグランドロッジが合併して、オーストラレーシア・グランドロッジが設立された[164]。最初のエンキャンプメントも、1878年3月4日に設立されている。1895年4月26日に最初のレベッカ・ロッジが設立され、女性メンバーも参加した。

　長年にわたり、IOOFはオーストラリアのあらゆる町で重要な存在であり続け、オーストラレーシア・グランドロッジの下でメンバー数は6万人以上に達した。ロッジは友愛組織および共済組合として機能し、必要不可欠な医療援助や傷病手当を提供し、困難に陥った人々に救いの手を差し伸べた[165]。メンバーが多くなり、資金面でも運用が利くようになると、IOOFはメンバーに対して低コスト融資を提供し始め、マイホームを持つ夢を実現できるように何千もの家族を支援した[166]。

　しかし、1929年にビクトリア・グランドロッジはIOOFから脱退し、男性/女性双方が利用できる混合ロッジを持つ独立した共済組合を設立した。ビクトリア州のIOOFは最終的に友愛組織的な活動を行わない純粋な共済組合になったが、オーストラレーシア・グランドロッジの会議には今でも代表が参加している。1986年、オーストラレーシアのIOOFは、入会から順序だてて階位を授与することのない受益メンバーを受け入れる一方、儀式を好む他の人は、それぞれの階位を取得した上で友愛メンバーになることを選択できるというシステムの採用を決定した。こうした状況が生まれた背景には、オーストラリア国内の複数のグランドロッジが「IOOFフレンドリー・ソサエティー」という名称で保険、信用組合、その他の福利厚生を備えた共済組合として登録されている事実がある。長年にわたり、医療、病院、生命保険、病気、葬儀、製薬基金や薬局などの州の給付金に貢献してきた[167]。

　本書の執筆時点で、オーストラリアのIOOFは、ニューサウスウェールズ州、南オーストラリア州、タスマニア州の三つの大管轄区域と、ニュージーランドに残るいくつかのロッジで構成されている[168]。2012年12月の時点で、28のオッド・フェローズ・ロッジに約2131人、23のレベッカ・ロッジに471人、五つのエンキャンプメントに53人のメンバーがいる[169]。また、1840年に設立されたMUIOOFと、1848年に設立されたGUOOFフレンドリー・ソサエティー傘下のロッジもあり、三つの提携組織はすべて、最近になって相互承認を確立している。

インドネシア

オランダ王国のIOOFグランドロッ

第19章

ジには準独立認証が授与された。指導層はこれをオランダ本土に加えて植民地に対する管轄権も与えられたと解釈し、オランダ領東インドでのロッジ設立を進めた[170]。これに先立ち、オランダのメンバーがジャワ島バタビアでオッド・フェローズ・クラブを結成している[171]。このクラブはやがて1922年12月25日にインディア第1ロッジとして認証された[172]。1923年12月25日には、カルティニ・レベッカ第1ロッジが設立された[173]。1930年8月には、ジャワ島ソウラバヤにアルジョエノ第1ロッジ、そして1934年には、プレアンジェ第3ロッジとエリザベス・レベッカ第1ロッジが続いた。二つのレベッカ・ロッジは、1940年の日本占領中に放棄されている。そして独立宣言が行われてインドネシア共和国となったとき、すべてのロッジが閉鎖された。

日本

IOOFは1889年5月27日に横浜にファーイースト第1ロッジを設立した[174]。設立メンバーの中には、当時の日本総領事だったクラレンス・リッジリー・グレートハウスも含まれていた[175]。その後1891年9月16日に神戸でコウベ第2ロッジが設立され、これに続いた。だが、ロッジの資金を預けていた銀行が破綻するという

状況に置かれた神戸のメンバーは落胆し[176]、やがて閉鎖にいたる。一方、ファーイースト第1ロッジは第二次世界大戦まで栄えていたが、国内の混乱により、最終的に運営停止を決定した。日本にいる20人近くの人々と接触したフィリピンの一部のメンバーの努力によって、IOOFを再設立しようという試みもあったが、ソブリン・グランドロッジが2年以上も何の策も講じなかったため、請願を行っていた日本人グループが関心を失い、その結果計画を断念することになった。

中国

中国でIOOFを設立しようとする最初の試みは、1887年当時グランド・レプレゼンタティブ・ポーター・オブ・カリフォルニアを務めていたオレゴン州出身のO・N・デニー閣下が中国の天津で米国領事として勤務中に、ロッジ設立の許可を求めたことだった[177]。その後起こったことについてはほとんど知られていない。知られているのは、極東のさまざまな場所から集まった約40人のIOOFメンバーで構成されるシャンハイ・ソサエティー・オブ・オッド・フェローズの存在である[178]。1941年、メンバーたちがソブリン・グランドロッジに認証を訴えたが、「不安定で混乱した世界情勢のため」

国際的拡大と各地のオッド・フェローズ 195

まだ不可能であると通告された[179]。1945年、このグループは約100人のメンバーを擁するフランクリン・D・ルーズベルト第1ロッジとして認証を受けた[180]。女性のためのレベッカ・シスターズ・クラブも中国で設立されている[181]。中国が共産主義政府の統治下に入ったこともあり、オッド・フェローズのような外国組織の進歩は停滞した。

🌸 ニュージーランド

ニュージーランド初のロッジは1843年に設立された。イギリスやオーストラリアのオッド・フェローズと同様に、この国のIOOFは友愛組織および共済組合として機能し、メンバーとその家族に対して保険給付を行っていた。メンバー数が全国で1万人を超えていた時期もある。2014年10月、ニュージーランド・グランドロッジは運営終了を決定し、多くのロッジが清算されることになった[182]。現在、オーストラレーシア・グランドロッジの下で直接運営されているオッド・フェローズ・ロッジは国内に三つだけ残っている。他にも、マンチェスター・ユニティIOOFやGUOOFフレンドリー・ソサエティーと提携しているロッジもある。

🔱 フィリピン

フィリピン人が植民者によって与えられている深い不公平感に目覚めたのは「国内での友愛組織の導入と、香港やヨーロッパの学校で得た高等教育の影響」からだった[183]。1872年の時点で、フィリピンでソサエティー・オブ・オッド・フェローズが広まっていたことが記録に残されている[184]。1898年以前には、オッド・フェローズ・アソシエーション・オブ・マニラおよび複数の軍ロッジもフィリピンに存在していた[185]。フィリピン諸島がアメリカの統治下に入ったとき、「オーダー・オブ・オッド・フェローズは、アメリカ陸軍内部において認知度が高かった」という報告が行われている[186]。グランドロッジの第74回年次総会で、フィリピン駐屯の米陸軍に所属していたD・L・バドリーは、正式にIOOFを設立する許可を求め、軍ロッジあるいは協会の設立を許可された。しかし1899年初頭、フィリピン人とアメリカ人の軍事衝突が発生したため、すべてのロッジの活動が中止された。

1902年に戦争が終わったとき、オッド・フェローズのいくつかのグループがマニラ、イロイロ、そしてセブに集まっていた[187]。この年、多数のグループがマニラとセブに拠点を置き、

マニラ地域には約150人のメンバーから成るIOOFクラブが存在しているという事実が報告されている。これにより、1902年6月29日、ソブリン・グランドロッジはディストリクト・デピュティ・グランドサイアーであるチャールズ・H・ブリットに対し、マニラ市にマニラ第1ロッジを設立する権限を与えた[188]。アメリカからフィリピン諸島までの長旅のため、ロッジが実際に認証状を受け取ったのは1903年1月29日だった[189]。

このロッジは1905年に最初のオッド・フェローズ・ホールを建設し、一部を他の友愛組織——フリーメーソンやピシアス騎士団に貸し出した[190]。

ソーシャルメディアとウェブサイトを駆使した勧誘活動により、フィリピンのオッド・フェローズは既存のロッジにおける20代、30代、40代の若い世代のメンバー数の増加に成功し、他の地域における新しいロッジの認証にも力を注いでいる。写真（上）は著者提供、2017年。（下）はジョエル・マリ・エスピリトゥ提供、2019年。

国際的拡大と各地のオッド・フェローズ　197

1912年6月12日、マニラ第1エンキャンプメントに認証が与えられた。初期のIOOFメンバーは著名な実業家、政府の役人、裁判官、軍人で構成されていた。フィリピンの初代ディストリクト・デピュティ・グランドサイアーを務めたチャールズ・バリット閣下は、ボホール第一審裁判所の裁判官であり、この国の最初の鉱業法を起草した鉱業局長でもあった。フィリピン総督代理および副総督を務めたニュートン・ホワイティング・ギルバートも初期メンバーのひとりだった[191]。メンバーはマニラ、セブ、イロイロ、ボホール、サンボアンガ全土に広がり、約150〜300人で安定していた[192]。

残念なことに、日本が1941年にアメリカに対して宣戦布告を行った。当時、フィリピン諸島はまだアメリカの植民地だった。真珠湾攻撃から数時間後、日本軍はフィリピンにある軍事基地キャンプへの軍事攻撃を開始した。1944年に日本が降伏するまで、フィリピンのゲリラとアメリカ兵は長年にわたって日本軍と戦った。戦争中に100万人近くのフィリピン人とアメリカ人が殺害され、マニラを含む多くの町や都市が廃墟と化した。所有する建造物が破壊された可能性が高いと感じたIOOFは、活動を無期限に停止した。第二次世界大戦後も活動再開は叶わなかったが、定住者となったメンバーが

数名残っていた。

1985年にフィリピンで監視委員会が設立されたが、グループは何らかの理由で方向性と目的を失い、より確立された組織との合併が提案された。2008年、ドゥマゲテ市の監視委員会のメンバーの一部がソブリン・グランドロッジと接触した。その後、アメリカから3人のメンバーがフィリピンを訪れ、2009年11月21日にウォッチドッグ第1ロッジ、ドゥマゲテ・シティ第1エンキャンプメント、カントン・ネグロス・オリエンタル第1エンキャンプメントが設立された。その後ほぼ毎年のペースで多くのロッジが設立された。特にマニラ・ロッジは2015年にマニラ第8ロッジとして再設立された。

国家レベルでの統治機関の欠如がもたらす不安定な状態が続き、2015年10月23日にフィリピン・グランドロッジが設立された。設立の式典にはソブリン・グランドロッジ、オーストラレーシア・グランドロッジ、デンマーク・グランドロッジ、およびMUIOOFの代表者が出席した。2018年8月23日、オーストラレーシア・グランドロッジとフィリピン・グランドロッジは、ソブリン・グランドロッジによってさらにアジア・パシフィック・グランドロッジを設立する権限を付与された。6年間にわたる資金集めを経て、ドゥ

マゲテ市に新しい2階建てのオッド・フェローズ・ビルも完成した。復活以来1000人以上が29のオッド・フェローズ・ロッジに入会し、また現在はレベッカ・ロッジがひとつ、エンキャンプメントが五つ、パトリアークス・ミリタントの小グループが二つ存在している。

タイ

毎年、ヨーロッパや北米から多くのオッド・フェローズのメンバーが旅行でタイを訪れ、そのまま定住する人もいる。メンバーはパブやレストランで非公式に集まり、交流を深める。2004年、津波がこの国を襲ったとき、スウェーデンのオッド・フェローズは被害者救済のため150万スウェーデン・クローナ以上の寄付を行った。さらに120万スウェーデン・クローナが、タイのプーケットのムアンマイに孤児院を建設するために寄付された。この孤児院は、津波で両親を失った子どもたちの世話をすることになった。2019年1月15日、ロッジを設立するための準備段階として、ヨーロッパからの12人の駐在員によって、オッド・フェローズ・クラブがついに設立された。

トルコ

1879年5月、ケンタッキー州のコベナント第22ロッジのメンバーだったG・N・シシュマニアン師が、トルコにIOOFを設立する許可を求めた[193]。その後起こった出来事や、前世紀におけるシシュマニアン師の取り組みの進展についてはほとんど知られていない。本書の執筆時点では、この国にIOOFロッジは存在しない。

アフリカ

南アフリカ

1903年、オーストラレーシア・グランドロッジは南アフリカにIOOFを設立する許可を求めた[194]。これにより、1904年にトランスバール州ヨハネスブルグにアフリカン第1ロッジが設立された[195]。しかしロッジの事務局長の報告によれば、国全体の悲惨な情勢のため、1906年まで会議への出席者はほとんどいなかった。そして多数のメンバーがトランスバール州内に分散している状態で、メンバーを集めるのは困難だった。1907年末の時点でロッジのメンバーは7人だけになり[196]、ロッジ自体が数年後に消滅してしまった。オーストラリア人メンバーで構成される非公式のIOOFクラブもあったが、ソブリン・グランドロッジやその他の管轄団体に設立許可を申請しようとはしなかった。

国際的拡大と各地のオッド・フェローズ 199

✤ ナイジェリア

1924年4月1日、ソブリン・グランド・セクレタリーが英領西アフリカのゴールドコースト、スラットポンドにあるマンチェスター・ユニティIOOFのスター・オブ・ナイジェリア第9294ロッジの記録官ジェームズ・A・ビニーからIOOF認証の申請書を受け取った。しかし、ロッジ設立の認証を行えるIOOFメンバーが近隣にいなかったため、この申請は承認されないまま終わってしまった[197]。IOOFはその後もロッジ設立を試みたが、これも失敗してしまった。しかし2007年3月30日、アブジャでナイジェリア第1ロッジが認証を受けた[198]。これに続いて、2008年2月21日にラゴスのラゴス第2ロッジ、2008年2月25日にカドゥマのカドゥマ第3ロッジが開設された[199]。現在、三つのオッド・フェローズ・ロッジがすべてソブリン・グランドロッジの管轄下で直接運営されており、男性も女性もメンバーになることができる。

ほとんどのメンバーが黒人だったGUOOFは、早ければ1879年の時点でナイジェリア、ガーナ、トーゴなどのアフリカ諸国で成長を遂げていた。GUOOFロッジは今も豊富な数のメンバーを擁しながらアフリカ大陸に存在している。写真はGUOOFガーナ提供。

第20章

善意のプログラムとプロジェクト

Programs and Projects

IOOFのいにしえの命は、ソブリン・グランドロッジの紋章に記されている。「病める者を訪れ、嘆く者を慰め、亡くなった者を埋葬し、孤児を教育するよう命じる」。

オッド・フェローズが友愛と救済の理想と共に、200年以上にわたって地域、国内、国際レベルで多くの慈善プログラムを組織し、支援し続けている理由はこの言葉にある。1992年、IOOFはジョージ・ブッシュ大統領から社会貢献賞を受けた。飾り額には次のような文章が記されている[1]。

「奉仕活動にご尽力いただき、感謝します。皆さんの寛大さと勤勉さを通し、隣人が隣人を助けるという伝統が我が国に生き続けている事実を示していただきました。皆さんの努力はコミュニティの生活に大きな影響を与え、私たちすべてにとって輝かしい模範となっています」

オッド・フェローズとレベッカは、さまざまな慈善活動を支援するため総体として毎年数百万ドルを集めている。個々のグランドロッジおよびロッジには、支援するプロジェクトの選定において一定の自主権が与えられているが、IOOFのソブリン・グランドロッジは、すべてのメンバーおよびロッジが参加・支援できるプログラムおよびプロジェクトを特定している。

 IOOF関節炎諸問委員会

1985年、IOOFは「苦しんでいる人々を救う」という命に基づき、アメリカ関節炎財団とカナダ関節炎協会への支援を開始した。以来、オッド・フェローズとレベッカは関節炎の研究を支援し資金を提供するために800万ド

ル以上を集めた[2]。毎年、アメリカとカナダのロッジが関節炎研究を支援するために50万ドルを超える金額を集めている。

IOOF教育財団

IOOF教育財団は、1927年9月20日に運営を開始した。支給資格に合致し、教育費の全額あるいは一部を自分で賄っている学生に対するローンを提供することが目的だ。財団の設立以来、およそ350万ドルの寄付により、5000人を超える若者が総額710万ドルを超えるローンを受けることが可能になった。クリスティーン・スミス奨学金、イングストロム奨学金、ヴィルツ奨学金、職業技術奨学金、グレン・コーシー奨学金、継続教育助成金、オッド・フェローズ／レベッカ教育巡礼ツアー奨学金、非伝統奨学金およびデイビス・オッド・フェローズ支援基金などの奨学金を提供することで、ふさわしい学生への教育投資を拡大してきた。

IOOFリビングレガシー・プログラム

このプログラムは、1989年に訪問先の管轄区域内に多くの枯れ木があることに気付いたパスト・ソブリン・グランドマスター、ウィルソン・D・バーキーのアイデアから始まった。この一件で世界的規模での樹木の喪失に対する懸念が生まれたため、バーキーはこの価値あるプロジェクトをIOOFの「リビングレガシー・プログラム＝生きた遺産プログラム」として委託した。樹木には二酸化炭素を吸収し、炭素を貯蔵するとともに人間が利用できるように酸素を放出する能力があるため、植林が提唱されてきた。1990年6月1日に行われた最初の植樹では、アメリカとカナダの会員によって16万2772本の木が植えられた[3]。1992年にはぴったり42万本の木が植えられ、多くの低木、少なくとも二つのバラ園、公共の敷地に10カ所の花壇が設置され、数カ所の公園に対する永続的管理体制が整えられ、現金と小切手合わせて1万2000ドル近い金額の寄付が行われた[4]。プロジェクトの開始以来、アメリカとカナダのオッド・フェローズとレベッカによって約800万本の木が植えられている。

オッド・フェローズ／レベッカ教育巡礼ツアー奨学金

このプログラムは教育、政治、国際関係について意見交換し、友情を育む機会を青少年に提供するため、1949年にソブリン・グランドロッジによって設立された。IOOFは毎年、北米とヨーロッパの高校生を集め、国連について学び、視察し、アメリカとカナダの

史跡を訪問するという内容の旅行を企画している。交通費、食費、宿泊、観光などの費用は主催者であるオッド・フェローズとレベッカロッジが負担する。設立以来、5万人を超える学生が参加してきた。

 ## IOOF視覚研究財団

1957年に設立されたIOOF／レベッカ視覚研究財団と世界アイバンクは、メリーランド州ボルチモアのジョンズ・ホプキンス医科大学ウィルマー眼科研究所を通し、眼科医療研究を推進するための支援と資金提供を行っている。さらに、さまざまな州管轄区域にある世界アイバンクでは、IOOFメンバーに対し、角膜移植や研究を目的とした死後の眼球提供が認められている。

1961年、62万5000ドルの寄付金によって財団組織に眼科学研究課程が設立された。その後より多くの研究が必要となり、コスト上昇に対応していくため、1987年にさらに100万ドルが基金に追加提供された。2012年の時点で、このプログラムへの寄付総額は250万ドルに達し、今も毎年少なくとも50万ドルの寄付が続いている。このプログラムに対するIOOFの支援により、角膜移植や失明を防ぐ研究の進歩を通して多くの障害者への支援が可能となった。

 ## IOOF世界飢餓災害基金

IOOF世界飢餓災害基金は、困っている人たちを助け、被害資産の復旧支援を目的とし、人道的プロジェクトを通して、衣食住居費、医療費、その他の必要となるさまざまな援助を提供している。1976年、このプログラムは飢えた人々に食事を提供するために5万ドルを集め[5]、インドの「セーブ・ザ・ライス」会議への支援金に3万5000ドル、チリの飢えた子どもたちに食事を与えるために5500ドル、残りの金額を、貧しい人々が食料を手に入れられるようにするため、救世軍と国際赤十字に寄付した[6]。「汝の隣人を愛せよ」プロジェクトでは、交通量の多い週末や休日に、高速道路のレストエリアや道路沿いの公園で疲れた旅行者に軽食を提供した[7]。現在、このプログラムは毎年750万ドル以上を救援プロジェクトの支援に割り当てている。

ソブリン・グランドロッジとIOOF視覚研究財団の代表がウィルマー眼科研究所へ寄付の小切手を渡す。写真はソブリン・グランドロッジ提供、2002年。

1962年、オッド・フェローズとレベッカは老人介護のため高層ビルを建て始めた。写真はネブラスカ州ノーフォークのオッド・フェローズとレベッカの提供。

 オッド・フェローズ＆レベッカ・ホーム

最初のオッド・フェローズ・ホームは、1872年にペンシルバニア州で建設され、やがて北米のほぼすべての州と地方に建設されることになった。初期に建設されたホームへの寄付金と運営費は数百万ドルに達した。その全額がメンバーによって寄付されたものだ。ホームは多くの人たちにケア、多くの孤児たちに家庭のような雰囲気と教育を提供してきた。アメリカにおけるIOOFの活動のため、当時のロナルド・レーガン大統領は、ソブリン・グランドマスターのエドワード・T・ロジャースをホワイトハウスに招待し、高齢者や貧しい人々に対するIOOFの貢献を高く評価した[8]。

時代の変化とともに、介護の概念も変わった。政府が介護に関与するようになり、老人ホームは慈善施設とみなされなくなった。初期の施設の建物も高層、コテージ、集合住宅といった居住形態に、そして孤児院は養護施設に変わった。IOOFは、以下のタイプの施設の改築について、多くの管轄区域で住宅改造にも関与するようになった。
- 老人ホーム
- 介護施設
- デイケアセンター

こうした施設の多くは居住者に個室、食堂、娯楽室、すぐ近くの病院施設を提供し、人生の終わりの時期を快適に過ごせるようにする。オッド・フェローズとレベッカが、62歳に達した退職

高齢者向けの高層アパートを支援している州と管轄区もある。

 **オッド・フェローズ＆
レベッカ・キャンプ**

一部の州や国では、オッド・フェローズとレベッカが青少年キャンプやレクリエーションパークを所有し、後援している。こうした施設は、青少年とその家族に健康的で楽しいアウトドア体験を提供することを目的としている。現在、IOOFはアラバマ、アリゾナ、カリフォルニア、コロラド、アイオワ、ケンタッキー、メイン、ミネソタ、ミシガン、ニューハンプシャー、ニューメキシコ、オハイオ、オレゴン、ワシントン、ウィスコンシンの各州にキャンプ場を所有し、管理している。

 オッド・フェローズ墓地

「死者を埋葬せよ」といういにしえの命に従う形で、オッド・フェローズが墓地を所有している州や都市もある。すでに閉鎖されているところが多いが、いまだに使用されている墓地もある。また、史跡や名所として登録されているものも多くある。

 オッド・フェローズ・ホール

世界中の多くのオッド・フェロー・ロッジが独自の建物を所有している。

1984年、オンタリオ州オッド・フェローズとレベッカは人道事業を通して、1週間にわたるキャンプイベントのため、5000ドルをキャンプ・トリリアムに渡した。これが現在、年間2500人のキャンバー（小児がん患者）のための2カ所の常設キャンプ場になっている。2000年、グランドマスター・オブ・オンタリオが「キャンプ・トリリアム／オッド・フェローズ＆レベッカ・キャンプ基金」を創設し、募金を受け付け、年間10万ドル程度を運営資金として計上している。この資金からはトリリアム事務所の建物のローンも支払われた。最終的に、オッド・フェローズとレベッカがキャンプ・トリリアムに100万ドルを提供してギャレット島を買い取り、この島は現在「キャンプ・トリリアム・オッド・フェローズ・アンド・レベッカ島」と呼ばれている。

善意のプログラムとプロジェクト　　205

こうしたホールのほとんどが、ロッジでの会合だけでなく、募金イベントや、ただ集まって楽しんだりできるコミュニティなどさまざまなイベントの会場としても機能している。こうした建物の多くは、すでに歴史的建造物登録を受けている。

無名戦士の墓とカナダ戦争記念館への巡礼

5月の第1日曜日は、オッド・フェローズとレベッカのメンバーがバージニア州アーリントンの無名戦士の墓へ巡礼する日として指定されている。この毎年恒例のイベントは、1933年から1945年までホワイトハウスの主だった第32代アメリカ大統領でオッド・フェローズのメンバーだったフランクリン・D・ルーズベルトによって与えられた特権から発展したものだ。初回の巡礼は1934年6月17日に行われた。この時は、アーリントン国立墓地の管理者である陸軍省によって許可が与えられている。巡礼の目的は、無名戦士と国内の戦没者だけでなく、第一次世界大戦と第二次世界大戦で多大な犠牲を払ったIOOFメンバーに敬意を表することにもある。さらには、6月の第1日曜日にカナダのオタワにあるカナダ戦争記念館にもオッド・フェローズとレベッカのメンバーが集まり、愛するカナダのために命を捧げた勇敢な兵

ワシントンDCにあるワシントン記念塔には、ソブリン・グランドロッジ1カ所とIOOFのグランドロッジ、その他のロッジの名前が記された石碑がある。

士たちに敬意を表する。他の国でも、祖国のために多大な犠牲を払った人々に敬意を表する厳粛な活動にメンバーが参加する。

S.O.S.子ども村

2003年、ソブリン・グランドロッジは、カンボジア、バッタンバンに「S.O.S.子ども村」を建設するため200万ドル以上を集めることを決議した。この施設は個人的・国家的理由あるいは自然災害により実の家族を失った子どもたちのための自宅、幼稚園、学校、社会センター、医療施設などから成る。2016年、IOOFノルウェー・グランドロッジからの寛大な寄付により、もうひとつの「S.O.S.子ども村」がアフリカのマラウイに建設された。

国際平和庭園の門

1950年代後半、IOOFは、アメリカとカナダの平和の象徴としてピースタワー、あるいは国際平和庭園の入場門建設のための資金を集めた⁽⁹⁾。1964年7月、このプロジェクトはカナダとアメリカ全土から集まった約1万人のオッド・フェローズとレベッカのメンバー立ち会いのもと、ソブリン・グランドマスターのマーフィーによって奉献された⁽¹⁰⁾。

オッド・フェローズ・レベッカズ・ローズパレード

オッド・フェローズとレベッカは、1908年以来現在に至るまで、カリフォルニア州パサデナで毎年開催されるアニュアル・トーナメント・オブ・ロ

ワシントンDCにあるワシントン記念塔には、ソブリン・グランドロッジ１カ所とIOOFのグランドロッジ、その他のロッジの名前が記された石碑がある。

ーゼズ・パレードに参加している。このプロジェクトは現在、オッド・フェローズ＆レベッカ・ローズ・フロート・オーガニゼーションによって運営されており、毎年開催されるパレードにおいてボランティアが芸術作品の作成と展示を教えることを通し、一般の人々に教育的体験を提供している。

善意のプログラムとプロジェクト　207

第21章

組織構造

Organizational Structure

　IOOFの組織は、徐々に発展していった。当初ロッジは自主的に設立され、メンバーは上位組織や全国レベルの統治機関からの管理や監視を受けることなく、自発的に運営していた。しかしメンバーの数が増えるにつれ、各ロッジが結合してグランドロッジを形成した。そして、グランドロッジが北米をはじめとして世界中に設立された後、IOOFはソブリン・グランドロッジを設立した。

1910年に建設されたカリフォルニア州サンフランシスコにあるオッド・フェローズ・ホールの歴史的な建物。

ロッジ

オッド・フェローズの地方組織は、「ロッジ」と呼ばれる。ロッジはメンバーが会議を開催する建物であると同時に、オッド・フェローズの基本単位または支部としてのメンバーそのものも意味する。ロッジは、グランドロッジまたはソブリン・グランドロッジが、当該管轄区域内のロッジの5人以上の第3階位会員、または15人以上の入会資格を持つ人々の署名入り認証請願書を受け取った場合に組織される[1]。各ロッジは、役員によって管理されている。ほとんどの場合、役員資格を得るには、優良な状態のメンバーが最高階位を取得する必要がある。

ロッジ役員の称号は、オッド・フェローズのさまざまな関連組織によって若干異なる。しかし通常、ロッジの運営最高責任者はノーブル・グランドあるいはモスト・ノーブル・グランドと呼ばれる。IOOFのロッジには、国または管轄区域の各レベルに応じて、16人内外の役員がいる。通常、ノーブル・グランド、バイス・グランド、レコーディング・セクレタリー、ファイナンシャル・セクレタリー、そしてトレジャラーという5人の役員がメンバーによって選出される。選出されたノーブル・グランドは、ライト・サポーター・オブ・ザ・ノーブル・グランド、レフト・サポーター・オブ・ザ・ノーブル・グランド、ワーデン、コンダクター、チャプレン、ライト・シーン・サポーター、レフト・シーン・サポーター、ミュージシャン、カラーベアラー、インサイド・ガーディアン、アウトサイド・ガーディアンという役員を任命する。バイス・グランドは、ライト・サポーター・オブ・ザ・バイス・グランドとレフト・サポーター・オブ・ザ・バイス・グランドを任命する。通常、役員には役職と階位を示すための印章や装飾品がある。

ロッジ役員とその役割

ノーブル・グランド

彼あるいは彼女の仕事はロッジの最高責任者としての役割を果たすことだ。委員を任命し、ロッジのプログラムが

IOOFの伝統的な装飾である役職ごとの首掛けと印章。撮影：著者、2015年。

組織構造　209

事前に計画されているのを確認することも義務となる。ノーブル・グランドの装飾品は白あるいは銀のレースで縁取られた緋色の首掛けあるいはチェーン、階位を示す印章は交差した小槌。座る位置は部屋の上座の中央で、3段ほどの階段がついた演壇に置かれた椅子となる。

【　バイス・グランド　】

彼または彼女の仕事は、会議においてノーブル・グランドを補佐し、ノーブル・グランドが欠席した場合にその役割を果たすことにある。ノーブル・グランドの指揮の下、議場に気を配り、秩序の維持に協力し、メンバーにロッジ内におけるふさわしいふるまいを求める。バイス・グランドの装飾品は白または銀のレースで縁取りされた青い首掛けあるいはチェーンだ。階位を示す印章は砂時計。席は入り口に最も近い場所と決められている。

【　セクレタリー　】

この役員は、以前レコーディング・セクレタリーと呼ばれていた。彼また

は彼女の仕事は、ロッジの議事を正確に記録し、すべてのコミュニケーションを文字に残して、ロッジの紋章が記されたすべての通知あるいは召喚状を発行することだ。また、ロッジが発行したすべての認証または小切手の保証手続きを行う。メンバーは、いかなるオッド・フェローズのロッジにおいてもセクレタリーとトレジャラーを兼務することはできない[2]。装飾品は白または銀のレースで縁取りされた緋色の首掛けあるいはチェーンで、階位の印章は交差した羽根ペンと本。席順はノーブル・グランドの右側だが、同じ高さではない。

【　ファイナンシャル・セクレタリー　】

彼あるいは彼女の仕事は、特別な例外を除いて、ロッジに対して支払われたすべての金銭を受領することだ。ロッジに支払われる会費をメンバーに通知し、年会費カードまたは領収書を発行する。また、グランドロッジに対する半年ごとおよび年次報告書を作成し、グランドロッジまたはソブリン・グランドロッジに提出するためセクレタリーに届

ける。この役職は設けなくてもよい。ファイナンシャル・セクレタリーがいない場合、その職務はセクレタリーに割り当てられる。装飾品は白または銀のレースで縁取りされた緋色の首掛けまたはチェーンで、階位の印章は交差した羽根ペン。席順はノーブル・グランドの左側だが、同じ高さではない。ファイナンシャル・セクレタリーは常にトレジャラーの近くに座ることになっている。

【　トレジャラー　】

彼または彼女の仕事は、ロッジのすべての金銭と領収書を正確にファイルに保管し、ノーブル・グランドによって発行され、セクレタリーによって保証されたすべての認証書を作成することだ。いかなるオッド・フェローズ・ロッジにおいても、トレジャラーとセクレタリーを兼務することはできない[3]。装飾品は白または銀のレースで縁どられた緋色の首掛けあるいはチェーン、階位の印章は交差する鍵だ。席順はノーブル・グランドの左側だが、同じ高さではない。トレジャラーは常にファイナンシャル・セクレタリーの隣または近くに座ることになっている。

【　ワーデン　】

彼あるいは彼女の仕事は、式服や装飾品をはじめとするロッジの所有物のすべてを管理し、会議が始まる前に部屋の準備を整え、会議が終了してすべての品物を片付けてドアを閉め、もし何らかの損害が出たなら、それをノーブル・グランドに報告することだ。また、投票箱を準備し、必要に応じて動議への投票を呼びかけ、メッセンジャーとして行動し、委任されたすべての義務を果たす。通常ワーデンはノーブル・グランドによって任命されるが、ヨーロッパの一部のロッジでは選挙によって任命される。装飾品は白または銀のレースで縁取りされた黒い首掛け、サッシュベルト、あるいはチェーンで、階位の印章は交差した斧。席順はノーブル・グランドの前だが、同じ高さではない。伝統的に、ワーデンは勤務中に幅広の斧を手にしてメンバーから寄付を集めるために歩き回る。

【　コンダクター　】

コンダクターの仕事は、ロッジの建物に入ってくるメンバー候補を出迎え、通過儀礼の階位を授与するときなどに与えられるすべての任務を遂行し、ワ

ーデンを補佐することだ。通常ノーブル・グランドによって任命されるが、ヨーロッパの一部のロッジでは選挙によって任命される。装飾品は白または銀のレースで縁取りされた黒い首掛け、サッシュベルト、またはチェーンで、印章は交差した杖。席順はノーブル・グランドの前だが、同じ高さではない。

[チャプレン]

彼または彼女の仕事は、ロッジにおける最初と最後の祈りを先導し、通過儀礼中に割り当てられたすべての役割を実行することだ。この役職は設けられないこともある。特に、さまざまな宗教的信条を持つメンバーがいるロッジではチャプレンがいない。装飾品は白または銀のレースで縁取りされた白いサッシュベルト、あるいはチェーン、印章は開かれた聖書、聖典、または神聖法の書。席順は部屋の片側の中央、パスト・グランドの前で、通常はノーブル・グランドの左側となる。

[ライト・サポーター・オブ・
ザ・ノーブル・グランド]

彼または彼女の仕事は、ロッジ内の

秩序を保つためにノーブル・グランドをサポートし、ロッジを適切な状態に保ち、指示し、合図が正しい形で交わされるよう留意し、一時的に空席になった場合、ロッジが開いている時間内にノーブル・グランドの椅子に座っていることだ。装飾品は緋色のサッシュベルト、白または銀のレースで縁取りされた首掛けまたはチェーンで、印章は小槌。席順はノーブル・グランドの右側と決められている。

[レフト・サポーター・オブ・
ザ・ノーブル・グランド]

彼あるいは彼女の仕事は、ロッジの部屋に入るすべてのメンバーが適切な式服を着用しているか、正しく合図を出しているかを確認し、ライト・サポーター・オブ・ザ・ノーブル・グランドが不在の場合は代理を務めることだ。装飾品は白または銀のレースで縁取りされた緋色のサッシュベルト、首掛け、あるいはチェーンで、印章は小槌。席順はノーブル・グランドの左側とされている。

[ライト・サポーター・オブ・ザ・バイス・グランド]

彼あるいは彼女の仕事は、メンバーが正しく合図を出しているのを確認することだ。組織の規則にしたがって行動しないメンバーについてノーブル・グランドに報告し、ロッジの開催時間中にバイス・グランドが一時的に席を外した時に代役を務める。装飾品は青いサッシュベルト、白または銀のレースで縁取りされた首掛け、またはチェーン。印章は様式化された砂時計で、席順はバイス・グランドの右側に定められている。

[レフト・サポーター・オブ・ザ・バイス・グランド]

職務はライト・サポーターを補佐し、不在の際に代理を務めることにある。装飾品は青いサッシュベルト、白または銀のレースで縁取りされた首掛けあるいはチェーンだ。印章は様式化された砂時計で、席順はバイス・グランドの左側とされている。

[ライト・シーン・サポーター]

通過儀礼を手伝い、行列や葬儀の際

に儀仗を持ち、典範において指定された役割を果たす。装飾品は白いサッシュベルト、白または銀のレースで縁取りされた首掛けまたはチェーンで、印章は燃える松明、席順はバイス・グランドの正面右側だが、同じ高さではない。

[レフト・シーン・サポーター]

通過儀礼を手伝い、典範において指定されている役割を果たす。装飾品は白いサッシュベルト、白または銀のレースで縁取りされた首掛けまたはチェーンだ。印章は燃える松明で、席順はバイス・グランドの正面左側だが、同じ高さではない。

[インサイド・ガーディアン]

彼または彼女の仕事は、ドアの内側を守ることにある。開かれているロッジの会議のレベルごとの合言葉、そして中に入るすべてのメンバーが適切な式服を着ているかどうかを確認する。アウトサイド・ガーディアンが不在の場合は

組織構造　213

代理を務める。装飾品は緋色のサッシュベルト、白または銀のレースでトリミングされた首掛けあるいはチェーンで、印章は交差した剣、席はロッジの部屋の内扉の横に設けられている。伝統的に、任務遂行中は剣を携行する。

[**アウトサイド・ガーディアン**]

ロッジの部屋に入ろうとする人が誰であっても、有資格者であることを確認し、入室前に合言葉を尋ねるとともに、儀式中のいかなる妨害も防ぐ。装飾品は、緋色のサッシュベルト、白または銀のレースでトリミングされた首掛けあるいはチェーンで、印章は交差した剣、席はロッジの部屋または控え室の外側のドアの横に設けられている。伝統的に、執務中は剣を携帯する。

[**ミュージシャン**]

会議や式典中に必要な音楽を演奏し伴奏を行う。この役割は任意的なもので、IOOFのすべてのオッド・フェローズ・ロッジに存在するわけではない。装飾品は緋色のサッシュベルト、白または銀のレースで縁取りされた首掛けまた

はチェーンで、印章はハープ、席はノーブル・グランドの右側だが、同じ高さではない。ほぼすべてのロッジにおいて、ピアノまたはオルガンのそばに座る。

[**カラーベアラー**]

国旗が適切に管理されていることを確認し、掲揚と収納を行う。この役割は任意的なもので、IOOFのすべてのオッド・フェローズ・ロッジに存在するわけではない。装飾品は緋色のサッシュベルト、白または銀のレースで縁取りされた首掛けまたはチェーンで、印章は国旗、席はノーブル・グランドの前、ウォーデンの右側に設けられている。

[**イミディエイト・パスト・グランド**]

ノーブル・グランドを務めたメンバーは、パスト・グランドの階位と称号を受ける。ノーブル・グランドとしての任期が終了した後に、イミディエイト・パスト・グランドとなり、入会時の通過儀礼において入会希望者に書状を渡し、また、多くのロッジではコンダクターに似た役割をこなし、ロッジを訪れる

214　第21章

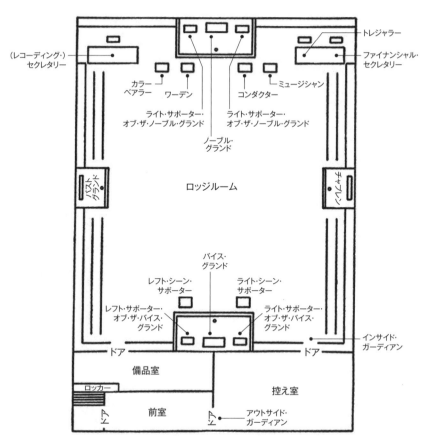

オッド・フェローズの会議室内部の見取り図。世界中のロッジで役員の席順が同じように実践されている。

デンマークのナクスゴウにあるIOOFのレベントロウ第24ロッジ。1889年2月12日に開設された。

組織構造

Column

ロッジ役員の伝統的首掛け、サッシュベルト、階位の印章

パスト・グランド

ノーブル・グランド

バイス・グランド

セクレタリー

トレジャラー

コンダクター

ウォーデン

チャプレン

ミュージシャン

ライト・サポーター・オブ・
ノーブル・グランド

レフト・サポーター・オブ・
ノーブル・グランド

ライト・サポーター・オブ・
バイス・グランド

レフト・サポーター・オブ・
ノーブル・グランド

ライト・シーン・
サポーター

レフト・シーン・
サポーター

インサイド・
ガーディアン

アウトサイド・
ガーディアン

人々に対応する。ロッジによって正式に依頼された場合には、ノーブル・グランドあるいはバイス・グランドとしての役割をこなすこともある。パスト・グランドの称号によって、グランドロッジへの昇格に必要な階位を取得し、グランドロッジの役職に就く資格も得ることができる。装飾品は白または銀のレースで縁取りされた緋色の首掛けあるいはチェーンで、通常は両側に三つの五芒星が付いている。印章は中央にハートと手がついた五芒星で、席はノーブル・グランドの右側になる。

トラスティー

ロッジごとの規則によって、ひとつのロッジに役員と同時に選出される3人以上のトラスティー（管財人）が存在する場合がある。この役職の任期は通常3期以上で、ロッジの正式な代理人となり、ロッジによる承認に基づいて不動産管理や投資を扱う。トラスティーは、メンバーによって選出された役員または任命役員ではないため、ロッジごとの規則によって禁止されていない限り、ロッジ内の他の役職に就くこともできる。

グランドロッジ

地方組織であるロッジは、グランドロッジと呼ばれる、州、地方、国、または地域レベルの管理運営母体を形成することができる。こうした母体は、7人以上のパスト・グランドを擁する合計五つ以上のロッジの請願に基づいて組織される。各グランドロッジは州、国、または準州内のすべての地方ロッジに対する独占的管轄権を有する。グランドロッジは、各ロッジにおける投票によって決定され、パスト・グランドの階位を有するメンバーが集まったグランド・レプレゼンタティブまたはオルタネート・グランド・レプレゼンタティブで構成される。活動中のロッジはレプレゼンタティブ＝代表者1名、または50名のメンバーごとに1票が割り当てられる権利を有し、50人を超えるメンバーがいるロッジは、50人ごとに追加の代表者または追加の投票権が与えられる[4]。

グランドロッジの役員になるには、自分が所属するロッジでパスト・グランドの称号を取得し、グランドロッジ

グランドロッジの印章が装着されたベルベットの首掛け。

組織構造　217

の階位を取得しなければならない。グランドロッジの選出役員は、通常次のように定められている。グランドマスターまたはグランドサイアー、デピュティ・グランドマスターまたはデピュティ・グランドサイアー、グランド・ウォーデン、グランド・セクレタリー、およびグランド・トレジャラー。任命役員は通常、グランド・マーシャル、グランド・コンダクター、グランド・チャプレン、グランド・ミュージシャン、グランド・ガーディアン、そしてグランド・ヘラルドとなる。グランドロッジは、グランド・インストラクター、広報ディレクター、グランド・カラーベアラーなど、追加の選出／任命役員を設けることもできる。

グランドロッジ役員とその役割

グランドマスター

グランドマスターをグランドサイアーと呼ぶ国もある。彼または彼女の仕事は、グランドロッジの委員会や会議を主宰し、秩序を維持し、グランドロッジの規則や指令がオッド・フェローズの一般的な目的や原則と一致していることを確認することだ。また、新しいロッジの設立、ロッジ役員の任命、組織の活動に必要な指示の伝達などの儀式を主宰する。装飾品は緋色の首掛けやチェーンだが、国によって色やデザインが異なる。通常、正義の天秤と太陽を組み合わせた印章が使われる。

デピュティ・グランドマスター

デピュティ・グランドサイアーの役職名を使う国もある。任務はグランドロッジの会議の開始および終了で、グランドマスターが不在の場合には議長を務める。また、グランドマスターまたは役員会の指示にしたがってすべての任務を遂行し、訪問を行う。装飾品は緋色の首掛けあるいはチェーンで、国によって色やデザインが異なる。印章は半月。

グランド・ウォーデン

グランドロッジの法と秩序を維持するためにグランドマスターを補佐することが主な仕事である。グランドマスターの指示がある場合、グランドマスターとデピュティ・グランドマスターの不在時に議場の扉を管理し、グランドロッジの会議を主宰する。装飾品は緋色の首掛けやチェーン

だが、国によって色やデザインが異なる場合がある。印章は交差した2本の小槌。

グランド・セクレタリー

グランドロッジの議事を正確に記録し、すべての通信を管理し、グランドロッジの紋章の下ですべての通知または召喚状を発行することが仕事である。グランド・セクレタリーは通常、州、地方、国、または準州のIOOF本部オフィスと職員を管理する。装飾品は緋色の首掛けあるいはチェーンだが、国によって色やデザインが異なる場合がある。印章は交差した羽根ペン。

グランド・トレジャラー

グランド・セクレタリーが集めたすべての金銭を受け取り、領収書を発行し、それをグランドロッジの名前で保管・管理することが任務になる。また、グランド・セクレタリーまたはその他の指定された署名者が連署したすべての小切手に署名を入れる。装飾品は緋色の首掛けあるいはチェーンだが、国によって色やデザインが異なる場合がある。印章は、交差した鍵。

グランド・マーシャル

グランドマスターを補佐するデピュティ・グランドマスターを補佐し、グランドロッジによって命令または許可されたすべての行事の手配を監督する。装飾品は緋色の首掛けやチェーンだが、国によって色やデザインが異なる。印章は指揮棒。

グランド・コンダクター

入会許可証の内容を確かめ、正しければ許可証の所持者をグランドロッジに紹介する。グランド・マーシャルの補佐役も務める。装飾品は緋色の首掛けやチェーンだが、国によって色やデザインが異なる場合がある。印章は剣。

グランド・ガーディアン

グランドロッジの会議中にドア内部を警備し、会議参加者の資格を確認し、入場の際に合言葉を訊ねる。装飾品は緋色の首掛けやチェーンだが、国によって色やデザインが異なる場合がある。印章は交差した剣。

【 グランド・ヘラルド 】

グランド・メッセンジャーという名称が使われる国もある。儀式中にグランドマスターの到着を知らせ、グランドロッジの役員の行列を先導する。グランドロッジの使者であり、地方ロッジにおけるアウトサイド・ガーディアンに相当する。装飾品は緋色の首掛けやチェーンだが、国によって色やデザインが異なる場合がある。印章はトランペット。

【 グランド・チャプレン 】

祈りの言葉と共にグランドロッジを開閉し、グランドロッジ自体が担当する公的儀式や葬儀の司会を務める。一部のグランドロッジでは、グランド・チャプレンを置いていない。装飾品は緋色の首掛けやチェーンだが、国によって色やデザインが異なる。印章は開いた聖書、聖典、または神聖法の書。

【 グランド・ミュージシャン 】

グランドロッジの会議や儀式の最中に必要な音楽を奏でたり、伴奏したりするのが仕事。グランド・ミュージシャンがいないロッジもある。装飾品は緋色の首掛けあるいはチェーンだが、国によって色やデザインが異なる場合がある。印章はハープ。

【 グランド・カラーベアラー 】

グランドロッジのセッション中に国、州、地方、または準州の旗を掲揚・収納し、適切に管理されていることを確認するのが仕事である。

Column

パスト・グランドマスター

任期を終えたグランドマスターまたはグランドサイアーは、パスト・グランドマスターまたはパスト・グランドサイアーの階位と称号を受け、それを生涯保持する。装飾品は白または銀のレースまたはフリンジで縁取りされた緋色のチェーンまたは首掛けだが、国によって色やデザインが異なる場合もある。エンキャンプメント・ロイアル・パープルの階位を取得した者（第23章参照）の装飾品には黄色の縁取りが施されていることもある。印章は太陽とハートと手を組み合わせた図柄。

220　第21章

グランド・カラーベアラーがいないグランドロッジもある。装飾品は緋色の首掛けやチェーンだが、国によって色やデザインが異なる場合がある。印章は、グランドロッジがある国の旗。

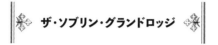
ザ・ソブリン・グランドロッジ

IOOFの最高統治機関はソブリン・グランドロッジであり、アメリカおよびカナダ全土にある会費の支払いを伴うグランドロッジ、グランド・エンキャンプメント、グランド・ボディで構成されている[5]。ソブリン・グランドロッジに直属するグランドロッジは、ソブリン・グランドロッジの会期中に1〜3票を割り当てられる。オッド・フェローズ・ロッジ、ジュニア・ロッジ、レベッカ・ロッジ、およびシータ・ロー・ガールズ・クラブの正規メンバーおよび非寄付メンバー合計1000人以上を擁するグランドロッジ、エンキャンプメントとレイディーズ・エンキャンプメント・オグジリアリーの正規メンバーおよび非寄付メンバー合計1000人以上を擁するグランド・エンキャンプメントには2人のグランド・レプレゼンタティブあるいは2票が割り当てられる。

メンバー数が1000人未満のグランドロッジまたはグランド・キャンプメントには、グランド・レプレゼンタティブ1名あるいは1票の投票権が割り当てられる[6]。ジェネラル・ミリタリー・カウンシルにはグランド・レプレゼンタティブ1名または1票が割り当てられる[7]。ザ・インターナショナル・アソシエーション・オブ・レベッカ・アッセンブリーには、1名のグランド・レプレゼンタティブ、あるいは1票の投票権が割り当てられる[8]。ソブリン・グランドロッジは、議員の分類によってその永続性が確保されるという点で、アメリカ上院のシステムに似ている。また、代表者の数が各選挙区に左右されるという点ではアメリカ下院と同じである。一方、インディペンデント・グランドロッジの代表者は議決権を持たず、動議を作成し、質疑を討論する権利のみを有する[9]。現在の設定では、アメリカとカナダの管轄外のグランド・レプレゼンタティブはソブリン・グランドロッジの選出役員になることはできない。したがって、実際にはソブリン・グランドロッジが北米管轄区域（アメリカとカナダ）の統治機関となる。しかし、真の意味での国際統治機関ではない。

ソブリン・グランドロッジの被選出役員は次のとおりだ。ソブリン・グランドマスター、デピュティ・ソブリン・グランドマスター、ソブリン・グランド・ウォーデン、ソブリン・セクレタリー、およびソブリ

ン・グランド・トレジャラーは、ソブリン・グランドロッジ直属の各グランドロッジのグランド・レプレゼンタティブの中から選出される。また、ソブリン・グランド・マーシャル、ソブリン・グランド・コンダクター、ソブリン・グランド・チャプレン、ソブリン・グランド・ミュージシャン、ソブリン・グランド・ガーディアン、ソブリン・グランド・メッセンジャーも任命される。こうした役職の機能はグランドロッジとほぼ同義だが、役割はソブリン・グランドロッジのレベルで遂行される。

 ## インディペンデント・グランドロッジ

IOOFロッジがある北米以外の国々でも、インディペンデント（独立）・グランドロッジを形成することができる。一般的に言って、こうしたタイプのグランドロッジは管轄内のロッジに対する最終的な監督権を有し、IOOFの設立原則と古くからの慣習のみを遵守する。オーストラレーシア、デンマーク、フィンランド、ドイツ、アイスランド、キューバ、オランダ・ベルギー、ノルウェー、フィリピン、ポーランド、スウェーデン、そしてスイスの各グランドロッジが該当する。ソブリン・グランドマスターは通常、インディペンデント・グランドロッジとソブリン・グランドロッジの間の連絡役としてディストリクト・デピュティ・ソブリン・グランドマスターを任命する。通常、ディストリクト・デピュティ・グランドマスターは、グランドロッジのグランドマスターまたはグランドサイアーと同じ人物が務める。インデペンデント・グランドロッジは、国際諮問委員会に参加する。

 ## ヨーロッパ・グランドロッジ

1890年代以来、ヨーロッパ大陸におけるIOOFの統治機関設立が議論されてきた[10]。ヨーロッパ管轄区域のグランドサイアーは、長年にわたりヨーロッパ・グランドサイアー会議を開催しており、これが最終的に、1989年のインディペンデント・ヨーロピアン・ジュリスディクションズ・オブ・ザ・オッド・フェロー・オーダーIOOF連合の設立につながった[11]。同じ年、ヨーロッパのレベッカ指導者らもヨーロピアン・レベッカ・リーダーズ・アソシエーション（ERLA）を設立した。2003年、連盟とERLA双方の執行委員会が、男性と女性それぞれがいる指導者をひとつの大きな団体にまとめる時期が来たことを認識した[12]。

これが最終的に2006年のヨーロッパ・グランドロッジに昇華した[13]。このグランドロッジには、MUIOOFの

ヨーロッパのインディペンデント・グランドロッジの役員は、ソブリン・グランドロッジ直属のグランドロッジが使用するような緋色または赤の首掛けを使用しない。ヨーロッパでグランドロッジの役員になるには、ロッジのパスト・グランドであるだけでなく、エンキャンプメントのロイヤル・パープル・ディグリー・メンバーでなければならない。したがって、グランドロッジの役員は両側に三つの白い星で飾られた緋色または赤の縁取りがされた紫色の首掛けを着用する。しかし、ヨーロッパの各IOOFグランドロッジには、グランドサイアーのための独自の装飾品がある。写真提供：IOOFソブリン・グランドロッジ。

管轄下にあるグレートブリテン王国、北アイルランド連合王国、イギリス連合王国を除くヨーロッパ内およびヨーロッパ全土のインディペンデント・オーダー・オブ・オッド・フェローズに関連するすべての事項を指揮、監督、管理する権限が与えられた[14]。ヨーロッパ・グランドロッジのメンバーおよび役職への選出基準は次のとおりになっている。
①ヨーロッパの管轄区域のグランドロッジ役員または元グランドロッジ役員であること。
②ディグリー・オブ・ウィズドムの階位を取得していること[15]。ヨーロッパ・グランドロッジの役員はヨーロピアン・グランドサイアー、男性のデピュティ・ヨーロピアン・グランドサイアー1名、女性のデピュティ・ヨーロピアン・グランドサイアー1名、ヨーロピアン・グランド・セクレタリー、デピュティ・ヨーロピアン・グランド・セクレタリー、ヨーロピアン・グランド・トレジャラー、ヨーロピアン・グランド・マーシャル、ヨーロピアン・グランド・チャプレンである[16]。

 ## アジア・パシフィック・グランドロッジ

2018年、オーストラレーシア・グランドロッジのフィリピン・グランドロッジは、オーストラリア、ニュージーランド、アジア内外のインディペンデント・オーダー・オブ・オッド・フェローズに関連するすべての事項を指揮、監督、管理するアジア・パシフィック・グランドロッジを設立した。

 ## 国際諸問委員会

第二次世界大戦前、ソブリン・グランドロッジと北米以外のグランドロッジ間の通信は困難な状態だった。戦時中の隔たりと困難により、緊密な関係が維持できなくなり、ソブリン・グランドロッジと他国の複数のグランドロッジとの関係が断絶することもあった。1946年に、国際評議会を設立するための議案が可決された。評議会の目的は、組織の使用法、習慣、古代の教え

を守り、アイデアを交換し、懸念事項について話し合い、世界中のすべてのオッド・フェローズ関連団体に対して承認を行うため、ソブリン・グランドロッジとIOOFのすべてのグランドロッジとの結びつきを強化することだった。2012年、この機関はIOOF国際諮問委員会に改名された。

理事会はソブリン・グランドロッジ会議の前日に開催され、ソブリン・グランドロッジのメンバー4名、インターナショナル・レベッカ・アッセンブリーズのメンバー3名、ジェネラル・ミリタリー・カウンシルのメンバー1名、ヨーロッパ・グランドロッジから3名、オーストラレーシア・グランドロッジから3名、英国のMUIOOFから2名という構成になっている。理事会はソブリン・グランドロッジに対して勧告を行うことはできるが、立法権はない。

資金と会費

IOOFは会費、年会費、寄付を通じて資金を集める。個々のロッジはグランドロッジおよびソブリン・グランドロッジからのある程度の経済的自立の下に活動している。ただし、ロッジ、グランドロッジ、およびソブリン・グランドロッジによって集められたすべての資金は信託基金であり、集められ

「年会費カード」という名称で知られる認定書。優良メンバーに対し、年会費納入後に発行される。ロッジ訪問時、およびグランドロッジの会議に出席する際に提示しなければならない。

た目的にのみ使用される[17]。余剰資金は安全で市場性のある有価証券に投資される場合もある。

優良メンバーになるためには、ロッジ、グランドロッジ、および／またはソブリン・グランドロッジに定期的に年会費を支払わなければならない。寄与メンバーが支払う年会費の額はロッジ、グランドロッジ、およびソブリン・グランドロッジの規約によって決定されることとされているが、請求会費は組織の経費と義務を満たすのに十分な額でなければならない[18]。現行の出費と負債が収入と資産額を超えそうで、ロッジの財政状態を損なう可能性がある場合、不足を埋めるためにすべての寄与メンバーにロッジが査定を課す[19]。会費は通常、毎年1月31日までに前払いされるが、メンバー自身の選択によって、四半期ごとに前払いされる場合もある[20]。

年会費を支払った後、優良メンバーにはセクレタリーまたはファイナンシャル・セクレタリーから1年間の有効期限付きの公式証明書または年会費カードと、毎年変更される年間トラベリングパスワード（ATP）が発行される。他のロッジを訪問し、グランドロッジの会議に参加する際、優良メンバーは会費支払い済みを示す最新の公式証明書を提示する必要がある[21]。年会費と会費を1年間滞納した場合、延滞の通知を受け、その通知がロッジの議事録に適切に記録された後、IOOFのメンバー資格が停止される[22]。ただし、一時停止されたメンバーも、滞納した年会費の支払いを行った場合、資格を回復することができる。

組織構造　225

第22章

階位の儀式、装飾、慣例

Initiation Degrees, Regalia, and Customs

オッド・フェローズの使命とビジョンを完全に理解するため、メンバーは階位別に設定された一連の指示を含む正式かつ厳粛な儀式を受けることが慣例となっている。伝統的に、階位別の通過儀礼(イニシエーション)は主として講義、演劇、そして象徴を通して示され、階位ごとにひとつの原則に集中する。

オッド・フェローズのような友愛組織においては、それぞれの階位においてメンバーに熟考の時間が与えられる。目標は、新しいメンバーに対し、日常生活とは異なるユニークな体験を通して、日常生活に適用で

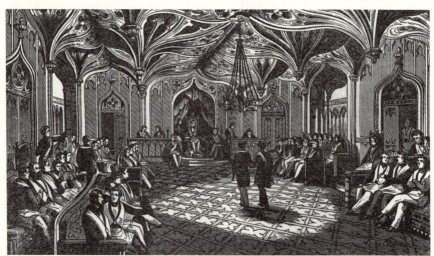

ニューヨーク・オッド・フェローズ・ホールのゴシック調の部屋で行われたオッド・フェローズ・ロッジの会合のイラスト 1852年1月3日発行の『オッド・フェローズ・ファミリー・コンパニオン』より。

きる賢明な教訓と崇高な原則を伝えることだ。こうした儀式は、「会員がお互いを兄弟姉妹として定義できる手段」でもある[1]。一般的に、知識や経験を共有する人たちの絆はより強くなると言われている。

都市や国には独自の文化や現地ならではの嗜好性があるため、それぞれのロッジが展開するプロジェクトやイベントの内容は異なるかもしれない。しかし階位や象徴、握手の方法、合図、そして合言葉に関する学びは世界中ほぼ同じだ。オッド・フェローズの普遍的な象徴を理解し学ぶことで、国籍に関係なくメンバーが共有の使命、ビジョン、組織の中核となる価値観を持つようになる。組織外では知られていない儀式や秘密の合図や象徴を共有することで、メンバーは排他的感覚で結びつき、結束力と帰属意識を高めていく。

メンバーが別の都市や国にあるロッジを訪れても、儀式はほぼ同じように行われるため、「わが家にいるような」感覚にとらわれるだろう。メンバーは儀式を通して団結し、オッド・フェローズの高い理想や倫理観、教えの追求に帰属意識を感じるようになる。しかし、基本は階位そのものではなく、階位別に示される教訓にほかならない[2]。階位は補足的なものに過ぎず、組織が存在する主な目的ではない[3]。共通の習慣、そして核となる価値観を持つことは、どんな組織にとっても非常に重要だ。サンフランシスコ在住の形而上学講演家、ダディシ・サニカは次のように述べている。

「正式な儀式の過程がない場合、無意識の通過儀礼が発生する。こうした無意識の通過儀礼はしばしば価値観や知識の系統的な伝達ではなく、反社会的なものになりがちだ。都市部におけるストリートギャングへの入会儀式はその好例であり、彼らの儀式にはコミュニティやその価値観を再確認する過程が見られない」

オッド・フェローズの儀式にしごきやいじめ、ばか騒ぎは含まれない。ロッジの部屋の中で邪悪なことは行われない。儀式に関しては秘密主義がある程度まで貫かれ、公にされないこともあるが、オッド・フェローズは秘儀やオカルト主義を信奉する秘密結社では決してない。IOOFが取り組むものは高度に公的であり、一般の人々から隔絶された秘密の知識を求めることはない。実際、現在の入会儀式は大部分が旧約聖書から取り入れられた要素から成る。入会儀式は、ほぼ全体がメンバー間で共有される倫理的教訓と中核的原則を伝える方法としてのみ機能し、同時に、入会希望者と既存メンバ

一双方に神秘的感覚と魅力を与えるものとなる。テレビをはじめとする近代的なレジャーがまだ存在していなかったかつての時代、階位の儀式は娯楽を提供する場でもあった。適切に行われる入会儀式は観劇にも似ており、会議を通して礼儀に関する意識も得ることができる[4]。

典礼・儀式の進化

オッド・フェローズの階位は時間の経過とともに進化してきた。以前存在していた数多くの提携団体のため、儀式としては今日も数種類のバリエーションが実践されている。合併または脱退によって新しい提携教団が設立されるたびに、一般的な教えはそのままの形で残される一方で、古い入会儀式はしばしば改定されるか完全に置き換えられた。新しいオッド・フェローズのグループは通常、不満や意見の相違によって生まれた古い組織の一派閥だった。よって、

 Column

通過儀礼（イニシエーション）

イニシエーションや儀式、典礼という用語は、言葉の響きがひんしゅくを買ったせいで意味が大いに誤解されており、しばしば誤った形で魔法、魔術、悪魔崇拝、血の誓い、しごきやいじめなどと関連付けられる。しかし、イニシエーションという言葉の定義は単に「人をグループや組織のメンバーにするにあたって行われる儀式や一連の行為」でしかない[6]。入学希望者が大学に入学する前に筆記試験と面接を受けることを要求されるのも、一種のイニシエーションだ。教会の牧師や司祭として叙階される前、あるいは大学の学位を取得する前に一連の訓練や教育レベルを受けることを要求されるのも、イニシエーションを受けているのと同じことになる。一方、儀式や典礼は「常に同じ方法で行われる正式な儀式または一連の行為」と定義される[7]。人間の生活には、大小さまざまな儀式や行事が含まれる。食後歯を磨いたり、寝る前にお風呂に入ったりすることは、簡単な儀式の例として挙げられる。多くのキリスト教会においては、ミサや礼拝中に司祭や牧師が秘跡を与える儀式が行われている。

基本的に、入会儀式や通過儀礼とは「誕生、成人、結婚と死、あるいは特定のコミュニティへの参加などの大きな出来事に伴って行われる演出を伴う儀式」である[8]。典礼は「永続的コミュニティの由緒ある不変の習慣」とされる傾向がある[9]。一般的な通過儀礼の例としては、通常年に一度の誕生日のお祝い、結婚式、卒業式や学位授与式、葬儀などが挙げられる。

一方、宗教にはより複雑な儀式と必要条件がある。宗教における洗礼は、その人が教会に加わり、信徒の一員とみなされることを意味する。カトリックにおける洗礼の儀式はアダムとイブが生んだ原罪の汚れを取り除き、イエスの御名において儀式を受ける人を「生まれ変わった」人々から成るコミュニティへ導くものと考えられている。通常はこれに続いて約7歳で和解の儀式が行われ、続いてイエス・キリストの体と血として神聖化された一切れのパンを食べる初聖体拝領の儀式が行われる。子どもが12歳になると、確認の儀式が行われる。この（ずっと）後に結婚の儀式が行われ、死にゆく人が自分の罪を告白して油を注がれる最後の儀式が行われる場合もある。ヒンドゥー教にも誕生から死に

一新されたグループが前任者の古い記録を保管し、儀式の慣行を続行していく可能性は低い。

新しい提携団体の指導者は、古い儀式が二度と復活しないようにそれらの抹消を決定することが多い。過去数世紀にわたり、古代の儀式が印刷された状態ではごく少数しか残っていない理由のひとつは、こうしたことであると考えられる。現存する証拠によれば、継承は年代順にエンシェント・オーダー・オブ・オッド・フェローズから始まり、それがインプルーブド・オーダー・オブ・オッド・フェローズ、さらにパトリオティック・オーダー・オブ・オッド・フェローズ、ユニオン（あるいはユナイテッド）・オーダー・オブ・オッド・フェローズ、MUIOOF、IOOFへと引き継がれていった[5]。

オッド・フェローズの初期の典礼的な儀式は、イニシエーション（メイキング）、そしてロッジの開設と閉鎖という形式のみで構成されていたことが至るまでの通過儀礼が10〜40ほどある[10]。こうした儀式は人類の文化的・宗教的伝統の一部にほかならない。通過儀礼や入会儀式の習慣に地理的または父系思想的起源はなく、世界中のほぼすべての文化にさまざまな形で存在する。集団を形成し共同体として共生するとき、最終的にグループ内に共通の特定の習慣や慣例を生み出していくのは人間の本質だ。

中には、公共生活の一部として多くの人々が共有感覚を抱いているものも含まれている。コミュニティに属するすべてのメンバーに対して義務付けられているわけではなく、特定のグループのメンバーに対してのみ実行される入会儀式もある。こうした儀式は特定の宗教、友愛組織、大学の男子・女子友愛会や、またはその他の種類のクラブに加入するために行われる[11]。これらの慣例や慣習は、内容が一新されるまで何十年も続けて行われる。

現実的な議論の結果としては、オッド・フェローズのようなイギリスの友愛組織における入会儀式は古代の神秘、ギルド、職人協会の儀式が進化したものであり、人々の演劇への興味の影響を盛り込んだものであることが示されている。早ければ中世には、イギリスとスコットランドの業界団体やクラブの間で「ブラザーリング」が一般的な儀式として認識されていた[12]。こうした習慣はグループによって異なるが、一般的に居酒屋やパブで行われる。ばか騒ぎやいたずらを盛り込んだ講義が含まれ、すべて新メンバーの支払いで食べ物と飲み物がふるまわれる[13]。初期のオッド・フェローズでは、新メンバーは「メイキング」または「イニシエーション」と呼ばれる単一の階位で入会が認められた。この儀式は、職人や労働者が実践していた「ブラザーリング」とよく似ていた[14]。

男子に対して行われる割礼は、思春期から大人への移行を象徴する古代の通過儀礼だった。wiki-commonsより。

階位の儀式、装飾、慣例　229

示唆されてきた[15]。イギリスにおける同様の友愛組織と同じく、階位の追加や劇的要素を盛り込むことは、式典にさらなる魅力を求める需要に応えるための、後の時代になってから生じた進化だった[16]。現存する最古の入会儀式と階位の資料は、1797年3月12日にロンドン・グランドロッジで改訂され合意されたオーダー・オブ・パトリオティック・オッド・フェローズのものだ。これには開会と閉会の儀式、入会儀式、白または契約の階位、ロイアルブルーの階位、ピンクまたは美点の階位、ロイアル・アーチ・オブ・タイタスあるいは忠誠の階位、緋色あるいは司祭の階位が含まれていた[17]。階位は次々に、3〜4カ月ごとにひとつが授与された。

現在知られている最古の入門階位は、人類の生き方を象徴するものだった。階位を受ける者は衣服を脱いでロッジの部屋に入る。この状態は生誕を意味する。先の道のりは危険がいっぱいだ。危険の数々は、人々が現実の生活で遭遇するさまざまな課題や困難を表現することを目的としていた。無知を表すために目隠しをされたが、これは私たちが人生を歩んでいく中で暗闇に置かれ、明日何が起こるかわからない状態を意味する。入会式の終わりに、人生の終わりを意味する死の場面が設けられ、地上の人生は一時的なものであるという事実を想起させ、階位を受ける

18世紀中は、儀式を受ける者が目隠しをされ、ほぼ裸の状態で会議室に連れて行かれ、人生の不安定性を象徴する木の板の上を歩かされた。過去の時代においてはこの儀式も受容されていたが、19世紀初め以降実践されていない。しかし、儀式の象徴性は別の方法で表現され、今も伝えられている。絵：アッシャー・アルベイ、2015年、著者の依頼で制作。

階位の儀式は特別の式服と道具を使って行われる。この写真は、1900年代初頭に行われた第1階位あるいはディグリー・オブ・フレンドシップの儀式のもの。写真は著者のコレクションより

者に対して、「誰かの何かの役に立つ人生を送り、必要ならいつでも助ける準備を整えておくように」と語りかける。式の最後に、ロッジのワーデンが次のように説明した[18]。

「友よ、この場面は人生の嵐を表している。あなたは雲と暗闇に囲まれ、あなたの行く手には多くの危険と困難が待ち受けている。すべての不幸な人たちを憐れみ、同情することをこの場面から学ぼう。国家的災難の話を耳にするときは、あなたが耐えた象徴的な苦痛を思い出しなさい」

この儀式はIOOF、そして現存する提携組織によって今日行われているものと完全に同じではない。階位を受ける者が服を脱ぐことはもうないが、一般的な学びは変わらない。1814年、MUIOOFは、古い儀式の見直しを開始した。文字情報化されているMUIOOFの最初の儀式では、階位が以下のように分けられていた。イニシエーションあるいはメイキング。第1階位または白。第2階位またはロイヤルブルー。緋色または司祭の階位[19]。セクレタリー、バイス・グランド、パスト・グランドとなるための講義の本もあり[20]、これは1816年以来何度も改訂されている[21]。

一時期、アメリカのIOOFはMUIOOFと同様の儀式を採用していた。1820年、合衆国グランドロッジは、ジョン・ポーソン・エントウィスルによって書かれた契約と追悼の階位を追

階位の儀式、装飾、慣例　231

加した[22]。どちらの階位も1826年にMUIOOFとIOOFの儀式に登場している[23]。1835年までに、イニシアトリー、第1階位、契約、第2階位またはロイヤルブルー、追悼、緋色または司祭の階位という区分に分割された[24]。同じ講義本でセクレタリー、バイス・グランド、ノーブル・グランドにも触れられている[25]。

1834年、MUIOOFは講義の内容を改定した。契約と追悼の階位を削除し、これが他の大幅な改定を伴うMUIOOFとIOOFの分離につながっていった。その後IOOFはさらにイニシアトリーと五つの階位——白または第1階位、ピンクまたは第2階位（契約）、ブルーまたは第3階位、グリーンまたは第4階位（追悼）、および緋色または第5階位に改定した[26]。この制度は、階位の数が三つに減らされた1880年まで実質的な変更がないまま継続された。その後多くの修正が加えられたが、いずれも小さなものだった。

ロッジの階位（ディグリー）

イニシアトリー・ディグリー

イニシアトリー・ディグリーは、オッド・フェローズ・ロッジへの入門という位置づけの階位だ。この階位では

死すべき運命、すなわち地上の生命の非永続性を目の当たりにして、「自分はどのように生きるのか？」という疑問と向き合う。多くの古代の儀式に共通する特徴は、悲しみと憂鬱の中で始まり、生命と喜びの中で終わるということだ。象徴的な意味での目的は自分たちの弱さ、無知、性格の罪深さ、そして人生がいかに短く不確実なものであるかを忘れないことにある[27]。死は止められないものであることを認識させられ、徳のある人生を送るよう促される。装飾品は白い裏地の白の首掛けだ。

第1階位またはディグリー・オブ・フレンドシップ

この階位では、真の友情の教訓を例示するため古代の物語が再現される。真の友人はお互いを助け、守り、成果を喜び、嫉妬にまみれた競争や個人的な欲望によって関係が断たれることはない。この階位は、オッド・フェローズが良いときも悪いときも団結している事実を示す。装飾品はピンクの裏地の白い首掛けだ。

[**第2階位または
ディグリー・オブ・ラブ**]

　この階位も人種、宗教、国籍を超えた兄弟姉妹愛の教訓を描いた古代の物語に基づいている。オッド・フェローズのメンバーとして、人々を偏見の目で見ないという姿勢のままでいることを期待される。これは「自分にしてもらいたいことを他人にもしなさい」という黄金律に基づく思想だ。他人に奉仕する人は、自分に対しても最善を尽くす。この階位ではさらに、親切な行為と結びつかない限り、友愛は空虚な名ばかりのものにすぎないことが教えられる。装飾品はロイヤルブルーの裏地が付いた白い首掛けだ。

[**第3階位または
ディグリー・オブ・トゥルース**]

　この階位では、オッド・フェローズの象徴とその哲学的な意味を学び、日常生活に活かしていけるようにできるだけ多くの真実を認識させられる。オッド・フェローズは、こうした真実に忠実でなければならない。これを知ることで真実を語り、教会、地域社会、ロッジ、家族とのすべての関係において誠実さを保つことが求められる。言葉だけでなく、すべての行動において真理を実践することを認識させられるのだ。装飾品は緋色または赤色の裏地が施された白い首掛けだ。

　しかしこれらすべての階位は、個人的な経験を通してよりよく理解されることになる。伝統的に、イニシアトリー・ディグリー、ディグリー・オブ・フレンドシップから始まって、その後の階位を取得するまでには、一定の待機期間が設けられている。この期間中、新メンバーはロッジの会合に定期的に出席し、委員会の委員を務め、ロッジの事務に全面的かつ積極的に参加しなければならない[28]。そうしながら学びを振り返り、会議がどのように行われるかを学び、他のメンバーをよりよく知る時間を得ることができる。ロッジで第3階位またはディグリー・オブ・トゥルースを取得した後、新メンバーはエンキャンプメントやパトリアークス・ミリタントなどの支部を通じて提供される、より高い階位に進む資格を得る（第23章参照）。

 ワーキング・ディグリー

　オッド・フェローズのロッジでは、まずはイニシアトリー・ディグリーで会議が開催される。1881年、ワーキン

グ・ディグリーはディグリー・オブ・トゥルースあるいは第3階位に変更された[29]。1973年、ワーキング・ディグリーはイニシアトリー・ディグリーに戻された。これは、新メンバーが会議に参加できるようにするためだった。このアイデアはスウェーデンで生まれ、それ以降世界中のすべてのIOOFロッジで採用されることになった。

 ## 葬儀

「最後の階位」とも呼ばれる葬儀は、亡くなったすべてのメンバーを追悼す るためにロッジの会員によって執り行われる。式典はノーブル・グランドによるスピーチとチャプレンによる祈りで始まる。次にノーブル・グランドが棺に進み出て、右手で常緑樹の小枝を投げ入れる。その後他のメンバーが棺の前に進み、同じようにする。この儀式はオッド・フェローズとしての義務であり使命のひとつである「死者を埋葬する」という行いに沿ったものにほかならない。

 ## 握手と合言葉、象徴

各階位には「暗黙の作業」(ジ・アンリトゥン・ワーク)(TUW)として知られる秘密、つまり部外者たちが知らない合図、握手、そして合言葉がある。歴史的に、オッド・フェローズはメンバーが病気や経済的困窮に陥ったとき、または失業中のメンバーが仕事を見つけようとしているときに物的および経済的援助を行ってきた。この便益のため、メンバーになりすまして資金をだまし取ったり、ロッジから資金を搾取したりする者が後を絶たなかった。オッド・フェローズはどのようにしてメンバーシップを確認し、詐欺師から資金を守ることができるのか？ メンバーは、自分が有資格者であることをどのように証明できるのか？

昔は電話がなく、通信手段のスピ

カリフォルニアのワイレカ第19ロッジは、1940年から「ケイブ・ディグリー」を毎年開催している。慣例的に、イニシアトリー・ディグリーと第1階位は同日の午後に授与される。夕食の後、参加者たちは洞窟（ケイブ）に入っていって、そこで第2階位を授与される。次の日に第3階位が授与される。ロッジが所有する40エーカーの広さの敷地は、1962年にIOOFが買収した。写真はピーター・セラーズ提供、2014年。

234 第22章

18世紀から19世紀初頭にかけて、識字率が低かった時代には紋章が思想を伝達する上でとても大切な手段となった。紋章により、たとえ読み書きができなくても、さまざまな社会階層の人々がお互いに理解し合うことができた。イラストはソブリン・グランドロッジ提供。

階位の儀式、装飾、慣例

ードが非常に遅かったため、メンバーであることを確認し、組織の資金を詐欺師から守ることを目的に、秘密の合図や握手、合言葉、そして象徴が作成された。単にメンバー間の相互承認が目的だったため、外の世界ではまったく重要ではない[30]。こうした行いの背後にあるのは、今日の銀行や一般人がお金を盗難や詐欺から守るためにPINやパスワードを使う理由と変わらない。

今日に至るまで、IOOFは、主に伝統を尊重することを目的に、合図や握手、合言葉、そして象徴を受け継いできた。多くのメンバーにとって、現代のテクノロジーの助けがなくてもお互いを識別するためのより迅速な方法として残っているが、ナンセンスであると感じる人もいる。さらには、合図や象徴は、友愛組織の基本的な倫理原則や教えを忘れないためのものとして機能する。IOOFの道徳的教訓には、実際には明文化されていない象徴的な意味として組み込まれるものもある。こうした合図や握手、合言葉、象徴は世界中のあらゆる国籍のメンバーの共通言語となるよう作られている。パスワードは他の言語に翻訳されたり、書かれている以外の方法で伝えられたりすることはない。この目的は、すべてのメンバーにとって同じである。「合言葉の音に聞き覚えがあるようにし、合図が見慣れたものであるようにし、握手した時の感覚が同じであるようにし、世界中どこであってもオッド・フェローズのメンバー同士がお互いを認識できるよう、唯一無二のものを与える」[31]。

 ## 装飾品

イギリス起源のさまざまな友愛組織や友好団体の間では、装飾品に類似点がある。これは、ほとんどの団体が同じ仕立て屋、製造業者、または販売者から装飾品を購入していたためだ。多くの場合、同じ材料と設備を使って大量生産されるため、よく似た形状やデザインになる。オッド・フェローズとフリーメーソンの装飾品がよく似ていることから、過去の時代の歴史家はオッド・フェローズがフリーメーソンを模倣したものであると漠然と考えていた。ただし、首掛けや腰飾りなどの装飾品の使用については、フリーメーソンが普及に貢献した可能性はあっても、完全にフリーメーソンに由来したものではない。むしろこの伝統はイギリスのギルドに由来している[32]。歴史家のビクトリア・ソルト・デニスは次のように述べている。

「オッド・フェローズやフリーメーソンを含むさまざまなグループが、市民

およびギルドの服装や習慣といった庶民的伝統を参考にしていたというのは、一般的に言って真実のようだ」

　MUIOOFとGUOOFは、首掛けと腰飾りの双方を装飾品として使用し続けた。一方、IOOFは、1881年に儀式を改定した際に腰飾りの使用を止めた[33]。記録に残されている理由は、メンバーを多すぎる装飾品の費用の負担から解放するためだ。もうひとつ考えられるのは、世間の誤解を取り除くことだった。

　早くも18世紀には、特にローマ・カトリック教会とフリーメーソンの間に政治的、宗教的対立が発生していた。1826年のフリーメーソンによるウィリアム・モーガン殺害容疑を受けて、アメリカでは状況がさらに悪化した。宗教団体や政治団体、さらには陰謀論者による反フリーメーソン感情は現在に至るまで続いている。フリーメーソンとオッド・フェローズは装飾品が似ているため、教会を含む多くの人々が両者を区別できなかったことから、IOOFや他の友愛団体に対する一般の認識にも悪影響がおよんだ。

　1870年代、ソブリン・グランドロッジが宗教団体の指導者からオッド・フェローズとフリーメーソンとの関係についての問い合わせを受けるという事例さえあった。実際、オッド・フェローズの批判者たちは、オッド・フェローズとフリーメーソンが同一であるという主張の論拠として、腰飾りなどの装飾品の類似点を利用した（第24

1820年頃に使われていたディグリー・オブ・トゥルース、あるいは緋色階位の腰飾り。オッド・フェローズのシンボルである心臓と手、すべてを見る目、契約の箱、太陽、月と七つの星、地球儀、頭蓋骨と十字に組まれた大腿骨、砂時計、矢筒、蛇、棺、そして弓矢があしらわれている。

階位の儀式、装飾、慣例　　237

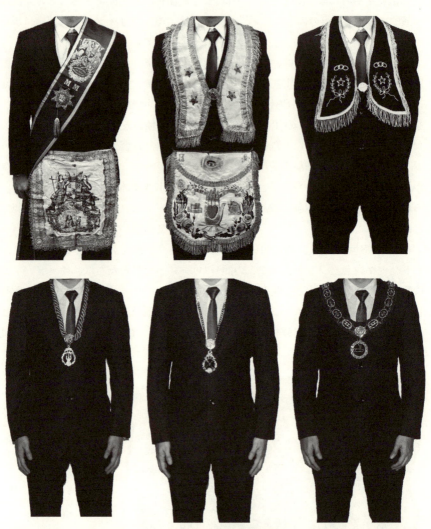

左上：MUIOOFのサッシュベルトと腰飾り。上中：IOOFの1800年代初頭の首掛けと腰飾り。IOOFは1881年に腰飾りを廃止している。右上：19世紀にIOOFが使用していた首掛けと上席メンバーの印章。左下：オランダ、ベルギー、キューバ、そしてアメリカの一部のIOOFロッジで使用されているロープ状の装飾品。下中：上席メンバーの印章が施された装飾品。上席メンバーの印章が施された別タイプのベルベットの装飾品。写真は著者提供、2019年。

章参照）。その一方で一部のフリーメーソンは、腰飾りの使用などの類似点を論拠として、オッド・フェローズがフリーメーソンの模倣者であると非難したが、これは誤りである。こうした

経緯があり、IOOFが最終的に腰飾りを廃止し、公式の装飾品として首掛けだけを使い続けることになったのだろう。

階位の儀式、装飾、慣例

第23章

オッド・フェローズの 関連団体

Branches

オッド・フェローズは、さまざまな種類の学位を授与する複数の学部から成る大学の構造に似ている。IOOFは単一の組織だが、男性、女性、若者といったそれぞれのグループに対する特定の利益のための活動を目的とした複数の団体がある。こうした団体には独自の役員がいて、それぞれの装飾品、会費、階位、象徴、合図および合言葉がある。

【　レベッカ　】

遠い昔の時代、女性はただ家にいることが望まれていた。学校に通うこと、不動産を所有すること、職業に就くこと、投票すること、公職に就くこと、市民団体に参加することは禁じられていた。1846年、IOOFはオッド・フェローズ・ロッジがメンバーの妻や寡婦に公式の身分証明書を発行することを許可した。これは女性のための階位創設という提案につながったが、当時の女性の法的地位が障害となり、長年にわたる検討が行われることになった。

やがてIOOFは、当時の一般的傾向とは異なる方向性を選んだ。1851年9月20日にレベッカ階位の創設を採択し、女性を正式メンバーとして受け入れる最初の国際友愛団体となった。憲章を書いたのは、1869年から1873年まで米国副大統領を務めたスカイラー・コルファックスだった。

レベッカという階位はロッジの特別集会でオッド・フェローズのメンバーの妻と娘に授与される名誉賞として始まり、受賞者は「レベッカ」の娘と呼ばれた。その後女性たちは式典に参加し、他の女性に階位を授与することも許可されるようになった。この制度は

オッド・フェローズ・ロッジ、レベッカ・ロッジ、エンキャンプメント、そしてパトリアークス・ミリタント。IOOFのロッジにおける階位と関連団体を表現した「エルサレムからエリコへ」というタイトルのイラスト。ペティボーン・プリント社。

オッド・フェローズの関連団体 241

1868年にさらに改善され、最終的にはレベッカのメンバーに投票権と自分たちの役員の選出権、入会金の請求や会費の徴収、慈善活動や慈善事業を行う権利が与えられた。女性の権利を擁護する運動が始まるずっと前の時代、さらに言うならアメリカ政府が女性に参政権を与えるはるか前の時代の話である。こうした成功事例により、他の多くの友愛団体やクラブがIOOFの例に倣って組織内に女性の支部を設立するようになった。

レベッカのメンバーになるには、16歳以上の善良な人格の女性でなければならない。レベッカという名前は、歴史上の著名な女性から採ったものだ。この女性の物語は、見知らぬ人とラクダに水を与えたところから始まる。慈善心に満ちた寛大で親切な女性だ。メンバーは、姉妹愛の形として彼女を見習うことを誓う。一般的な義務は次のとおりになっている。「機会がある限り平和に暮らし、すべての人に対して善き行いをし、特に黄金律に従うこと。自分が他人にしてほしいと思うことを何でも、他人にすること」。

伝統的に、北米のほとんどのレベッカ・ロッジでは現在でも階位がひとつ

装飾品を身に着けて正装したレベッカ・ロッジの役員。写真はジョージア・レベッカ第276支部の提供、1937年撮影。

しかない。一方、ヨーロッパ諸国のレベッカ・ロッジでは、オッド・フェローズ・ロッジの儀式を模して4段階に改定されたが、支部にはそれぞれ独自の装飾品と合図、合言葉、そして象徴がある[1]。装飾品は、ピンクと緑の首掛けまたはバッジだ。

基本単位はレベッカ・ロッジまたはシスター・ロッジと呼ばれ、レベッカ・アッセンブリー、グランドロッジ、またはソブリン・グランドロッジが、レベッカの階位を取得し優良な状態にある少なくとも5人の会員の署名が入った憲章、または入会資格を有する少なくとも15人の入会希望者の請願書を受領して組織される。

選出役員はノーブル・グランド、バイス・グランド、セクレタリー、ファイナンシャル・セクレタリー、そしてトレジャラーだ。任命役員はワーデン、コンダクター、ライト・サポーター・オブ・ザ・ノーブル・グランド、レフト・サポーター・オブ・ザ・ノーブル・グランド、チャプレン、インサイド・ガーディアン、アウトサイド・ガーディアン、ミュージシャン、カラーベアラー、アルター・ベアラー、バナーベアラー、ライト・サポーター・オブ・ザ・バイス・グランド、およびレフト・サポーター・オブ・ザ・バイス・グランドとなっている。

特定の州、県、国または地域におけ

るすべてのレベッカ・ロッジの統治機関はレベッカ・アッセンブリーと呼ばれるが、ヨーロッパの管轄区域ではレベッカ・カウンシルという名称も使われている。レベッカ・アッセンブリーは州、地方、国において合計7人以上のパスト・ノーブル・グランドを擁する五つ以上のレベッカ・ロッジから成る管轄区域によるグランドロッジへの請願に基づいて組織されるが、同じ州や地方、国、または準州内で複数のレベッカ・アッセンブリーを設立することはできない。グランドロッジの認可があれば、レベッカ・アッセンブリーはその管轄区域内のレベッカ・ロッジに対する認証あるいは免除を与える権限を有し、その方法と手順の規定について採択するものとする[2]。レベッカ議会の選出役員はプレジデント、バイス・プレジデント、ワーデン、セクレタリー、トレジャラー、およびレプレゼンタティブである[3]。任命役員はマーシャル、コンダクター、チャプレン、ミュージシャン、インサイド・ガーディアンおよびアウトサイド・ガーディアンである。レベッカ議会のすべての役員および議員は、レベッカ議会の階位を受けているパスト・プレジデントでなければならない。

ザ・インターナショナル・アソシエ

ーション・オブ・レベッカ・アッセンブリー（IARA）は、ソブリン・グランドロッジの管轄区域内にあるすべてのレベッカ・アッセンブリーの代表者で構成される国際統括団体である。この団体の目的は、ソブリン・グランドロッジと協力してレベッカの思想を促進していくことにある。選出役員はプレジデント、バイス・プレジデント、ワーデン、セクレタリー、そしてトレジャラー、任命役員はマーシャル、コンダクター、チャプレン、ミュージシャン、そして2人のガーディアンである。

　レベッカのメンバー数のピークは1922年で、9793のロッジに所属する100万人を超えるメンバーを擁していた[4]。現在もIOOF内の独立支部として存在し続けており、独自の地方、国内、および国際レベルの役員を擁している。男女メンバー共用となったアメリカの多くのオッド・フェローズ・ロッジと同じく、レベッカには女性も男性もメンバーとして参加することができる。ただ、ヨーロッパとラテンアメリカのレベッカ・ロッジの大部分は、今もメンバーを女性に限定している。実際、レベッカに参加できるのはヨーロッパの特定のグランドロッジのグランドサイアーに限られている。

　本書の執筆時点で、およそ20カ国にある13のレベッカ・ロッジに約8万人の会員が所属している。優良メンバーは、レイディーズ・エンキャンプメント・オグジリアリー（LEA）およびレイディーズ・オグジリアリー・パトリアークス・ミリタント（LAPM）、あるいはデンマークとアイスランドのマトリアークス・ミリタント（MM）など女性のための上位支部に加わることもできる。

エンキャンプメント

　エンキャンプメントは、IOOFの上位支部であり、優良な状態にある第3階位メンバーに対し、さらに上位の三つの階位を授与する組織である。この支部での階位システムは、かつてはオッド・フェローズ・ロッジにおけるパスト・グランド就任資格保有者にのみ授与されていた追加階位が進化した結果として生まれたといえる。こうした階位はイギリスとアメリカ両国に由来するもので、断片的な記録によれば、初期のオッド・フェローズ・グループに属していたものだった。IOOFが創設される何年も前から存在していたロイアル・エンシェント・オーダー・オブ・オッド・フェローズの儀式では、ロッジの会合がゴールデン・ルール・ディグリーに則って行われた[5]。同じ儀式にパ

第23章

ープル・ディグリーが含まれ、この階位の紋章は早ければ1805年から用いられていた。こうした階位は、それぞれの時代においてメリーランド州グランドロッジによって導入され、授与されてきた。ゴールデン・ルール・ディグリーは、1821年2月22日、パスト・グランド・ラーカムによって5人のアメリカ人パスト・グランドに対して初めて授与された(6)。これに続き、1825年にアメリカでロイヤル・パープル・ディグリーとパトリアーク・ディグリーが導入された。1827年7月6日、当時524人のメンバーを擁していたエルサレム第1エンキャンプメントという別の支部において、これら3種類の追加階位が授与されている(7)。エンキャンプメントの階位はホスピタリティ（親切）、トラレーション（寛容）、フォーティテュード（不屈）の精神の教えに基づいている。モットーは「信仰、希望、慈善」だ。

　エンキャンプメントに入るためには、ロッジで良好な地位にある第3階位メンバーでなければならない。ヨーロッパ諸国では、エンキャンプメント階位の授与は真摯な態度で活動に取り組むメンバーに限られる(8)。第3階位メンバーがエンキャンプメントに招待されるためには、少なくとも3年から10年間、ロッジの会合や活動に積極的に参加し続けなければならない。メンバーがエンキャンプメントのすべての階位を取得するには、少なくとも2年が必要だ。ロイヤル・パープル・ディグリーを得たパトリアークあるいはマトリアークに対しては、ヨーロッパのすべての管轄区域でほぼ同一のエンキャンプメント・リングが贈られ、彼または彼女がインディペンデント・オーダー・オブ・オッド・フェローズの積極的かつ献身的なメンバーであることが示される(9)。レベッカには、レイディーズ・エンキャンプメント・オグジリアリー（LEA）という名称の独自の上位支部がある。しかし2003年以降、北米のレベッカ・メンバーにはエンキャンプメントに参加して上位の階位を得る資格が与えられた。男性メンバーはパトリアーク、女性メンバーはマトリアークと呼ばれる。

 エンキャンプメントの階位

パトリアーク・ディグリー

　この階位では親切心の原則に基づき、明白な正直さ、家庭の純粋さ、偽りのない正義について学ぶ。装飾品は黒い裏地の黒の首掛けだ。

[ゴールデン・ルール・ディグリー]

この階位では寛容の原則に基づき、善意と真の兄弟愛について学ぶ。万人が同意するような、世界の平和と協力にとって最も重要な義務を果たすため人種、宗教、政治、国に関係なく、メンバーは善良な人々と団結すべきであるという教えが与えられる。装飾品は金色の裏地が付いた黒の首掛けだ。

[ロイアル・パープル・ディグリー]

この階位では不屈の精神の原則に基づき、人生という名の旅で成功するための基礎として、特に注意力と決意について学ぶ。この階位は1797年のパトリオティック・オーダーの入会式から派生したもので、装飾品は明るい黄色の裏地の紫色の首掛けだ。

地方支部はエンキャンプメントと呼ばれる。エンキャンプメントの認可または認証は、良好な地位のロイアル・パープル・ディグリー・メンバーと第3階位メンバーをそれぞれ5人以上の署名が入った請願書に基づいて行われる。選出役員はチーフ・パトリアークあるいはチーフ・マトリアーク、ハイ・プリーストあるいはハイ・プリーステス、シニア・ワーデン、スクライブ、ファイナンシャル・スクライブ、トレジャラー、そしてジュニア・ワーデンである。任命役員はガイド、インサイド・センティネル、アウトサイド・センティネル、ファースト/セカンド・ウォッチ、サード/フォース・ウォッチ、そしてファースト/セカンド・ガード・オブ・ザ・テントとなっている。

州または地方の統治機関はグランド・エンキャンプメントと呼ばれ、管轄区域内にある少なくとも三つのエンキャンプメントから提出される7人以上のパスト・チーフ・パトリアークの署名が入った請願書が、所管のソブリン・グランドロッジによって受領されたのを受けて組織される。請願書と共に、パスト・チーフ・パトリアークの階位を証明する書類が封書の形で提出されなければならない。グランド・エンキャンプメントは管轄区域内のすべてのエンキャンプメントに対する排他的管轄権を有し、ソブリン・グランドロッジが持たないすべての権限を行使し得る。選出役員はグランド・パトリアークあるいはグランド・マトリアーク、グランド・ハイ・プリーストあるいはグランド・ハイ・プリーステス、

246　第23章

グランド・シニア・ワーデン、グランド・スクライブ、グランド・トレジャラー、グランド・ジュニア・ワーデン、そしてグランド・レプレゼンタティブとなる。グランド・マーシャル、グランド・インサイド・センティネル、グランド・アウトサイド・センティネルといった任命役員がグランド・パトリアークあるいはグランド・マトリアークによって任命される[10]。しかしヨーロッパでは、すべてのエンキャンプメントがグランドロッジに直轄される形式になっている。本書の執筆時点で、およそ26カ国における513のエンキャンプメントに所属する3万5000人のパトリアークあるいはマトリアークがいる。

パトリアークス・ミリタント

パトリアークス・ミリタント（PM）は、1865年の南北戦争直後に退役軍人によって「パトリアーカル・サークル」として最初に設立されたインディペンデント・オーダー・オブ・オッド・フェローズの支部的な位置づけの組織だ。1885年にソブリン・グランドロッジから認証を得て支部となるまでの数年間は、エンキャンプメントの一部として運営されていた。創立者として尊敬されるジョン・コックス・アンダーウッド将軍は儀式的な側面を見直し、規則や規程の策定に尽力した。

伝統的に、ロイヤル・パープル・ディグリーの階位を有して良好な地位を保つメンバーがパトリアークス・ミリタントに加わることになっている。2018年から、資格は第3階位メンバーであること、そして良好な地位のレベッカのメンバーに引き下げられた。男性メンバーにはシュバリエ（騎士）、女性メンバーにはレイディーズ（貴婦人）という呼称が用いられる。モットーは二つある。ひとつ目は「Justitia Universalis＝普遍的な正義」で、これがパトリアークス・ミリタントの中核的思想となっている。二つ目の「Pax Aut Bellum＝平和か戦争か」は、平和的手段によっても、象徴に込められている強力な手段によっても「普遍的な正義」を追求するパトリアークス・ミリタントの決意を表す。したがって、パトリアークス・ミリタントという名称の解釈は「兵士として奉仕する平和的な統治者」ということになる。

基本単位はひとつだけの階位を基にする「カントン」という組織だ。カントンは、パトリアークス・ミリタント・ディグリーを保有するメンバー5人以上、あるいはメンバー資格を有する者10人以上の署名が入った嘆願書

が、デパートメント・カウンシルあるいはジェネラル・ミリタリー・カウンシルによって受理されて組織される。選出役員にはキャプテン、ルーテナント、エンサイン、クラーク、そしてアカウンタントがある。任命役員はカラー／バナーベアラー、ガード、チャプレン、ピケット、センティネルとなっている。

　合計7人以上のパスト・コマンダーを擁する四つ以上のカントンがまとまって、デパートメント・カウンシルが構成される。デパートメントはバタリオンからレジメント、ブリゲードあるいはディビジョンという段階を得て成長していく。バタリオンは2から6のカントン、レジメントは2から6のバタリオン、ブリゲードは二つ以上のレジメントから成る。バタリオンの役職名はバタリオン・コマンダー（メイジャー階級）、チーフ・オブ・スタッフ・アンド・エイド、アジュタント、クォーターマスター、インスペクター、ジャッジ・アドボケイト、チャプレン、カラー・サージェントとなっている。レジメントの役職はレジメント・コマンダー（カーネル階級）、ルーテナント・カーネル、アジュタント、必須ではないがインスペクター、クォーターマスター、エクイップメント・オフィサー、サージョンあるいはファースト・エイド・オフィサー、チャプレン、

カラー・サージェント、バグラーとなっている。ブリゲードの役職はブリゲード・コマンダー（ブリゲード・ジェネラル階級）、チーフ・オブ・スタッフ、ミリタリー・アドバイザー、アジュタント、必須ではないがインスペクター、クォーターマスター、ジャッジ・アドボケイト、エクイップメント・オフィサー、サージョンあるいはファースト・エイド・オフィサー、チャプレン、バネレットおよび2名のエイドとなっている。ディビジョンの役職名はディビジョン・コマンダー（メイジャー・ジェネラル階級）、チーフ・オブ・スタッフ、ミリタリー・アドバイザー、アジュタント、必須ではないがインスペクター、クォーターマスター、ジャッジ・アドボケイト、エクイップメント・オフィサー、チャプレン、サージョンあるいはファースト・エイド・オフィサー、バネレットおよび4名のエイドとなっている。

　国際的には、ジェネラル・ミリタリー・カウンシルがパトリアークス・ミリタント・アーミーを全般的に監督する立場にある。選出役職はジェネラル・コマンディング、デピュティ・ジェネラル・コマンディング、エグゼクティブ・オフィサー、アジュタント・ジェネラルとクォーターマスター・ジェネラルとなっている。ソブリン・グランドマスターはコマンダー・イン・

パトリアークス・ミリタントのワシントン第1カントンとレイディーズ・ミリタントのメンバー。写真は著者のコレクションより。

パトリアークス・ミリタントのメンバーはしばしば軍服を着用し、軍旗と剣を携えてパレードを行った。写真は著者のコレクションより。

オッド・フェローズの関連団体 249

パトリアークス・ミリタントがボルチモアとワシントンを初めて訪れた際に撮影された写真。1885年9月21〜25日、ワシントンDCのペンシルバニア・アベニューで撮影。写真はIOOFソブリン・グランドロッジ提供。

 第23章

オッド・フェローズの関連団体

チーフという役職になり、ソブリン・グランド・セクレタリーはエグゼクティブ・アジュタント・ジェネラルとなる。

【 レイディーズ・オグジアリー・パトリアークス・ミリタント 】

1901年11月4日、シュバリエのジョセフ・フェアホールは妻および数名のレベッカ・メンバーと共にレイディーズ・オグジアリー・パトリアークス・ミリタントを設立した。この組織は、アメリカ全土に「フォートレス（要塞）」と呼ばれるグループを作った。検討が重ねられた結果、この組織は1915年に最終的にソブリン・グランドロッジによってレイディーズ・オグジアリー・パトリアークス・ミリタント（LAPM）として承認された[11]。デンマークとアイスランドでは、女性支部がマトリアークス・ミリタント（MM）と呼ばれている。LAPMの紋章は紫の十字架と白いバラだ。白いバラは思考と行動の純粋さ、紫の十字架は救いと保護を意味する聖ヨハネの十字架を象徴し、メンバーが苦しんでいる時はいつでも支援を提供する準備ができていることを示している。2000年、ソブリン・グランドロッジは女性たちにパトリアークス・ミリタントへの直接参加を許可した。しかし驚くべきことに、メンバーの多くはLAPMを別の組織として存続させることを望んでいる。

PMもLAPMも純粋に半軍事的な性格の団体で、騎士道精神を前面に押し出す目的で組織されており、毎年ワシントンD.C.で開催される「無名戦士の墓への巡礼」式典やカナダのオンタリオ州オタワで行われる戦争記念式典において使命を果たしている。現在、アメリカ、カナダ、キューバ、デンマーク、アイスランド、フィリピンの211に上るカントンに推定6000人のシュバリエとレイディーが所属している。

青少年のための支部

青少年のためのオッド・フェローズ支部を設立するという提案が最初に行われたのは1830年だったが、当時の社会における未成年者の位置づけを考えると、合衆国グランドロッジは「青少年のための独立した組織を設立する準備はまだ整っていない」のを自覚していた。しかし、過去に立て続けに起きた戦争の影響で、ヨーロッパや北米で数多くの少年少女が父親不在の状態で育っていた。こうした状況を見たIOOFのメンバーは、たとえ非公式であっても、青少年のためのクラブを設立する気持ちを固めた。オッド・フェローズの息子や娘のための支部を設立する最初の試みは、1887年に「エスペ

ランカ」と呼ばれるクラブが設立されたデンマークのコペンハーゲンで始まった。オランダでは、1918年にヨンゲ（英語のYoung）・オッド・フェローズ・クラブが設立された。ノルウェーとスウェーデンでも若者向けのグループが結成された。残念ながら、ヨーロッパの青少年クラブについてはほとんど知られていない。こうしたグループは順調に発展することがなかったか、消滅してしまったか、ごく少数しか存在していないかである。現在、ソブリン・グランドロッジによって正式に認められている青少年支部は四つある。

ジュニア・オッド・フェローズ・ロッジ

オーストラリアのIOOFは、1898年にジュニア・ロッジの概念を初めて採り入れた。このグループは、1901年にロッジと同格のより正式な組織が確立されるまで、不完全な仕組みのまま運営されていた。1920年に合衆国およびカナダのグランドロッジが青少年支部の設立を許可し、1921年11月21日にJ・H・ストットラーという人物によって、「スープリーム・ファイヤーサイド、ロイアル・サンズ・オブ・オッド・フェローズ」という名称の若者向けの組織がミズーリ州カンザスシティで設立された(12)。

J・H・ストットラーの青少年クラブには四つの階位があり、それぞれがメンバーのための個別のレッスンに充てられる。第1階位では友愛、第2階位では家庭と両親への献身が強調される。第3階位では愛国心と国旗と国への献身を学ぶ。第4階位は、神への献身に関する学びだ。このほかに、実際の功績に基づいて授与される名誉階位である「ナイト・ディグリー」もある。四つの階位が人前で授与されることはないが、ナイトの階位は両親、レベッカ、そしてオッド・フェローズのメンバーの面前で授与される(13)。

1922年4月18日、テキサス州ボーナムでオッド・フェローズが「ザ・サンズ・オブ・ワイルデイ・フォー・ザ・ボーイズ」という青少年のための別グループを設立するが、彼らはIOOFがこの団体と完全に関連しているわけではないと主張している(14)。これら二つの初期のグループが、やがてジュニア・オッド・フェローズ・ロッジとなる団体の核となった。

ジュニア・オッド・フェローズ・ロッジのメンバーになるには、8歳から18歳未満の年齢でなければならない。18歳に達したメンバーは卒業階位を与えられ、21歳になるまでメンバーとしてのすべての権利と特権を享受し続けることができる。オッド・フェロー

ズ・ロッジのメンバーとなることを許されたジュニア・ロッジ・メンバーは、優良な状態を維持している限り、ジュニア・ロッジの終身メンバーとして認識される。成人メンバーは、必要な料金と会費を支払った上で、請願に基づく票決によって上級会員に選出されることもある。ジュニア・オッド・フェローズのメンバーは、オッド・フェローズ・ロッジのシステムと同じく、独自の階位儀式や会議に参加する。彼らの合言葉は忠実、名誉、忠誠で、シンボルカラーはシルバーとダークブルーだ。

　基本ユニットはジュニア・ロッジと呼ばれ、グランド・ジュニア・ロッジ、グランドロッジ、またはソブリン・グランドロッジが、ジュニア・ロッジ階位を保持する者5人以上またはメンバーとなる資格を有する者10人の署名入りの請願書を受領した上で組織される。ジュニア・ロッジの選出役員はチーフ・ルーラー、デピュティ・ルーラー、レコーダー、アカウンタント、トレジャラーとなっている。任命役員はチャプレン、ワーデン、コンダクター、マーシャル、カラーベアラー、ライト・サポーター・オブ・ザ・チーフ・ルーラー、レフト・サポーター・オブ・ザ・チーフ・ルーラー、インナー・センティネル、アウター・センティネル、ライト・サポーター・オブ・

ザ・デピュティ・ルーラー、レフト・サポーター・オブ・ザ・デピュティ・ルーラー、ライト・サポーター・オブ・ザ・チャプレン、レフト・サポーター・オブ・チャプレン、ライト・サポーター・オブ・ザ・パスト・チーフ・ルーラー、レフト・サポーター・オブ・ザ・パスト・チーフ・ルーラーとなっている。安全と福利のため、少なくとも2名の成人相談役が常に立ち会わなければならない。

　州または地域の統治機関はグランド・ジュニア・ロッジと呼ばれる。グランド・ジュニア・ロッジは、ジュリスディクショナル・ユース・コミッティー（管轄青少年委員会＝JYC）の承認を得た、少なくとも三つの健全なジュニア・ロッジの署名が入った請願書がグランドロッジまたはソブリン・グランドロッジによって受け取られた時点で組織される。グランド・ジュニア・ロッジの選挙役員はグランド・ルーラー、デピュティ・グランド・ルーラー、グランド・ウォーデン、グランド・レコーダー、グランド・トレジャラーとなっている。任命役員はグランド・マーシャル、グランド・コンダクター、グランド・チャプレン、グランド・ミュージシャン、グランド・インナー・センティネル、グランド・アウター・センティネル、グランド・ルーラーのライト／レフト・サポーター、

パスト・グランド、そしてグランド・チャプレンとなっている。

シータ・ロー・ガールズ・クラブ

1929年、ソブリン・グランドロッジは女子向けのジュニア・レベッカ・ロッジの設立を承認した[15]。このグループは、1931年にシータ・ロー・ガールズ・クラブに改名された。

メンバーになるには、年齢が8歳から18歳未満でなければならない。18歳に達したメンバーは卒業階位を受け、21歳になるまでメンバーとしてのすべての権利や特権を保持し続けることができる。シータ・ローには、身体面および精神面で自分を向上させ、家庭における幸福に必要な人格を構築し、地域社会に良い影響を与えるために努力することを奨励する階位がある[16]。この階位は無私の心、道徳、愛国心を教え、精神的および身体的発達を促し、人格を発展させ、幸福は神と人間への奉仕によってのみ得られるという感情、政府の維持および家庭と国の保護には法の遵守が必要であるという感覚を育む。モットーは「奉仕を通して得る幸福」であり、階位のシンボルカラーはピーチとエールブルーだ。

地方支部はクラブと呼ばれ、シータ・ロー階位の5人以上のメンバー、またはメンバー資格のある者10人の署名入りの設立請願書の受領を基に組織される。しかし、シータ・ロー・ガールズ・クラブは、該当管轄区域内のレベッカ・アッセンブリーの承認なしには設立されない。シータ・ロー・ガールズ・クラブの選出役員はプレジデント、バイス・プレジデント、セクレタリー、ファイナンシャル・セクレタリー、トレジャラーとなっている。任命役員はチャプレン、ワーデン、コンダクター、マーシャル、ライト・サポーター・オブ・ザ・プレジデント、レフト・サポーター・オブ・ザ・プレジデント、ファースト・ヘラルド、セカンド・ヘラルド、サード・ヘラルド、フォース・ヘラルド、ライト・サポーター・オブ・ザ・バイス・プレジデント、レフト・サポーター・オブ・ザ・バイス・プレジデント、インサイド・ガーディアン、アウトサイド・ガーディアンである。安全と福利厚生のために、少なくとも2名の成人相談役が常に立ち会わなければならない。

州または地方の統治機関はシータ・ロー・アッセンブリーと呼ばれ、健全な状態の少なくとも三つのシータ・ロー・ガールズ・クラブが提出する設立請願書を受け取った上で、JYCの承認を得て組織される。シータ・ロー・アッセンブリーの選出役員はプレジデン

ト、バイス・プレジデント、ワーデン、セクレタリー、そしてトレジャラーとなっている。任命役員はマーシャル、コンダクター、チャプレン、ミュージシャン、インサイド・ガーディアン、アウトサイド・ガーディアン、プレジデント付きのライト／レフト・サポーター、バイス・プレジデント付きのライト／レフト・サポーター、ファースト、セカンド、サード、そしてフォース・ヘラルド、およびカラーベアラーとなっている。シータ・ロー・アッセンブリーの役員およびメンバーは、シータ・ロー・アッセンブリー階位を取得しているパスト・プレジデントでなければならない。

ユナイテッド・ユース・グループ

男女双方がメンバーとして参加できる青少年のための友愛組織を結成するという初の試みは、1941年のIOOFによるアルファ・ロー結成だった。目的は、男女青少年に両性間の理解をはぐくむ機会を提供することだったが、男女双方が同じひとつのクラブに所属することがまだ一般的に受け入れられていなかったため、このグループは発展しなかった。それにもかかわらず、ソブリン・グランドロッジがオッド・フェローズ・ロッジに男女メンバーが共に参加できる体制を許可し、男女共用の青少年組織の設立を再び目指したことがユナイテッド・ユース・グループ（UYG）の結成につながった。

ユナイテッド・ユース・グループのメンバー資格は、至高の存在を信じ、善良な人格を宿す8歳から18歳未満のすべての人に開かれている。18歳に達したメンバーは卒業の階位を取得し、21歳になるまで会員としてのすべての権利や特権を保持することができる。オッド・フェローズ・ロッジまたはレベッカ・ロッジで良好な状態のメンバーは全員、UYGのミーティングに参加できる。必要な料金と会費を支払った上で、請願に基づく票決によって上級会員に選出され、儀式の典範に従う義務を負うこともある。ただし、成人会員に投票権はなく、管理役員の要請または招待があった場合にのみ発言が許される。ユナイテッド・ユース・グループはリーダーシップ、社会奉仕、責任を教えることを目指している。

基本単位となるユナイテッド・ユース・グループは、5人以上の申請者による署名入り嘆願書に基づいて結成され、IOOFのいずれかの公認成人支部が後援する。このグループは男女共用ロッジの設定に従う。グループの選出役員はプレジデント、バイス・プレジデント、そしてトレジャラーとなって

ミズーリ州コロンビアのセント・エドワーズ・ジュニア・オッド・フェローズ第11ロッジの階位メンバー。写真はインターナショナル・オッド・フェローズ提供。1972年9月撮影。

アイオワ州インディアノーラのスターライト・シータ・ガールズ・クラブ第32支部の階位メンバー。写真はインターナショナル・オッド・フェローズ提供。1972年9月撮影。

いる。任命役員はワーデン、チャプレン、コンダクター、ガーディアン、プレジデントが任命するライト／レフト・サポーター、バイス・プレジデントが任命するライト／レフト・サポーターとなっている。議題審議の定足数を担保するために成人のアドバイザーおよびアシスタント・アドバイザーの出席が義務付けられている。アメリカ、特にテキサス州とイリノイ州の複数のロッジがユナイテッド・ユース・グループを設立することができたため、最

オッド・フェローズの関連団体　257

近になって数が増加している。

[パトリアークス・ミリタント・カデット・コー]

2016年9月17日、デパートメント・カウンシル・オブ・バージニア・オブ・ザ・パトリアークス・ミリタントは、パトリアークス・ミリタント・カデット・コー・フォー・ザ・ユースの結成を承認した。この団体はパトリアークス・ミリタントと結びついている。プログラムの目的は尊厳と誇りを促進し、他者への奉仕の価値を教え、若者が有益な市民となるよう準備し、責任ある大人に成長して地域社会の誇りとなるよう支援することにある。「私たちカデット・コーは地域社会に貢献し、奉仕するために協力する若者である」という信条で、モットーは「奉仕は名誉だ」である。

こうした青少年支部を設立したIOOFは、家族全員の参加を奨励する家族志向の友愛団体であるという雰囲気を打ち出したいと考えた。地域社会における共通の目標は、子どもたちと青少年にロッジの運営方法、民主主義のプロセス、リーダーシップ能力、冷静な態度、社会的礼儀、そして社会奉仕を教えることだった。青少年支部は長年にわたり、同年代の少年少女同士による社会的支援システムと、入会式で教えられる道徳的指針を提供してきた。また、こうした若者は、オッド・フェローズへの参加が有意義で豊かなものであることを感じ、成人ロッジに参加することでやがて組織の「未来」の重要な部分になると考えられるため、組織の「現在」の重要な一部であるとも考えられてきた。実際、今日のオッド・フェローズおよびレベッカの献身的なリーダーの多くは、青少年支部のメンバーとしてスタートしている。

非公式の娯楽グループ

1868年、一部のオッド・フェローズが「オリエンタル・オーダー・オブ・ヒューミリティ（OOH）」として知られる組織を設立し、人々を古代ペルシャのクセルクセス王の伝説に基づく思想へと導いていたことが伝えられている。OOHはフリーメーソンのシュライナーよりも前の時代の団体で、ロッジやエンキャンプメントで行われる本格的な儀式とは全く別の楽しみ、気晴らし、レクリエーション、娯楽の提供を目的として創設された。その後、オッド・フェローズのための娯楽グループがさらに多く誕生し、1901年にはOOHに第2階位が追加され、名称がオリエンタル・オーダー・オブ・ヒュ

ーミリティ・アンド・パーフェクション（OOH & P）に変更された。当時の指導者の伝統的なものの見方と考え方のため、こうした組織はソブリン・グランドロッジからの反対に直面した。娯楽性を追求するグループを組織の規定に反する存在であると宣言し、解散要求の決議案が可決された。弾圧は約50年間にわたって定期的に続き、1951年にソブリン・グランドロッジが最終的に譲歩し、エンシェント・ミスティック・オーダー・オブ・サマリタンズ（AMOS）をオッド・フェローズのプライベート・クラブとして認めた。しかし、このグループはソブリン・グランドロッジの権威の下に置かれないことを選択したため、国際統治機関には関わっていない。

エンシェント・ミスティック・オーダー・オブ・サマリタンズ（AMOS）

AMOSは六つの団体が合併して形成されたオッド・フェローズの男性メンバーの非公式支部だ。1924年、インペリアル・オーダー・オブ・マスコバイツ、ピルグリム・ナイツ・オブ・オリエンタル・スプレンダー、エンシェント・ミスティック・オーダー・オブ・キャビリが合流して、オリエンタル・オーダー・オブ・ヒューミリティ・アンド・パーフェクションが結成された。その後1925年にベイルド・プロフェッツ・オブ・バグダッドが加わり、その時点で名称がAMOSに変更され、その後1927年にインプルーブド・オーダー・オブ・マスコバイツが加わった。AMOSは数年間で大幅な成長を遂げ、メンバー数は10万人を超えた。しかしすべての友愛組織の人気が翳り始めたとき、国際的拡大に対する上級指導者たちの古風で愚かな考え方もあって、メンバー数は最終的に減少することになった。

IOOF、MUIOOF、またはGUOOFに所属しているかどうかに関わらずメンバー資格はすべてのオッド・フェローズのメンバーに対して開かれている。第1階位であるヒューミリティ・ディグリーは、「サンクトラム」と呼ばれるAMOSの基本単位によって授与される。この階位を取得した人々は「サマリタン」と呼ばれる。サンクトラムの選出役員はグランド・モナーク、バイス・グランド・モナーク、グランド・カウンセラー、レジスタラー、コレクター、およびバンカーだ。任命役員はグランド・ハイ・エグゼキューショナー、グランド・チーフ・ガイド、ベネラブル・フライアー、グランド・モニター、グランド・ステントロス、グランド・ヘラルドとなっている。2番目の階位あるいは「パーフェクショ

ン・ディグリー」は通常、年に1回開催されるディビジョナルあるいはスープリーム・コンベンションにおいてのみ授与され、「シーク」の称号が与えられる。スープリーム・サンクトラムの役員はスープリーム・モナーコス、スープリーム・ハリファ、スープリーム・カウンセラー、スープリーム・プリンス、スープリーム・セクレタリー、スープリーム・トレジャラー、スープリーム・ビジア、スープリーム・ムーエジン、スープリーム・ステントロスである[17]。装飾品は濃い赤のトルコ帽で、サマリタンには黄色の飾り房、シークには赤の飾り房が付いている。最近、米国全土に多数の新しいサンクトラムが設立されたが、メンバー総数は依然として驚くほど少なく、アメリカと米国とカナダを合わせても1000人を下回っている。

【 レイディーズ・オブ・ジ・オリエント 】

ザ・レイディーズ・オブ・ジ・オリエント（LOTO）は、アメリカとカナダの女性友愛団体であり、その起源はレベッカの付随的団体だった。女性たちがすでに所属している他団体の真剣な慈善活動の気晴らしとして、レクリエーションと娯楽に特化したグループを持つことを目的に、1915年にニューヨーク州シラキューズで設立された。このグループは現在も少数のメンバーで運営されており、レベッカのメンバー以外の人々も受け入れている。

基本単位は「ズアンナ」という名称で、選出役員はグレート・アシャイヒ、クイーン・アシャイヒ、キーパー・オブ・ザ・トラディション、コレクター・オブ・シェケルズ、プリレイト／オリエンタル・ガイドとなっている。任命役員はシンディック、ガード・オブ・ズアンナ、ミュージシャン、カラーベアラー、ディテクター、エグゼキューショナー、アシスタント・ディテクター、アシスタント・エグゼキューショナー、およびキャプテン・オブ・ディグリーとなっている[18]。装飾品は白いトルコ帽で、さまざまな役職を示すさまざまな色の飾り房が付けられている。

【 ノーブル・オーダー・オブ・マスコバイツ 】

1893年、オハイオ州のオッド・フェローズのグループがインペリアル・オーダー・オブ・マスコバイツ（IOM）〔マスコバイツは「モスクワ人」の意〕を結成した。娯楽を強調する他の友愛グループの支部とは異なり、マスコバイツは中

オリエンタル・オーダー・オブ・ヒューミリティ・アンド・パーフェクション（OOH & P）のメンバー。トレードマークであるトルコ帽をかぶり、ニューヨーク州ロチェスターで行われたパレードに参加した時のもの。OOH & Pは後にエンシェント・ミスティック・オーダー・オブ・サマリタンズ（AMOS）と合併した。写真はタイラー・アンダーソン提供。

オッド・フェローズの関連団体 261

東ではなくロシアをテーマに採った。
IOMはさらに、1925年6月にレベッカの女性メンバーのための付随的団体としてレディ・マスコバイツを設立した。このグループはアメリカ中西部および西部のさまざまな州で活動していたが、ソブリン・グランドロッジからの圧力により、1909年に解散を強いられた。一方東部では、インペリアル・オーダーが再編成され、インプルーブド・オーダー・マスコバイツという名称で運営されていた。このグループは1927年にAMOSと合併するまで存続していたが、1930年代までにオレゴン州のメンバーの一部が合併の結果に不満を抱いて脱退し、新グループであるザ・ロイアル・オーダー・オブ・マスコバイツを設立した。ロイアル・オーダーにおける最後のひとりの生き残りとなったメンバーが、若い同志たちと共に、2016年になってこのグループをノーブル・オーダー・オブ・マスコバイツとして再結成した。この支部は現在、男性に対しても女性に対しても門戸を開いており、オッド・フェローズやレベッカでなくてもメンバーになれるようになっている。現状としては文字通りの組織ではなく、階位を授与し、

資金集めのために時々集まる単なる社会集団だ。年会費もかからない。「楽しみながら世界を救う」ことが彼らの使命だ。インペリアル・オーダーの装飾品は、つばの周りに黒い毛皮の帯が付いたチャコールグレーの帽子で、メンバーはこれを「バスビー」と呼んでいた。インプルーブド、ロイアル、そしてノーブル・オーダーなどの団体では、つばの周りに黒い毛皮の帯が付いた濃い赤の毛皮製高帽をかぶる。

ノーブル・オーダーの基本単位は「ダッチーズ」と呼ばれ、「クレムリン」によって認証される。クレムリンの役員はツァール、コマンダント、ロイアル・インスペクター、グランド・カウンセラー、グランド・デューク、クロニクラー、ミニスター・オブ・ファイナンス、ロイアル・インナー・ガード、ロイアル・アウター・ガードとなっている。国内・国際的な統治機関は存在しない。クレムリンが認証されると、州単位の組織は、メンバー資格に関する規約と新入メンバーに対するしごきめいた行いを禁じる規約を守る限り、自分たちにとって最良の運営方法を選ぶことができる。

オレゴン州ポートランドのインペリアル・オーダー・オブ・マスコバイツ（IOM）のクレムリン・バクーの初期メンバー（上）。このグループはインプルーブド・オーダーからの抑圧に耐え、2016年にノーブル・オーダー・オブ・マスコバイツを設立した（下）。マスコバイツは、いかなる友愛組織あるいは社会奉仕クラブに属する男性も女性もメンバーとして受け入れる。写真はクレムリン・バクーおよび著者提供。

オッド・フェローズの関連団体　263

第24章

宗教、フリーメーソン、女性たち

Religion, Freemasonry, and Women

　今の時代、私たちの多くは、宗教問題に関して中立的で、人々が政府の迫害を恐れることなく自由に宗教を選択できる国で暮らしている。しかし宗教の自由、宗教的寛容、平等、投票権、民主主義的プロセスなど、私たちが現在享受している自由や原則の多くは、かつて王政と教会が宗教的・政治的意見を絶対的に統制していた時代においては、いわゆる秘密結社や友愛組織のロッジの内部だけで密かに実践されていたものにほかならない。

　オッド・フェローシップやフリーメーソンのような友愛組織は長い間、ロッジの内部で宗教的・政治的寛容を推進してきた。メンバーは、異なる宗教観や政治的背景を持つ人々で構成されていた。昔も今もロッジの中は中立的な場所とみなされ、会議や公式行事の際には宗教的・政治的な討論は禁止される。これは主に、メンバー間の不調和や対立を防ぐためだが、組織の発足当初は、非宗教組織やクラブが広く受け入れられておらず、その宗教的中立性は、教会が信奉する唯一絶対主義の宗教に反する概念として受け取られた。第一に、オッド・フェローズは宗教に関係なく誰に対しても開かれており、それと同時に組織的構造がフリーメーソンと類似していたため、特にローマ・カトリック教会機構の聖職者たちの反対に遭うことになった。

オッド・フェローズと宗教

　オッド・フェローズの基本原則は、あらゆる宗教に対して寛容であることだ。宗教と政治において寛容な組織であることは明言されている。しかし、オッド・フェローズそのものは宗教的な組織ではないし、ロッジは教会ではない。ロッジは教会の役割を奪うこと

1892年、リンカーンの司教キング師とW・W・リチャードソン市長、政治家のW・クロスフィールドが、MUIOOFのメンバーとして承認された。写真は『Illustrated London News』1892年3月12日号。

を目的としてはいない。メンバーがロッジの部屋に集うのは礼拝のためではなく、「相互の助言、困難に対する救済、人格の向上」のためだけである[1]。イギリスでまだ途上期にあった頃のオッド・フェローズには、実際に多くの司祭や牧師がメンバーになっていた。1842年、リーズの司祭はオッド・フェローズに教会の建物を貸し、翌日はロッジに入会している[2]。1850年、プレストンの司祭はオッド・フェローズ・ロッジのメンバーに対し、「あなた方の原則と活動は、聖職者が全面的に承認できるものかもしれない」と語った[3]。ウィンチェスターの司教は、自分がオッド・フェローズのメンバーとなったことに大きな価値を見出し、入会の儀式を「より偉大なものの象徴」であると形容した[4]。しかし、とある聖職者が亡くなったメンバーの葬儀がオッド・フェローズ・ロッジによって執り行われることを拒否したり、複数のローマ・カトリック教会が亡くなったオッド・フェローズ・メンバーの墓前で最後の儀式を執り行うことを拒絶したりするなど、敵意も表面化した[5]。それでも、ローマ・カトリック教会がオッド・フェローズに対して強い敵意を向けることはなかった。

しかし19世紀半ば、北米カトリック司教団は、友愛組織その他の非宗教的団体の成長に警鐘を鳴らすようにな

る。1893年、ローマ・カトリック教会当局がIOOFの入会儀式を見学することを求める書簡をソブリン・グランドロッジに送った。目的は、教会がカトリック信者のオッド・フェローズ入会を認めるかどうかを見きわめるためだ[6]。結局この申し出はオッド・フェローズ上層部によって無視された。グランドサイアーのC・T・キャンベルは、1893年の報告書の中で次のように語っている。「オッド・フェローズの立場からして、特定の宗派や党派の承認を求める必要はないが、人種や信条を問わず、神を敬い人類の進歩を求めるすべての善良な人々からの支持を得られるのは喜ばしいことである」[7]。その後1894年、北米カトリック司教団は、アメリカの司教たちは信者をオッド・フェローズから遠ざけるよう努めるべきであるというローマ教皇庁からの書簡を受け取った[8]。同じ頃、マリアーノ・ランポラ・デル・ティンダロ枢機卿は、オッド・フェローズに対してこの指示が柔軟な形で適用されるよう助言した。しかしこの指示が本当の意味での禁止令だったとしても、適用されたのは北米だけだった[9]。

1958年8月、クレヴィッツというスイスのオッド・フェローズのメンバーが、スイスの修道院でイエズス会の司祭と4日以上にわたる対話を行った。この対話はラジオを通じて放送されている。クレヴィッツはイエズス会の神父に、オッド・フェローズへの入会に関する禁止事項はどこに見られるのかを尋ねた。神父は、ヨーロッパにはそのような禁止事項は存在しないと答えた[10]。カルメル会の司祭も同じ質問をされたが、オッド・フェローズに対する禁止については何も知らず、明確に禁止されているのはフリーメーソンだけだと答えた[11]。1964年にヨーロッパで委員会が組織されてローマのエキュメニカル評議会との会談が行われ、オッド・フェローズとカトリック教会機構の間に生まれている誤解を解決する試みがあった[12]。委員会はオッド・フェローズのラテン語専門家であるパウル・パクラツカ教授とグスタフ・マイヤー博士、それにIOOFメンバーである2人の著名なカトリック教徒で構成されていた。この会談は、彼らがローマ・カトリック教会との対話を積極的に働きかけた結果行われたものだ。委員会はチューリッヒにあるローマ・カトリック青年連合弁証学研究所で所長を務めるエブネター博士と言葉を交わし、その後博士をヴィンタートゥール市にあるキブルク第14ロッジのオッド・フェローズ・ホールに案内し、役員席、ロッジにおける会議の開会および閉会、象徴、オッド・フェローズが友情、愛、真理を実践する上で世界法として理解していることについての説

明を行った[13]。会議の後、両者はオッド・フェローズとローマ・カトリックの間に対立するものは何もないということで合意した。エブネター博士は、オッド・フェローズが多くの世界レベルの人道的活動に関わっていることに驚いたと語った[14]。

　論争が下火になり、宗教指導者たちが非宗教組織を受け入れるようになるとすぐに、さまざまな宗派の司祭、司教、ラビたちがオッド・フェローズのメンバーとなり、中には指導的地位に就く者もいた。1965年時点ではドイツ、オランダ、スイスのオッド・フェローズに、数人のローマ・カトリック信者のメンバーがいた[15]。1973年、モンシニョール・ティテアン・ミナーニ神父は、カリフォルニア州リンデンのIOOFシオ第102ロッジに入り、アメリカでIOOFメンバーとなった初のローマ・カトリック司祭となった[16]。レオ・デニス・バーンズ神父は、1992年にローマ・カトリック司祭として初めてオンタリオのIOOFグランドロッジのグランドマスターとなり、ソブリン・グランドロッジのソブリン・グランド・チャプレンとなった。

　やがて1974年、カトリック教徒がオッド・フェローズ・ロッジに入会することは禁じられず、オッド・フェローズのメンバーはフリーメーソンに対して設定されている禁止事項には該当

しないという事実が確認された。オッド・フェローズとの関わりが原因で破門になったり、罰せられたりすることはないと認められたのだ。時代精神の変化の中、カトリック教会機構は過去の偏見的な態度を捨てて善意の人々との協力を求め、いかなる禁止令も正当化されないという立場を取るようになった。

　IOOFに所属していることを理由に、カトリック教徒が聖職者としての活動を禁止されたり、信仰への忠誠を疑われたりすることは不当であるとされるようになった。カトリック教徒がオッド・フェローズのメンバーになることに興味を持っていても、カトリック教徒としての義務を果たしている限り破門されることはなく、不利益を被ることを恐れる必要はないという見解を示した司教もいた[17]。1983年正教会法典に含まれる教会法第1374では、カトリック教徒が教会機構に謀反を企てる結社に入会することが禁じられている。定義上、オッド・フェローズはこうした禁止対象に該当しない。正当であると認知されているすべての宗教を組織全体で尊重し、メンバーが自分で選んだ宗教に対して忠実な態度を持ち続けることを奨励しているからだ。また、「法律、宗教、健全な道徳を遵守し、祖国への忠誠や自分自身への義務に反することは一切認めない」ことが確認

宗教、フリーメーソン、女性たち　267

されている[18]。メンバーになるために「自分の意見を犠牲にしたり、国家との関係を変えたり、自分が住んでいる法律や制度に対する義務を緩めたりする必要はない」[19]。オッド・フェローズになるには、「創造主に感謝し、祖国に忠実であり、同胞に友愛的である」ことが必要である[20]。

1991年、聖職に就いた牧師、ラビ、宗教指導者たちから、IOOFへの入会に関する声明が集められた。参加した宗教・宗派にはバプテスト、キリスト教、米国聖公会、ユダヤ教、末日聖徒、ローマ・カトリック、カナダ合同教会、合同メソジストなどが含まれていた。オッド・フェローズには、間違いなく他の教派も含まれている。

オンタリオ州ハミルトンにあるカテドラル・ボーイズ・ハイスクールのローマ・カトリック司祭、レオ・D・バーンズ神父（聖バシレイオス会）は「オッド・フェローズの美点は、兄弟姉妹がお互いの個人信条を尊重し、友情、愛、真実の実践があらゆる宗教の目的であり目標であるように、オッド・フェローズの三つの結びつきが、それぞれさまざまな背景を持つ私たちを緊密な関係の家族として結びつけることだ」と語っている。ニューヨークのユダヤ教ラビ、デビッド・シュニッツラーは、「宗教団体ではないが、オッド・フェローズの友愛感情は旧約聖書に示された崇高な理想を包含しており、ユダヤ教とも調和している」という見解を示した。末日聖徒のジム・コティク長老は、「オッド・フェローズへの参加を通して大きな成長を経験し、この世界をより住みよい場所にするため偉大な模範を示した多くの高貴な男女に感謝することを学んだ」と述べた。アイオワ州のファースト・クリスチャン・チャーチのセラ・フューゲイト牧師は、「キリスト教会機構の聖職者としてレベッカ・ロッジで活動していた私は、階位ごとにもたらされる素晴らしい内容の学びを常に楽しんできた」と証言している。テネシー州ナッシュビルの南部エピスコパル教会の牧師であり、IOOFの元ソブリン・グランドマスターであるチャールズ・ウォレル牧師は、「オッド・フェローズは、私たちをより良い人間にする高貴な教えを包含している。宗教団体ではないが、すべての人の宗教を尊重することは、組織全体が信仰を持つ個人によって構成されていることを証明している」と語る。

こうしたコメントの数々は、主としてオッド・フェローズの性質についての知識不足や誤解のため、特定の宗教宗派が自らの信者たちがオッド・フェローズのメンバーである事実に何らかの反意を示すことが多い地域に向けて発行されるパンフレットに見られるも

のだ[21]。現在、カトリック、プロテスタント、イスラム教など、さまざまな宗派の信者がメンバーとなっている。

 ### オッド・フェローズとフリーメーソン

フリーメーソンは、友愛組織の原型として、他のすべての団体の手本となったわけではない。オッド・フェローズはメーソンの関連組織ではないし、これから先もそうあり続ける。創設以来、オッド・フェローズは完全に独立した組織である。より正確にいうなら、両組織とも共通のルーツを持ち、「ギルド、職工組合、宗教的友愛団体、村の青年団」といった初期の友愛団体の形態の影響を受けているように思われる[22]。

中世以降、相互扶助と保護を目的としたギルドや組合組織が生まれ、入会儀式をはじめとする階層的な典礼、誓いの言葉、式服を用いてきた。こうした初期の友愛グループに参加しようとする際、ほぼすべて「よく似た形式の通過儀礼が伴った」[23]。たとえば、歴史家のダニエル・ワインブレンは次のように語っている。「リーズ・ウール・コーマーズ、ロンドン・テイラーズ、そしてオペラティブ・メーソンには、入会希望者が目隠しをされた状態

 Column

すべてを見通す目

フリーメーソンやイルミナティが世界政治に影響を及ぼしているという陰謀論的なイメージから、この象徴を恐れる人は多い。しかし、すべてを見通す目（プロビデンスの目）が象徴しているのは、私たち人間の思考と行動を絶えず見守る神の全知全能の目というのが事実だ。フリーメーソンやイルミナティだけで用いられる象徴ではなく、何千年も前から教会機構や多くの古代社会で広く一般的に使われてきた。実際のところ、古代エジプト人やアッシリア人、ユダヤ人、そしてキリスト教徒が自分たちの神の象徴として使ってきた。キリスト教では、聖書に「主の目はどこにでもあって、悪人と善人とを見張っている」（箴言第15章3節）、「主は世界中至るところを見渡され、ご自分と心をひとつにする者を力づけようとしておられる」（歴代誌下第16章9節）と記されている。

フィリピンのセブ島に建つローマ・カトリック教会には、12個の星に囲まれた「すべてを見る目」がある。神がイスラエルの12氏族を見守っていることを表している。写真は著者提供、2015年。

宗教、フリーメーソン、女性たち　269

でロッジへの入会を求め、詩篇や旧約聖書の一節を唱え、ローブを着た役員が秘密の誓いを執り行うという儀式がある」[24]。こうしたギルドの多くには、通常アプレンティス、フェロークラフト、マスターという三つの階位がある。通常、ギルドのリーダーはグランドマスターと呼ばれる[25]。

フランスでは「コンパニョナージュ」、ドイツでは「ゲゼレンヴェルバンデ」として知られる職工組合がイギリスにも存在し、「親方たちから職工たちの利益を守り、職を求めて旅する職工たちに食事、宿泊、指導を提供しようとした」[26]。こうした職工組合にも、複雑な入会儀式があった。彼らは酒場で会合を行い、「食事や宿泊所を与えられ、仕事を見つけるための援助を受けた」[27]。そしてイギリスの初期のオッド・フェローズや共済組合と同様、「毎週または毎月、会員の病気や葬儀の手当を支払い、死亡したメンバーの寡婦や孤児を支援するための共同基金に供託金を拠出した」[28]。一部の歴史家は、初期のオッド・フェローズが「労働者階級の酒場文化の産物」[29]であり、「メーソン型モデルよりも伝統的な職工組合にはるかに近いものだった」と述べている[30]。

やがてオッド・フェローズに対する人気が高まり、メンバー数でフリーメーソンと肩を並べるほどに成長した。メーソンのメンバーには作家がいて、オッド・フェローズはフリーメーソンの模倣として創設されたと主張したが、この主張には何の証拠もない。著名な作家、ジャーナリストであるフリーメーソンのメンバー、ボブ・ジェームズ博士でさえこのように語っている。

「メーソンの儀式そのものは、19世紀

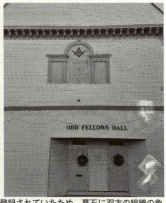

多くの人がフリーメーソンとオッド・フェローズ双方のメンバーとして登録されていたため、墓石に双方の組織の象徴が刻まれていることも珍しくない。オッド・フェローズとフリーメーソンが税金対策、そして設備の管理・使用費を節約するため同じ建物を共有する都市もあった。写真は著者提供、2014年。

第24章

に入ってかなり経つまでイギリス全土において統一されていたとは言い難く、流用という概念すら非常に疑わしい」。実際、フリーメーソンの中には多くの派閥があった。フランスでは、グランド・オリエント・オブ・フランスが結成された。これがコンティネンタル・フリーメーソンリーの誕生につながったが、フリーメーソンの大多数はこれを秘密組織あるいは非正規組織と見なしている。1751年、イギリスのフリーメーソン内部で意見の相違が生じ、アンティエンツとモダンという二つの対立するグランドロッジが誕生した。この二つのグループが初めて統一されたのは、1813年になってからだ。フリーメーソンと同じく、オッド・フェローズも分裂を経験し、最終的に1789年に二つのグループがユナイテッド・オーダー・オブ・オッド・フェローズという形で部分的合併を行った。その後、MUIOOFが分離し、1814年に最終的に独自のグランドロッジを結成した。フリーメーソンにとってもオッド・フェローズにとっても、18世紀は苦しい時代で、組織的に安定し始めたのは19世紀初頭だったようだ。ジェームズ博士は、さらにこう述べている。

「共通の象徴性および宣誓の言葉と階位的構造を考えれば、フリーメーソンが他の結社と全く同じ位置にあったこ

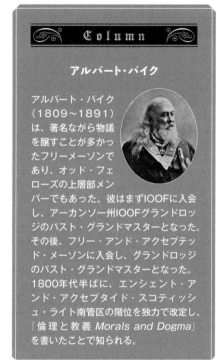

Column

アルバート・パイク

アルバート・パイク（1809〜1891）は、著名ながら物議を醸すことが多かったフリーメーソンであり、オッド・フェローズの上層部メンバーでもあった。彼はまずIOOFに入会し、アーカンソー州IOOFグランドロッジのパスト・グランドマスターとなった。その後、フリー・アンド・アクセプテッド・メーソンに入会し、グランドロッジのパスト・グランドマスターとなった。1800年代半ばに、エンシェント・アンド・アクセプタイド・スコティッシュ・ライト南管区の階位を独力で改定し、『倫理と教義 Morals and Dogma』を書いたことで知られる。

とは明らかである。300年近くが経過した今でも、慣行や象徴などを、いつどこから流用したのか説明することができない」

メーソンの儀式がようやく標準化されたのは1813年以降であり、1815年から1816年にかけてさらに改定された事実は特筆すべきだ[31]。MUIOOFも、1814年の初めにオッド・フェローズの儀式を改定した。しかし指導者層が改定の過程に対して念には念を入れたので、1824年、MUIOOFのグラン

宗教、フリーメーソン、女性たち　271

ドマスターを務めていたM・ウォードルは、「追放されたメーソンとオレンジマン（北アイルランドのプロテスタント）が、オッド・フェローズとは異なる教えや階位、そしてメンバーとしての義務を持ち込む」ことを防ぐようにした[32]。北米では、IOOFが1844年に改定委員会を結成した。この委員会は、フリーメーソンの著名メンバーでもあるオッド・フェローズのメンバーで構成され、慣例や儀式の模倣論争を最終的に解決するため、ニューヨークで開催された[33]。メーソンの儀式とオッド・フェローズの儀式を比較するため、メーソンのあらゆる儀式が調査された。

入念な調査の結果、非難を裏付ける証拠や根拠は何ら見出せなかった。第一に、現存する最古のオッド・フェローズの儀式とその後に続いた改定は、フリーメーソンの儀式とまったく似ていなかった。フリーメーソンの階位はエンタード・アプレンティス、フェロークラフト、マスター・メーソンである。オッド・フェローズでは初期の階位は、イニシアトリー、白または契約の階位、ロイアル・ブルーの階位、ピンクまたは美点の階位、ロイアル・アーチ・オブ・タイタスまたは忠誠の階位、緋色または司祭の階位だった。これらの階位は、IOOFによってイニシアトリー、ディグリー・オブ・フレンドシップ、ディグリー・オブ・ラブそしてディグリー・オブ・トゥルースというように、数と名称が変更された。

イギリス発祥の多くの友愛組織において、式服として腰飾りが使用されることも、オッド・フェローズがフリーメーソンを模倣したり、真似たりしたという証拠にはならない。首掛けや腰飾りといった装飾品や式服の使用は、結果的にフリーメーソンが他の多くの友愛組織を起源とする慣習から流用したものである。フリーメーソンの貢献点はおそらく、こうしたものを普及させる手助けとなったことだろう。

しかし、オッド・フェローズはフリーメーソンの対立組織ではなく、フリーメーソンもオッド・フェローズに対抗意識を持っているわけではない事実が認識されるべきだ。歴史的には、この二つの友愛団体の間には、少なくとも2世紀前までさかのぼる緊密な関係があった。1815年3月、MUIOOFは、「メーソン・グランドロッジから受け取った情報の結果として」フリーメーソンのメンバーの入会希望は認めないことを決定した[34]。翌年、「フリーメーソンの助言に基づいて」別の人物が入会を拒否されている[35]。ただし実際のところ、双方の組織に属する男性メンバーはそう珍しくなかった。

過去も現在も、多くの人々が双方の組織で指導的地位に就いている。カリ

272　第24章

フォルニア州初の病院は、1849年にオッド・フェローズとフリーメーソンの共同作業によって建設された。オッド・フェローズの三つのリンクの鎖の紋章、そしてフリーメーソンの定規とコンパスの紋章が入ったピンバッジ、指輪、墓石がある。また、双方が集会を行う建物の家賃を折半したり、ひとつの建物を共有したりすることもよくあった。また、オッド・フェローズの建物で集会を開くメーソンのロッジもあり、その逆もあった。このように、ロッジの慣習や知識的交流の可能性は十分にあり、結果として類似点が生まれた。アメリカ南北戦争後、フリーメーソンとオッド・フェローズ双方が、1860年代に生まれることになる無数の友愛組織の構造的なモデルとなった(36)。たとえばパトロンズ・オブ・ハズバンドリーの創設者は「オッド・フェローズとフリーメーソンを含んでおり、結果として生まれた儀式と象徴は、それぞれの組織から実質的な要素が取り入れられた」(37)。

 オッド・フェローズと女性

かなり昔の時代、女性には金銭や財産、利益を得る権利がなかった。こうした法的地位のため、ほぼすべての組織から除外されていた。しかし最終的に、オッド・フェローズの補助的性格の

Column

未記帳の寄付

1826年、ウィリアム・モーガンが失踪したことで、フリーメーソンやその他の友愛組織の社会的イメージが損なわれることになった。その結果、1828年から1838年まで存在したアンタイ・メーソニック・パーティー（反メーソン党）が誕生した。これは、フリーメーソンや類似団体にとって大きな打撃となった。多くのロッジが閉鎖され、何千人ものメンバーがフリーメーソンへの所属を否定し、新規メンバーの参加も激減した。『フラターナル・レビュー』誌（1880年）には、次のような文章が掲載されている。

「1826年、フリーメーソンが深刻な非難を受けてアメリカで消滅の危機に瀕したとき、間接的ではあったものの、オッド・フェローシップが救いの手を差し伸べた。病気や不幸に見舞われたメンバーを援助するオッド・フェローズの素晴らしい活動は、一般大衆の間にも広がり、フリーメーソンによるとされるウィリアム・モーガン殺害事件のせいで、秘密結社に対する強い嫌悪感をあらわにしていた世論の流れをも変える効果をもたらした。人々は、こうした友愛組織は結局のところそれほど悪い存在ではなく、オッド・フェローズが壮大な人道的活動を展開しているのであれば、他の友愛組織にも公正な配慮と公平な扱いを受ける権利があると考えるようになった。それゆえフリーメーソンに対する世間の評価は、オッド・フェローズの友愛的行為、すなわち「相互救済と親切な行い」のおかげで、再び高まり始めた」

グループを通して女性の入会が認められ、1819年にはイギリスのMUIOOF

が最初の女性ロッジを組織した。

　北米では、相互扶助を目的として、IOOFがメンバーの妻や寡婦のための公式身分証明書を発行することをロッジに許可して初めて女性の重要性が認識された。これが1851年の女性のためのレベッカ・ディグリーの受諾につながり、最終的には女性版のオッド・フェローズ・ロッジであるレベッカ・ロッジとなった。1858年には、GUOOFもルース・ディグリーを採用し、それがハウスホールド・オブ・ルースという名称で知られる女性支部となった。こうした組織は、女性が社会で活躍することがまだ世間一般に広く受け入れられていなかった時代に、オッド・フェローズが女性メンバーの受け入れを認める最初の試みだった。しかし現実的には、こうしたグループは組織内の個別の支部であり、独自の階位や象徴、装飾品、そして運営母体があり、ほとんどの場合、グランドロッジとソブリン・グランドロッジレベルでの投票権は与えられていなかった。

　やがて男女間の役割に根本的な変化が起こり、より多くの女性が家庭から出て、家族の経済的成功を追い求める過程に参加するようになった(38)。ジェンダー間の平等は、「多くのグループの伝統的な階層的組織構造を変える理由」となった(39)。1898年に年次可動委員会において男性と同等の条件で女性

メンバーの入会が承認されたイギリスのMUIOOFは、かなり先進的だったといえる。1976年、デンマーク・グランドロッジは、レベッカ・ロッジがオッド・フェローズと対等な立場でひとつのグランドロッジに統合されることを認め、レベッカ・ロッジの代表者を通じてグランドロッジで発言および投票する権利を認めた(40)。また、オッド・フェローズ・ロッジのものに似た四つの階位から成る改定版のレベッカ独自の典礼を承認した(41)。

　1979年、イギリスのMUIOOFはドロシー・メレルを初の女性グランドマスターに選出し、以来9人の女性がグランドマスターに就任している(42)。オーストラリアでは、レベッカにオーストラレーシア・グランドロッジの総会に、投票権を持つ代表として出席する権限が与えられた。グランドロッジの会議は、そのために特別に作られたオーストラレーシアン・ディグリーの下で行われた。オッド・フェローズのパスト・グランドとレベッカのパスト・ノーブル・グランドに対しては、等しくこの階位を授与される資格が与えられた(43)。平等性をさらに高めるため、デンマークの女性メンバーは、「レベッカ」ではなく「シスター・オッド・フェローズ」と名乗る許可を求め(44)、1996年にデンマーク・グランドロッジによって承認された(45)。しかし

他の国々のレベッカ・ロッジは性別による違いを完全になくすことを望まず、男性と同じようになることは望まなかった。

女性メンバーの中には、男性と女性の間には実質的な違いがあるゆえに、男女別のロッジが必要であると考える人もいる。インターナショナル・アソシエーション・オブ・レベッカ・アッセンブリーの元会長シェラリン・L・ロビンスは、北米のレベッカが「シスター・オッド・フェローズ」にはなりたくないと思っていると語った。むしろ、女性たちはレベッカとしての自分たちのアイデンティティを保ちたいと考え、女性には女性のやり方があり、男性とは異なると意見している。レベッカにとって平等とは支部をなくすことではなく、「レベッカに影響することがらについて彼女たちが発言し、投票できるようにすること」なのだ[46]。

しかし、ソブリン・グランドロッジの指導者の中には異なる意見を持つ者もいて、オッド・フェローズ・ロッジを男女双方に対して開かれたものとすることで、女性を男性と同等の完全なメンバーと見なす規約が制定された。ソブリン・グランドロッジは、こうした措置が「公正かつ合理的であり、アメリカの連邦法にも従うものである」と強調した[47]。当時は、家族全員が再び集まることができる機会が求められ

ウィンフレッド・ボールクは、1950年代にハートフォードシャーのMUIOOFで地域のグランドマスターを務めていた。1980年代までに、MUIOOF傘下のオッド・フェローズ・ロッジは男性メンバーにも女性メンバーにも門戸を開いた。写真はマンチェスター・ユニティ・オッド・フェローズ提供。

ていたという時代背景もあった。こうした行事に対する需要には、夫と妻が共に努力して家族の絆を保ちたいという思いも含まれていたはずだ。オッド・フェローズ・ロッジに関心を持った若い男女は、友愛組織に所属したことのない夫婦や、他の組織に少しだけ関わったことがある夫妻だった[48]。他の要因として挙げられるのは、経済的実現可能性だ。これは、「個別だが平等」という概念がすでに世間では受け入れられない状態に達していた時代に、IOOFはコストが高く不平等な形で複数の支部を運営していたことに一因がある[49]。

宗教、フリーメーソン、女性たち　275

2000年8月、ソブリン・グランド
ロッジは最終的にオッド・フェロー
ズ・ロッジのメンバー資格から「男
性」という言葉を削除することを決議
した[50]。当初は、オッド・フェロー
ズ・ロッジに入会した女性の多くは、
レベッカのメンバーではなかった[51]。
その後、多くのレベッカのメンバーも
オッド・フェローズに加わった。

しかし、オッド・フェローズ・ロッ
ジとレベッカ・ロッジの男女共用化に
関しては、IOOF内でまだ意見がまと
まっていない。ヨーロッパのほとんど
の国では、女性がいまだに男女別のロ
ッジ制度を望んでいる。つまり、オッ
ド・フェローズ・ロッジはいまだに男
性メンバー専用で、レベッカ・ロッジや
シスター・ロッジが女性メンバー専用
という状態なのだ。実際ヨーロッパの
国々では、レベッカの階位を授与でき
る男性はグランドサイアーだけだ[52]。
大きな違いは、こうした国々のレベッ
カ・ロッジが自国のグランドロッジお
よびヨーロッパのグランドロッジにお
いて、オッド・フェローズ・ロッジと
同等の発言権と投票権を有するという
ことだ。

北米とフィリピンでは、すでに多く
の女性がオッド・フェローズ・ロッジ
に入会し、IOOFのさまざまなレベル
で指導的地位に就いている。2007年、
オレゴン州のパティ・オルソン・フリ

ーズが、アメリカ初の女性IOOFグラ
ンドロッジのグランドマスターとなっ
た。続いて2015年、エミリー・J・カ
ップがIOOFペンシルバニア・グラン
ドロッジ初の女性グランドマスターと
なった[53]。その翌年には、ダーレー
ン・パーカーがアフリカ系アメリカ人
女性として初めてメリーランド州の
IOOFグランドマスターに就任した[54]。
ワシントンのグランドロッジでは、女
性のグランドマスターが2人誕生して
いる。そしてオレゴン州からは過去2
年間、2人の女性がソブリン・グラン
ド・ワーデンの役職に立候補していた。
2019年、アイオワ州のミチェル・ヘ
ッカート氏が、ソブリン・グランドロ
ッジでソブリン・グランド・ワーデン
として選出された最初の女性となった。

一方、アメリカおよび各管轄区域の
GUOOFでは、男性はオッド・フェ
ローズ・ロッジ、女性はハウスホール
ド・オブ・ルースというようにいまだ
にロッジが男女別になっている。しか
し、イギリスのGUOOFはすでに男
女共用であり、2018年には初の女性グ
ランドマスターが選出された。それで
もIOOFの中で独自の支部を維持する
ことを望む女性メンバーがまだ大勢い
るため、レベッカ・ロッジはIOOFの
中の支部という位置づけで存在し続け
ている。北米ではレベッカ・ロッジが
男女双方に対してメンバーシップを開

276　第24章

放している。つまり、男性も女性もオッド・フェローズとレベッカのメンバーになれるのだ。しかし、この構造は今も議論の的となっており、ヨーロッパのほとんどの国でロッジを訪問する際に問題が生じる可能性があるといえる。レベッカではないオッド・フェローズの女性メンバーは、ヨーロッパでは男性メンバー限定のオッド・フェローズ・ロッジの会議に出席できないかもしれない。また、レベッカの階位を受けていないため、レベッカ・ロッジの会議に出席することもできない。さらに、ヨーロッパのほとんどのレベッカ・ロッジは依然として女性専用であるため、レベッカの男性メンバーはロッジの会議に出席できないかもしれない。2019年現在、男女共用または男女混合のオッド・フェローズ・ロッジの

設立を継続的な試みとして認めているのは、ドイツおよびオランダ・ベルギーのIOOFグランドロッジだけだ。

女性メンバーがいるオッド・フェローズ・ロッジに自分のボーイフレンドや夫が入会するのを阻止したり、思いとどまらせたりする女性がいるのも事実だ。疑惑や不信感が拭えないという人もいるだろう。同じように、自分のガールフレンドや妻が、夜になって他の男性がいる場で行われるロッジの会合に出かけて行くのを快く思わない男性もいる。一方、レベッカがいずれ廃れていってしまうことを恐れ、オッド・フェローズ・ロッジの男女共用化に反対する女性もいる。ただ、議論の余地なく言えるのは、女性がオッド・フェローズの貴重なメンバーであり続けていたという事実である。

第25章

注目すべき団員たち

Notable Members

オッド・フェローズは、現在も過去も、人気がある人や有名人を惹きつけるためだけに特別な努力はしない。政府の社会サービスがほとんど存在しなかった時代、労働者階級の要求に応えるために設立された組織が初期のロッ

19世紀終わりから20世紀初めにかけての時代、多くの著名人がオッド・フェローズのメンバーとして名を連ねていた。アメリカ大統領ユリシーズ・グラント、ラザフォード・ヘイズ、スカイラー・コルファックスといった人々が、IOOFの中で優れたリーダーシップを発揮した。イラストはエインズリー・ヘンリッチ提供。

ジだったことに疑いの余地はない。それゆえ、オッド・フェローズの初期メンバーの大多数は、経済的に困難な時期にロッジを通じてお互いの援助を必要としていた職人や労働者だった。しかし、ロッジはすぐにあらゆる社会階級の人々のためのソーシャル・ネットワーキングの初期の形態となり、リーダーシップを育むための最初の訓練の場となった。やがて、オッド・フェローズのメンバーに大統領、首相、上院議員、下院議員、知事、市長、実業家といった、それぞれの分野の先駆者が含まれるようになる。初期のオッド・フェローズのメンバーは、その多くが友愛組織内のリーダーというだけではなく、町や都市、州、地方、そして国家の発展においても重要な役割を果たした。彼らは自分が属する地域、国家、あるいは国際的利益に関わる問題について声を上げるため、ロッジに参加していた。さまざまな政党の人々が、たとえ激しいライバル関係にあっても、メンバー間では「兄弟」と呼び合っていた。貢献やリーダーシップを讃えるため、道路や街路、カレッジ、大学、町、都市に著名なメンバーの男性や女性の名前が付けられている。

　残念なことに、多くのロッジが20世紀初頭に閉鎖されてしまった。それに伴い、紛失してしまったり、どこかで埋もれてしまったりしたため、多くの記録も失われた。IOOF、MUIOOF、GUOOF、インターナショナル・アソシエーション・オブ・レベッカ・アッセンブリーズ、そしてハウスホールド・オブ・ルースのメンバーだった著名な男女全員を完全かつ正確にまとめたものを作成するには、さまざまな図書館、博物館、墓地、グランドロッジにおける長い期間にわたる調査が必要だった。「Political Graveyard」というサイトには、オッド・フェローズのメンバーだった政治家のリストが示されているが、組織への関与についての具体的な情報は提供されていない。著者は、この分野に特化した本が将来出版されることを提案する。以下のリスト（282頁～）は新聞記事、雑誌、伝記、墓石に記された文章その他の現存する記録に記載されている情報を基にしているため、不完全であることをことわっておく。

注目すべき団員たち　　279

オッド・フェローズの式服を身に着けたアメリカ副大統領スカイラー・コルファックス。インディアナ州サウスベンドのIOOFサウスベンド第29ロッジのメンバーだった。1851年にレベッカ・ディグリーを創設し、憲章を書いた人物とされている。写真はIOOFソブリン・グランドロッジ提供。

THE WHITE HOUSE
WASHINGTON

January 9, 1939

Dear Brother Gaskill:

The one hundred twenty years that have elapsed
since the founding of the Odd Fellowship in America afford
a broad perspective on which to view the accomplishments
of our Order in this country.

Its record is a noble one told in terms of true
brotherhood among men; the relief of sickness and distress;
the care of the widow; the education of the orphan and
the promotion of good will and good citizenship wherever
our far-flung subordinate lodges have been established.

In the hope that our fraternity will in the years
that lie ahead ever uphold its splendid humanitarian ideals,
I send fraternal greetings and good wishes.

Very sincerely yours,

Franklin D. Roosevelt

Mr. Burton A. Gaskill,
Grand Sire,
Sovereign Grand Lodge of the I.O.O.F.,
506 Guarantee Trust Building,
Atlantic City, New Jersey.

フランクリン・ルーズベルト大統領がグランドサイアーのバートン・ガスキルに宛てた1939年の手紙。ルーズベルト大統領はIOOFのニューヨーク州ハイドパーク第203ロッジのメンバーだった。社会保障制度および国民健康保険はルーズベルト大統領がニューディール政策で打ち出したものだったが、これはオッド・フェローズで行われていた制度を参考にしたという話がある。写真提供はIOOFソブリン・グランドロッジ。

大統領、首相、王

- ボールドウィン卿、スタンリー（Baldwin, Sir Stanley, 1867-1947）：イギリス首相，1923-1924，1924-1929，1935-1937．
- チャーチル卿、ウィンストン（Churchill, Sir Winston, 1874-1965）：イギリス首相，1940-1945，1951-1955．
- クック卿、ジョセフ（Cook, Sir Joseph, 1860-1947）：オーストラリア首相，1913-1914．
- デイビス、ジェファーソン・フィニス（Davis, Jefferson Finis, 1808-1889）：アメリカ南部連合大統領，1861-1865；アメリカ陸軍長官，1853-1857．
- ジョージ4世（George IV, 1762-1830）：グレートブリテンおよびアイルランド連合王国王，ハノーファー国王，1820-1830．
- フィッシャー卿、アンドリュー（Fisher, Sir Andrew, 1862-1928）：オーストラリア首相，1908-1909，1910-1913，1914-1915．
- グラント、ユリシーズ・S（Grant, Ulysses S., 1822-1885）：アメリカ合衆国第18代大統領，1869-1877．
- グスタフ6世アドルフ（Gustaf, Adolf VI, 1882-1973）：スウェーデン王，1950-1973．
- ヘイズ、ラザフォード・バーチャード（Hayes, Rutherford Birchard, 1822-1893）：アメリカ合衆国第19代大統領，1877-1881；オハイオ州知事，1868-1872，1876-1877．
- ハーディング、ウォレン・ガメイリアル（Harding, Warren Gamaliel, 1865-1923）：アメリカ合衆国第29代大統領，1921-1923．
- ジョーンズ、アンソン（Jones, Anson, 1798-1858）：テキサス共和国第4代（最終）大統領，1844-1845；グランドマスター（ペンシルヴァニア州IOOFグランドロッジ，1831-1832，テキサスIOOFグランドロッジ，1853-1854）．
- マクドナルド卿、ジョン・アレグザンダー（Macdonald, Sir John Alexander, 1815-1891）：カナダ初代首相，1867-1873〔第3代首相も歴任（1878-1891）〕．
- マッシー、ウィリアム（Massey, William, 1856-1925）：ニュージーランド第19代首相，1912-25．
- マッキンリー、ウィリアム（McKinley, William, 1843-1901）：アメリカ合衆国第25代大統領，1897-1901；オハイオ州知事，1892-1896．
- リード卿、ジョージ・ハウストン（Reid, Sir George Houstoun, 1845-1918）：オーストラリア第4代首相，1904-1905．
- ルーズベルト、フランクリン・デラノ（Roosevelt, Franklin Delano, 1882-1945）：アメリカ合衆国第32代大統領，1933-1945．

副大統領

- バークリー、アルバン・ウィリアム（Barkley, Alben William, 1877-1956）：アメリカ合衆国第35代副大統領，1949-1953．
- コルファックス、スカイラー（Colfax, Schuyler, 1823-1885）：アメリカ合衆国第17代副大統領，1869-1873；アメリカ合衆国第25代下院議長，1863-1869；レベッカ・ディグリー創設者，1851．
- フェアバンクス、チャールズ・ウォレン（Fairbanks, Charles Warren, 1852-1918）：アメリカ合衆国第26代副大統領，1905-1909；インディアナ州選出上院議員，1897-1905；アラスカ、ミネソタ、オレゴン、ミシガンに彼の名にちなんだ複数の街がある．
- ガーナー、ジョン・ナンス3世（Garner, John Nance III, 1868-1967）：アメリカ合衆国第32代副大統領，1933-1941；アメリカ合衆国代39代下院議長，1931-1933．

- ヘンドリックス、トーマス・アンドリュース（Hendricks, Thomas Andrews, 1819–1885）：アメリカ合衆国第21代副大統領，1885；第16代インディアナ州知事，1873–1877；インディアナ州選出上院議員，1863–69；インディアナ州選出下院議員，1851–55.

アメリカ合衆国上院議員

- **Aiken, George David** (1892–1984): U.S. Senator from Vermont, 1941-1975; Governor of Vermont, 1937-1941; Lieutenant Governor of Vermont, 1935-1937; Member of Vermont State House of Representatives, 1931-35; Speaker of the Vermont State House of Representatives, 1933-1935.
- **Austin, Warren Robinson** (1877–1962): U.S. Senator from Vermont, 1931-1946; U.S. Representative to United Nations, 1947-1953; Mayor of St. Albans, Vermont, 1909.
- **Bilbo, Theodore Gilmore** (1877–1947): U.S. Senator from Mississippi, 1935-1947; Governor of Mississippi, 1916-1920, 1928-1932; Lieutenant Governor of Mississippi, 1912-1916; Member of Mississippi State Senate, 1908-1912.
- **Berry, George Leonard** (1882–1948): U.S. Senator from Tennessee, 1937-1938.
- **Black, Hugo Lafayette** (1886–1971): U.S. Senator from Alabama, 1927-1903; Justice of U.S. Supreme Court, 1937-1971.
- **Blease, Coleman Livingston** (1868–1942): U.S. Senator from South Carolina, 1925-1931; Governor of South Carolina, 1911-1915; member of South Carolina State Senate, 1905-1908; Mayor of Newberry, South Carolina, 1910; Member of South Carolina State House of Representatives, 1890-1994, 1899-1900.
- **Borah, William Edgar** (1865–1940): U.S. Senator from Idaho, 1907-40.
- **Brewster, Ralph Owen** (1888–1961): U.S. Senator from Maine, 1941-1952; U.S. Representative from Maine, 1935-1941; Governor of Maine, 1925-1929; member of Maine State Senate, 1923-1925; and member of Maine State House of Representatives, 1917-1918, 1921-1922.
- **Butler, Hugh Alfred** (1878–1954): U.S. Senator from Nebraska, 1941-1954.
- **Butler, Robert Reyburn** (1881–1933): U.S. Representative from Oregon, 1928-1933; Circuit Judge in Oregon, 1909-1911; Member of Oregon State Senate, 1913-1917, 1925-1928.
- **Byrd, Robert Carlyle** (1917–2010): U.S. Senator from West Virginia, 1959-2010; U.S. Representative from West Virginia, 1953-1959; Member of West Virginia State Senate, 1951-1952; Member of West Virginia State House of

Delegates, 1947-1950.

- **Capper, Arthur** (1865–1951): U.S. Senator from Kansas, 1919-1949.
- **Chapman, Virgil Munday** (1895–1951): U.S. Senator from Kentucky, 1949-1951; and U.S. Representative from Kentucky, 1925-1929, 1931-1949.
- **Clark, Bennett Champ** (1890–1954): U.S. Senator from Missouri, 1931-1945; Judge of U.S. Court of Appeals for the D.C. Circuit, 1945.
- **Clay, Alexander Stephens** (1853–1910): U.S. Senator from Georgia, 1897-1910; Member of Georgia State Senate, 1892-1894; Member of Georgia State House of Representatives, 1884-1887, 1889-1990.
- **Clements, Earle Chester** (1896–1985): U.S. Senator from Kentucky, 1950-1957; Governor of Kentucky, 1948-1950; U.S. Representative from Kentucky, 1945-1948; Member of Kentucky State Senate, 1942-1945.
- **Connally, Thomas Terry** (1877–1963): U.S. Senator from Texas, 1929-1953; U.S. Representative from Texas, 1917-1929; Member of Texas State House of Representatives, 1901-1904.
- **Cotton, Norris H.** (1900–1989): U.S. Senator from New Hampshire, 1954-1974, 1975; U.S. Representative from New Hampshire, 1947-1954; member of New Hampshire State House of Representatives, 1923, 1943-1945; Speaker of the New Hampshire State House of Representatives, DNA.
- **Curtis, Carl Thomas** (1905–2000): U.S. Senator from Nebraska, 1955-1979; and U.S. Representative from Nebraska, 1939-1955.
- **Davis, James John** (1873–1947): U.S. Senator from Pennsylvania, 1930-1945 and the U.S. Secretary of Labor, 1921-1930.
- **Dick, Charles William Frederick** (1858–1945): U.S. Senator from Ohio, 1904-1911; U.S. Representative from Ohio, 1898-1904.
- **Dill, Clarence Cleveland** (1884–1978): U.S. Senator from Washington, 1923-1935; Known as the "Father of the Grand Coulee Dam" and the "Father of the Radio Act".
- **Dirksen, Everett McKinley** (1896–1969): U.S. Senator from Illinois, 1951-1969; U.S. Representative from Illinois 1933-1949.
- **Dworshak, Henry Clarence** (1894–1962): U.S.

Senator from Idaho, 1946-1949, 1949-1962; U.S. Representative from Idaho, 1939-1946.

- **Fessenden, William Pitt** (1806–1869): U.S. Senator from Maine, 1854-1864, 1865-1869; U.S. Secretary of the Treasury, 1864-1865; U.S. Representative from Maine, 1841-1843; Member of Maine State House of Representatives, 1832-1833, 1840-1841, 1845-1846, 1853-1854.
- **Flanagan, James Winright** (1805–1887): U.S. Senator from Texas, 1869-1875; Lieutenant Governor of Texas, 1869-1870; Member of Texas State Senate, 1856-1858; Member of Texas State House of Representatives, 1851-1852.
- **Gardner, Obadiah** (1852–1938): U.S. Senator from Maine, 1911-1913.
- **Gibson, Ernest William** (1901–1969): U.S. Senator from Vermont, 1940-1941.
- **Gibson, Ernest Willard** (1872–1940): U.S. Senator from Vermont, 1933-1940; U.S. Representative from Vermont, 1923-1933; Vermont Secretary of Civil and Military affairs, 1922-1923; Member of Vermont State House of Representatives, 1906; Member of Vermont State Senate, 1908.
- **Harrison, Byron Patton** (1881–1941): U.S. Senator from Mississippi, 1919-1941; and U.S. Representative from Mississippi, 1911-1919.
- **Hatfield, Henry Drury** (1875–1962): U.S. Senator from West Virginia, 1929-1935; President of the West Virginia State Senate; Member of West Virginia State Senate, 1909-1912.
- **Hickenlooper, Bourke Blakemore** (1896–1971): U.S. Senator from Iowa, 1945-1969.
- **Hoey, Clyde Roark** (1877–1954): U.S. Senator from North Carolina, 1945-1954; Member of North Carolina State House of Representatives, 1899-1902; Member of North Carolina State Senate, 1903-1906; U.S. Representative from North Carolina, 1919-21.
- **Johnson, Edwin Carl** (1884–1970): U.S. Senator from Colorado, 1937-1955; Governor of Colorado, 1933-1937, 1955-1957; Lieutenant Governor of Colorado, 1931-1932; Member of Colorado State House of Representatives, 1923-1931.
- **Lennon, Alton Asa** (1906–1986): U.S. Senator from North Carolina, 1953-1954; U.S.

Representative from North Carolina, 1957-1973; Member of North Carolina State Senate, 1947-1951.
- **Logan, Marvel Mills** (1874–1939): U.S. Senator from Kentucky, 1931-1939; Judge, Kentucky Court of Appeals, 1926; Kentucky State Attorney General, 1916-1917.
- **Long, Edward Vaughn** (1908–1972): U.S. Senator from Missouri, 1960-1968; Lieutenant Governor of Missouri, 1957-1960; Member of Missouri State Senate, 1945-1956.
- **McGill, George** (1879–1963): U.S. Senator from Kansas, 1930-1939; Member, U.S. Tariff Commission, 1945.
- **McKellar, Kenneth Douglas** (1869–1957): U.S. Senator from Tennessee, 1917-1953; and U.S. Representative from Tennessee, 1911-1917.
- **McMaster, William Henry** (1877–1968): U.S. Senator from South Dakota, 1925-1931; Governor of South Dakota, 1921-1925; Lieutenant Governor of South Dakota, 1917-1921; Member of South Dakota State House of Representatives, 1911-1912; Member of South Dakota State Senate, 1913-1916.
- **McNary, Charles Linza** (1874–1944): U.S. Senator from Oregon, 1917-1918, 1918-1944; Justice of Oregon State Supreme Court, 1913-1914.
- **Morrow, William W.** (1843–1929): U.S. Senator from California, 1885-1891; One of the incorporators of the American Red Cross.
- **Neely, Matthew Mansfield** (1874–1958): U.S. Senator from West Virginia, 1923-1929, 1931-1941, 1949-1958; Governor of West Virginia, 1941-1945; U.S. Representative from West Virginia, 1913-1921, 1945-1947; and Mayor of Fairmont, West Virginia, 1908-1910.
- **Pasco, Samuel** (1834–1917): U.S. Senator from Florida, 1887-1899; Member of Florida State House of Representatives, 1886-1887; Speaker of the Florida State House of Representatives, 1887.
- **Perkins, George Clement** (1839–1923): U.S. Senator from California, 1893-1915.
- **Robsion, John Marshall** (1873–1948): U.S. Senator from Kentucky, 1930; U.S. Representative from Kentucky, 1919-1930, 1935-1948.
- **Russell, Richard Brevard Jr.** (1897–1971): U.S. Senator from Georgia, 1933-1971; Governor of

Georgia, 1931-1933; Speaker of the Georgia State House of Representatives, 1927-1931; Member of Georgia state house of representatives, 1921-1931.
- **Stanford, Amasa Leland** (1824–1893): U.S. Senator from California, 1885-1893; Founder of Stanford University, 1885.
- **Sheppard, Morris** (1875–1941): U.S. Senator from Texas, 1913-1941; U.S. Representative from Texas, 1902-1913.
- **Shipstead, Henrik** (1881–1960): U.S. Senator from Minnesota, 1923-1947; a member of Minnesota State House of Representatives, 1917-1918; Mayor of Glenwood, Minnesota, 1911-1913.
- **Sterling, Thomas** (1851–1930): U.S. Senator from South Dakota, 1913-1925; Delegate to South Dakota State Constitutional Convention, 1889; Member of South Dakota State Senate, 1889-1890; Dean of the College of Law, University of South Dakota, 1901-1911.
- **Sumner, Charles** (1811–1874): U.S. Senator from Massachusetts, 1851-1874; Leading proponent of abolishing slavery to weaken the Confederacy.
- **Sutherland, Howard** (1865–1950): U.S. Senator from West Virginia, 1917-1923; U.S. Representative from West Virginia, 1913-1917; Member of West Virginia State Senate, 1909-1912.
- **Townsend, John Gillis Jr.** (1871–1964): U.S. Senator from Delaware, 1929-1941; Member of Delaware State House of Representatives, 1901-1903.
- **Vance, Zebulon Baird** (1830–1894): U.S. Senator from North Carolina, 1879-1894.

アメリカ合衆国下院議員

- **Abernethy, Charles Laban** (1872–1955): U.S. Representative from North Carolina, 1922-1935.
- **Ainey, William David Blakeslee** (1864–1932): U.S. Representative from Pennsylvania, 1911-1915.
- **Allen, Clifford Robertson** (1912–1978): U.S. Representative from Tennessee, 1975-1978.
- **Allen, John Joseph, Jr.** (1899–1995): U.S. Representative from California, 1947-1959; Mayor of McCall, Idaho, 1989-1993.
- **Allen, Leo Elwood** (1898–1973): U.S.

注目すべき団員たち　285

Representative from Illinois, 1933-1961.

- **Allgood, Miles Clayton** (1878–1977): U.S. Representative from Alabama, 1923-1935.
- **Angell, Homer Daniel** (1875–1968): U.S. Representative from Oregon, 1939-1955; Member Oregon State Senate, 1937-1938; Member of Oregon State House of Representatives, 1929-1931, 1935.
- **Arnold, William Wright** (1877–1957): U.S. Representative from Illinois, 1923-1935.
- **Ashbrook, William Albert** (1867–1940): U.S. Representative from Ohio, 1907-1921, 1935-1940; Member of Ohio State House of Representatives, 1905-1906.
- **Ashmore, Robert Thomas** (1904–1989): U.S. Representative from South Carolina, 1953-1969.
- **Aspinall, Wayne Norviel,** (1896–1983): U.S. Representative from Colorado, 1949-1973; Member of Colorado State Senate, 1939-1948; Member of Colorado State House of Representatives, 1931-1938; Speaker of the Colorado State House of Representatives, 1937-1938.
- **Atkeson, William Oscar,** (1854–1931): U.S. Representative from Missouri, 1921-1923.
- **Atwood, Harrison Henry,** (1863-1954): U.S. Representative from Massachusetts, 1895-1897; Member of Massachusetts State House of Representatives, 1887-1989, 1915, 1917-18, 1923-1924, 1927-1928.
- **Ayres, William Augustus,** (1867–1952): U.S. Representative from Kansas, 1915-1921, 1923-1934.
- **Baldwin, Harry Streett,** (1894–1952): U.S. Representative from Maryland, 1943-1947.
- **Betts, Jackson Edward** (1904–1993): U.S. Representative from Ohio, 1951-1973; Member of Ohio State House of Representatives, 1937-1947; Speaker of the Ohio State House of Representatives, 1945-1946.
- **Blackney, William Wallace,** (1876–1963): U.S. Representative from Michigan, 1935-1937, 1939-1953.
- **Bohn, Frank Probasco,** (1866-1944): U.S. Representative from Michigan, 1927-1933; Member of Michigan State Senate, 1923-1926.
- **Brantley, William Gordon** (1860–1934): U.S. Representative from Georgia, 1897-1913; and a member of Georgia State Senate, 1886-1887;

and Georgia State House of Representatives, 1884-1885; Namesake to Brantley County, Georgia.

- **Brehm, Walter Ellsworth** (1892–1971): U.S. Representative from Ohio, 1943-1953; Member of Ohio State House of Representatives, 1938-1942.
- **Bankhead, William Brockman** (1874–1940): U.S. Representative from Alabama, 1917-1940; the Speaker of the U.S. House, 1936-1940; and Member of Alabama State House of Representatives, 1900-1902.
- **Bennett, Philip Allen** (1881–1942): U.S. Representative from Missouri, 1941-42; Member of Missouri State Senate, 1921-1924; Lieutenant Governor of Missouri, 1925-1929.
- **Bishop, Cecil William** (1890–1971): U.S. Representative from Illinois, 1941-1955; Professional football and baseball player and manager.
- **Bohn, Frank Probasco** (1866–1944): U.S. Representative from Michigan, 1927-1933.
- **Brand, Charles Hillyer** (1861–1933): U.S. Representative from Georgia, 1917-1933; Superior Court Judge in Georgia, 1906-1917; Member of Georgia State Senate, 1894-1895.
- **Brenton, Samuel** (1810–1857): U.S. Representative from Indiana, 1851-1853, 1855-1857; Member of Indiana State House of Representatives, 1838-1839, 1840-1841;
- **Broomfield, William** (1922–present): U.S. Representative from Michigan, 1957-1993; Member of Michigan State Senate, 1955-56; Member of Michigan State House of Representatives, 1949-1954.
- **Browne, Thomas McLelland,** (1829–1891): U.S. Representative from Indiana, 1877-1891; Member of Indiana State Senate, 1863; U.S. Attorney for Indiana, 1869-1875; General in the Union Army during the American Civil War.
- **Byrns, Joseph Wellington** (1869–1936): U.S. Representative from Tennessee, 1909-1936; Speaker of the U.S. House, 1935-1936; Member of Tennessee State House of Representatives, 1895-1901; Speaker of the Tennessee State House of Representatives, 1899-1901; and a member of Tennessee State Senate, 1901.
- **Ball, Thomas Raymond** (1896–1943): U.S. Representative from Connecticut, 1939-1941; Member of Connecticut state House of

Representatives, 1927-38.
- **Bankhead, William Brockman** (1874–1940), U.S. Representative from Alabama, 1917-1940; Speaker of the U.S. House, 1936-1940; Member of Alabama State House of Representatives, 1900-1902.
- **Barton, William Edward** (1868–1955): U.S. Representative from Missouri, 1931-1933; Circuit Judge in Missouri, 1923-1928, 1935-1946.
- **Beckworth, Lindley Garrison Sr.** (1913–984): U.S. Representative from Texas, 1939-1953, 1957-1967; Member of Texas State Senate, 1971-1972; Member of Texas State House of Representatives, 1937-1938; Judge of U.S. Customs Court, 1967-1968.
- **Belcher, Page Henry** (1899–1980): U.S. Representative from Oklahoma, 1951-1973.
- **Bevill, Tom** (1921–2005): U.S. Representative from Alabama, 1967-1997; Member of Alabama State House of Representatives, 1959-1966.
- **Blanton, Thomas Lindsay** (1872–1957): U.S. Representative from Texas, 1917-1929, 1930-1937; District Judge in Texas, 1908-16.
- **Boren, Lyle** (1909–1992): U.S. Representative from Oklahoma, 1937-1947.
- **Butler, Robert Reyburn** (1881–1933): U.S. Representative from Oregon, 1928-1933; Member of Oregon State Senate, 1913-1917, 1925-1928; Circuit Judge in Oregon, 1909-1911.
- **Callan, Clair Armstrong** (1920–2005): U.S. Representative from Nebraska, 1965-1967.
- **Campbell, Jacob Miller** (1821–1888): U.S. Representative from Pennsylvania, 1877-1879, 1881-1887; General in the Union Army during the American Civil War; Pennsylvania Surveyor-General, 1866-1871.
- **Candler, Ezekiel Samuel, Jr.** (1862–1944): U.S. Representative from Mississippi, 1901-1921.
- **Canfield, Harry Clifford** (1875–1945): U.S. Representative from Indiana 4th District, 1923-1933.
- **Carpenter, William Randolph,** (1894–1956): U.S. Representative from Kansas, 1933-1937; U.S. Attorney for Kansas, 1945-1948; and a member of Kansas State House of Representatives, 1929-1932.
- **Cartwright, Wilburn** (1891–1979): U.S. Representative from Oklahoma, 1927-1943; Oklahoma State Auditor, 1951-1955; Secretary of State of Oklahoma, 1947-1951; Member of Oklahoma State Senate, 1919-1922; Member of Oklahoma State House of Representatives, 1915-1918.
- **Cederberg, Elford Albin** (1918–2006): U.S. Representative from Michigan, 1953-1978.
- **Citron, William Michael** (1896–1976): U.S. Representative from Connecticut, 1935-1939; Member of Connecticut State House of Representatives, 1927-1931.
- **Christopher, George Henry** (1888–1959): U.S. Representative from Missouri, 1949-1951, 1955-1959.
- **Christopherson, Charles Andrew** (1871–1951): U.S. Representative from South Dakota, 1919-1933; Member of South Dakota State House of Representatives, 1913-1916; Speaker of the South Dakota State House of Representatives, 1915-1916.
- **Clague, Frank** (1865–1952): U.S. Representative from Minnesota, 1921-1933; District Judge in Minnesota, 1918-1920; Member of Minnesota State Senate, 1907-1914; Member of Minnesota State House of Representatives, 1903-1906; Speaker of the Minnesota State House of Representatives, 1905.
- **Cole, Clay** (1897–1965): U.S. Representative from Missouri, 1943-1949, 1953-1955.
- **Cole, William Purrington Jr.**, (1889–1957): U.S. Representative from Maryland, 1927-1929, 1931-1943; Judge of U.S. Customs Court, 1942-1952; Judge of U.S. Court of Customs and Patent Appeals, 1952-1957.
- **Collins, Ross Alexander** (1880–1968): U.S. Representative from Mississippi, 1921-1935, 1937-1943; Mississippi State Attorney General, 1911-1919.
- **Cooper, John Gordon** (1872–1955): U.S. Representative from Ohio, 1915-1937; Member of Ohio state House of Representatives, 1911-1915.
- **Cramton, Louis Convers** (1875–1966): U.S. Representative from Michigan, 1913-1931; Circuit Judge in Michigan, 1934-1941; Member of Michigan State House of Representatives, 1909-1910, 1949-1960.
- **Cumback, William** (1829–1905): U.S. Representative from Indiana, 1855-1857; Lieutenant Governor of Indiana, 1867-1872;

注目すべき団員たち 287

U.S. Collector of Internal Revenue, 1879; Member of Indiana State Senate, 1867.

- **Cummings, Fred Nelson** (1864–1952): U.S. Representative from Colorado, 1933-1941.
- **Cunningham, Paul Harvey** (1890–1961): U.S. Representative from Iowa, 1941-1959; Member of Iowa State House of Representatives, 1933-1936.
- **Davenport, James Sanford** (1864–1940): U.S. Representative from Oklahoma, 1907-1909, 1911-1917; Judge, Oklahoma Criminal Court of Appeals, 1927-1931.
- **Davey, Martin Luther** (1884–1946): U.S. Representative from Ohio, 1918-1921, 1923-1929.
- **Davis, James Curran** (1895–1981): U.S. Representative from Georgia, 1947-1963; Member of Georgia State House of Representatives, 1925-1928; Superior Court Judge in Georgia, 1934-1947.
- **De Priest, Oscar Stanton** (1871–1951): U.S. Representative from Illinois, 1929-1935.
- **Disney, Wesley Ernest** (1883–1961): U.S. Representative from Oklahoma, 1931-1945; Member of Oklahoma State House of Representatives, 1919-1924.
- **Dodds, Francis Henry** (1858–1940): U.S. Representative from Michigan, 1909-1913.
- **Dominick, Frederick Haskell** (1877–1960): U.S. Representative from South Carolina, 1917-1933; Member of South Carolina state House of Representatives, 1901-1902.
- **Dorsey, Washington Emery** (1842–1911): U.S. Representative from Nebraska, 1885-1891.
- **Elliott, Carl Atwood** (1913–1999): U.S. Representative from Alabama, 1949-1965.
- **Ford, George** (1846–1917): U.S. Representative from Indiana, 1885-1887; Superior Court Judge in Indiana, 1914.
- **Free, Arthur Monroe** (1879–1953): U.S. Representative from California, 1921-1933.
- **Freer, Romeo Hoyt** (1846–1913): U.S. Representative from West Virginia, 1899-1901; West Virginia State Attorney General, 1901-1905; Circuit Judge in West Virginia, 1897-1899; U.S. Commercial Agent (Consul) in San Juan del Norte, 1873-1877; Member of West Virginia State House of Delegates, 1891-1892.
- **Fitzgerald, Roy Gerald** (1875–1962): U.S. Representative from Ohio, 1921-1931.

- **Foss, Frank Herbert** (1865–1947): U.S. Representative from Massachusetts, 1925-1935.
- **Fuller, Alvan Tufts** (1878–1958): U.S. Representative from Massachusetts, 1917-1921; Member of Massachusetts State House of Representatives, 1915.
- **Gandy, Harry Luther** (1881–1957): U.S. Representative from South Dakota, 1915-1921; and Member of South Dakota State Senate, 1911-1912.
- **Gasque, Allard Henry** (1873–1938): U.S. Representative from South Carolina, 1923-1938.
- **Gifford, Charles Laceille** (1871–1947): U.S. Representative from Massachusetts, 1922-1947; Member of Massachusetts State Senate, 1914-1919; Member of Massachusetts State House of Representatives, 1912-1913.
- **Gilbert, Newton Whiting** (1862–1939): U.S. Representative from Indiana, 1905-1906; Governor-General of the Philippine Islands, 1913; Lieutenant Governor of Indiana, 1901-05; Member of Indiana State Senate, 1897-99.
- **Gillette, Wilson Darwin** (1880–1951): U.S. Representative from Pennsylvania, 1941-1951; Member of Pennsylvania State House of Representatives, 1931-41.
- **Goodwin, Angier Louis** (1881–1975): U.S. Representative from Massachusetts, 1943-1955; Member of Massachusetts State Senate, 1929-1941; Member of Massachusetts State House of Representatives, 1925-1928.
- **Goodwin, Philip Arnold** (1905–1983): U.S. Representative from New York, 1933-1937.
- **Goodwin, Robert Kingman** (1882–1937): U.S. Representative from Iowa, 1940-1941.
- **Graham, Louis Edward** (1880–1965): U.S. Representative from Pennsylvania, 1939-55.
- **Gregory, William Voris** (1877–1936): U.S. Representative from Kentucky, 1927-1936; U.S. Attorney for the Western District of Kentucky, 1919-1922.
- **Griffith, Francis Marion** (1849–1927): U.S. Representative from Indiana, 1897-1905; Circuit Judge in Indiana, 1916-22; Member of Indiana State Senate, 1887-94; Lieutenant Governor of Indiana, 1891-94.
- **Guyer, Ulysses Samuel** (1868–1943): U.S. Representative from Kansas, 1924-1925, 1927-

1943.

- **Hale, Fletcher** (1883–1931): U.S. Representative from New Hampshire, 1925-1931.
- **Haines, Harry Luther** (1880–1947): U.S. Representative from Pennsylvania, 1931-1939, 1941-1943.
- **Hall, Homer William** (1870–1954): U.S. Representative from Illinois, 1927-1933.
- **Hall, Philo** (1865–1938): U.S. Representative from South Dakota, 1907-1909; South Dakota State Attorney General, 1903-1907; Member of South Dakota State Senate, 1901-1902.
- **Hammer, William Cicero** (1865–1930): U.S. Representative from North Carolina, 1921-1930; U.S. Attorney for the Western District of North Carolina, 1914-1920.
- **Harsha, William Howard Jr.** (1921–2010): U.S. Representative from Ohio, 1961-1981.
- **Hart, Archibald Chapman** (1873–1935): U.S. Representative from New Jersey, 1912-1913, 1913-1917.
- **Haskell, Reuben Locke** (1878–1971): U.S. Representative from New York, 1915-1919.
- **Henry, Robert Kirkland** (1890–1946): U.S. Representative from Wisconsin, 1945-1946; Wisconsin state treasurer, 1933-1936.
- **Herlong, Albert Sydney Jr.** (1909–1995): U.S. Representative from Florida, 1949-1969; Member U.S. Securities and Exchange Commission, 1969-1973.
- **Hersey, Ira Greenlief** (1858–1943): U.S. Representative from Maine, 1917-1929; Member of Maine State Senate, 1913-1916; Member of Maine State House of Representatives, 1909-1912.
- **Hill, John Boynton Philip Clayton** (1879–1941): U.S. Representative from Maryland, 1921-1927; U.S. Attorney for Maryland, 1910-1915.
- **Hill, William Silas** (1886–1972): U.S. Representative from Colorado, 1941-1959.
- **Hinebaugh, William Henry** (1867–1943): U.S. Representative from Illinois, 1913-1915.
- **Holmes, Pehr Gustaf** (1881–1952): U.S. Representative from Massachusetts, 1931-1947.
- **Howard, Edgar** (1858–1951): U.S. Representative from Nebraska, 1923-1935; Lieutenant Governor of Nebraska, 1917-1919.
- **Huddleston, George** (1869–1960): U.S. Representative from Alabama, 1915-1937.
- **Hull, Harry Edward** (1864–1938): U.S. Representative from Iowa, 1915-1925.
- **Ichord, Richard Howard II** (1926–1992): U.S. Representative from Missouri, 1961-1981; Member of Missouri State House of Representatives, 1953-1960; Speaker of the Missouri State House of Representatives, 1959-1960.
- **Jacobsen, Bernhard Martin** (1862–1936): U.S. Representative from Iowa, 1931-1936.
- **James, William Francis** (1873–1945): U.S. Representative from Michigan, 1915-1935; Member of Michigan State Senate, 1911-1914.
- **Johnson, Luther Alexander** (1875–1965): U.S. Representative from Texas, 1923-1946.
- **Jonas, Charles Andrew** (1876–1955): U.S. Representative from North Carolina, 1929-1931; U.S. Attorney for the Western District of North Carolina, 1931-1932; Member of North Carolina State House of Representatives, 1927-1930, 1935-1938; Member of North Carolina State Senate, 1915-1918.
- **Kearns, Charles Cyrus** (1869–1931): U.S. Representative from Ohio, 1915-1931.
- **Kearns, Carroll Dudley** (1900–1976): U.S. Representative from Pennsylvania, 1947-1963.
- **Kee, John** (1874–1951): U.S. Representative from West Virginia, 1933-1951; Member of West Virginia State Senate, 1923-1926.
- **Keeney, Russell Watson** (1897–1958): U.S. Representative from Illinois, 1957-1958.
- **Keller, Kent Ellsworth** (1867–1954): U.S. Representative from Illinois, 1931-1941; Member of Illinois State Senate, 1913-1917.
- **Kettner, William** (1864–1930): U.S. Representative from California, 1913-1921.
- **Knutson, Harold** (1880–1953): U.S. Representative from Minnesota, 1917-1949.
- **Kunkel, John Crain** (1898–1970): U.S. Representative from Pennsylvania, 1939-1951, 1961-1967.
- **Lambertson, William Purnell** (1880–1957): U.S. Representative from Kansas, 1929-1945; Member of Kansas State House of Representatives, 1909; Speaker of the Kansas State House of Representatives, 1919-1920; Member of Kansas State Senate, 1913-1915.
- **Larrabee, Henry** (1870–1960): U.S. Representative from Indiana, 1931-1943;

Member of Indiana State House of Representatives, 1923.

- **Lanham, Henderson Lovelace** (1888–1957): U.S. Representative from Georgia, 1947-1957; Member of Georgia State House of Representatives, 1929-1934, 1937-1940.
- **Larsen, William Washington** (1871–1938): U.S. Representative from Georgia, 1917-1933; Superior Court Judge in Georgia, 1914-1915.
- **Lord, Bert** (1869–1939): U.S. Representative from New York, 1935-1939; Member of New York State Senate, 1930-1934; Member of New York State Assembly, 1915-1921, 1924-1930.
- **Magee, James McDevitt** (1877–1949): U.S. Representative from Pennsylvania, 1923-1927.
- **Magee, Clare** (1899–1969): U.S. Representative from Missouri, 1949-1953.
- **Magrady, Frederick William** (1863-1954): U.S. Representative from Pennsylvania, 1925-1933.
- **Major, James Earl** (1887–1972): U.S. Representative from Illinois, 1923-1925, 1927-1929, 1931-1933; Judge of U.S. Court of Appeals, 1937-1956; Judge of U.S. District Court, 1933-1937.
- **Mapes, Carl Edgar** (1874–1939): U.S. Representative from Michigan, 1913-1939; Member of Michigan State Senate, 1909-1912; Member of Michigan State House of Representatives, 1905-1906.
- **Martin, John Cunningham** (1880–1952): U.S. Representative from Illinois, 1939-1941; Illinois State Treasurer, 1933-1935, 1937-1939.
- **McGugin, Harold Clement** (1893–1946): U.S. Representative from Kansas, 1931-1935; Member of Kansas State House of Representatives, 1927.
- **McMaster, William Henry** (1877–1968): U.S. Senator from South Dakota, 1925-1931; Member of South Dakota State Senate, 1913-1916; Member of South Dakota State House of Representatives, 1911-1912.
- **Marsalis, John Henry** (1904–1971): U.S. Representative from Colorado, 1949-1951; District Judge in Colorado, 1955-1962.
- **Martin, John Cunningham** (1880–1952): U.S. Representative from Illinois, 1939-1941; Illinois State Treasurer, 1933-1935, 1937-1939.
- **McFall, John Joseph** (1918–2006): U.S. Representative from California, 1957-1979; Member of California State Assembly, 1951-

1956; Mayor of Manteca, California, 1948-1950.
- **McGugin, Harold Clement** (1893–1946): U.S. Representative from Kansas, 1931-1935; Member of Kansas State House of Representatives, 1927.
- **Morey, Henry Lee** (1841–1902): U.S. Representative from Ohio, 1881-1884, 1889-1891.
- **Morrow, Edwin Porch** (1877–1935): U.S. Representative from Kentucky, 1934; Governor of Kentucky, 1919-1923; U.S. Attorney for the Eastern District of Kentucky, 1911-1914.
- **Natcher, William Huston** (1909–1994): U.S. Representative from Kentucky, 1953-1994.
- **Neal, William Elmer** (1875–1959): U.S. Representative from West Virginia, 1953-1955, 1957-1959; Member of West Virginia State House of Delegates, 1951-1952.
- **Nicholson, Donald William** (1888–1968): U.S. Representative from Massachusetts, 1947-1959; Member of Massachusetts State House of Representatives, 1925-1926; Member of Massachusetts State Senate, 1927-1947.
- **Odell, Benjamin Barker Jr.** (1854–1926): U.S. Representative from New York, 1895-1899.
- **Owen, Emmett Marshall** (1877–1939): U.S. Representative from Georgia, 1933-1939; Member of Georgia State House of Representatives, 1902-1906.
- **Parks, Tilman Bacon** (1872–1950): U.S. Representative from Arkansas, 1921-1937; Member of Arkansas State House of Representatives, 1901-1904, 1909-1910.
- **Parsons, Claude VanCleve** (1895–1941): U.S. Representative from Illinois, 1930-1941.
- **Peterson, James Hardin** (1894–1978): U.S. Representative from Florida, 1933-1951.
- **Pettit, John Upfold** (1820–1881): U.S. Representative from Indiana, 1855-1861; Circuit Judge in Indiana, 1853-1854, 1873-1879; Member of Indiana State House of Representatives, 1844-1845, 1865; Speaker of the Indiana State House of Representatives, 1865.
- **Pfeiffer, William Louis** (1907–1985): U.S. Representative from New York, 1949-1951.
- **Rainey, Henry Thomas** (1860–1934): U.S. Representative from Illinois, 1903-1921, 1923-1934; Speaker of the U.S. House, 1933-1934.

- **Raker, John Edward** (1863–1926): U.S. Representative from California, 1911-1926; Superior Court Judge in California, 1905-1910.
- **Ramey, Frank Marion** (1881–1942): U.S. Representative from Illinois, 1929-1931.
- **Ramsey, John Rathbone** (1862–1933): U.S. Representative from New Jersey, 1917-1921.
- **Ramsay, Robert Lincoln** (1877–1956): U.S. Representative from West Virginia, 1933-1939, 1941-1943, 1949-1953.
- **Ramspeck, Robert C. Word** (1890–1972): U.S. Representative from Georgia, 1929-1945; Member of Georgia State House of Representatives, 1929-1931.
- **Randell, Choice Boswell** (1857–1945): U.S. Representative from Texas, 1901-1913.
- **Rathbone, Henry Riggs** (1870–1928): U.S. Representative from Illinois, 1923-1928.
- **Reed, Chauncey William** (1890–1956): U.S. Representative from Illinois, 1935-1956.
- **Rogers, Byron Giles** (1900–1983): U.S. Representative from Colorado, 1951-1971; Colorado State Attorney General, 1936-40; Member of Colorado State House of Representatives, 1931-1935; Speaker of the Colorado State House of Representatives, 1933.
- **Salmon, William Charles** (1868–1925): U.S. Representative from Tennessee, 1923-1925.
- **Sasscer, Lansdale Ghiselin** (1893–1964): U.S. Representative from Maryland, 1939-1953; Member of Maryland State Senate, 1922-1938.
- **Scott, Frank Douglass** (1878–1951): U.S. Representative from Michigan, 1915-1927; Member of Michigan State Senate, 1911-1914.
- **Sears, Willis Gratz** (1860–1949): U.S. Representative from Nebraska, 1923-1931; Member of Nebraska State House of Representatives, 1901-1904, 1905-1922, and 1933-1948.
- **Sebelius, Keith George** (1916–1982): U.S. Representative from Kansas, 1969-1981; Member of Kansas State Senate, 1962-1968.
- **Sirovich, William Irving** (1882–1939): U.S. Representative from New York, 1927-1939; President, Industrial National Bank, DNA.
- **Schiffler, Andrew Charles** (1889–1970): U.S. Representative from West Virginia, 1939-1941, 1943-1945.
- **Stubbs, Henry Elbert** (1881–1937): U.S. Representative from California, 1933-1937.
- **Sloss, Joseph Humphrey** (1826–1911): U.S. Representative from Alabama, 1871-1875; Member of Illinois State House of Representatives, 1858-1859.
- **Smith, John M. C.** (1853–1923), U.S. Representative from Michigan, 1911-21, 1921-23; and President, First National Bank of Charlotte, 1889-1923.
- **Sproul, Elliott Wilford** (1856–1935): U.S. Representative from Illinois, 1921-1931.
- **Swank, Fletcher B.** (1875–1950): U.S. Representative from Oklahoma, 1921-1929, 1931-1935; District Judge in Oklahoma 14th District, 1915-1920; Cleveland County Judge, 1911-14.
- **Tarver, Malcolm Connor** (1885–1960): U.S. Representative from Georgia, 1927-1947; Superior Court Judge in Georgia, 1917-1926; Member of Georgia State Senate, 1913-1914; Member of Georgia State House of Representatives, 1909-1912.
- **Taylor, Edward Thomas** (1858–1941): U.S. Representative from Colorado, 1909-1941; Member of Colorado State Senate, 1896-1908.
- **Taylor, James Alfred** (1878–1956): U.S. Representative from West Virginia, 1923-1927; Member of West Virginia State House of Delegates, 1917-1918, 1921-1922, 1931-1932, 1937-1938; Speaker of the West Virginia State House of Delegates, 1931-1932.
- **Thom, William Richard** (1885–1960): U.S. Representative from Ohio, 1933-1939, 1941-1943, 1945-1947.
- **Taylor, James Willis** (1880–1939): U.S. Representative from Tennessee, 1919-1939; Tennessee Insurance Commissioner, 1913-1914.
- **Tirrell, Charles Quincy** (1844–1910): U.S. Representative from Massachusetts, 1901-1910; Member of Massachusetts State Senate, 1881-1882; Member of Massachusetts State House of Representatives, 1872.
- **Traeger, William Isham** (1880–1935): U.S. Representative from California, 1933-1935.
- **Turpin, Charles Murray** (1878–1946): U.S. Representative from Pennsylvania, 1929-1937.
- **Tweed, William Magear** (1823–1878): U.S. Representative from New York, 1853-1855; Member of New York State Senate, 1868-1873.

- **Walter, Francis Eugene** (1894–1963): U.S. Representative from Pennsylvania, 1933-1963.
- **Weideman, Carl May** (1898–1972): U.S. Representative from Michigan, 1933-1935; Circuit Judge in Michigan, 1950-1967.
- **Weiss, Samuel Arthur** (1902–1977): U.S. Representative from Pennsylvania, 1941-1946; Member of Pennsylvania State House of Representatives, 1935-1939.
- **Willett, William Forte Jr.** (1869–1938): U.S. Representative from New York, 1907-1911.
- **Williamson, William Jr.** (1875–1972): U.S. Representative from South Dakota, 1921-1933; Circuit Judge in South Dakota, 1911-1921.
- **Wilson, Thomas Webber** (1893–1948): U.S. Representative from Mississippi, 1923-1929; U.S. District Judge for Virgin Islands, 1933-1935.
- **Whitley, James Lucius** (1872–1959): U.S. Representative from New York, 1929-1935; Member of New York State Senate, 1919-1928; Member of New York State Assembly, 1906-1910.
- **Wolcott, Jesse Paine** (1893–1969): U.S. Representative from Michigan, 1931-1957.
- **Woodruff, Roy Orchard** (1876–1953): U.S. Representative from Michigan, 1913-1915, 1921-1953.

州議会上院議員

- **Aaron, Nathan** (1905–1974): Member of Connecticut State Senate, 1945-1946.
- **Abbott, Sewall** (1859– DNA): Wester Member of New Hampshire State Senate, 1923-1925.
- **Ackroyd, Joseph** (1847–1915): Member of New York State Senate, 1907-1908.
- **Adams, Alfred Armstrong** (1865– DNA): Member of Tennessee State Senate, 1903-1905, 1911-1913; Member of Tennessee State House of Representatives, 1901-1902, 1929-1930.
- **Allen, Charles E.** (1865– DNA): Member of Nebraska State Senate, 1923, 1931, 1935.
- **Allen, George Whiting** (1854– DNA): Member of Florida State Senate, 1879-1883; U.S. Collector of Customs, 1897-1913.
- **Allen, Harmon Gustavus** (1866– DNA): Member of Maine State Senate, 1921-1922; Member of Maine State House of Representatives, 1919-1920, 1931-1932;

Organizer and Vice-President of Sanford National Bank, DNA.
- **Allen, Mark W.** (1877– DNA): Member of New York State Senate, 1923-1924.
- **Anthony, George Fort Donelson** (1862– DNA): Member of Illinois State Senate, 1895-1899.
- **Arbuckle, Richard Dean** (1926– DNA): Member of Iowa State Senate, 1971.
- **Arbuckle, Arlene** (1917–1989): Member of Pennsylvania State Senate, 1967-1980; Member of Pennsylvania State House of Representatives, 1959-1966.
- **Arnold, A. Otis** (1878–1941): Member of Illinois State Senate, 1941; Member of Illinois State House of Representatives, 1919-1929.
- **Ashworth, Ben H.** (1888– DNA): Member of West Virginia State Senate, 1925-1928; Circuit Judge in West Virginia, 1945.
- **Avis, John Boyd** (1875–1944): Member of New Jersey State Senate, 1906-1908; U.S. District Judge for New Jersey, 1929-1944; Speaker of the New Jersey State House of Assembly, 1904-1905; Member of New Jersey State House of Assembly, 1902-1905.
- **Bacon, Gaspar** (1886–1947): Griswold Member of Massachusetts State Senate, 1925-1932; Lieutenant Governor of Massachusetts, 1934; Director, Southern Railway Co., Eliot Savings Bank, DNA.
- **Bailey, Martin Brachall** (1858– DNA): Member of Illinois State Senate, 1901-1903, 1903-1905, 1909-1933; Member of Illinois State House of Representatives, 1894.
- **Bailey, Norman** (1859–1918): Member of Michigan State Senate, 1861-1862.
- **Bailey, Theodore Mead** (1862– DNA): Member of South Dakota State Senate, 1925-1926; Member of South Dakota State House of Representatives, 1921-1922.
- **Baldwin, Frank Elmer** (1870–1947): Member of Pennsylvania State Senate, 1909-1912, 1917-1932; Pennsylvania State Auditor General, 1933-1937.
- **Bangham, Arthur D.** (1859–1918): Member of Michigan State Senate, 1901-1904.
- **Bates, Stoddard Benham** (1862– DNA): Member of Vermont State Senate, 1923; Member of Vermont State House of Representatives, 1910.

- **Barber, Herbert Goodell** (1870–1947): Member of Vermont State Senate, 1912-1914; Member of Vermont State House of Representatives, 1908-1910, 1935-1937; Vermont State Attorney General, 1915-1919.
- **Barber, William Perry** (1907–1984): Member of Connecticut State Senate, 1943-1946; Superior Court Judge in Connecticut, 1964; and Mayor of Putnam, Connecticut, 1940.
- **Barton, Jesse Morton** (1870– DNA): Member of New Hampshire State Senate, 1916; Member of New Hampshire State House of Representatives, 1901-1902.
- **Baumes, Caleb** (1865–1937): Howard Member of New York State Senate, 1919-1930; Member of New York State Assembly, 1909-1913.
- **Baxter, Witter Johnston** (1816–1888): Member of Michigan State Senate, 1877-1878; Member of Michigan State Board of Education, 1857-1876, 1877-1881.
- **Beebe, M. Plin** (1881–1941): Member of South Dakota State Senate, 1915-1916.
- **Bennett, Thomas Warren** (1831–1893): Member of Indiana State Senate, 1859-1861, 1865-1867; General in the Union Army during the American Civil War.
- **Bentley, James Lynwood** (1904–1975): Member of Georgia State Senate, 1945-1946; Member of Georgia State House of Representatives, 1941-1944.
- **Barkley, James Robert** (1869–1948): Member of Iowa State Senate, 1945-1947.
- **Beardsley, William S.** (1901–1954): Member of Iowa State Senate, 1933-1941; Member of Iowa State House of Representatives, 1947-1948.
- **Bishop, Otto William** (1875–1966): Member of Michigan State Senate, 1935-1948.
- **Blake, Raymond** (1896–1984): Member of Vermont State Senate, 1965; Member of Vermont State House of Representatives, 1937-1939, 1959.
- **Blood, Robert Oscar** (1887–1975): Member of New Hampshire State Senate, 1937-1940; Member of New Hampshire State House of Representatives, 1935.
- **Boner, Floyd D.** (1878–1969): Member of West Virginia State Senate, 1945-1952.
- **Brereton, Henry E. H.** (1865–1957): Member of New York State Senate, 1927-1932; Member of New York State Assembly, 1911-1917.

- **Bright, William H.** (1863– DNA): Member of New Jersey State Senate, 1919-1927.
- **Brown, Thomas C.** (1870–1952): Member of New York State Senate, 1925-1930.
- **Buckley, Monroe Leer** (1905–1979): Member of Kentucky State Senate, 1936-1939; Member of Kentucky State House of Representatives, 1932-1933.
- **Burhans, Earl L.** (1883–1945): Member of Michigan State Senate, 1937-1942; Member of Michigan State House of Representatives, 1931-1934; Member of University of Michigan Board of Regents, 1942.
- **Burritt, Fred W.** (1875–1948): Member of Michigan State Senate, 1943-1948.
- **Burrows, Warren Booth** (1877–1952): Member of Connecticut State Senate, 1927-1928; Connecticut State Attorney General, 1931-1935; U.S. District Judge for Connecticut, 1928-1930; Member of Connecticut State House of Representatives, 1925-1926.
- **Burrus, John T.** (1877– DNA) Member of North Carolina State Senate, 1931-1935.
- **Busbee, Charles Manly** (1845–1909): Member of North Carolina State Senate, 1875-1876; Member of North Carolina State House of Representatives, 1885-1886; Postmaster at Raleigh, North Carolina, 1894-1898.
- **Bussey, Thomas H.** (1857–1937): Member of New York State Senate, 1911- 1914.
- **Butt, Festus Orestes** (1875–1972): Member of Arkansas State Senate, DNA; member of Arkansas State House of Representatives, DNA.
- **Buttrick, Allan Gordon** (1876– DNA): Member of Massachusetts State Senate, 1906; Member of Massachusetts State House of Representatives, 1904.
- **Buxton, Willis George** (1856– DNA): Member of New Hampshire State Senate, 1897-1898; Member of New Hampshire State House of Representatives, 1895.
- **Buzzell, Hodgdon C.** (1878– DNA): Member of Maine State Senate, 1925; Member of Maine State House of Representatives, 1919-1920.
- **Cammack, James William** (1869– DNA): Member of Kentucky State Senate, 1904-1907; Kentucky State Attorney General, 1927-1931; Circuit Judge in Kentucky, 1907-1916.
- **Carrigan, Charles E.** (1871– DNA): Member of

West Virginia State Senate, 1903-1906.

- **Casto, Boyd Cleo** (1892–1951): Member of West Virginia State Senate, 1939-1942.

- **Chapman, Maro Spaulding** (1839–1907): Member of Connecticut State Senate, 1885-1886; Member of Connecticut State House of Representatives, 1882.

- **Chernenko, John G.** (1924– DNA): Member of West Virginia State Senate, 1983- 1994.

- **Cherry, Robert Gregg** (1891–1957): Member of North Carolina State Senate, 1941-1943; Governor of North Carolina, 1945-1949; Member of North Carolina State House of Representatives, 1931-1940; Speaker of the North Carolina State House of Representatives, 1937; Mayor of Gastonia, North Carolina, 1919-1923.

- **Christensen, John** (1890–1970): Member of Connecticut State Senate, 1943; Member of Connecticut State House of Representatives, 1933-1942.

- **Clark, William Judson** (1825– DNA): Member of Connecticut State Senate, 1883-1884.

- **Cole, Ernest E.** (1871–1949): Member of New York State Senate, 1923-1926; New York Commissioner of Education, 1940; Member of New York State Assembly, 1920-1922.

- **Condon, Richard William** (1867– DNA): Member of Washington State Senate, 1905-1909, 1925-1930.

- **Cornen, Peter P.** (1815–1893): Member of Connecticut State Senate, 1867; Member of Connecticut State House of Representatives, 1871.

- **Coughanour, William Albert** (1851–1936): Member of Idaho State Senate, 1896.

- **Cox, Louis Sherburne** (1874 –DNA): Member of Massachusetts State Senate, 1906; Superior Court Judge in Massachusetts, 1918-1937.

- **Clark, Herbert Augustus** (1873– DNA): Member of Maine State Senate, 1921-1924.

- **Cram, Harry** (1871– DNA): Lorenzo Member of Maine State Senate, 1923-1926; Member of Maine State House of Representatives, 1921-1922.

- **Cranor, Ozro N.** (1855–1933): Member of Indiana State Senate, 1893-1895; Member of Indiana State House of Representatives, 1889.

- **Crisona, James J.** (1907–2003): Member of New York State Senate, 1955-1957; Justice of New York Supreme Court, 1959-1960; Borough President of Queens, New York, 1958-1959; and Member of New York State Assembly, 1946.

- **Crossley, James Judson** (1869–1957): Member of Iowa State Senate, 1900-1907; U.S. Attorney for the 4th District of Alaska Territory, 1909-1914; U.S. Attorney for the 3rd District of Alaska Territory, 1908-1909.

- **Culbert, Albert E.** (1862–1939): Member of Ohio State Senate, 1921-1922.

- **Culkin, William Edgar** (1861–1949): Member of Minnesota State Senate, 1895-1897.

- **Davenport, William Aiken** (1869– DNA): Member of Massachusetts State Senate, 1935-1936; Member of Massachusetts State House of Representatives, 1899-1900.

- **Davis, George Allen** (1858– DNA): Member of New York State Senate, 1896-1910.

- **Davis, Gilbert Asa** (1835– DNA): Member of Vermont State Senate, 1876-1878; Member of Vermont State House of Representatives, 1872-1876.

- **Davis, Marion Leslie** (1879– DNA): Member of North Carolina State Senate, 1911-1914; Member of North Carolina State House of Representatives, 1907-1908, 1915-1916.

- **Davison, Harold King** (1893– DNA): Member of New Hampshire State Senate, 1929-1930; Member of New Hampshire Governor's Council, 1939-1940; Municipal Judge in New Hampshire, 1940; Member of New Hampshire State House of Representatives, 1921-1928; Speaker of the New Hampshire State House of Representatives, 1927-1928.

- **Deal, Edson Hart** (1903–1967): Member of Idaho State Senate, 1941-1950; Secretary of State of Idaho, 1967; Lieutenant Governor of Idaho, 1951-1955.

- **Decker, Alpheus P.** (1887–1965): Member of Michigan State Senate, 1951-1954; Member of Michigan State House of Representatives, 1935-1950.

- **Dixon, George C.** (1810–1871): Member of Illinois State Senate, 1935-1943; Mayor of Dixon, Illinois, 1931-1934; Member of Illinois State House of Representatives, 1929-1931.

- **Donnelly, Philip Matthew** (1891–1961): Member of Missouri State Senate, 1925-1944; Member of Missouri State House of

Representatives, 1923-1924.

- **Duncan, Cullen Steger** (1889–1964): Member of Missouri State Senate, 1939-1942; Member of Missouri State House of Representatives, 1937-1938.
- **Eddy, Don J.** (1911– DNA): Member of West Virginia State Senate, 1943-1952; Circuit Judge in West Virginia, 1960-1969; Member of West Virginia State House of Delegates, 1941-1942.
- **Edwards, Albert Edwin** (1879– DNA): Member of Washington State Senate, 1937-1952; Member of Washington State House of Representatives, 1933-1936, 1955-1963.
- **Erickson, Edgar C.** (1895– DNA): Member of Massachusetts State Senate, 1933-1936.
- **Ewert, Adolph W.** (1865– DNA): Member of South Dakota State Senate, 1909-1910; South Dakota State Treasurer, 1913-1917.
- **Evans, William Franklin** (1883– DNA): Member of North Carolina State Senate, 1913-1914.
- **Fairbanks, Alfred Gerry** (1822–1896): Member of New Hampshire State Senate, 1893-1894; Member of New Hampshire State House of Representatives, 1881-1882; Hillsborough County Commissioner, 1883-1889.
- **Fancher, Isaac Alger** (1833– DNA): Member of Michigan State Senate, 1875-1876; Member of Michigan State House of Representatives, 1873-1874.
- **Farrington, Frank George** (1872–1933): Member of Maine State Senate, 1921-1924; Member of Maine State House of Representatives, 1917-1920; Speaker of the Maine State House of Representatives, 1919-1920.
- **Fehling, Edward William** (1880–1957): Member of Michigan State Senate, 1935-1938.
- **Fields, Harvey Goodwyn** (1884– unknown): Member of Louisiana State Senate, 1916-1920; Member of Louisiana Public Service Commission, 1927-1936; U.S. Attorney for the Western District of Louisiana, 1937-1945.
- **Floyd, Charles Miller** (1861–1923): Member of New Hampshire State Senate, 1899-1900; Member of New Hampshire Governor's Council, 1904.
- **Folsom, LeRoy Rowell** (1870–1951): Member of Maine State Senate, 1919-1922; Member of Maine Governor's Council, 1923-1927; Member

of Maine State House of Representatives, 1907.
- **Forsyth, Joseph H.** (1879– DNA): Member of New Jersey State Senate, 1927-1928.
- **Freehafer, Albertus LeRoy** (1868–1940): Member of Idaho State Senate, 1908; Member of Idaho State House of Representatives, 1906.
- **Freed, Tilghman A.** (1895– DNA): Member of Pennsylvania State Senate, 1951-1954; Member of Pennsylvania State House of Representatives, 1939-1940, 1943-1946.
- **Furbish, Harry Albert** (1867– DNA): Member of Maine State Senate, 1905-1906; Member of Maine State House of Representatives, 1903-1904, 1919-1920.
- **Garcelon, Donald Dean Frye** (1880–1960): Member of Maine State Senate, 1921-1922; Member of Maine State House of Representatives, 1917-1920.
- **Gansser, Augustus Herbert** (1872–1951): Member of Michigan State Senate, 1915-1918, 1923-1932; Member of Michigan State House of Representatives, 1911-1912.
- **Gardner, Oliver Max** (1882–1947): Member of North Carolina State Senate, 1911-1912, 1915-1916; Lieutenant Governor of North Carolina, 1917-1921.
- **Gaskill, Job Hillman** (1804–1886): Member of New Jersey State Senate, 1868-1870; Member of New Jersey State House of Assembly, 1854.
- **Gibbs, Joshua Preston** (1868–1947): Member of North Carolina State Senate, 1935; Member of North Carolina State House of Representatives, 1921-1922.
- **Gibson, Benjamin Joseph** (1881–1949): Member of Iowa State Senate, 1916-1918; Iowa State Attorney General, 1921-1927.
- **Grant, Wilbur Gill** (1906–1964): Member of South Carolina State Senate, 1943-1964; Member of South Carolina State House of Representatives, 1935-1938, 1941-1942.
- **Green, William** (1872–1952): Member of Ohio State Senate, 1911-1915.
- **Grimes, William C.** (1876– DNA): Member of West Virginia State Senate, 1909-1912.
- **Gunning, Thomas P.** (1882–1943): Member of Illinois State Senate, 1931-1943.
- **Gladstone, Louis I.** (1927– DNA): Member of Connecticut State Senate, 1959-1961.
- **Grosvenor, Ebenezer Oliver** (1820–1910):

Member of Michigan State Senate, 1859-1860, 1863-1864; Member of University of Michigan Board of Regents, 1880-1887; Michigan State Treasurer, 1867-1870; Lieutenant Governor of Michigan, 1865-1866.
- **Hagaman, Harry T.** (1869–1952): Member of New Jersey State Senate, 1920-1922; Member of New Jersey State House of Assembly, 1917-1919.
- **Hager, Philip Jr.** (1872–1966): Member of West Virginia State Senate, 1921-1924.
- **Haigis, John William** (1881–1960): Member of Massachusetts State Senate, 1915-1916, 1923-1926; Trustee of the University of Massachusetts, 1940-1956; Massachusetts State Treasurer, 1929-1930; Member of Massachusetts State House of Representatives, 1909-1912.
- **Haines, William Thomas** (1854–1919): Member of Maine State Senate, 1889-1893; Maine State Attorney General, 1897-1900; Member of Maine State House of Representatives, 1895.
- **Haley, Cornelius F.** (1875– DNA): Member of Massachusetts State Senate, 1927-1936; Member of Massachusetts State House of Representatives, 1919-1920.
- **Hall, Othniel D.** (1902–1983): Member of West Virginia State Senate, 1943-1946; Member of West Virginia State House of Delegates, 1941-1942, 1959-1960.
- **Hamlin, Howard Hutchins** (1902– DNA): Member of New Hampshire State Senate, 1937-1939.
- **Halliburton, Wesley** (1822–1890): Member of Missouri State Senate, 1883-1886.
- **Hannah, William Johnson** (1867– DNA): Member of North Carolina State Senate, 1913-1914.
- **Hansen, Harry W.** (1884– DNA): Member of Colorado State Senate, 1929-1932.
- **Hanmer, William E.** (1879–1966): Member of Connecticut State Senate, 1945-1946; Member of Connecticut State House of Representatives, 1941-1944.
- **Harmer, Hardin Roads** (1899–1963): Member of West Virginia State Senate, 1943-1948.
- **Harmer, Harvey Walker** (1865–1961): Member of West Virginia State Senate, 1901-1904, 1919-1922; Member of West Virginia State House of Delegates, 1895-1896, 1929-1930, 1943-1948.
- **Hatcher, Glenn D.** (1905– DNA): Member of West Virginia State Senate, 1961-1968; Member of West Virginia State House of Delegates, 1957-1958.
- **Helgerson, Gustav Holden** (1875–1965): Member of South Dakota State Senate, 1913-1914; South Dakota State Treasurer, 1917-1921; Member of South Dakota State House of Representatives, 1909-1912.
- **Higgins, George Neil** (1900–1982): Member of Michigan State Senate, 1945-1946, 1949-1954; Member of Michigan State House of Representatives, 1939-1944.
- **Hill, John Sprunt** (1869– DNA): Member of North Carolina State Senate, 1933-1935.
- **Hoke, Joseph Thatcher** (1835– DNA): Member of West Virginia State Senate, 1867-1869; Member of West Virginia State House of Delegates, 1887-1888; U.S. Consul in Windsor, 1897-1907.
- **Hughes, Harold B.** (1911–1997): Member of Michigan State Senate, 1961-1964.
- **Ingersoll, John Nathaniel** (1817–1881): Member of Michigan State Senate, 1861-1862; Member of Michigan State House of Representatives, 1849, 1869-1870.
- **Isler, Samuel W.** (1882– DNA): Member of Indiana State Senate, 1943-1944.
- **Jamiel, Morphis A.** (1921–2013): Member of Rhode Island State Senate, DNA; Member of Rhode Island State House of Representatives, DNA.
- **Johnson, Davis B.** (1880– DNA): Member of Ohio State Senate, 1929.
- **Jones, Edward E.** (1867– DNA): Member of Pennsylvania State Senate, 1917-1924; Member of Pennsylvania State House of Representatives, 1907-1909.
- **Kahle, I. Dana** (1875– DNA): Member of Pennsylvania State Senate, 1935-1938; Member of Pennsylvania State House of Representatives, 1927-1931.
- **Kahlo, Charles** (1840– DNA), Member of Indiana State Senate, 1879-1881.
- **Kaley, Frank E.** (1856– DNA), Member of New Hampshire State Senate, 1901-1902; Member of New Hampshire Governor's Council, 1903.
- **Karickhoff, Orton R.** (1905– DNA): Member of West Virginia State Senate, 1947-1950;

296　第25章

Member of West Virginia State House of Delegates, 1972.

- **Karcher, Horatio S.** (1868–1939): Member of Michigan State Senate, 1923-1928.
- **Keeler, Edwin Olmstead** (1846–1923): Member of Connecticut State Senate, 1897-1900; Lieutenant Governor of Connecticut, 1901-1903; Member of Connecticut State House of Representatives, 1893-1896.
- **Kelso, Daniel** (1803–1857): Member of Indiana State Senate, 1842-1843; Member of Indiana State House of Representatives, 1833-1835, 1848-1849.
- **Kendall, Robert C.** (1819–1869): Member of Indiana State Senate, 1851-1852.
- **Kenrick, John** (1857– DNA): Member of Massachusetts State Senate, 1893-1894; Member of Massachusetts State House of Representatives, 1891.
- **Kent, James V.** (1847–1918): Member of Indiana State Senate, 1877-1879; Circuit Judge in Indiana, 1896-1902.
- **Keyes, Otis McCullough** (1854–1937): Member of Indiana State Senate, 1899-1901; Member of Indiana State House of Representatives, 1905.
- **Knerr, Edwin J.** (DNA): Member of Rhode Island State Senate, 1911.
- **Knight, John** (1871– DNA): Member of New York State Senate, 1917-1931; Federal Judge, 1931.
- **Laughlin, Edward E.** (1887– DNA): Member of Illinois State Senate, 1937-1941, 1943-1953; Member of Illinois State House of Representatives, 1935-1937.
- **Lewis, John Nelson** (1847– DNA): Member of Connecticut State Senate, 1897; Member of Connecticut State House of Representatives, 1889, 1891.
- **Lewis, Griffith Walker** (1863– DNA): Member of New Jersey State Senate, 1910-1912; President, G.W. Lewis & Son, DNA; President, Burlington Electric Light & Power Co., DNA; Member of New Jersey State House of Assembly, 1907-1909.
- **Lewis, John Nelson** (1847– DNA): Member of Connecticut State Senate, 1897; Member of Connecticut State House of Representatives, 1889, 1891.
- **Liebowitz, Simon J.** (1906–1998): Member of New York State Senate, 1960-1968.

- **Lindsley, Myron Plato** (1825–1883): Member of Wisconsin State Senate, 1873-74.
- **Loder, LeRoy W.** (1883– DNA): Member of New Jersey State Senate, 1932-1934; Judge of the Common Pleas Court in New Jersey, 1914-1919.
- **Lowry, John Augusta Way Jr.** (1848–1899): Member of Louisiana State Senate, 1893.
- **Love, Thomas Bell** (1870–1948): Member of Texas State Senate, 1927-1930; Texas Commissioner of Insurance and Banking, 1907-1910; Member of Texas State House of Representatives, 1902-1907; Speaker of the Texas State House of Representatives, 1906-1907.
- **Lusk, Clayton Riley** (1872– DNA): Member of New York State Senate, 1919-1924.
- **MacKay, John D.** (1913– DNA): Member of Massachusetts State Senate, 1930-1936.
- **Magness, James M.** (1872– DNA): Member of South Dakota State Senate, 1933-1934.
- **Maine, Ernest Orrin** (1890–1977): Member of Rhode Island State Senate, 1949-1957; and a member of Rhode Island State House of Representatives, 1947-1949;
- **Mallery, Charles R.** (1888– DNA): Member of Pennsylvania State Senate, 1935-1962.
- **Marsden, Arthur** (1880– DNA): Willard Member of Connecticut State Senate, 1911-1912, 1919-1920; Member of Connecticut State House of Representatives, 1909-1910, 1913-1918, 1921-1922.
- **Martin, Alpheus** (1873–1941): Member of West Virginia State Senate, 1939-1941; Member of West Virginia State House of Delegates, 1935-1938.
- **Martin, Vincent A.** (1870– DNA): Member of Michigan State Senate, 1917-1918, 1925-1928.
- **Miles, Charles Gardner** (1879– DNA): Member of Massachusetts State Senate, 1933-1936.
- **McAllister, Frank Winton** (1873–1948): Member of Missouri State Senate, 1905-1912; Missouri State Attorney General, 1917-1921.
- **McBride, Claude B.** (1883– DNA): Member of Indiana State Senate, 1935-1942.
- **McCulty, Roy L.** (1889– DNA): Member of West Virginia State Senate, 1957-1960; Member of West Virginia State House of Delegates, 1943-1954.
- **McDougall, John E.** (1860– DNA): Member of

注目すべき団員たち **297**

South Dakota State Senate, 1903-1904; Lieutenant Governor of South Dakota, 1905-1907; Member of South Dakota State House of Representatives, 1901-1902.
- **McRae, Duncan** (1869– DNA): Member of Michigan State Senate, 1917-1922.
- **Moore, Andrew L.** (1870–1935): Member of Michigan State Senate, 1933-1935.
- **Moyse, George G.** (1878– DNA): Member of Massachusetts State Senate, 1925-1936; Member of Massachusetts State House of Representatives, 1920-1924.
- **Mumford, Earl Milham** (1889– DNA): Member of South Dakota State Senate, 1933-1936; Member of South Dakota State House of Representatives, 1923-1924.
- **Nason, Arthur Leroy** (1872– DNA): Member of Massachusetts State Senate, 1910-12, 1919-20; and a member of Massachusetts State House of Representatives, 1906-09, 1917-18.
- **Newton, Charles** (1861– DNA): Damon Member of New York State Senate, 1915-1918; New York State Attorney General, 1919-1922.
- **Newton, Frank T.** (1867–1931): Member of Michigan State Senate, 1909-1912.
- **Nuckols, Jack A.** (1912– DNA): Member of West Virginia State Senate, 1952-1961.
- **Nutting, Edward H.** (1869– DNA): Member of Massachusetts State Senate, 1931-1936; Member of Massachusetts State House of Representatives, 1913, 1915-1916, 1918, 1923-1930.
- **Owlett, G. Mason** (1892–1956): Member of Pennsylvania State Senate, 1933-1940.
- **Oyler, Samuel Petitt** (1819–1898): Member of Indiana State Senate, 1865-1867; Circuit Judge in Indiana, 1869-1870.
- **Parker, Otey Roy** (1902–1991): Member of West Virginia State Senate, 1955-1966.
- **Payne, Abner Clinton** (1871– DNA): Member of North Carolina State Senate, 1913-1914.
- **Pinkerton, Alfred S.** (1856–1922): Member of the Massachusetts State Senate and 58th President of the Massachusetts Senate, 1892-1893; Grand Master of the Grand Lodge of Massachusetts of the IOOF, 1888-1889; Grand Sire of The Sovereign Grand Lodge of the IOOF, 1898-1899.
- **Phelps, Charles** (1852–1940): Member of Connecticut State Senate, 1893-1894; Tolland County State's Attorney, 1904-1915; Connecticut State Attorney General, 1899-1903; Secretary of State of Connecticut, 1897-1899; Member of Connecticut State House of Representatives, 1885.
- **Purkitt, Claude Fouts** (1875–1930): Member of California State Senate, 1914-1922; Superior Court Judge in California, 1921-1928.
- **Penney, Harvey A.** (1866– DNA): Member of Michigan State Senate, 1917-1926; Member of Michigan State House of Representatives, 1915-1916.
- **Peterson, William R.** (1894–1992): Member of Connecticut State Senate, 1947-1949; Member of Connecticut State House of Representatives, 1939-1943.
- **Pierce, Albert** (1876– DNA): Member of Massachusetts State Senate, 1935-1936.
- **Pilgrim, Charles Clarke** (1874– DNA): Member of New Jersey State Senate, 1918-20; a member of New Jersey State House of Assembly, 1915-16; Speaker of the New Jersey State House of Assembly, 1916.
- **Potter, William W.** (1869–1940): Member of Michigan State Senate, 1899-1900.
- **Prall, Horace Griggs** (1881–1951): Member of New Jersey State Senate, 1928-1936; Member of New Jersey State House of Assembly, 1926-1927.
- **Pulver, Seth Quarles** (1879–1943): Member of Michigan State Senate, 1927-1928; Member of Missouri State House of Representatives, 1933-1934.
- **Quinn, William Merrill** (1886–1958): Member of Missouri State Senate, 1935-1958.
- **Rankin, George Jr.** (1869–1949): Member of Pennsylvania State Senate, 1935-1938.
- **Reed, Carl B.** (1873– DNA): Member of Iowa State Senate, 1919-1926; District Judge in Iowa, 1926-1933.
- **Reed, Perry A. C.** (1871– DNA): Member of Nebraska State Senate, 1919-1933; Member of Nebraska State House of Representatives, 1917.
- **Riggen, John Clarence** (1882–1946): Member of Missouri State Senate, 1943-1946.
- **Ritch, William Gillett** (1830–1904): Member of Wisconsin State Senate, 1867; Secretary of New Mexico Territory, 1880.
- **Rogers, John I.** (1910–1994): Member of West

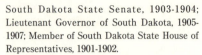

Virginia State Senate, 1969-1972; Member of West Virginia State House of Delegates, 1939-1948, 1951-1954.

- **Sarraf, George J.** (1901–1966): Member of Pennsylvania State Senate, 1956-1966; Member of Pennsylvania State House of Representatives, 1935-1956.
- **Saylor, Henry D.** (1857– DNA): Member of Pennsylvania State Senate, 1895-1898; U.S. Consul in Matanzas, 1898-1899.
- **Sayre, Bradford** (1912– DNA): Member of West Virginia State Senate, 1955-1957, 1969-1972; Member of West Virginia State House of Delegates, 1945-1950.
- **Searcy, Lemuel Newland** (1882–1944): Member of Missouri State Senate, 1927-1930, 1935-1942.
- **Sexton, Jesse Dewitt** (1885– unknown): Member of Missouri State Senate, 1937-1948.
- **Sharpe, William R. Jr.** (1928–2009): Member of the West Virginia State Senate, 1960–1980, 1984–2009.
- **Sherill, Miles Osborne** (1841– DNA): Member of North Carolina State Senate, 1885-1886, 1893-1894; Member of North Carolina State House of Representatives, 1882-1883.
- **Smith, Frank A.** (1876–1947): Member of Michigan State Senate, 1931-1932; Member of Michigan State House of Representatives, 1915-1924.
- **Smith, Jacob David** (1870–1945): Member of West Virginia State Senate, 1929-1932.
- **Snow, George W.** (1842–1927): Member of South Dakota State Senate, 1889-1890, 1899-1900; Lieutenant Governor of South Dakota, 1901-1905.
- **Snyder, L. B.** (1893–1964): Member of West Virginia State Senate, 1937-1940.
- **Sones, Charles Wesley** (1859–1944): Member of Pennsylvania State Senate, 1911-1930, 1933-1938.
- **Spears, Jacob Franklin Sr.** (1899–1946): Member of Texas State Senate, 1937-1946; Member of Texas State House of Representatives, 1934-1936.
- **Stacy, Ted T.** (1923– DNA): Member of West Virginia State Senate, 1983-1986; Member of West Virginia State House of Delegates, 1959-1960, 1969-1970, 1973-1979.
- **Straight, Henry E.** (1864–1945): Member of

Michigan State Senate, 1913-1916; Member of Michigan State House of Representatives, 1909-1912.

- **Talbott, Richard Edward** (1867–1949): Member of West Virginia State Senate, 1915-1918; West Virginia State Treasurer, 1933.
- **Taft, Arthur M.** (1854– DNA): Member of Massachusetts State Senate, 1906-1907; Member of Massachusetts State House of Representatives, 1901-1906.
- **Taft, Herbert James** (1860– DNA): Member of New Hampshire State Senate, 1905-1906; Member of New Hampshire State House of Representatives, 1890-1891.
- **Taylor, Walter Ross** (1858– DNA): Member of Michigan State Senate, 1909-1912, 1915-1916.
- **Thompson, Edward Jackson** (1901– unknown): Member of Pennsylvania State Senate, 1935-1938.
- **Thompson, George L.** (1864–1941): Member of New York State Senate, 1915-1941; Member of New York State Assembly, 1909-1910, 1912.
- **Town, Calvin Jay** (1875–1942): Member of Michigan State Senate, 1933-1942; Member of Michigan State House of Representatives, 1919-1924, 1927-1928.
- **Tuttle, Arthur J.** (1868–1944): Member of Michigan State Senate, 1907-1910; U.S. District Judge for the Eastern District of Michigan, 1912-1944; U.S. Attorney for the Eastern District of Michigan, 1911-1912; President, Peoples Bank of Leslie, DNA.
- **Wallace, William Luxon** (1889–1974): Member of Kentucky State Senate, 1921-1924.
- **Walsh, James F.** (1864– DNA): Member of Connecticut State Senate, 1903-1904, 1907-1908; Speaker of the Connecticut State House of Representatives, 1919-20; a member of Connecticut State House of Representatives, 1901-1902, 1919-1920; Connecticut State Treasurer, 1905-1907.
- **Ward, David Elmer** (1909– DNA): Member of Florida State Senate, 1939-1942.
- **Watson, De Vere** (1893–1982): Member of Iowa State Senate; 1940, 1944.
- **Webb, Nathan** (1808– unknown): Member of Michigan State Senate, 1861-1862.
- **Webber, William L.** (1825–1901): Member of Michigan State Senate, 1875.
- **Wemple, William W.** (1862– DNA): Member of

New York State Senate, 1907-1908; Member of New York State Assembly, 1903-1906.

- **Wesselius, Sybrant** (1859–1926): Member of Michigan State Senate, 1889.
- **Wheeler, Edward Warren** (1876– DNA): Member of Maine State Senate, 1909-1910; Member of Maine Governor's Council, 1913-14.
- **White, Blanchard H.** (1864– DNA): Member of New Jersey State Senate, 1913-1915, 1920-1921; Member of New Jersey State House of Assembly, 1910-1912.
- **White, Mont Z.** (1872– DNA): Member of West Virginia State Senate, 1911-1914, 1923-1934; President of the West Virginia State Senate, 1925-1932.
- **Wilkins, Aaron Milton** (1854–1910): Member of New Hampshire State Senate, 1903-1904.
- **Wilson, Allen Crane Tibbetts** (1866– DNA): Member of Maine State Senate; Member of Maine State House of Representatives, 1919-1922.
- **Williams, Ralph D.** (1928– DNA): Member of West Virginia State Senate, 1971-1986.
- **Wiseman, Perry N.** (1869– DNA): Member of West Virginia State Senate, 1929-1936.
- **Wolff, Joseph C.** (1849– unknown): Member of New York State Senate, 1894-1895; Member of New York State Assembly, 1893.
- **Woodruff, Ari Harrison** (1888– DNA): Member of Michigan State Senate, 1925-1932; Member of Michigan State House of Representatives, 1915-1924.
- **Wragg, Samuel H.** (1882– DNA): Member of Massachusetts State Senate, 1925-1936; Member of Massachusetts State House of Representatives, 1919-1924.
- **Wright, George W.** (18720– DNA): Member of South Dakota State Senate, 1911-1914.

州議会下院議員

- **Agens, Martyn Livingston** (1855–1909): Member of Michigan State House of Representatives, 1905-1909.
- **Alexander, Cassius L.** (1875– DNA): Member of Pennsylvania State House of Representatives, 1915-1916.
- **Amerson, Harvey Sandburg** (1875–1943): Member of Michigan State House of Representatives, 1911-1912.
- **Ames, Albert Alonzo** (1842–1911): Member of

Minnesota State House of Representatives, 1867.

- **Allan, George Herman** (1861– DNA): Member of Maine State House of Representatives, 1901-1903, 1914, 1919-1920.
- **Allmon, Ray N.** (1918–2004): Member of Missouri State House of Representatives, 1965.
- **Allred, Linville H.** (1876–1965): Member of North Carolina State House of Representatives, 1911-1914.
- **Anderson, Andrew F.** (1857– DNA): Member of Michigan State House of Representatives, DNA.
- **Anderson, Louis Edwin** (1884–1955): Member of Michigan State House of Representatives, 1929-1932, 1941-1954.
- **Atwater, Clifford J.** (1858– DNA): Member of Connecticut State House of Representatives, 1898-1900.
- **Austin, Charles W.** (1869– DNA): Member of Michigan State House of Representatives, 1909-1912.
- **Bacon, John Lement** (1862– DNA): Member of Vermont State House of Representatives, 1892, 1908; and Vermont State Treasurer, 1898-1906.
- **Bailey, Alanson Cooper** (1850– DNA): Member of New Hampshire State House of Representatives, 1895-1897.
- **Bates, John Lewis** (1859–1946): Member of Massachusetts State House of Representatives, 1894-1899; Speaker of the Massachusetts State House of Representatives, 1897-1899.
- **Becker, Christian** (1851–1917): Member of Pennsylvania State House of Representatives, 1913-16.
- **Bennett, John William** (1865– DNA): Member of Georgia State House of Representatives, 1892-1896.
- **Bennett, Silas J.** (1874– unknown): Member of North Carolina State House of Representatives, 1913-1914.
- **Boe, Nils Andreas** (1913–1992): Member of South Dakota State House of Representatives, 1951-1958; Speaker of the South Dakota State House of Representatives, 1955-1958.
- **Boutwell, Harvey Lincoln** (1860– DNA): Member of Massachusetts State House of

Representatives, 1895-1898.

- **Bowie, Thomas C.** (1876– DNA): Member of North Carolina State House of Representatives, 1909-1910, 1913-1916, 1921-1922.
- **Boyd, Berl** (1896– DNA): Member of Kentucky State House of Representatives, 1922.
- **Boyd, James P.** (1869–1964): Member of Missouri State House of Representatives, 1911-1916, 1945-1950; Speaker of the Missouri State House of Representatives, 1915-1916.
- **Bragdon, William H.** (1868– DNA): Member of Maine State House of Representatives, 1919-22.
- **Briggs, Alexander B.** (1850– DNA): Member of Rhode Island State House of Representatives, 1887-1888.
- **Brooks, John B.** (1871– DNA): Member of Pennsylvania State House of Representatives, 1898-1899.
- **Burkett, Franz Upham** (1887– DNA): Member of Maine State House of Representatives, 1931-1932; Maine State Attorney General, 1937-1940.
- **Burrows, Robert O. Sr.** (1899– DNA): Member of Iowa State House of Representatives, 1951.
- **Butler, Luna Ermal** (1904–1970): Member of Missouri State House of Representatives, 1945-1952, 1955-1960, 1963-1966.
- **Cahill, Horace Tracy** (1894–1976): Member of Massachusetts State House of Representatives, 1928; Lieutenant Governor of Massachusetts, 1939-1945.
- **Cameron, Colin J.** (1879–1958): Member of Massachusetts State House of Representatives, 1936.
- **Carlton, Pritchard Sylvester** (1878– DNA): Member of North Carolina State House of Representatives, 1913-1914.
- **Carroll, Howard Robert** (1907–2000): Member of Michigan State House of Representatives, 1943-1944, 1947-54; Circuit Judge in Michigan, 1956-1977.
- **Carroll, John H.** (1849– DNA): Member of South Dakota State House of Representatives, 1903-1908.
- **Carter, William A.** (1874– DNA): Member of Oregon State House of Representatives, 1901;
- **Casey, Mike** (1899– DNA): Member of West

Virginia State House of Representatives, 1939-1952, 1959-1968.
- **Catlin, Ashmon H.** (1869–1955): Member of Michigan State House of Representatives, 1911-1914.
- **Cherry, Edgar** (1865– DNA): Manning Member of Maine State House of Representatives, DNA.
- **Chew, Jacob E.** (1863– DNA): Member of Michigan State House of Representatives, 1917-20.
- **Clark, G. T.** (1905– DNA): Member of Iowa State House of Representatives, 1950.
- **Clark, B.** (1927– DNA): Member of Michigan State House of Representatives, 1965-1972.
- **Chastain, Robert E.** (1890– DNA): Member of Georgia State House of Representatives, 1941-1942, 1945-1946, 1949-1950, 1953-1956.
- **Conary, Wiley C.** (1880– DNA): Member of Maine State House of Representatives, 1917-1920.
- **Corn, Russell** (1903-1973): Member of Missouri State House of Representatives, 1947-1962. Mayor of Willow Springs, Missouri, DNA.
- **Cornwell, John Lee** (1872– DNA): Member of North Carolina State House of Representatives, 1911-1914.
- **Cornick, Raymond** (1889– DNA): Member of Iowa State House of Representatives, 1950.
- **Cooper, Clyde Eugene** (1885–1963): Member of Michigan State House of Representatives, 1947-1960.
- **Crabbe, Charles C.** (1878– DNA): Member of Ohio State House of Representatives, 1918-1922; Ohio State Attorney General, 1923-27.
- **Christensen, Parley Parker** (1869– DNA): Member of Utah State House of Representatives, 1910-1912.
- **Cruce, W. D. "Bill"** (1904–1972): Member of Missouri State House of Representatives, 1947-1952.
- **Daniels, William Taylor** (1874–1951): Member of Iowa State House of Representatives, 1911-1914.
- **Deadman, Richard Hector** (1872–1962): Member of Michigan State House of Representatives, 1939-1950.
- **Denman, Harris Edward** (1859–1944): Member of Ohio State House of Representatives, 1913-1914.

注目すべき団員たち　　301

- **Darin, Frank Peter** (1899–1958), Member of Michigan State House of Representatives, 1925-1932.
- **Davis, William Raymond** (1877– DNA): Member of Ohio State House of Representatives, 1913-1914.
- **Dempster, Charles W.** (1879–1941): Member of Montana State House of Representatives, 1901-1902; and a member of California State Assembly, 1931-1934.
- **Devin, William Augustus** (1871– DNA): Member of North Carolina State House of Representatives, 1911-1914.
- **Dodge, Frank L.** (1853–1929): Member of Michigan State House of Representatives, 1883-1886;
- **Dows, William Greene** (1864–1926): Member of Iowa State House of Representatives, 1897-1899.
- **DeMunbrun, L. A.** (DNA): Member of Kentucky State House of Representatives, 1946.
- **Dunsmore, Andrew B.** (1866–1938): Member of Pennsylvania State House of Representatives, 1905-1909.
- **Dusenbury, Frank H.** (1878– DNA): Member of Michigan State House of Representatives, 1923-1932, 1935-1949;
- **Duvall, Milton Francis** (1896–1990): Member of Missouri State House of Representatives, 1945-1952
- **Early, John Levering** (1896–1999): Member of Florida State House of Representatives, 1933-1939; Municipal Judge in Florida, 1944-1946.
- **Early, Samuel St. Clair** (1824–1882): Member of Indiana State House of Representatives, 1857-1859.
- **Eastman, Charles Sumner** (1864–1939): Member of South Dakota State House of Representatives, 1907-1908.
- **Edwards, William Kirkpatrick** (1820–1878): Member of Indiana State House of Representatives, 1846-1851, 1859, 1873; Speaker of the Indiana State House of Representatives, 1873.
- **Ehringhaus, John Christoph Blucher** (1882–1949): Member of North Carolina State House of Representatives, 1905-1908.
- **Fairbanks, George Chandler** (1852–1931): Member of Massachusetts State House of Representatives, 1909.
- **Farquhar, J. S. N.** (1881– DNA): Member of Missouri State House of Representatives, 1921-1922, 1945-1950.
- **Feighner, Len W.** (1862–1948): Member of Michigan State House of Representatives, 1929-1932.
- **Fernald, Roy Lynde** (1901– DNA): Member of Maine State House of Representatives, 1931-1932.
- **Foote, David** (1897–1973): Member of Wyoming State House of Representatives, 1939, 1943-1951.
- **Forney, Alva Clark** (1871–1956): Member of South Dakota State House of Representatives, 1921-1924; Lieutenant Governor of South Dakota, 1925-1927.
- **Gardiner, William Tudor** (1892–1953): Member of Maine State House of Representatives, 1921-1926; Speaker of the Maine State House of Representatives, 1925-1926.
- **Gerber, Fredrick Jr.** (1870–1941): Member of South Dakota State House of Representatives, 1919-1922
- **Gillespie, L. G.** (1875– DNA): Member of Nebraska State House of Representatives, 1935-1936.
- **Gmelich, Jacob Friedrich** (1839–1914): Member of Missouri State House of Representatives, 1895-1896; Lieutenant Governor of Missouri, 1909-1913; Missouri State Treasurer, 1905-1909.
- **Greeley, Horace Wesley** (1857– DNA): Member of Maine State House of Representatives, 1919-1920.
- **Greene, Luther D.** (1867–1959): Member of Missouri State House of Representatives, 1945-1950.
- **Griffin, Mallie Asa** (1869– DNA): Member of North Carolina State House of Representatives, 1913-1914.
- **Haight, Charles F.** (1865–1954): Member of Michigan State House of Representatives, 1923-1932, 1935-1936; Municipal Judge in Michigan, 1911-18.
- **Haley, Addison E.** (1844– DNA): Member of Maine State House of Representatives, 1873.
- **Hallock, Edwin** (1840– DNA): Member of Connecticut State House of Representatives, 1897-1898, 1903-1906.

- **Hamilton, Robert K.** (1905–1986): Member of the Pennsylvania State House of Representatives, 1941-1946, 1949-1972; Speaker of the Pennsylvania House of Representatives, 1965-1966.
- **Harrington, Ralph Earl** (1881– DNA): Member of Nebraska State House of Representatives, 1923-1926.
- **Hankins, Dewey Love** (1898–1976): Member of Missouri State House of Representatives, 1956.
- **Hays, J. O.** (1882 DNA): Member of Missouri State House of Representatives, 1947-1948.
- **Hazlewood, Lee** (1819–1887): Member of Indiana State House of Representatives, 1881.
- **Heal, William Arthur** (1867 DNA): Member of Maine State House of Representatives, 1921-1922.
- **Hill, Austin** (1917– DNA): Member of Missouri State House of Representatives, 1947-1954.
- **Hinton, James Sidney** (1834–1892): Member of Indiana State House of Representatives, 1881.
- **Hutchinson, William O.** (1880– DNA): Member of Vermont State House of Representatives, 1910.
- **Jakway, James Jencks** (1862-1949): Member of Michigan State House of Representatives, 1913-1914.
- **Jewett, Victor Francis** (1881-DNA): Member of Massachusetts State House of Representatives, 1913-1932.
- **Kelley, John Inzer** (1891– DNA): Member of Georgia State House of Representatives, 1925-1926.
- **Kennedy, Peter** (1829–1903): Member of Indiana State House of Representatives, 1875.
- **Kercheval, Samuel Edward** (1847–1910): Member of Indiana State House of Representatives, 1887.
- **Kruse, John D.** (1893–1971): Member of Michigan State House of Representatives, 1943-1954.
- **Kelly, John Tillmon** (1860– DNA): Member of Indiana State House of Representatives, 1895.
- **Kennedy, Peter** (1829–1903): Member of Indiana State House of Representatives, 1875.
- **Kenner, James B.** (1846–1910): Member of Indiana State House of Representatives, 1881.
- **Kircher, Fred L.** (1891–1960): Member of Michigan State House of Representatives, 1939-1946.
- **Kistler, Clarence E.** (1869–1947): Member of Michigan State House of Representatives, 1917-1918, 1929-1932.
- **Knaggs, Daniel A.** (1887–1957): Member of Michigan State House of Representatives, 1943-1944.
- **Jackman, Ernest Eugene** (1884– DNA): Member of Nebraska State House of Representatives, 1927-1931.
- **Foster, Henry Clay** (1843–1890): Member of Georgia State House of Representatives, 1870-1872.
- **Frazer, William Defrees** (1849– DNA): Member of Indiana State House of Representatives, 1881-1883.
- **Flansburg, Leonard A.** (DNA): Member of Nebraska State House of Representatives, 1917.
- **Gillespie, L. G.** (1875– DNA): Member of Nebraska State House of Representatives, 1935-1936.
- **Griffin, Elihu** (1830–1887), Member of Indiana State House of Representatives, 1859.
- **Ginsburg, Bernard** (1898– DNA): Member of Massachusetts State House of Representatives, 1925-1926, 1929-1930.
- **Grossman, Joseph B.** (1892–1990): Member of Massachusetts State House of Representatives, 1927-28; and member of Massachusetts Governor's Council, 1933-36.
- **Halsted, Charles L.** (1894–1968), Member of Minnesota State House of Representatives, 1937-1947.
- **Harrington, Ralph Earl** (1881– DNA): Member of Nebraska State House of Representatives, 1923-1926.
- **Hayes, William H. I.** (1848–1907): Member of Massachusetts State House of Representatives, 1893-1899, 1902, 1904-07.
- **Hazlewood, Lee** (1819–1887): Member of Indiana State House of Representatives, 1881.
- **Heebner, William D.** (1848– DNA): Member of Pennsylvania State House of Representatives, 1885-88.
- **Hedrick, John T.** (1836–1896): Member of Indiana State House of Representatives, 1873.
- **Hench, Samuel Mortier** (1846–1932): Member of Indiana State House of Representatives, 1891-1893.

注目すべき団員たち　303

- **Henderson, Alexander H.** (1841–1902): Member of Indiana State House of Representatives, 1883.
- **Hermann, Harry** (1872–1964): Member of Michigan State House of Representatives, 1939-1944, 1947-1954.
- **Hinton, James Sidney** (1834–1892): Member of Indiana State House of Representatives, 1881.
- **Hitch, Calvin Milton** (1869– DNA): Member of Georgia State House of Representatives, 1896-1897; U.S. Consul in Nottingham, 1915-1920; Basel, 1924-1929; and U.S. Consul General in Wellington, 1932.
- **Jackman, Ernest Eugene** (1884– DNA): Member of Nebraska State House of Representatives, 1927-1931.
- **Johnson, Albert Williams** (1872– DNA): Member of Pennsylvania State House of Representatives, 1901-1902; U.S. District Judge for the Middle District of Pennsylvania, 1925; District Judge in Pennsylvania, 1912-1922.
- **Joslin, Chauncey** (DNA): Member of Michigan State House of Representatives, 1844; Circuit Judge in Michigan, 1882-1887.
- **LaChapelle, Joseph Blanchard** (1860–1927): Member of Nebraska State House of Representatives, 1927.
- **Lambert, Francis Eddy** (1860–1924): Member of Indiana State House of Representatives, 1894-1998.
- **Leonard, Edwin F.** (1862–1931): Member of Massachusetts State House of Representatives, 1906-1907.
- **Lawrence, Walter Edward** (1905–1967): Member of Massachusetts State House of Representatives, 1939-1944.
- **Leslie, Harry Guyer** (1878–1937): Member of Indiana state house of representatives, 1923-1927; Speaker of the Indiana State House of Representatives, 1925-1927.
- **Lewis, Isaac Chauncey** (1812–1893): Member of Connecticut State House of Representatives, 1848, 1859, 1862, 1866.
- **Lewis, Lynn J.** (1876–1938): Member of Michigan State House of Representatives, 1915-1920.
- **Libby, Jesse Felt** (1857–1936): Member of New Hampshire state House of Representatives, 1903, 1905.
- **Light, John Henry** (1855– DNA): Member of

Connecticut State House of Representatives, 1899-1901; Speaker of the Connecticut State House of Representatives, 1901-1902; Connecticut State Attorney General, 1910-1915.
- **Linton, John Park** (1833–1892): Member of Pennsylvania State House of Representatives, 1866-1867;
- **Little, Carl O.** (1899–1988): Member of Michigan State House of Representatives, 1961-68.
- **MacKay, Alexander M.** (1881–1952): Member of Michigan State House of Representatives, 1937-1952.
- **Macomber, Charles Leonard** (1841– DNA): Member of Maine State House of Representatives, 1919-1920.
- **Mahnkey, Charles Douglas** (1902–2004): Member of Missouri State House of Representatives, 1935-1936, 1945-1950.
- **Meins, Walter Robertson** (1883 –DNA): Member of Massachusetts State House of Representatives, 1912.
- **Martin, George Washington** (1841–1914): Member of Kansas State House of Representatives, 1883.
- **Metzgar, Carl W.** (1981–present): Member of the Pennsylvania State House of Representatives, 2009–present.
- **McCall, William S.** (DNA): Member of Missouri State House of Representatives, 1943-1944.
- **McCauley, Hugh Maxwell** (1879–1949): Member of Missouri State House of Representatives, 1945-1948.
- **McCreary, William Miller** (1837–1916): Member of Iowa State House of Representatives, 1904-1906.
- **McCurdy, John A.** (1841–1925): Member of Ohio State House of Representatives, 1897.
- **McLean, William Edward** (1832–1906): Member of Indiana State House of Representatives, 1861, 1867-1868.
- **Miller, Leo** (1892–1955): Member of Michigan State House of Representatives, 1950-1955.
- **Mittendorf, Forrest** (1906– DNA): Member of Missouri State House of Representatives, 1939-1946, 1953-1954.
- **Moore, John W.** (1871– DNA): Member of Michigan State House of Representatives,

1918.

- **Morley, Francis Dean** (1897–1976): Member of Michigan State House of Representatives, 1933-1938.
- **Nash, James L.** (1829–1896): Member of Indiana State House of Representatives, 1875.
- **Nelson, Hugo A.** (1894–1971): Member of Michigan State House of Representatives, 1945-1954.
- **Newhall, George H.** (1850–1923): Member of Massachusetts State House of Representatives, 1894-1895, 1906-08, 1923.
- **Newkirk, Henry Wirt** (1854– DNA): Member of Michigan State House of Representatives, 1893-1894, 1907-1910, 1917-1918.
- **Nicholas, William H.** (1892– DNA): Member of Iowa State House of Representatives, 1947; Lieutenant Governor of Iowa, 1951-1953, 1957-1959.
- **Norvell, Ernest Campbell** (1870–1941): Member of Tennessee State House of Representatives, 1917-1925.
- **Parrish, Albert T.** (1883– DNA): Member of Missouri State House of Representatives, 1939-1942, 1955-1956.
- **Partridge, Benjamin Franklin** (1822–1892): Member of Michigan State House of Representatives, 1881-1882; Michigan Land Commissioner, 1877-1878; General in the Union Army during the American Civil War.
- **Pears, Don R.** (1899–1992): Member of Michigan State House of Representatives, 1951-1962, 1965-1970; Speaker of the Michigan State House of Representatives, 1959-1962.
- **Peeples, Thomas H.** (1882 DNA): Member of South Carolina State House of Representatives, 1911-1912, 1925-1926; South Carolina State Attorney General, 1913-1918.
- **Pendleton, Harris** (1845– DNA): Member of Connecticut State House of Representatives, 1886.
- **Perry, Doctrine Clark** (1868– DNA): Member of North Carolina State House of Representatives, 1913-1914.
- **Pettit, Henry Corbin** (1863–1913): Member of Indiana State House of Representatives, 1895-97; Speaker of the Indiana State House of Representatives, 1897.
- **Pomeroy, Albert Nevin** (1859–1927): Member of Pennsylvania State House of

Representatives, 1895-1896, 1901-1902.

- **Randall, Charles A.** (1846– DNA): Member of Pennsylvania State House of Representatives, 1887-1890;
- **Ratliff, Joseph Clayton** (1827–1909): Member of Indiana State House of Representatives, 1875.
- **Rawleigh, William Thomas** (1870– DNA): Member of Illinois State House of Representatives, 1911-1912.
- **Reed, James Edward** (1888– DNA): Member of Nebraska State House of Representatives, 1931.
- **Roberts, Gallatin** (1878– DNA): Member of North Carolina State House of Representatives, 1911-1916.
- **Roe, Charles Silas** (1897–1959): Member of Missouri State House of Representatives, 1935-1938.
- **Rohlfs, Harry E.** (1902–1974): Member of Michigan State House of Representatives, 1965-1970.
- **Russell, Richard Brevard** (1861–1938): Member of Georgia State House of Representatives, 1882-1888.
- **Ryan, Emmett C.** (1887– DNA): Member of South Dakota State House of Representatives, 1937-1938.
- **Sackett, Carl Leroy** (1876– DNA): Member of Wyoming State House of Representatives, 1919-1920; First Vice-President, Sheridan Trust & Savings Bank, 1928-34.
- **Smith, Ballard** (1821–1866): Member of Indiana State House of Representatives, 1855-1857; Speaker of the Indiana State House of Representatives, 1857; Circuit Judge in Indiana, 1858-59.
- **Smith, Oliver Saxton** (1881– DNA): Member of Michigan State House of Representatives, 1945-1946;
- **Smithpeter, Charles W.** (1873–1955): Member of Missouri State House of Representatives, 1945-1952.
- **Spencer, George A.** (1906– DNA): Member of Missouri State House of Representatives, 1947-1952.
- **Stedronsky, John** (1872– DNA): Member of South Dakota State House of Representatives, 1915-1918.
- **Stephenson, Joseph Burton** (1861– DNA):

注目すべき団員たち

Member of North Carolina State House of Representatives, 1913-1914, 1919-1920, 1929.

- **Stevens, William Everett** (1886– DNA): Member of Missouri State House of Representatives, 1935-1936, 1947-1948.
- **Stites, Robert C.** (1915–1981): Member of Michigan State House of Representatives, 1967-1970.
- **Tillett, Durant Howard** (1883– DNA): Member of North Carolina State House of Representatives, 1907, 1913-1914.
- **Thomson, James Francis** (1891–1973): Member of Michigan State House of Representatives, 1929-1930.
- **Thorington, Justus** (1848–1927): Member of Michigan State House of Representatives, 1903-1904.
- **Trask, Eliphalet** (1806–1890): Member of Massachusetts State House of Representatives, 1856-1857, 1862; Lieutenant Governor of Massachusetts, 1858-61.
- **Underwood, Alexander L.** (1814–1870): Member of Indiana State House of Representatives, 1853.
- **Valder, Clarence A.** (1872–1954): Member of Nebraska State House of Representatives, 1929-1931.
- **Vawter, David G.** (1824–1884): Member of Indiana State House of Representatives, 1867.
- **Vickrey, Absalom M.** (1822–1886): Member of Indiana State House of Representatives, 1885.
- **Wallace, Charles Slover** (1864– DNA): Member of North Carolina State House of Representatives, 1909-1914.
- **Wallace, Robert Moore** (1847–1914): Member of New Hampshire State House of Representatives, 1877-1878.
- **Wallace, Sumner** (1856–1920): Member of New Hampshire State House of Representatives, 1885; Member of New Hampshire Governor's Council, 1899-1900.
- **Warner, Joseph Everett** (1884– DNA): Member of Massachusetts State House of Representatives; Speaker of the Massachusetts State House of Representatives, 1919-1920.
- **Webster, Harvey L.** (1867– DNA): Member of Nebraska State House of Representatives, 1920-1923.
- **Wheeler, Alton Chapman** (1877– DNA):

Member of Maine State House of Representatives, 1911-1914; One of the Founders of the Paris Trust Company, DNA.

- **Whinrey, Walter William** (1905– DNA): Member of Missouri State House of Representatives, 1939-1948.
- **Williams, Philip John** (1901– DNA): Member of Michigan State House of Representatives, 1947-1948.
- **Wilson, John Stockbridge Patten Ham** (1860– DNA): Member of Maine State House of Representatives, 1910.
- **Witty, Lee T.** (1859–1931): Member of Missouri State House of Representatives, 1903-1906, 1923-1924, 1927-1931.
- **Wolcott, L. J.** (1849– DNA): Member of Michigan State House of Representatives, 1910-1917.
- **Woolfolk, Edgar Bailey** (1865–1956): Member of Missouri State House of Representatives, 1899-1902. He was circuit judge in Missouri, 1912-43.
- **Worthington, Marvin Lee** (1940–2000): Member of Kentucky State House of Representatives, 1978-2000.
- **Wright, Hamilton Mercer** (1852– DNA): Member of Michigan State House of Representatives, 1883-86; and Mayor of Bay City, Michigan, 1887-89, 1895-97.

州知事

- **Anderson, Victor Emanuel** (1902–1962): Governor of Nebraska, 1955-1959; Member of Nebraska Unicameral Legislature, 1949-1950.
- **Arthur, Harold John** (1904–1971): Governor of Vermont, 1950-1951; Lieutenant Governor of Vermont, 1949-1950.
- **Barron, William Wallace** (1911–2002): Governor of West Virginia, 1961-1965.
- **Bates, John Lewis** (1859–1946): Governor of Massachusetts, 1903-1905; Lieutenant Governor of Massachusetts, 1900-1903.
- **Bennett, Thomas Warren** (1831–1893): Governor of Idaho Territory, 1871-1875.
- **Beardsley, William S.** (1901–1954): Governor of Iowa, 1949-1954.
- **Bigler, John** (1805–1871): Governor of California, 1852-1856; U.S. Minister to Chile, 1857-1861.
- **Blood, Robert Oscar** (1887–1975): Governor of

New Hampshire, 1941-1945.

- **Boe, Nils Andreas** (1913–1992): Governor of South Dakota, 1965-1969; Lieutenant Governor of South Dakota, 1963-1965.
- **Brandon, William Woodward** (1868–1934): Governor of Alabama, 1923-1927.
- **Brewster, Ralph Owen** (1888–1961): Governor of Maine, 1925-1929.
- **Brucker, Wilber Marion** (1894–1968): Governor of Michigan, 1931-1932; U.S. Secretary of the Army; Michigan State Attorney General, 1928-1930.
- **Bryan, Charles Wayland** (1867–1945): Governor of Nebraska, 1923-1925, 1931-1935.
- **Capper, Arthur** (1865–1951): Governor of Kansas, 1915-1919.
- **Cherry, Robert Gregg** (1891–1957): Governor of North Carolina, 1945-1949.
- **Clark Alonzo Monroe** (1868–1952): Governor of Wyoming, 1931-1933; Secretary of State of Wyoming, 1927-1935.
- **Clauson, Clinton Amos** (1895–1959): Governor of Maine, 1959; U.S. Collector of Internal Revenue for Maine, 1934-1953.
- **Clements, Earle Chester** (1896–1985): Governor of Kentucky, 1948-1950.
- **Conley, William Gustavus** (1866–1940): Governor of West Virginia, 1929-1933; West Virginia State Attorney General, 1908-1913.
- **Cornwell, John Jacob** (1867–1953): Governor of West Virginia, 1917-1921.
- **Dale, Charles Milby** (1893–1978): Governor of New Hampshire, 1945-1949.
- **Daly, Dominick** (1798–1868): Governor of Prince Edward Island, 1854-1859; Governor of South Australia, 1862-1868.
- **Davey, Martin Luther** (1884–1946): Governor of Ohio, 1935-1939.
- **Davis, Jonathan McMillan** (1871–1943): Governor of Kansas, 1923-1925.
- **Donnelly, Philip Matthew** (1891–1961): Governor of Missouri, 1945-49, 1953-1957.
- **Dorsey, Hugh Manson** (1871–1948): Governor of Georgia, 1917-1921.
- **Drake, Francis Marion** (1830–1903): Governor of Iowa, 1896-1898; General in the Union Army during the American Civil War; Namesake of Drake University.
- **Emmerson, Louis Lincoln** (1863–1941): Governor of Illinois, 1929-1933; Secretary of State of Illinois, 1917-1929.
- **Ehringhaus, John Christoph Blucher** (1882–1949): Governor of North Carolina, 1933-1937.
- **Fitzgerald, Frank Dwight** (1885–1939): Governor of Michigan, 1935-1936; Secretary of State of Michigan, 1931-1934.
- **Floyd, Charles Miller** (1861–1923): Governor of New Hampshire, 1907-1909.
- **Fuller, Alvan Tufts** (1878–1958): Governor of Massachusetts, 1925-1929.
- **Furnas, Robert Wilkinson** (1824–1905): Governor of Nebraska, 1873-1875; Member of Nebraska Territorial Legislature, 1856; Member of University of Nebraska Board of Regents, 1869-1875.
- **Gardiner, William Tudor** (1892–1953): Governor of Maine, 1929-1933.
- **Gibson, Ernest William** (1901–1969): Governor of Vermont, 1947-1950.
- **Gore, Howard Mason** (1887–1947): Governor of West Virginia, 1925-29; U.S. Secretary of Agriculture, 1924-1925; West Virginia Commissioner of Agriculture, 1931-1933.
- **Gray, Isaac Pusey** (1828–1895): Governor of Indiana, 1880-1881, 1885-1889; U.S. Minister to Mexico, 1893-1895; Lieutenant Governor of Indiana, 1877-1880.
- **Gunderson, Carl** (1864–1933): Governor of South Dakota, 1925-1927; Lieutenant Governor of South Dakota, 1921-1925.
- **Haines, William Thomas** (1854–1919): Governor of Maine, 1913-1915.
- **Haight, Henry Huntly** (1825–1878): Governor of California, 1867-1871.
- **Hart, Louis Folwell** (1862–1929): Governor of Washington, 1919-1925; Lieutenant Governor of Washington, 1913-1919.
- **Hatfield, Henry Drury** (1875–1962): Governor of West Virginia, 1913-1917.
- **Hawley, James Henry** (1847–1929): Governor of Idaho, 1911-1913.
- **Hickenlooper, Bourke Blakemore** (1896–1971): Governor of Iowa, 1943-1945; Lieutenant Governor of Iowa, 1939-1943.
- **Hoey, Clyde Roark** (1877–1954): Governor of North Carolina, 1937-1941
- **Hunt, George Wylie Paul** (1859–1934): Governor of Arizona, 1912-1917, 1917-1919, 1923-1929, 1931-1933; U.S. Minister to Siam, 1920-1921.

- **Hyde, Arthur Mastick** (1877–1947): Governor of Missouri, 1921-1925; U.S. Secretary of Agriculture, 1929-1933.
- **Johnson, Edwin Carl** (1884–1970): Governor of Colorado, 1955-1957.
- **Kerner, Otto Jr.** (1908–1976): Governor of Illinois, 1961-68; Judge of U.S. Court of Appeals, 1968-74.
- **Knight, Goodwin Jess** (1896–1970): Governor of California, 1953-1959; Lieutenant Governor of California, 1947-1953.
- **Kump, Herman Guy** (1877–1962): Governor of West Virginia, 1933-1937; Circuit Judge in West Virginia, 1929-1932.
- **Landon, Alfred Mossman** (1887–1987): Governor of Kansas, 1933-1937.
- **Leader, George Michael** (1918–2013): Governor of Pennsylvania, 1955-1959.
- **Leslie, Harry Guyer** (1878–1937): Governor of Indiana, 1929-1933.
- **Martin, John Wellborn** (1884–1958): Governor of Florida, 1925-1929.
- **Meyner, Robert Baumle** (1908–1990): Governor of New Jersey, 1954-1962.
- **McFarland, Ernest William** (1894–1984): Governor of Arizona, 1955-1959.
- **McKelvie, Samuel Roy** (1881–1956): Governor of Nebraska, 1919-1923; and Lieutenant Governor of Nebraska, 1913-1915.
- **McMaster, William Henry** (1877–1968): Governor of South Dakota, 1925-1931.
- **Moody, Daniel James Jr.** (1893–1966): Governor of Texas, 1927-1931; Texas State Attorney General, 1925-27.
- **Morrow, Edwin Porch** (1877–1935): Governor of Kentucky, 1919-1923.
- **Morton, Oliver Perry** (1823–1877): Governor of Indiana, 1861-67; Grand Master of the IOOF Grand Lodge of Indiana, 1854-1855.
- **Nash, George Kilborn** (1842–1904): Governor of Ohio, 1900-1904.
- **Neely, Matthew Mansfield** (1874–1958): Governor of West Virginia, 1941-1945.
- **Neville, M. Keith** (1884–1959): Governor of Nebraska, 1917-1919.
- **Nice, Harry Whinna** (1877–1941): Governor of Maryland, 1935-1939.
- **Odell, Benjamin Barker Jr.** (1854–1926): Governor of New York, 1901-1905.
- **O'Neill, C. William** (1916–1978): Governor of Ohio, 1957-1959.
- **Osborn, Chase Salmon** (1860–1949): Governor of Michigan, 1911-1912.
- **Perkins, George Clement** (1839-1923): Governor of California, 1880-1883.
- **Richardson, Friend William** (1865–1943): Governor of California, 1923-1927; California State Treasurer, 1915-23.
- **Roberts, Albert Houston** (1868–1946): Governor of Tennessee, 1919-1921.
- **Robertson, James Brooks Ayers** (1871–1938): Governor of Oklahoma, 1919-1923.
- **Rolph, James Jr.** (1869–1934): Governor of California, 1931-1934.
- **Russell, Richard Brevard Jr.** (1897–1971): Governor of Georgia, 1931-1933.
- **Sampson, Flemon Davis** (1875–1967): Governor of Kentucky, 1927-1931; Judge, Kentucky Court of Appeals, 1917-1924.
- **Steunenberg, Frank** (1861–1905): Governor of Idaho, 1897-1901.
- **Stanford, Amasa Leland** (1824–1893): Governor of California, 1862-1863.
- **Stelle, John H.** (1891–1962): Governor of Illinois, 1940-1941; Lieutenant Governor of Illinois, 1937-1940; and Treasurer of Illinois State, 1935-1937.
- **Trumbull, John Harper** (1873–1961): Governor of Connecticut, 1925-1931; Lieutenant Governor of Connecticut, 1925.
- **Vance, Zebulon Baird** (1830–1894): Governor of North Carolina, 1862-1865, 1877-1879.
- **Warren, Earl** (1891–1974): Governor of California, 1943–1953.

市 長

- **Abbott, Carroll Waite** (1855–1921): Mayor of Waterville, Maine, 1898.
- **Abbott, Walter W.** (1894– unknown): Mayor of Rome, New York, 1942-1943.
- **Alexander, Cassius L.** (1875– DNA): Mayor of Corry, Pennsylvania, 1909-1914, 1917-1922, 1929.
- **Aldridge, George** (1856–1922): Washington Mayor of Rochester, New York, 1894.
- **Ames, Albert Alonzo** (1842–1911): Mayor of Minneapolis, Minnesota, 1876-1877, 1882-1884, 1886-1889, 1901-1902.
- **Anderson, Victor Emanuel** (1902–1962): Mayor of Lincoln, Nebraska, 1950-1953.

- **Annin, Bert Alexander** (1872–1938): Mayor of Fullerton, California, 1928-1930.
- **Baker, George Luis** (1868–1941): Mayor of Portland, Oregon, 1917-1933.
- **Baird, Paul Revere** (1889– DNA): Mayor of Waterville, Maine, 1925.
- **Baldwin, Frank L.** (1863–1938): Mayor of Youngstown, Ohio, 1906-1907.
- **Barber, Albert M.** (1846–1927): Mayor of Charlotte, Michigan, DNA.
- **Barney, Carl F.** (1878– DNA): Mayor of Marion, Indiana, 1935-1942.
- **Bartlett, Charles Henry** (1872–1941): Mayor of Evanston, Illinois, 1925-1937.
- **Becker, Lawrence** (1869–1947): Mayor of Hammond, Indiana, 1904-1911; Superior Court Judge in Indiana, 1911-1914, 1934-1946.
- **Bennett, Charles** (1838–1903): Mayor of Charlotte, Michigan, 1897-1898.
- **Bennett, Thomas Warren** (1831–1893): Mayor of Richmond, Indiana, 1869-1871, 1877-1883, 1885-1887.
- **Berg, James** (1876–1944): Mayor of Mt. Vernon, New York, 1928-1931.
- **Bingham, John David** (1884–1942): Mayor of Alpena, Michigan, 1930-1940.
- **Blethen, George Herbert** (1865– DNA): Mayor of Rockland, Maine, 1911-1913.
- **Broening, William Frederick** (1870–1953): Mayor of Baltimore, Maryland, 1919-1923, 1927-1931.
- **Brunnerm, Henry G.** (1885–1963): Mayor of Mansfield, Ohio, 1918-1924.
- **Bryan, Charles Wayland** (1867–1945): Mayor of Lincoln, Nebraska, 1915-1917, 1935-1937.
- **Bundlie, Gerhard J.** (1889–1966): Mayor of St. Paul, Minnesota, 1930-1932.
- **Bunker, Luther G.** (1868– DNA): Mayor of Waterville, Maine, 1907-1908.
- **Burrit, Charles H.** (1854–1927): Mayor of Buffalo, Wyoming, 1881-1897; Chief of Mining Bureau and Judge of the Court of First Instance of Leyte, Philippines, 1898-1907; Author of the Coal Measures of the Philippines and the Spanish Mining Law.
- **Bruce, Alexander Bern** (1853– DNA): Mayor of Lawrence, Massachusetts, 1886-1887.
- **Bruton, John Fletcher** (1861– DNA): Mayor of Wilson, North Carolina, 1894-1896.
- **Call, Conley** (1931–2017): Mayor of North Wilkesboro, North Carolina, 1993-2001; Grand Master of the Grand Lodge of North Carolina of the IOOF, DNA; and Sovereign Grand Master of The Sovereign Grand Lodge of the IOOF, 1999-2000.
- **Candler, Ezekiel Samuel, Jr.** (1862–1944): Mayor of Corinth, Missouri, 1933-1937.
- **Carroll, Regis** (1932–2019): Mayor of Dunlevy, Pennsylvania, DNA.
- **Carson, Joseph Kirtley Jr.** (1891– DNA): Mayor of Portland, Oregon, 1933-1940.
- **Campkin, Algernon S.** (DNA): Mayor of Cambridge, England, 1911-1912.
- **Cederberg, Elford Albin** (1918–2006): Mayor of Bay City, Michigan, 1949-1952.
- **Chabo, C. C.** (DNA): Mayor of Gillette, Wyoming, 1898-1899.
- **Cherry, Edgar** (1865– DNA): Mayor of Eastport, Maine, 1914-1915.
- **Cherry, Robert Gregg** (1891–1957): Mayor of Gastonia, North Carolina, 1919-1923.
- **Childs, Edwin O.** (1876– DNA): Mayor of Newton, Massachusetts, 1914-1929, 1936-1939.
- **Clauson, Clinton Amos** (1895–1959): Mayor of Waterville, Maine, 1956-1957.
- **Coburn, Jesse Milton** (1853–1923): Mayor of South Norwalk, Connecticut, 1898-1899.
- **Cobb, Theodore Gettys** (1867– DNA): Mayor of Morganton, North Carolina, 1903-1904.
- **Cole, Alvah H.** (1884–1970), Mayor of Highland Park, New Jersey, 1948-1951.
- **Coleman, William Thomas** (1867– DNA): Mayor of Elmira, New York, 1905.
- **Conley, William Gustavus** (1866–1940): Mayor, Kingwood, West Virginia, 1906-1908.
- **Coombs, Charles Robert** (1862– DNA): Mayor of Belfast, Maine, 1915.
- **Corn, Russell** (1903-1973): Mayor of Willow Springs, Missouri, DNA.
- **Coughanour, William Albert** (1851–1936): Mayor of Payette, Idaho, 1897-1899, 1900-1901, 1907-1911.
- **Craig, Louis G.** (1908– DNA): Mayor of Weston, West Virginia, 1961-1967.
- **Cummings, Homer Stillé** (1870–1956): Mayor of Stamford, Connecticut, 1900-1902, 1904-1906.
- **Cummings, Charles S.** (1856– DNA): Mayor of Auburn, Maine, 1922-1925.
- **Davey, Martin Luther** (1884–1946): Mayor of Kent, Ohio, 1914-1918.

注目すべき団員たち

- **Davis, Frank E.** (1851– DNA): Mayor of Gloucester, Massachusetts, 1898.
- **Dixon, George C.** (1810–1871): Mayor of Dixon, Illinois, 1931-1934.
- **Duncan, Cullen Steger** (1889–1964): Mayor of New Franklin, Missouri, DNA.
- **Dunlap, Samuel Benjamin** (1888– DNA): Mayor of Caldwell, Idaho, 1938-1939.
- **Dunton, Arthur James** (1871– DNA): Mayor of Bath, Maine, 1914-1915.
- **Early, John Levering** (1896–1999): Mayor of Sarasota, Florida, 1951-1952.
- **Edwards, William Kirkpatrick** (1820–1878): Mayor of Terre Haute, Indiana, 1853-1855.
- **Emmons, Willis Talmon** (1858– DNA): Mayor of Saco, Maine, 1887-1890, 1928-1929.
- **Eisenhower, Nathan M.** (1811–1879), Mayor of Reading, Pennsylvania, 1865-1867.
- **English, Charles Reid** (1886– DNA): Mayor of Red Bank, New Jersey, 1931-1939.
- **Finkbeiner, Orval Carl** (1910–1967), Mayor of Sandusky, Michigan, 1945-1967.
- **Flood, Frank H.** (1851– DNA): Mayor of Elmira, New York, 1900-1902.
- **Fones, Civilion** (1836–1907), Mayor of Bridgeport, Connecticut, 1886-1888.
- **Foss, Frank Herbert** (1865–1947): Mayor of Fitchburg, Massachusetts, 1917-1920.
- **Frank, Charles** (1842–1911): Mayor of Mishawaka, Indiana, 1905-1906.
- **Gerow, Daniel Joseph** (1864–1950): Mayor of Sturgis, Michigan, 1930-1931.
- **Goodwin, Angier Louis** (1881–1975): Mayor of Melrose, Massachusetts, 1921-1923.
- **Gordon, William Warring** (1874–1963), Mayor of Kansas City, Kansas, 1923-1926.
- **Guyer, Ulysses Samuel** (1868–1943): Mayor of Kansas City, Kansas, 1909-1910.
- **Hall, Clark** (DNA): Mayor of Conway, Pennsylvania, DNA.
- **Hall, Philo** (1865–1938): Mayor of Brookings, South Dakota, 1894-1895.
- **Halvorson, Halvor Langdon** (1881– DNA): Mayor of Minot, North Dakota, 1911-1915.
- **Hamilton, Wilson H.** (1877– DNA): Mayor of Sigourney, Iowa, 1906-1908.
- **Hammer, William Cicero** (1865–1930): Mayor of Asheboro, North Carolina, 1895-1899.
- **Hansen, Harry W.** (1884– DNA): Mayor of Craig, Colorado, 1920-1921.

- **Harmer, Harvey Walker** (1865–1961): Mayor of Clarksburg, West Virginia, 1906-1907.
- **Hart, Ray** (1872– DNA): Mayor of Midland, Michigan, 1899-1900.
- **Hawley, James Henry** (1847–1929): Mayor of Boise, Idaho, 1903-1905.
- **Hayward, Nelson** (1810–1857): Mayor of Cleveland, Ohio, 1843-1844.
- **Hershey, Harry B.** (1885–1967): Mayor of Taylorville, Illinois, 1922-1926.
- **Hogg, James Robert** (1863–1934): Mayor of Poplar Bluff, Missouri, 1897-1899.
- **Holmes, Pehr Gustaf** (1881–1952): Mayor of Worcester, Massachusetts, 1917-1919.
- **Horne, William Edgar** (DNA): Mayor of Westminster, England, 1923-1924.
- **Hyer, Lewis Spencer** (1839–1909): Mayor of Rahway, New Jersey, 1874-1875, 1888, 1889-1891.
- **Ingersoll, John Nathaniel** (1817–1881): Mayor of Corunna, Michigan, DNA.
- **James, William Francis** (1873–1945): Mayor of Hancock, Michigan, 1908-1910.
- **Jeffries, Edward John Jr.** (1900–1950): Mayor of Detroit, Michigan, 1940-1948.
- **Johnson, John Augustus** (1842–1907): Mayor of Fargo, North Dakota, 1885-1886, 1896-1902, 1906-1907.
- **Joslin, Chauncey** (DNA): Mayor of Ypsilanti, Michigan, 1858-1859.
- **Keeler, Edwin Olmstead** (1846–1923): Mayor of Norwalk, Connecticut, 1893-1894.
- **Kercheval, Samuel Edward** (1847–1910): Mayor of Rockport, Indiana, DNA.
- **Knaggs, Daniel A.** (1887–1957): Mayor of Monroe, Michigan, 1934-1939.
- **Knight, Charles A.** (1870– DNA): Mayor of Gardiner, Maine, 1905-1906
- **Kopriver, Frank Jr.** (1906–1985), Mayor of Duquesne, Pennsylvania, 1947-1960.
- **Kump, Herman Guy** (1877–1962): Mayor of Elkins, West Virginia, 1922-1923.
- **Latimer, Thomas Erwin** (1879–1937): Mayor of Minneapolis, Minnesota, 1935-1937.
- **Law, Levi J.** (1854–1909), Mayor of Cadillac, Michigan, 1889-1890.
- **Lawrence, Walter Edward** (1905–1967): Mayor of Medford, Massachusetts, 1944-1950.
- **Lemp, John** (1838–1912): Mayor of Boise, Idaho, 1875-1876.

- **Leonard, Edwin F.** (1862–1931): Mayor of Springfield, Massachusetts, 1921-1924.
- **Lewis, Isaac Chauncey** (1812–1893): Mayor of Meriden, Connecticut, 1870-1872.
- **Lind, Peter** (1851– unknown): Mayor of West Bay City, Michigan, 1896-1901.
- **Lindsley, Myron Plato** (1825–1883): Mayor of Green Bay, Wisconsin, 1865.
- **Lovingood, S. W.** (1865– DNA): Mayor of Murphy, North Carolina, 1896.
- **Lull, Francis Wayland** (1872– DNA): Mayor of Wetumpka, Alabama, 1910-1914.
- **Mackie, Gerald E.** (1910–2000): Mayor of Hastings, Nebraska, 1952-1953, 1956.
- **Madden, Walter** (1873– DNA): Mayor of Trenton, New Jersey, 1908-1911.
- **Mallory, Hugh Shepperd Darby** (1848–1920): Mayor of Selma, Alabama, 1885-1887.
- **Martin, George Washington** (1841–1914): Mayor of Junction City, Kansas, 1883-1884.
- **Martin, John S.** (1886– DNA): Mayor of LaPorte, Indiana, 1943-1944.
- **Martin, John Wellborn** (1884–1958): Mayor of Jacksonville, Florida, 1917-1923.
- **Marshall, George Sidney** (1869–1956): Mayor of Columbus, Ohio, 1910-1911.
- **Maxson, Grove T.** (DNA): Mayor of Cortland, New York, 1907-1908.
- **McFall, John Joseph** (1918–2006): Mayor of Manteca, California, 1948-1950.
- **Miller, John L.** (1821–1907): Mayor of Corsicana, Texas, 1877-1880.
- **Mowbray, George W.** (1847–1910): Mayor of Tulsa, Oklahoma, 1903-1904; Grand Master of the IOOF Grand Lodge of Indian Territory of the IOOF, DNA; Instrumental in building the Odd Fellows Home in Checotah, Oklahoma.
- **Munson, Clara Cynthia** (1861–1938): Mayor of Warrenton, Oregon, 1913-1914; First woman to be elected as Mayor in the State of Oregon.
- **Neal, William Elmer** (1875–1959): Mayor of Huntington, West Virginia, 1925-1928.
- **Newhall, George H.** (1850–1923): Mayor of Lynn, Massachusetts, 1913-1917.
- **Newkirk, Henry Wirt** (1854– DNA): Mayor of Ann Arbor, Michigan, 1931-1933.
- **Paddock, Hilem F.** (1871–1922): Mayor of Saginaw, Michigan, 1915-1919.
- **Page, Herman L.** (1818–1873): Mayor of Milwaukee, Wisconsin, 1859-1960.
- **Patterson, P. John,** (1849–1921): Mayor of Irvona, Pennsylvania, 1994–2018.
- **Patterson, William Worth** (1849–1921): Mayor of Ashland, Kentucky, 1886-1889.
- **Payne, John Grove** (1872-1967): Mayor of Oil City, Pennsylvania, 1931-1939.
- **Pettit, Henry Corbin** (1863–1913): Mayor of Wabash, Indiana, 1888-1890.
- **Pettyjohn, Russell L.** (1921– present), Mayor of Lititz, Pennsylvania, 1994–2009.
- **Phillips, Kim Y.** (1962– present), Mayor of Shenandoah, Pennsylvania, 2010– present.
- **Pierce, George H.** (1851–1902): Mayor of Olean, New York, 1923-29.
- **Prinz, Gottfried Adolph** (1851–1902): Mayor of Cullman, Alabama, 1876-1877.
- **Raymond, John Marshall** (1852– DNA): Mayor of Salem, Massachusetts, 1886-1889.
- **Rawleigh, William Thomas** (1870– DNA): Mayor of Freeport, Illinois, 1909-1911.
- **Reedy, Raymond S.** (1939–2016): Mayor of Lititz, Pennsylvania, 1974-1985.
- **Rettig, Valentine** (1846– DNA): Mayor of Corning, New York, 1905-1907.
- **Rice, Frank James** (1869–1917): Mayor of New Haven, Connecticut, 1910-1917.
- **Rice, John Campbell** (1864–1937): Mayor of Caldwell, Idaho, 1901.
- **Robinson, Clarence** (DNA): Mayor, Tecumseh, Oklahoma, 1917-1918.
- **Rodenbeck, Julius** (DNA): Mayor of Rochester, New York, 1902-1903.
- **Rolph, James Jr.** (1869–1934): Mayor of San Francisco, California, 1912-1931.
- **Rosenberg, David** (1946–present): Mayor of Davis, California, 1986-1988, 1994-1996; Grand Master of IOOF Grand Lodge of California, 2015-2016.
- **Saunders, Mark Ashton** (1883–1974): Mayor of Kewanee, Illinois, 1935-1943.
- **Shakley, Dean R.** (1937–2017): Mayor of Parker, Pennsylvania, DNA.
- **Schlesinger, Val** (1857–1924), Mayor of Fredericktown, Missouri, 1900.
- **Schwoob, Jacob Macomb** (1874-1932), Mayor of Cody, Wyoming, 1903-1905.
- **Shearer, George H.** (1825–1894), Mayor of Bay City, Michigan, 1885-1887.
- **Sloss, Joseph Humphrey** (1826–1911): Mayor of Tuscumbia, Alabama, DNA.

- **Smith, Clarence W.** (1853–1937): Mayor of Johnstown, New York, 1914-1915, 1918-1919.
- **Spears, Jacob Franklin Sr.** (1899–1946): Mayor of Tarpon Springs, Florida, 1921.
- **Stedronsky, John** (1872– DNA): Mayor of Wagner, South Dakota, 1911-1914.
- **Szczyglak, Andrew J.** (1976– present): Mayor of Shenandoah, Pennsylvania, 2012– present.
- **Taylor, James Willis** (1880–1939): Mayor of La Follette, Tennessee, 1910-1912.
- **Taylor, Walter Ross** (1858– DNA): Mayor of Kalamazoo, Michigan, 1905.
- **Thayer, Charles Frederick** (1852– present): Mayor of Norwich, Connecticut, 1900-1908, 1911.
- **Tomko, Richard E.** (1947– present): Mayor of Saint Clair, Pennsylvania, 1986-1906, 2014– present.
- **Trask, Eliphalet** (1806–1890): Mayor of Springfield, Massachusetts, 1855.
- **Tunis, Elmer** (1872– present): Mayor of Elwood, Indiana, 1917-1918, 1943-1944, 1950-1951.
- **Uhlman, Wesley Carl** (1935– DNA): Mayor of Seattle, Washington, 1969-1978.
- **Van Eps, John E.** (1822–1908): Mayor of Mt. Clemens, Michigan, 1885-1887.
- **Wallace, Charles Slover** (1864– DNA): Mayor of Morehead City, North Carolina, 1906-1908.
- **Warren, Nathan A.** (1856–1944): Mayor of Yonkers, New York, 1908-1909.
- **Watson, Alfred E.** (1875–1960): Mayor of Yonkers, New York, 1923.
- **Webber, William L.** (1825–1901): Mayor of East Saginaw, Michigan, 1873-1874.
- **Wheatley, Leon F.** (1872–1944): Mayor of Hornell, New York, 1934-37.
- **Wilson, Clifford Brittin** (1879–1943): Mayor of Bridgeport, Connecticut, 1911-21; Lieutenant Governor of Connecticut, 1915-1921.
- **Wilson, John Stockbridge Patten Ham** (1860– DNA): Mayor of Auburn, Maine, 1900-1901.
- **Woodruff, Roy Orchard** (1876–1953): Mayor of Bay City, Michigan, 1911-1913.
- **Wolcott, L. J.** (1849– DNA): Mayor of Albion, Michigan, 1887.

最高裁判事、裁判官、州司法長官

- **Adams, John Taylor** (1873–1942): Chief Justice of Colorado Supreme Court, 1931-1935; Justice of Colorado State Supreme Court, 1925-1935.
- **Anderson, Harry Bennett** (1879–1935): U.S. District Judge for the Western District of Tennessee, 1926-1935.
- **Andrews, Thomas Galphin** (1892–1942): Justice of Oklahoma State Supreme Court, 1929-1935; Author of the book, Jericho Road or the Philosophy of Odd Fellowship.
- **Annabel, Floyd W.** (1886–1944): Justice of New York State Supreme Court, 1935.
- **Anderson, John William** (1871–1954): Justice of Iowa State Supreme Court, 1933-1938.
- **Ailshie, James Franklin** (1868–1947): Chief Justice of Idaho State Supreme Court, 1907-1909, 1913-1915, 1939-1941, 1945-1946; Justice of Idaho State Supreme Court, 1903-1914, 1935-1947.
- **Atwell, William Hawley** (1869–1961): U.S. District Judge for the Northern District of Texas, 1923-1954.
- **Babcock, Fred Jason** (1891–1973): Idaho State Attorney General, 1931-1933.
- **Baker, Andrew Jackson** (1832–1911): Iowa State Attorney General, 1885-1889; Missouri State Attorney general, 1871-1873.
- **Ballard, Wade Hampton III** (1924–2006): U.S. Attorney for the Southern District of West Virginia, 1969-1970.
- **Bell, Reason Chesnutt** (1880–1862): Chief Justice of Georgia Supreme Court, 1943-1946; Justice of Georgia State Supreme Court, 1932-1943, 1946-1949; and Judge, Georgia Court of Appeals, 1922-1932.
- **Black, Hugo Lafayette** (1886–1971): Justice of U.S. Supreme Court, 1937-1971.
- **Bridgeman, Richard B.** (1875–1948): Circuit Judge in Missouri Circuit Court, 1933-1946.
- **Brown, George M. J** (1864–1934): Justice of Oregon State Supreme Court, 1920-1933.
- **Burch, Newton Dexter** (1871–1931): Judge of South Dakota State Supreme Court, 1926-1931.
- **Burden, Oliver D.** (1873– unknown): U.S. Attorney for the Northern District of New York, 1923-1936.
- **Burket, Jacob F.** (1837–1906), Chief justice of Ohio State Supreme Court, 1897; and Justice of Ohio State Supreme Court, 1893-1901.
- **Burnett, George Henry** (1853–1927): Chief Justice of Oregon State Supreme Court, 1921-

1922, 1927; and Justice of Oregon State Supreme Court, 1911-1927.

- **Bushnell, Robert Tyng** (1896–1949): Massachusetts State Attorney General, 1941-1945.
- **Cahill, Horace Tracy** (1894–1976): Superior Court Judge in Massachusetts, 1947-1973.
- **Candler, John Slaughter** (1861–1941): Justice of Georgia State Supreme Court, 1902-1906.
- **Candler, Thomas Slaughter** (1890–1971): Justice of Georgia State Supreme Court, 1945-1966.
- **Carlstrom, Oscar E.** (1878–1948), Illinois state attorney general, 1925-1933.
- **Chase, Harrie Brigham** (1889–1969): Justice of Vermont State Supreme Court, 1927-1929; Judge of U.S. Court of Appeals, 1929-1954.
- **Cluff, Harvey H.** (1872–1941): Utah state attorney general, 1921-1929.
- **Coshow, Oliver Perry** (1863–1937): Chief Justice of Oregon State Supreme Court, 1929-1931; Justice of Oregon State Supreme Court, 1924-1931.
- **Cox, Louis Sherburne** (1874–1961): Justice of Massachusetts State Supreme Court, 1937-1940.
- **Dalton, Sidna Poage** (1892–1965): Chief Justice of Missouri State Supreme Court, 1956-1958; Justice of Missouri State Supreme Court, 1950-1965.
- **Davies, John C.** (1857–1925): New York State Attorney General, 1899-1902.
- **Davis, Fred Henry** (1894–1937): Chief Justice of Florida State Supreme Court, 1933-1935; Justice of Florida State Supreme Court, 1931-1937.
- **Dean, James Renwick** (1862–1936): Justice of Nebraska State Supreme Court, 1908-10, 1917-1935.
- **Deaver, Bascom S.** (1882– DNA): U.S. District Judge for the Middle District of Georgia, 1928-1936; U.S. Attorney for the Middle District of Georgia, 1926-1928.
- **Dehnke, Herman** (1887–1979): Circuit judge in Michigan, 1928-1959.
- **Devin, William Augustus** (1871–1959): Justice of North Carolina State Supreme Court, 1935-1940.
- **Farrington, Frank George** (1872–1933): Justice of Maine State Supreme Court, 1928-

1933.

- **Flansburg, Leonard A.** (DNA): Justice of Nebraska State Supreme Court, 1920-1923; and District Judge in Nebraska, 1918-1920.
- **Fletcher, Robert Virgil** (1869–1960): Justice of Mississippi State Supreme Court, 1908-1909.
- **Frazer, James Somerville** (1824–1893): Justice of Indiana State Supreme Court, 1865-1871.
- **Frick, Joseph E.** (1848–1927): Chief Justice of Utah State Supreme Court, 1910-1912, 1917-1919; and Justice of Utah State Supreme Court, 1906-1927.
- **Gardner, Bunk** (1875–1960): U.S. District Judge for Canal Zone, 1938-1948; U.S. Attorney for the Western District of Kentucky, 1935-1938; and District Judge in Kentucky 1st District, 1916-1922.
- **Garrigues, James Edward** (1852–1946): Chief Justice of Colorado Supreme Court, 1919-1921; Justice of Colorado State Supreme Court, 1910-21.
- **Hall, Charles P.** (1876– DNA): District Judge in Minnesota 1st District Court, 1929-1947.
- **Hallam, Oscar** (1865-1945): Justice of Minnesota State Supreme Court, 1923.
- **Hamilton, Wilson H.** (1877– DNA): Justice of Iowa State Supreme Court, 1935-1940; Chief Justice of Iowa State Supreme Court, 1937.
- **Hanft, Hugo O.** (1871–1949): District Judge in Minnesota 2nd District, 1915-1932; Municipal Judge in Minnesota, 1906-1914.
- **Heard, Oscar Edwin** (1856–1940): Justice of Illinois State Supreme Court, 1924-1933; and Judge, Illinois Appellate Court, 1919-1924.
- **Hershey, Harry B.** (1885–1967): Justice of Illinois State Supreme Court, 1951-1966.
- **Holbrook, Donald E.** (1909–1986): Judge of the Michigan Court of Appeals, 1965-1978.
- **Holcomb, Oscar Raymond** (1869–1948): Chief Justice of Washington State Supreme Court, 1919-1921; Justice of Washington State Supreme Court, 1915-1927, 1927-1931.
- **House, Byron O.** (1902–1969): Chief justice of Illinois State Supreme Court-60; justice of Illinois State Supreme Court, 1957-1969.
- **Hunter, Robert T.** (1907–2000): Chief Justice of Washington State Supreme Court, 1971; Justice of Washington State Supreme Court, 1957-1977.

- **Ittner, Anthony F.** (1872– DNA): Circuit Judge in Missouri, 1923-1927.
- **Johnson, John T.** (1856– DNA): Chief justice of Oklahoma State Supreme Court, 1925.
- **Jones, Buell Fay** (1892–1947): South Dakota state attorney general, 1923-1929.
- **Lansden, Dick Latta** (1869–1924): Justice of Tennessee State Supreme Court, 1916.
- **Levy, Aaron Jefferson** (1881–1955): Justice of New York Supreme Court, 1924-1951.
- **Lester, Eugene F.** (1871–1940): Chief justice of Oklahoma State Supreme Court-1932; Justice of Oklahoma State Supreme Court, 1924-1931.
- **Liebowitz, Simon J.** (1906–1998): Justice of New York Supreme Court, 1969-1975.
- **Matthews, John Aaron** (1876– DNA): Justice of Montana state Supreme Court, 1919-1931.
- **Maughmer, Frederic Hine** (1899–1972): Circuit judge in Missouri, 1947-1955.
- **McFarland, Ernest William** (1894–1984): Justice of Arizona State Supreme Court, 1965-1971.
- **Messmore, Fred W.** (DNA): Justice of Nebraska State Supreme Court, 1937-1965.
- **Nash, George Kilborn** (1842–1904): Justice of Ohio State Supreme Court, 1883-1985.
- **Nichols, David A.** (1917–1997): Justice of Maine State Supreme Court, 1988.
- **O'Neill, C. William** (1916–1978): Justice of Ohio State Supreme Court, 1960.
- **Parker, Jay S.** (1895–1969), Justice of Kansas State Supreme Court, 1943; Kansas State Attorney General, 1939-1943.
- **Peterson, K. Berry** (1891–1851): Arizona State Attorney General, 1929-1933.
- **Phelps, James Ivey** (1875–1947): Justice of Oklahoma State Supreme Court, 1925-1929, 1935.
- **Poffenbarger, George** (1861–1951): Judge of West Virginia State Court of Appeals, 1901-1922.
- **Potter, William W.** (1869–1940): Justice of Michigan State Supreme Court, 1928-1940; Chief Justice of Michigan State Supreme Court, 1935; Michigan State Attorney General, 1927-1928.
- **Raker, John Edward** (1863–1926): Superior Court Judge in California, 1905-1910.
- **Raney, William Edgar KC,** (1859–1933): 10th Attorney General of Ontario, 1919-1923.

- **Reid, Neil E.** (1871–1956): Chief justice of Michigan State Supreme Court, 1951; Justice of Michigan State Supreme Court, 1944-1956.
- **Reid, Leonard C.** (1887– DNA): Circuit Judge in Illinois, 1945.
- **Reed, David W.** (DNA – present): Superior Court Judge in California, 2009-present; Grand Master of the Grand Lodge of California of the IOOF, 2016-2017.
- **Rees, Warren J.** (1908–1988): Justice of Iowa State Supreme Court, 1969-1980.
- **Rice, John Campbell** (1864–1937): Justice of Idaho State Supreme Court, 1916-22.
- **Rodenbeck, Adolph Julius** (1862–1960): Justice of New York State Supreme Court, 1916-1932.
- **Rosenberg, David** (1946– present): Superior Court Judge in California, 2003–present; Grand Master of IOOF Grand Lodge of California, 2015-2016.
- **Russell, Richard Brevard** (1861–1938): Chief Justice of Georgia Supreme Court, 1923-1938; Judge, Georgia Court of Appeals, 1907-1916; Circuit Judge in Georgia, 1898-1906.
- **Ryan, Howard C.** (1916–2008): Justice of Illinois State Supreme Court, 1970-1990.
- **Sharpe, Edward MacGlen** (1887–1975): Chief Justice of Michigan State Supreme Court, 1941, 1949, 1956; Justice of Michigan State Supreme Court, 1934-1957.
- **Sherwood, Carl G.** (1855–1938): Justice of South Dakota State Supreme Court, 1922-1931.
- **Spencer, Harry A.** (1903–2007): Justice of Nebraska State Supreme Court, 1961-1979.
- **Thompson, Floyd Eugene** (1887–1960): Justice of Illinois State Supreme Court, 1928.
- **Thompson, George King** (1887–1979): Justice of Iowa State Supreme Court, 1951-1965.
- **Vanover, Paris Roscoe Sr.** (1863–1927): Circuit Judge in Kentucky, 1920-1921.
- **Wallace, Robert Moore** (1847–1914): Justice of New Hampshire State Supreme Court, 1893-1901; Superior Court Judge in New Hampshire, 1901-1913.
- **Warner, Joseph Everett** (1884– DNA): Superior Court Judge in Massachusetts, 1940-1949; Massachusetts State Attorney General, 1928-1935.
- **Warren, Earl** (1891–1974): Chief Justice of the U.S. Supreme Court, 1953–1969.

- **Woods, Homer Boughner** (1869–1941): Judge of West Virginia Supreme Court of Appeals, 1925-36.
- **Yeager, John Walter** (1891–1967): Justice of Nebraska State Supreme Court, 1940-65.

その他

- **Adams, Hunter Doherty** (1945– present): Physician, social activist, and founder of the Gesundheit! Institute in 1971; His life was portrayed by actor Robin Williams' in the 1998 movie, "Patch Adams".
- **Ames, Hermes Luther** (1865–1920): Member of New York State Assembly, 1918-1920.
- **Ambler, Charles H.** (1876–1957): Member of West Virginia State House of Delegates, 1951-1954.
- **Austin, Wallace Ray** (1888– unknown): Member of New York State Assembly, 1923-1933.
- **Armstrong, William George** (1810–1900): Founder of the Armstrong Whitworth manufacturing empire; instrumental in the construction of Cragside in Northumberland, the first house in the world to be lit by hydroelectricity.
- **Bachmann, Charles F.** (1915–1983): Member of West Virginia State House of Delegates, 1957-1960.
- **Baensch, Emil** (1857–1939): Lieutenant Governor of Wisconsin, 1895-1899.
- **Bagley, Willis Gaylord Clark** (1873–1943): Iowa State Treasurer, 1939-1943.
- **Bailey, Robert Melville** (1875–1960): Pioneer music educator in the Bahamas.
- **Banfield, Thomas Jacob** (1895–1976): Member of New York state assembly, 1934.
- **Barnes, William** (1801–1886): English writer, poet, minister, and philologist.
- **Barnhart, Hugh A.** (1892–1986): President, Rochester Telephone Co., 1934; heeceived the Indiana Telephone Man of the Year Award in 1959 and USITA's Distinguished Service Award in 1971.
- **Barr, George Andrew** (1873– DNA): Trustee, University of Illinois, 1924-1936.
- **Barr, Robert** (1802–1839), Texas Republic Postmaster General, 1836-1839.
- **Beard, Charles R.** (1879–1965): Member of West Virginia State House of Delegates, 1915-1916, 1925-1930, 1935-1936, 1939-1940, 1943-1948.
- **Becker, Conrad F.** (1905–1965):, Illinois State Treasurer, 1945-1947.
- **Bell, Frank Thomas** (1883–1970): Promoter of Grand Coulee Dam and other federal dam projects.
- **Bedford, Homer Franklin** (1880–1968): Colorado State Treasurer, 1933-1934, 1937-1938, 1941-1942, 1945-1946, 1949-1950, 1953-1954, 1957-1958, 1963-1966; Colorado State Auditor, 1935-1937, 1939-1941, 1947-1949, 1951-1953, 1955-1957, 1959-1963.
- **Belknap, Rodney B.** (1924–2009): Member of West Virginia State House of Delegates, 1957-1960, 1969-1974.
- **Bennett, James Fay** (1888–1957): Member of West Virginia State House of Delegates, 1929-1930.
- **Bertil, Gustaf Oskar Carl Eugén** (1912–1997): Duke of Halland, Sweden, 1912–1997.
- **Billheimer, John C.** (1857–1918): Indiana State Auditor, 1906-1910; U.S. Consul in Zanzibar, 1898.
- **Blanchard, Nathan Weston** (1831–1917): Founder of the City of Santa Paula, California; First Noble Grand of Santa Paula Odd Fellows Lodge of the IOOF.
- **Bloch, Maurice** (1891–1929): Member of New York State Assembly, 1915-1929.
- **Bloom, Earl D.** (1871–1930): Lieutenant Governor of Ohio, 1917-1919, 1923-1925, 1927-1928.
- **Blue, Arthur Grant** (1864–1952): Member of New York State Assembly, 1907-1908.
- **Bodenwein, Theodore** (1864–1939): Secretary of State of Connecticut, 1905-1909.
- **Bolander, Henry Nicholas** (1831–1897): California superintendent of Public Instruction, 1871-1875.
- **Bower, Emma Eliza** (1852–1937): American physician, club-woman, and newspaper owner, publisher, and editor. She served as the Great Record Keeper of the Ladies of the Maccabees (LOTM).
- **Bowers, John C.** (1811–1873): Abolitionist and one of the founders of the Grand United Order of Odd Fellows in Pennsylvania and several other civic groups such as the Pennsylvania Anti-Slavery Society.

注目すべき団員たち

- **Bowman, Thomas DeWitt** (DNA): U.S. Consul General in Budapest, 1925-1926; Belfast, 1926-1931; Santiago, 1932; Naples, 1938; Johannesburg, 1943; and Canton, 1947.
- **Bowyer, George** (1811–1883): 7th Baronet and early British politician.
- **Booth, Don** (1932– unknown): Member of West Virginia State House of Delegates, 1959-1960.
- **Bryan, William Jennings** (1860–1925): U.S. Secretary of State, 1913-1915.
- **Buhrmaster, John H.** (1876– DNA): Member of New York State Assembly, 1932-1933; Director and Vice-president, Glenville Bank, DNA.
- **Burgdorf, Andrew D.** (1892– DNA): Member of New York State Assembly, 1934-1938
- **Burhyte, Orlando Walter** (1855– unknown): Member of New York State Assembly, 1907-1909.
- **Brady, William C.** (1852– unknown): Member of New York State Assembly, 1905-1909.
- **Brady, William E.** (1889–1970): Member of New York State Assembly, 1940-1962.
- **Brand, Franklin Marion** (1880–1963): Member of West Virginia State House of Delegates, 1919-1920, 1943-1944.
- **Breedlove, Sarah "Madam C.J. Walker"** (1867–1919): African American entrepreneur, philanthropist, and a political and social activist; Leading member of the Household of Ruth of the Grand United Order of Odd Fellows.
- **Brown, Martin L.** (1867–1947): Member of West Virginia State House of Delegates, 1929-1930.
- **Brougham, Henry Peter** (1778–1868): British statesman who became Lord Chancellor of Great Britain, 1830-1834; Early members of the Manchester Unity Independent Order of Odd Fellows in 1814.
- **Bruce, Homer Mayne** (1909–1975): Secretary of State of Colorado, 1953-55.
- **Buzzerd, Simeon Strother** (1869–1959): Member of West Virginia State House of Delegates, 1929-1930.
- **Cameron, Isaac B.** (1851–1930): Ohio Treasurer of State, 1900-04.
- **Canada, William Wesley** (1850–1921): U.S. Consul in Veracruz, 1897-1918.
- **Chapel, Charles Edward** (1904–1967): Member of California State Assembly, 1950-1966.
- **Chapin, Edwin Hubbell** (1814–1880): Universalist minister, author, lecturer, and social reformer, and was one of the most popular speakers in America from the 1840s until his death.
- **Chaplin, Sir Charles Spencer "Charlie"** (1889–1977): Iconic comedian and actor.
- **Chisum, John Simpson** (1824–1884): Prominent and wealthy cattle baron in the American West in the mid-to-late 19th century; The "Chisum Trail'of Denton, Texas, is named after him; Founding member of Denton Odd Fellows Lodge No. 82 of the IOOF.
- **Cheney, Guy Warren** (1886–1939): Member of New York State Assembly, 1937-1939.
- **Cobbett, William** (1763–1835): Member of Parliament for Oldham, England, 1832–1835.
- **Cole, Ernest** (1871–1949): Commissioner of Education of the State of New York, 1940-1942.
- **Cole, George B.** (1851– DNA): Member of New Jersey State Assembly, 1910-1911.
- **Congdon, Cassius** (1870– DNA): Member of New York State Assembly, 1924-1929.
- **Cook, Alonzo B.** (1866– DNA): Massachusetts state auditor, 1915-1923.
- **Corwin, Edward K.** (1873– DNA): Member of New York State Assembly, 1933-1935, 1943-1944.
- **Coyne, Clarence Edward** (1881–1929): Secretary of state of South Dakota, 1922-1927; Lieutenant Governor of South Dakota, 1929.
- **Cote, Edmond** (1863– DNA): Member of Massachusetts Governor's Council, 1931-1936.
- **Craig, Louis G.** (1908– DNA): Member of West Virginia State House of Delegates, 1957-1960, 1963-1966.
- **Cravey, Zachariah Daniel** (1894–1966): Georgia state game and fish commissioner, 1934-1937; Georgia natural resources commissioner, 1941-1943.
- **Cuney, Norris Wright** (1846–1898): Member of Republican National Committee from Texas, 1886; U.S. Collector of Customs, 1889.
- **Cusack, Lee** (1885–1951): Member of West Virginia State House of Delegates, 1927-1932.
- **Darling, Carl E.** (1903– DNA): Member of New

York State Assembly, 1936-1942.

- **Davis, Paul B.** (1870– DNA): Member of West Virginia State House of Delegates, 1961-1962.
- **Delker, Edward A."Eddie"**(1906–1997): former Major League Baseball infielder who played for the Philadelphia Phillies and St. Louis Cardinals professional baseball, 1929-33.
- **De Cordova, Jacob Raphael** (1808–1868): Founder of Waco City, Texas; Founder Lone Star Odd Fellows Lodge No. 1 of the IOOF in 1838; Grand Master of the Grand Lodge of Texas of the IOOF, 1860-1861.
- **DeRousse, Louis Theodore** (1844–1921): Member of New Jersey State Assembly, 1895-1897; Speaker of the New Jersey State House of Assembly, 1896.
- **De Young, Charles** (1846–1880): Pioneer journalist, co-founder and first Editor-in-Chief of the San Francisco Chronicle.
- **Dickson, Moses** (1824–1901): American abolitionist; Founder of the The Knights of Liberty, International Order of Twelve Knights and Daughters of Tabor; Co-founder of Lincoln University.
- **Downs, N. T.** (1874– DNA): Member of West Virginia State House of Delegates, 1941-1946.
- **Dwelle, Georgia R.** (1884–1977): First female African-American Physician; Leading member of the Household of Ruth.
- **Evans, George** (1882– DNA): Member of West Virginia State House of Delegates, 1937-1938, 1941-1946.
- **Ericsson, John** (1803–1889): Swedish-American inventor; Designer of the U.S. Navy's first screw-propelled steam-frigate USS Princeton, in partnership with Captain Robert Stockton, and the first armored ship with a rotating turret, USS Monitor, in partnership with Cornelius H. DeLamater.
- **Faber, Hiram Oliver** (1878–1961): Member of West Virginia State House of Delegates, 1931.
- **Farley, Rush Floyd** (1887– DNA): Member of West Virginia State House of Delegates, 1941-1942.
- **Fitzwygram, Sir Frederick Wellington John** (1823–1904): 4th Baronet, and member of Parliament for Hampshire South, 1884-1885
- **Fowler, Matthew J.** (1879– DNA): President, Haverhill Cooperative Bank.
- **Gibson, Robert Lawrence** (1895-1966):

Member of West Virginia State House of Delegates, 1931-1932, 1941-1942.

- **Gilbert, William "Billy"** (1894–1971): American comedian and actor known for his comic sneeze routines.
- **Gaunt, Alfred Calvin** (1882–1959): Member of Massachusetts Governor's Council, 1947-1948.
- **Gilpatric, George Harold** (1881–1927): Connecticut State Treasurer, 1919-1924.
- **Guilbert, Walter D.** (1844–1911): Ohio State Auditor, 1896-1909.
- **Grant, Julia** (1826–1902): First Lady of the United States, 1869-1877.
- **Hackleman, Pleasant Adams** (1814–1862): lawyer, politician and Union General during the American Civil War; Namesake of Hackleman, Indiana; Grand Master of the Grand Lodge of Indiana of the IOOF, 1857-1858.
- **Ehrlich, Harold B.** (1902– DNA): Member of New York State Assembly, 1934-1944.
- **Evans, Sir George de Lacy** (1787–1870): British Army General and Member of Parliament, 1830, 1831-32, 1833-41, 1846-65.
- **Hallock, Joseph Nelson** (1861–1942): Member of New York State Assembly, 1899-1901.
- **Harshaw, Henry Baldwin** (1842–1900): Wisconsin State Treasurer, 1887-91; Namesake of Harshaw, Wisconsin.
- **Hayes, Lucy Webb** (1831–1889): First Lady of the United States, 1877-1881; Past Grand of Lincoln Rebekah Lodge of the IOOF.
- **Hersman, Mark K.** (1904– DNA): Member of West Virginia State House of Delegates, 1955-1960.
- **Hood, Solomon Porter** (1853–1943): U.S. Minister to Liberia, 1922-1926; U.S. Consul General in Monrovia, 1922-1924.
- **Hopkins, A. A.** (1873– DNA): Member of West Virginia State House of Delegates, 1939-1942.
- **Howell, Harry U.** (1923– DNA): Member of West Virginia State House of Delegates, 1965-1970.
- **Irvin, Edward G.** (1893–1982): Founder of Kappa Alpha Psi Fraternity, Inc.
- **Ives, Burl Icle Ivanhoe** (1909–1995): American Singer, actor and writer.
- **Ivy, Vernettie Oscar Greene** (1876–1967): a member of the Arizona House of Representatives, DNA; President of the

Rebekah Assembly of Arizona, DNA.
- **Johnson, Henry Lincoln** (1870-1925): Recorder of Deeds for the District of Columbia, 1912-1916.
- **Jones, Fleming Adolphus Jr.** (1895- DNA): Member of West Virginia State House of Delegates, 1935-1942, 1945-1948.
- **Jones, John Luther Casey** (1863-1900): Local hero who sacrificed himself to save the passengers of his train in 1900.
- **Kaminsky, George** (1906- DNA): Member of New York State Assembly, 1935-1936.
- **Kelley, Nathan B.** (1808-1871): American architect who designed the Ohio statehouse.
- **Kidd, Paul H.** (1907-1965): Member of West Virginia State House of Delegates, 1936, 1939-1940, 1947-1952, 1955-1960, 1963-1965.
- **Kincaid, Hugh A.** (1911- DNA): Member of West Virginia State House of Delegates, 1955-1956, 1959-1962, 1965-1978.
- **Lacy, Benjamin Rice** (1854-1929): North Carolina State Treasurer, 1901-1929.
- **Lawson, Edgar C.** (1898- DNA): West Virginia State Auditor, 1929-1933;
- **Leonard, Walter Anderson** (1880- DNA): U.S. Vice Consul in Kehl, 1908; U.S. Consul in Stavanger, 1912-1914; Colombo, 1914-1919; Stockholm, 1924; Warsaw, 1926-1929; Bremen, 1932-1935; and U.S. Consul General in Stockholm, 1935-1936; Tallinn, 1938.
- **Lindbergh, Charles Augustus** (1902-1974): American aviator, author, inventor, explorer and environmental activist.
- **Loch, Sir Charles** (1849-1923): English Social worker whose life was spent working to improve the welfare of the poor and disadvantaged.
- **Lowe, Alfred D.** (1850- DNA): Member of New York State Assembly, 1907-1909; Director, Depauville Telephone Exchange.
- **Mace, H. Clay** (1888- DNA): Member of West Virginia State House of Delegates, 1939-1942.
- **MacCollum, Isaac James** (1889- DNA): Lieutenant Governor of Delaware, 1941-1945.
- **Marble, Harry Ray** (1876- DNA): Member of New York State Assembly, 1934-1950.
- **Mariner, Paul** (1953- present): International football player, coach and manager of Plymouth Argyle and Toronto FC.
- **Marks, Haskell Harold** (1880- DNA): Member of New York State Assembly, 1929-1933.
- **Marks, Samuel** (1861- DNA): Member of New York State Assembly, 1909.
- **Mason, Edwyn E.** (1916- DNA): Member of New York State Assembly, 1953-1972.
- **Matney, Thomas Graham** (1889-1976): Member of West Virginia State House of Delegates, 1951-1952, 1955-1956, 1959-1964.
- **Mecherle, George Jacob** (1877-1951): Founder of State Farm Insurance, 1922-1937.
- **Miller, Frank G.** (DNA): Member of New York State Assembly, 1930-1937.
- **Montgomery, James** (1771-1854): British hymn writer, poet, and abolitionist.
- **Mullins, Sylvester** (1906- DNA): Member of West Virginia State House of Delegates, 1947-1954.
- **McCormick, Judson D.** (1928- unknown): Member of West Virginia State House of Delegates, 1953-1954, 1957-58.
- **McIntosh, William Alexander** (1833-1912): Member of Kansas State Legislature, 1866-1867.
- **MacNab, Sir Allan Napier** (1798-1862): 1st Baronet and Premier of the Province of Canada before Canadian Confederation, 1854-1856.
- **McWhorter, Matthew Lauren** (1889-1985): Member of Georgia Public Service Commission, 1936-1961.
- **Neal, Jacob Alexander** (1881- DNA): Member of West Virginia State House of Delegates, 1919-20, 1933-40, 1953-54, 1965-66.
- **Northcott, William Allen** (1854-1917), Lieutenant Governor of Illinois, 1897-1905.
- **Norton, Eugene R.** (1856- DNA): Member of New York State Assembly, 1906-07, 1913, 1919-20.
- **Nye, Olin Tracy** (1874- DNA): Member of New York State Assembly, 1901-1904.
- **Ogden, Peter** (DNA -1852), Founder of Grand United Order of Odd Fellows in North America.
- **Otto, Charles A. Jr.** (1888- DNA): Member of New Jersey State Assembly, 1927-1933.
- **Outterson, James Andrew** (1858- DNA): Member of New York State Assembly, 1902-1903.
- **Patton, John K.** (1856- DNA): Member of New York State Assembly, 1898-1907.

318　　第25章

- **Pauley, Harry R.** (1907– DNA): Speaker of the West Virginia State House of Delegates, 1958-1959; Member of West Virginia State House of Delegates, 1937-1940, 1949-1954, 1957-1960, 1963-1966, 1969-1974.
- **Peck, John G.** (1865– DNA): Member of New York State Assembly, 1922-1924.
- **Peck, Oliver** (1971– present): Tattoo artist and celebrity judge of the TV show "Ink Master".
- **Pembleton, John G.** (1880– DNA): Member of New York State Assembly, 1912-1913.
- **Perry, Joseph Flintlock** (1898– DNA): Member of West Virginia state house of delegates, 1941-42.
- **Pike, Albert** (1809–1891): Brigadier General, philosopher and writer; Author of the revised degrees of the Ancient and Accepted Scottish Rite Southern Jurisdiction, 1855; and Morals and Dogma of Freemasonry, 1871; Grand Master of the IOOF Grand Lodge of Arkansas, 1852-1853.
- **Prather, Earl** (1903–1967): Member of West Virginia State House of Delegates, 1949-1952.
- **Ralston, William Chapman** (1826–1875): Founder of the Bank of California.
- **Rankin, Barrick Samuel** (1872–1939): Member of West Virginia State House of Delegates, 1929-1932.
- **Reitsma, Doreen Patterson** (1927–2000): First woman wren of the Royal Canadian Navy.
- **Rice, William Marsh** (1816–1900): Founder of Rice University.
- **Richards, Evan Mathew** (1821–1880): Member of U.K. Parliament for Cardiganshire, 1868-1874.
- **Roberts, George Madison** (1830–1915): Member of California State Assembly, 1875-1877.
- **Robbins, Corilla** (1842–1927): Early pioneer of Boise, Idaho; first woman suffragette and feminist in Boise; first woman to ride Boise's automobile; first woman to go on an airplane ride; 3rd President of the Rebekah Assembly of Idaho.
- **Robinson, William Benjamin** (1797–1873): Member of the Legislative Assembly of Upper Canada, 1830-1840; One of the early members of the Independent Order of Odd Fellows in Canada.
- **Robinson, James R.** (1885– DNA): Member of

New York State Assembly, 1923-1936.
- **Roche, Frances Ruth** (1908–1993): Baroness Fermoy; confidante of Queen Elizabeth, and the maternal grandmother of Princess Diana.
- **Russel, Andrew** (1856–1934): Illinois State Auditor of Public Accounts, 1917-1925; Illinois State Treasurer, 1909-1911, 1915-1917.
- **Sapp, Glenn** (1920– DNA): Member of West Virginia State House of Delegates, 1955-1956, 1959-1960;
- **Savile, Sir George** (1726–1784): 8th Baronet and early English politician.
- **Sitton, Relief W. "Lefie"** (1851–1939): Pioneer of Oregon and well known as a children's welfare worker, philanthropist and civic leader; Namesake of Sitton Elementary School in Portland, Oregon.
- **Scanes, Frederick H. Jr.** (1906–1974): Member of West Virginia State House of Delegates, 1949-1956.
- **Sheppard, William Taylor** (1877– DNA): Member of West Virginia State House of Delegates, 1927-1930.
- **Shearer, James Buchanan** (1823–1896): Member of University of Michigan Board of Regents, 1880-1887.
- **Shillaber, Benjamin P.** (1814–1890): American editor and humorist.
- **Skelton, Richard "Red"** (1913–1997): American Comedian and actor.
- **Simpson, E. L.** (1895– DNA): Member of West Virginia State House of Delegates, 1939-1942.
- **Springer, Charles Henry** (1857–1916): Member of New York State Assembly, 1914.
- **Stein, Joseph I.** (1880– DNA): Member of New York State Assembly, 1877.
- **Sterling, Frederick E.** (1869– DNA): Lieutenant Governor of Illinois, 1921-33; and Illinois State Treasurer, 1919-1921.
- **Stidham, Jerry E.** (1909– DNA): Member of West Virginia State House of Delegates, 1947-1952.
- **Struble, John T.** (1828–1916): One of the early pioneer of the State of Iowa; charter member of Eureka Odd Fellows Lodge of the IOOF.
- **Summers, Isabelle McCullough** (1887– DNA): Member of New Jersey state house of assembly, 1926-1927.
- **Swanson, Wayne R.** (1914– DNA): Nebraska State Treasurer, 1967-1975; Member of

注目すべき団員たち　319

Nebraska Railway Commission, 1957-1967.

- **Sweetland, Monroe Marsh** (1860–1944): One of the founding fathers of Delta Chi Fraternity in the United States.
- **Taylor, Lucy Hobbs** (1833–1910): First American woman to finish Dentistry.
- **Thomas, Joseph Henry** (1823–1908): Founding member of the Berkeley Institute; Founding father of Odd Fellowship in the Bahamas Islands.
- **Thompson, L. E.** (1906– DNA): Member of West Virginia State House of Delegates, 1952, 1954.
- **Thompson, Lorenzo Dow** (1873–1951): Missouri State Auditor, 1925-1929; and Missouri State Treasurer, 1921-1925.
- **Trego, Reno W.** (1877–1961): Member of Wisconsin State Assembly, 1937-1940.
- **Trexler, Harry Clay** (1854–1933): one of the founding directors of The Pennsylvania Power and Light Company, 1920; The Harry C. Trexler Trust continue to benefit the people and community of Lehigh County, Pennsylvania.
- **Underwood, John Cox** (1840–1913): Lieutenant Governor of Kentucky, 1875-1979; and revered as the Founder of the Patriarchs Militant branch of the IOOF.
- **Vaughan, William L.** (1866– DNA): Member of New York State Assembly, 1922-1933.
- **Wadlin, John F.** (1953– DNA): Member of New York State Assembly, 1941-1953.
- **Wallace, Thomas Ross** (1848–1929): U.S. Consul in Crefeld, 1901-1907; Jerusalem, 1907-1910; Martinique, 1910-1924.
- **Weiford, Arnold O.** (1927– DNA): Member of West Virginia State House of Delegates, 1957-1958.
- **Weinfeld, Morris** (1898– DNA): Member of New York State Assembly, 1924-1927.
- **Welch, Thomas E.** (1930– DNA): Member of West Virginia State House of Delegates, 1955-1958.
- **Wildey, Thomas** (1782–1861): Founder of the Independent Order of Odd Fellows in North America.
- **Wilkes, John** (1725–1797): early English radical, journalist and politician.
- **Wilson, Cecil W.** (1913– DNA): Member of West Virginia State House of Delegates, 1939.
- **Winegar, Isaac Milton** (1816–1901): early pioneer of the State of Michigan; and Justice of the Peace of Byron Center, Michigan, 1848-1849.
- **White, Everett Edison** (1881– DNA): Member of West Virginia State House of Delegates, 1929-1934, 1936-1940, 1947-1958.
- **Whitcomb, Forman E.** (1866– DNA): Member of New York State Assembly, 1918-1932.
- **Whiting, George Addison** (1827–1903): Member of California State Assembly, 1871-1873.
- **Whittlesey, William Seward** (1840–1917): Postmaster at Rochester, New York, 1907-1911.
- **Wilcox, Orin S.** (1898– unknown): Member of New York State Assembly, 1945-1965.
- **Woodward, Howard E.** (1892– unknown): Member of West Virginia State House of Delegates, 1935-1936.
- **Yale, John Reed** (1855–1925): Member of New York State Assembly, 1902-1913, 1921-1925.

パスト・グランドサイアーおよびパスト・ソブリン・グランドマスター

パスト・グランドサイアー

名前	就任期間	管轄区域
Thomas Wildey	1825-1833	Baltimore, MD
James Gettys	1833-1835	Georgetown, DC
Samuel H. Perkins	1837-1840	Philadelphia, PA
Zenas B. Glazier	1840-1841	Wilmington, DE
John A. Kennedy	1841-1843	New York City, NY
Howell Hopkins	1843-1845	Philadelphia, PA
Thomas Sherlock	1845-1847	Cincinnati, OH
Horn R. Kneass	1847-1849	Philadelphia, PA
Robert H. Griffin	1849-1851	Savannah, GA
Wm. W. Moore	1851-1853	Washington, DC
Wilmot G. DeSaussure	1853-1855	Charleston, SC
William Ellison	1855-1857	Boston, MA
George W. Race	1857-1858	New Orleans, LA
Samuel Craighead	1858-1860	Dayton, OH
Robert D. Boylston	1860-1862	Winnsborough, S
James B. Nicholson	1862-1864	Philadelphia, PA
Isaac M. Vietch	1864-1866	St. Louis, MO
James P. Sanders	1866-1868	Yonkers, NY
E. D. Farnsworth	1868-1870	Nashville, TN
Frederick D. Stuart	1870-1872	Washington, DC
Cornelius A. Logan	1872-1874	Leavenworth, KS
Milton J. Durham	1874-1876	Lexington, KY
John W. Stokes	1876-1878	Philadelphia, PA
John B. Harmon	1878-1880	San Francisco, CA
Luther J. Glenn	1880-1882	Atlanta, GA
Erie J. Leech	1882-1884	Keokuk, IA
Henry F. Garey	1884-1886	Baltimore, MD
John H. White	1886-1888	Albion, NY
John C. Underwood	1888-1890	Covington, KY
Charles M. Busbee,	1890-1892	Raleigh, NC
C. T. Campbell	1892-1894	London, ON
John W. Stebbins	1894-1896	Rochester, NY

Fred Carleton	1896-1898	Austin, TX
Alfred S. Pinkerton	1898-1900	Worcester, MA
A. C. Cable	1900-1902	Cincinnati, OH
John B. Goodwin	1902-1904	Baltimore, MD
R. E. Wright	1904-1906	Allentown, PA
E. S. Conway	1906-1908	Chicago, IL
John L. Nolen	1908	Nashville, TN
Wm. L. Kuykendall	1908-1910	Saratoga, WY
John B. Cockrum	1910-1912	Indianapolis, IN
C. A. Keller	1912-1914	San Antonio, TX
Robert T. Daniel	1914	Griffin, GA
J. B. A. Robertson	1915-1916	Oklahoma City, OK
Frank C. Goudy	1916-1918	Denver, CO
Henry V. Borst	1918-1920	Amsterdam, NY
Joseph Oliver	1921-1922	Toronto, ON
Lucian J. Easton	1922-1924	St. Joseph, MO
Herbert A. Thompson	1924-1926	Detroit, MI
Ernest W. Bradford	1926-1927	Washington, DC
Leon S. Merrill,	1927-1928	Orono, ME
Frank Martin	1928-1929	Boise, ID
M. M. Logan	1929-1930	Bowling Green, KY
Clement D. Rinehart	1930-1931	Jacksonville, FL
Joseph Powley	1931-1932	Toronto, ON
William F. Jackson	1932-1933	Fort Scott, KS
James H. Davis	1933-1934	Tacoma, WA
William A. Pittinger	1934-1935	Duluth, MN
Parke P. Deans	1935-1936	Richmond, VA
George E. Hershman	1936-1937	Crown Point, IN
Thomas G. Andrews	1937-1938	Oklahoma City, OK
Burton A. Gaskill	1938-1939	Mays Landing, NJ
George S. Starrett	1939-1940	Columbia, MO
James A. Hagerman	1940-1941	Saskatoon, SK
Lynn J. Irwin	1941-1943	Des Moines, IA
J. Paul Kuhn	1943-1944	Aurora, IL
D. D. Monroe	1944-1946	Clayton, NM

パスト・ソブリン・グランドマスター

名前	就任期間	管轄区域
C. A. Wheeler	1946-1947	Austin, TX
Arthur Charles Tiemeyer	1947-1948	Baltimore, MD
Frederick L. Phelps	1948-1949	Middletown, CT
Edward M. Sharpe	1949-1950	Bay City, MI
Miles E. Peck	1950-1951	Sioux Falls, SD
Joe Looney	1951-1952	Wewoka, OK
P. V. Ibbetson	1952-1953	Port Arthur, ON
James R. French	1953-1954	Greybull, WY
Tellie F. Aston	1954-1955	Sherman, TX
H. Sanders Anglea	1955-1956	Nashville, TN
L. S. Bridges	1956-1957	Baton Rouge, LA
James M. Elliott	1957-1958	Alliance, OH
Fred L. Pardee	1958-1958	Little Rock, AR
E. O. Richards	1959-1960	Chappell, NE
Gene J. Bianchi	1960-1961	Oakdale, CA
Verdie A. Dodds	1961-1962	Lexington, MA
Oakford A. Schalick	1962-1963	Elmer, NJ
C. Everett Murphy	1963-1964	Kingfisher, OK
Kermit R. Cofer	1964-1965	Water Valley, MS
James Main	1965-1966	Vancouver, BC
A. M. Black	1966-1967	Knoxville, IA
Harold L. Scott	1967-1968	Linn, WV
Chester J. Hunnicutt	1968-1969	Powell, WY
Donald R. Smith	1969-1970	Linden, CA
Samuel J. Patterson	1970-1971	Philadelphia, PA
J. Ray King	1971-1972	Sutherland, NE
J. Edward Stallings	1972-1973	Griffin, GA
Shelby McCauley	1973-1974	Prescott, AZ
Frank L. Shrives	1974-1975	Portland, OR
J. Douglas Moore	1975-1976	Perth-Andover, NB – AP
Jack O. Morrow	1976-1977	Boise, ID
Corwin E. Havill	1977-1978	Casper, WY
Hugh J. Bradley	1978-1979	Hendersonville, TN
Eugene C. Mount	1979-1980	Oklahoma City, OK
William H. England	1980-1981	Syracuse, NY

注目すべき団員たち

Meriel D. Harris	1981-1982	Somerset, KY
Lloyd G. Cranston	1982-1983	Calgary, AB
Ronald W. Hughes	1983-1984	Dallas, TX
Lorin D. Swift	1984-1985	Sacramento, CA
George E. Shaw	1985-1986	Worcester, MA
James P. Sadler	1986-1987	Nashville, TN
Percy J. Henry	1987-1988	New Iberia, LA
Horace H. Childress	1988-1989	Sapulpa, OK
Wilson D. Berkey	1989-1990	Lakeside, AZ
Robert D. Irving	1990-1991	Sacramento, CA
Carl C. Williams	1991-1992	Clarksburg, WV
Lloyd D. Shelvey	1992-1993	Grandview, MB
Charles E. Worrell Sr.	1993-1994	Nashville, TN
J. W. Frederick Laycock	1994-1995	Paris, KY
Wayne N. Reynolds	1995-1996	Reno, NV – NC
Louis E. Fancher Jr.	1996-1997	Greenwood, MS
Martin Elson	1997-1998	New York, NY
Connie Mac Riley	1998-1999	Omaha, NE
Conley Call	1999-2000	North Wilkesboro, NC
Arthur A. Craig	2000-2001	Buckley, WA
Harry V. Lohman	2001-2002	Largo, MD – DC
Jon R. Petersen	2002-2003	Lead Hill, AR – AZ
Henry L. Dupray	2003-2004	Wilmington, NC
C. LaVaughn Lawson	2004-2005	Perry, OK
Michael W. Dutton	2005-2006	Nashville, TN
Robert J. Robbins	2006-2007	Golden, CO
Richard S. Kim	2007-2008	Kaneohe, HI
Richard G. Proulx	2008-2009	Green Bay, WI
Paul J. Cuminale	2009-2010	Claymont, DE – CT
George L. Glover III	2010-2011	Coventry, RI
Delmar L. Burns	2011-2012	Germantown, OH
Charles L. Renninger	2012-2013	Largo, MD – DC
Robert W. Smith	2013-2014	Bourbonnais, IL
Jimmy C. Humphrey	2014-2015	Savannah, GA
Danny W. Wood	2015-2016	Springtown, TX
W. Larry Ferguson	2016-2017	Elkins, WV
John A. Miller, Sr.	2017-2018	Warren, CT
Douglas E. Pittman	2018-2019	Canon City, CO

ソブリン・グランドロッジ年次総会

年次	会議開催地	1883	Providence, RI
1850	Cincinnati, Ohio	1884	Minneapolis, MN
1851	Baltimore, Maryland	1885	Baltimore, MD
1852	Baltimore, Maryland	1886	Boston, MA
1853	Philadelphia, PA	1887	Denver, CO
1854	Baltimore, Maryland	1888	Los Angeles, CA
1855	Baltimore, Maryland	1889	Columbus, OH
1856	Baltimore, Maryland	1890	Topeka, KS
1857	Baltimore, Maryland	1891	St. Louis, MO
1858	Baltimore, Maryland	1892	Portland, OR
1859	Baltimore, Maryland	1893	Milwaukee, WI
1860	Nashville, TN	1894	Chattanooga, TN
1861	Baltimore, Maryland	1895	Atlantic City, NJ
1862	Baltimore, Maryland	1896	Dallas, TX
1863	Baltimore, Maryland	1897	Springfield, IL
1864	Boston, MA	1898	Boston, MA
1865	Baltimore, Maryland	1899	Detroit, MI
1866	Baltimore, Maryland	1900	Richmond, VA
1867	New York City, NY	1901	Indianapolis, IN
1868	Baltimore, Maryland	1902	Des Moines, IA
1869	San Francisco, CA	1903	Baltimore, MD
1870	Baltimore, Maryland	1904	San Francisco, CA
1871	Chicago, IL	1905	Philadelphia, PA
1872	Baltimore, Maryland	1906	Toronto, ON
1873	Baltimore, Maryland	1907	St. Paul, MN
1874	Atlanta, GA	1908	Denver, CO
1875	Indianapolis, IN	1909	Seattle, WA
1876	Philadelphia, PA	1910	Atlanta, GA
1877	Baltimore, Maryland	1911	Indianapolis, IN
1878	Baltimore, Maryland	1912	Winnipeg, MB
1879	Baltimore, Maryland	1913	Minneapolis, MN
1880	Toronto, ON	1914	Atlantic City, NJ
1881	Cincinnati, OH	1915	San Francisco, CA
1882	Baltimore, MD	1916	Chattanooga, TN

注目すべき団員たち　325

1917	Louisville, KY	1954	Colorado Springs, CO
1918	St. Louis, MO	1955	Chicago, IL
1919	Baltimore, MD	1956	Omaha, NE
1920	Boston, MA	1957	Miami, Florida
1921	Toronto, ON	1958	Memphis, TN
1922	Detroit, MI	1959	Pittsburgh, PA
1923	Cincinnati, OH	1960	Long Beach, CA
1924	Jacksonville, FL	1961	Phoenix, AZ
1925	Portland, OR	1962	Montreal, PQ
1926	Philadelphia, PA	1963	Louisville, KY
1927	Hot Springs, AR	1964	Minneapolis, MN
1928	Montreal, PQ	1965	Chicago, IL
1929	Houston, TX	1966	Philadelphia, PA
1930	Indianapolis, IN	1967	Calgary, AB
1931	Winnipeg, MB	1968	Miami Beach, FL
1932	Denver, CO	1969	Baltimore, MD
1933	Springfield, IL	1970	Gatlinburg, TN
1934	Toronto, ON	1971	Vancouver, BC
1935	Atlantic City, NJ	1972	Cincinnati, OH
1936	New York City, NY	1973	New York City, NY
1937	Milwaukee, WI	1974	Philadelphia, PA
1938	Oklahoma City, OK	1975	Portland, OR
1939	Minneapolis, MN	1976	Denver, CO
1940	Huntington, WV	1977	Oklahoma City, OK
1941	Des Moines, IA	1978	San Antonio, TX
1943	Chicago, IL	1979	Jackson, MS
1944	Toronto, ON	1980	Toronto, ON
1945	第二次世界大戦のため延期	1981	St. Louis, MO
1946	Columbus, OH	1982	Pittsburgh, PA
1947	Winnipeg, MB	1983	Winnipeg, MB
1948	St. Paul, MN	1984	Albuquerque, NM
1949	Sacramento, CA	1985	Indianapolis, IN
1950	Philadelphia, PA	1986	New Orleans, LA
1951	Indianapolis, IN	1987	Portland, OR
1952	Dallas, TX	1988	Winston-Salem, NC
1953	Atlanta, GA	1989	Reno, NV

1990	Nashville, TN
1991	Edmonton, AB
1992	Atlanta, GA
1993	Rosemont, IL
1994	Sacramento, CA
1995	Denver, CO
1996	Nashville, TN
1997	Kansas City, MO
1998	Kiamesha Lake, NY
1999	Sea Tac, WA
2000	Rosemont, IL
2001	Winston-Salem, NC
2002	Wichita, KS
2003	Halifax, NS
2004	St. Louis, MO
2005	London, ON
2006	Winston-Salem, NC
2007	Denver, CO
2008	Winnipeg, MB
2009	Santa Clara, CA
2010	Kansas City, MO
2011	Winston-Salem, NC
2012	Cincinnati, OH
2013	Schaumburg, IL
2014	Victoria, BC
2015	Fort Worth, TX
2016	Rapid City, SD
2017	St. Louis, MO
2018	Baltimore, Maryland
2019	Winston-Salem, North Carolina
2020	新型コロナウイルス（COVID-19）パンデミックにより延期

注目すべき団員たち　　327

訳者あとがき

　本書は『ODD FELLOWS : Rediscovering More Than 200 Years of History, Traditions, and Community Service』の全訳である。ストレートなタイトルのとおり、200年以上にわたるオッド・フェローズの歴史と伝統、そして地域社会への貢献をさまざまな角度から検証していく内容だ。

　オッド・フェローズは、フリーメーソンとよく似た秘密結社とされているのだが、組織の歴史的変遷と実績に詳しく触れた本書を読むと、一般的なイメージがごく表層的なものでしかないことがよくわかる。著者ルイ・ブレイク・セイル・サルミエント自身がメンバーであり、内側からしかリサーチできない多くの要素が盛り込まれた興味深い一冊だ。

　訳出作業を進める上でまず驚かされたのは、写真や図表などビジュアル資料の豊富さだ。フリーメーソンほど有名ではないにせよ、おそらく外部に対しては明らかにされたことがなかったはずの式服や、儀式に使う道具の意匠に至るまでの詳細が説明されている本書はきわめてユニークだ。

　最も印象的なのは、秘密結社という怪しいイメージが強いオッド・フェローズのロッジ＝支部が、それぞれの地域社会で実践してきた社会的責任と奉仕活動だ。メンバーに対してだけではなく、地域社会全体の利益と発展を基本に据えた活動方針は、地方政府や国家レベルの政策さえしのいだケースが多々あった。200年以上にわたる長い歴史に裏打ちされた機動性や即応性、そしてノウハウがあってこそ実現したものだ。

　ただ、先進的なコンセプトで運営されていたオッド・フェローズにも停滞期があった。最盛期と比べ、メンバーはかなりの振れ幅を体験しただろう。オッド・フェローズという組織の当事者でもある著者は、このあたりもすべてつまびらかにする。ネガティブなイ

メージを抱かれかねない要素もあえて明らかにする姿勢は潔いし、フェアだ。著者のこうした思いは、オッド・フェローズという組織自体が宿していた自浄作用に源流があるのだろう。

　組織の歴史を辿っていく主体となる構成にちりばめられたエピソードも興味深い。これだけ膨大な資料を盛り込みながら、細部の作り込みも緻密だ。内容がカラフルなので、この部分だけを読み進めても十分に楽しめると思う。

　もう一度、全体を俯瞰してみる。本書は歴史書であると共に記録文書でもある。さまざまな年代における人々の暮らしの詳細を記した年代誌でもある。こうした多彩な本を通して読者ができるのは、「体験したことのない出来事に対する追体験」とでもいうべきものではないだろうか。

　近頃はVRテクノロジーが発達し、ほぼすべてのジャンルの体験がリアルに再現できるようになっている。しかし、本書を通してVRとはまったく趣が違うリアルな体験ができるはずだ。どちらが優れているかなどという些末な議論をするつもりはない。体験というものは、ありようだと思う。だから、本書を通してのみ実感できる「体験したことのない出来事に対する追体験」が歴然とした形で存在することを信じている。

　本書を手に取ってくださるみなさんに、こうした感覚が訪れますように。そして、その感覚を楽しんでいただける方がおひとりでも多くいらっしゃいますように。知識を増やすという行いは、単純に楽しい。本書は、その事実を改めて実感させてくれるだろう。

　最後になったが、本書の訳出においてさまざまな形で協力していただいた編集担当の小澤祥子さんに感謝の言葉を述べさせていただく。本当にありがとうございました。

宇佐和通

原　註

第1章

(1) James Spry, *The History of Odd Fellowship: Its Origin, Tradition and Objectives* (London: J.R.H. Spry, 1866), 2-5; Michael Streeter, Behind Closed Doors (United Kingdom: New Holland Publishers, 2008), 153-155.

(2) John Kennedy Melling, *Discovering London's Guilds and Liveries* (United Kingdom: Shire Publications, 2002), 11; Elvin James Curry, *The Red Blood of Odd Fellowship* (Maryland: Elvin Curry, 1903), 62-68; Simon Cordery, *British Friendly Societies, 1750-1914* (New York: Palgrave Macmillan, 2003), 17; Michael Streeter, *Behind Closed Doors* (United Kingdom: New Holland Publishers, 2008), 153-155.

(3) Elvin James Curry, *The Red Blood of Odd Fellowship* (Maryland: Elvin Curry, 1903), 209-253

(4) Elvin James Curry, *The Red Blood of Odd Fellowship* (Maryland: Elvin Curry, 1903), 75-84.

(5) Paschal Donaldson, *The Odd Fellows' Pocket Companion* (Ohio: R.W. Carroll & Co, 1881), 13.

(6) Grand Lodge of Ontario and J.B. King, *Odd Fellowship* (Toronto: Independent Odd Fellow Print, 1907), 4-5.

(7) Thomas G. Andrews, *The Jericho Road* (Oklahoma: William Thomas Co, 1937); Benson M. Powell, *The Triple Links* (Kansas: Ed G. Moore and Son, 1900); Sovereign Grand Lodge, *Ritual of a Lodge of Odd Fellows of The Sovereign Grand Lodge of the Independent Order of Odd Fellows* (United States: Sovereign Grand Lodge, I.O.O.F., 2004).

(8) Ibid.

(9) Charles H. Brooks, *The Official History ad Manual of the Grand United Order of Odd Fellows* (Pennsylvania: Odd Fellows Journal Print, 1903), 228.

(10) Sovereign Grand Lodge, *Journal of Proceedings of the International Council, Independent Order of Odd Fellows, 1999-2001* (U.S.A: Sovereign Grand Lodge, 2001), 17.

(11) Thomas G. Beharrell, *The Brotherhood: Being a Presentation of Odd Fellowship* (Indiana: Brotherhood Publishing Co., 1875), 9-16; Thomas G. Andrews, *The Jericho Road* (Oklahoma: William Thomas Co, 1937), 12-13; Sovereign Grand Lodge, *Ritual of a Lodge of Odd Fellows of The Sovereign Grand Lodge of the Independent Order of Odd Fellows* (United States: Sovereign Grand Lodge, I. O.O.F., 2004).

(12) Thomas G. Beharrell, *The Brotherhood: Being a Presentation of Odd Fellowship* (Indiana: Brotherhood Publishing Co., 1875), 29; Sovereign Grand Lodge, *Ritual of a Lodge of Odd Fellows of The Sovereign Grand Lodge of the Independent Order of Odd Fellows* (United States: Sovereign Grand Lodge, I.O.O.F., 2004).

(13) Sovereign Grand Lodge, *Ritual of a Lodge of Odd Fellows of The Sovereign Grand Lodge of the Independent Order of Odd Fellows* (United States: Sovereign Grand Lodge, I.O.O.F., 2004); Thomas G. Andrews, *The Jericho Road* (Oklahoma: William Thomas Co, 1937), 75-110.

(14) Ibid.

(15) Ibid.

(16) Ritual of the Manchester Unity Independent Order of Odd Fellows (1824)

(17) Thomas G. Beharrel, *The Brotherhood: Being a Presentation of the Principles of Odd Fellowship* (Indiana: Brotherhood Publishing Company, 1875), 74-76; Sovereign Grand Lodge, *Ritual of a Lodge of Odd Fellows of The Sovereign Grand Lodge of the Independent Order of Odd Fellows* (United States: Sovereign Grand Lodge, I.O.O.F., 2004).

(18) Sovereign Grand Lodge, *Journal of Proceedings of the Sovereign Grand Lodge, I.O.O.F* (North Carolina, Sovereign Grand Lodge, 1995), 302.

(19) Ibid.

(20) Sovereign Grand Lodge, *Ritual of a Lodge of Odd Fellows of The Sovereign Grand Lodge of the Independent Order of Odd Fellows* (United States: Sovereign Grand Lodge, I.O.O.F., 2004).

(21) Ibid.

(22) Sovereign Grand Lodge, *Ritual of a Lodge of Odd Fellows of The Sovereign Grand Lodge of the Independent Order of Odd Fellows* (United States: Sovereign Grand Lodge, I.O.O.F., 2004); Thomas G. Andrews, *The Jericho Road* (Oklahoma: William

Thomas Co, 1937), 75-110.
(23) Thomas G. Beharrell, *The Brotherhood: Being a Presentation of the Principles of Odd Fellowship* (Indiana: Brotherhood Publishing Company, 1875), 12.
(24) Ibid.
(25) Ibid.
(26) Grand Lodge of Denmark, *Ritual of the Odd Fellows Lodge* (Denmark: Grand Lodge of Denmark, 1978).
(27) Ibid.
(28) George Emery and J. C. Herbert Emery, *A Young Man's Benefit* (London: McGill-Queen's University Press, 1999).
(29) Tom Reedy and Nita Thurman, *Denton Lodge No.82, I.O.O.F.: A History 1859-2009* (Maine: Acme Bookbinding, 2009), 131-134.
(30) Sovereign Grand Lodge, *Members Handbook: Independent Order of Odd Fellows* (North Carolina: Sovereign Grand Lodge, 2013), 11.
(31) Sovereign Grand Lodge, *Code of General Laws* (2012).
(32) Sovereign Grand Lodge, *Ritual of a Lodge of Odd Fellows of The Sovereign Grand Lodge of the Independent Order of Odd Fellows* (United States: Sovereign Grand Lodge, I.O.O.F., 2004).

第2章

(1) Don R. Smith and Wayne Roberts, *The Three Link Fraternity* (California: Linden Publications, 1993), 5; Peter Sellars, T*he History of the Independent Order of Odd Fellows in the City of San Francisco,* (California: Privately printed, 2007), 4-5.
(2) Michael Streeter, *Behind Closed Doors* (London: New Holland Publishers, 2008), 153-155
(3) R.H. Moffrey, *A Century of Odd Fellowship* (United Kingdom: Manchester Unity Independent Order of Oddfellows, 1910),16; Michael Streeter, *Behind Closed Doors* (London: New Holland Publishers, 2008), 153-155; John Kennedy Melling, *Discovering London's Guilds and Liveries* (United Kingdom: Shire Publications, 2002), 11; Simon Cordery, *British Friendly Societies*, 1750-1914 (New York: Palgrave Macmillan, 2003), 17.
(4) *European History Quarterly* (London: SAGE), vol. 16 (1986), 25-45; Mary Ann Clawson, *Constructing Brotherhood: Class, Gender, and Fraternalism* (New Jersey: Princeton University

Press, 1989), 3.
(5) *European History Quarterly* (London: SAGE), vol. 16 (1986), 25-45.
(6) L. Hamel Cooke, *Democracy and Odd Fellowship* (Canada: L. Hamel Cooke, 1943), 7-9.
(7) Peter Swift Seibert, *Fraternally Yours: Identify Fraternal Groups and Their Emblems* (Pennsylvania: Schiffer Publishing, 2012), 88.
(8) Harriet Wain McBride, *Fraternal Regalia in America*, 1865 to 1918 (Ohio: Ohio State University, 2000), 81.
(9) Ibid.
(10) Elvin James Curry, *The Red Blood of Odd Fellowship* (Maryland: Elvin Curry, 1903), 66.
(11) Daniel Weinbren, *The Oddfellows 1810-2010: 200 Years of Making Friends and Helping People* (Lancaster: Carnegie Publishing, 2012), 33-34.
(12) Ward-Stillson Co., *Ancient Ritual of the Order of Patriotic Odd Fellows: Revised and agreed to in the Grand Lodge held at London, England, March 12, 1797* (Michigan: Kalamazoo Publishing,n.d.), 23.

第3章

(1) Mary Ann Clawson, *Constructing Brotherhood: Class, Gender, and Fraternalism* (New Jersey: Princeton University, 1989), 15.
(2) Noel P. Gist, *Culture Patterning in Secret Society Ceremonials* (North Carolina: University of North Carolina Press, 1936), 497-505.
(3) Mary Ann Clawson, *Constructing Brotherhood: Class, Gender, and Fraternalism* (New Jersey: Princeton University, 1989), 15.「19世紀および20世紀のアメリカにおけるロッジは、さらに昔の時代のヨーロッパの友愛主義の子孫のような性格だった。ギルドや職工組合、宗教団体、そして村の青年団などがすべて友愛組織の形態であり、文化様式を中心とした組織として考えれば、中世および近代ヨーロッパにおいて最も広まったものだった」。
(4) Charles H. Brooks, *The Official History ad Manual of the Grand United Order of Odd Fellows* (Pennsylvania: Odd Fellows Journal Print, 1903), 5-7; Paschal Donaldson, *The Odd Fellows Text Book* (Philadelphia: Moss & Brother, 1852), 1
(5) Paschal Donaldson, *The Odd Fellows Text Book* (Philadelphia: Moss & Brother, 1852), 19.
(6) Henry Leonard Stillson, *The Official History of Odd Fellowship* (Massachusetts: Fraternity Publishing Company, 1900), 23; Paschal Donaldson,

The Odd Fellows Text Book (Philadelphia: Moss & Brother, 1852), 18.

(7) Victoria Solt Dennis, *Discovering Friendly and Fraternal Societies* (United Kingdom: Shire Publications, 2008), 4; Robert Moffrey, *The Rise and Progress of the Manchester Unity of the Independent Order of Oddfellows* (United Kingdom: Grand Master & Board of Directors of the Order, 1904), 2.

(8) Steven A. Epstein, *Wage labor and guilds in Medieval Europe* (North Carolina: University of North Carolina Press, 1991), 11-33.

(9) Emmanuel Rebold and J. Fletcher Brennan, *A General History of FreeMasonry in Europe: Based upon the Ancient Documents Relating to and the Monuments Erected by this Fraternity from its foundation in the year 715 BC to present time* (Ohio: Cincinnati American Masonic publishing association, 1868), 34-154; Daniel Weinbren, *The Oddfellows 1810-2010: 200 Years of Making Friends and Helping People* (Lancaster: Carnegie Publishing, 2012), 7.

(10) William Sewell, *Work and Revolution in France: The Language of Labor from the Old Regime to 1848* (New York: Cambridge University Press, 1980).

(11) 「1423年までには、100以上のギルドが存在していた。新しいものが形成され、合併も盛んだった」。Roy Porter, *London: A Social History* (United Kingdom: Penguin, 2000), 29. See also John Kennedy Melling, *Discovering London's Guilds and Liveries* (United Kingdom: Shire Publications, 2002), 34-106.

(12) John Kennedy Melling, *Discovering London's Guilds and Liveries* (United Kingdom: Shire Publications, 2002), 46.

(13) Ibid, 68-69.

(14) Ibid, 68-69.

(15) Ibid, 47-48.

(16) Ibid, 52.

(17) Joshua Toulmin Smith, *English Gilds* (London: N. Trubner & Co., London, 1870). See also Victoria Solt Dennis, *Discovering Friendly and Fraternal Societies* (United Kingdom: Shire Publishing, 2008), 4.

(18) Elvin James Curry, *The Red Blood of Odd Fellowship* (Maryland: Elvin Curry, 1903), 62-65. See also Roy Porter, *London: A social history* (United Kingdom: Penguin, 2000), 29.

(19) Henry Leonard Stillson, *The Official History of Odd Fellowship* (Massachusetts: Fraternity Publishing Company, 1900), 33-37. See also Joshua Toulmin Smith, *English Gilds* (London: N. Trubner & Co., London, 1870).

(20) Ibid, 34-35.

(21) Porter, London: *A Social History* (United Kingdom: Penguin, 2000), 29.

(22) W.J. Parre, Quatuor Coronatum: Being the Transactions of the Quatuor Coronati Lodge No. 2076, London, Volume 3 (London: W. J. Parre, 1840), 140; Clark, British Clubs and Societies: 1580-1800 (New York: Oxford University Press, 2002), 76; P.D., A candid enquiry into the principles and practices of the most ancient and honourable society of Bucks (London: C. Kiernan, 1770).

(23) Elvin James Curry, The Red Blood of Odd Fellowship (Maryland: Elvin Curry, 1903), 6-9.

(24) Ibid, 68-69.

(25) W.J. Parre, 150.

(26) Henry Leonard Stillson, The Official History of Odd Fellowship (Massachusetts: Fraternity Publishing Company, 1900), 41.

(27) W.J. Parre, 153.

(28) Stillson, 40.

(29) W.J. Parre, 149.

(30) Curry, 71.

(31) Stillson, 40.

(32) Ibid, 41.

(33) John Weber, *An Illustrated Guide of the Lost Symbol* (New York: Sensei Publications, 2009), 12.

(34) Ibid, 12-13.

(35) John Kennedy Melling, *Discovering London's Guilds and Liveries* (United Kingdom: Shire Publications, 2002), 84.

(36) John Weber, *An Illustrated Guide of the Lost Symbol* (New York: Sensei Publications, 2009), 13.

(37) Tom Reedy and Nita Thurman, *Denton Lodge No.82, I.O.O.F.: A History 1859-2009* (Maine: Acme Bookbinding, 2009), 7.

(38) Ibid.

(39) John Kennedy Melling, *Discovering London's Guilds and Liveries* (United Kingdom: Shire Publications, 2002), 11;

(40) Mary Ann Clawson, *Constructing Brotherhood: Class, Gender, and Fraternalism* (New Jersey: Princeton University, 1989), 3; *European History Quarterly* (London: SAGE), vol. 16 (1986), 25-45;

(41) *European History Quarterly* (London: SAGE),

vol. 16 (1986), 25-45;
(42) Mary Ann Clawson, *Constructing Brotherhood: Class, Gender, and Fraternalism* (New Jersey: Princeton University, 1989), 3.
(43) Ibid, 118.
(44) Paschal Donaldson, *The Odd Fellows Text Book* (Philadelphia: Moss & Brother, 1852), 22.
(45) Ibid.
(46) Ibid.

第4章

(1) Henry Leonard Stillson, *The Official History of Odd Fellowship* (Massachusetts: Fraternity Publishing Company, 1908), 21.
(2)「初期のメンバーは重労働に従事する人たちだった。1日の収入はその日パンを買ったら使い切ってしまう。病気になったら、状況はいよいよ逼迫する。仕事を失ったら、次の仕事が見つかるまで家族を養う術がなくなってしまう。病気にふせったり命を落としたりしたら、世話を焼いてくれる人はおろか、心休まるような言葉をかけてくれる人もいなかった」。See Rev. A.B. Grosh, *The Odd-Fellows Improved Pocket Manual* (New York: Clark & Maynard, 1873), 29-30. See also Geoffrey Blainey, *Odd Fellows: A history of IOOF Australia* (Sydney: Allen & Unwin, 1991), 3.
彼は「18世紀のイギリスにおける典型的なオッド・フェローズのメンバーは、一般労働者よりも高く、店員や小売商人よりも低い収入の職人だった」と指摘する。
(3)「イギリスの初期のロッジでは、建物に入る人がセクレタリーに対して1ペニーを支払い、それが運営資金となりメンバーを支える原資となった。メンバーが経済的支援を求めているなら、まとまった額が手渡された。失業中であれば、メンバーであることを示すカードと準備資金を渡され、別のロッジに向かった」。W.W. Wallace, *The Odd-Fellows' Keepsake: A Concise History of Odd-Fellowship in the United States* (New York: Office of the Mirror of the Times, 1850), 18-25.
(4) Daniel Defoe, *An Essay upon Projects* (London: R.R. for Tho. Cockerill, 1697), 118-119.
(5) Simon Cordery, *British Friendly Societies, 1750-1914* (New York: Palgrave Macmillan, 2003), 22.
(6) Ibid.
(7) Ibid, 34-35.
(8) Henry Leonard Stillson, *The Official History of Odd Fellowship* (Massachusetts: Fraternity Publishing Company, 1900), 50.
(9) Ibid.

(10) Tal P. Shaffner, *Odd Fellowship Illustrated: In an Address delivered before the Grand Lodge of Kentucky* (New York: Russel Brothers Publishers, 1875), 43-44.

第5章

(1) Jonathan Downs, *The Industrial Revolution: Britain, 1770-1810* (United Kingdom: Shire Publications, 2010).
(2) Goeffrey Blainey, *Odd Fellows: A History of IOOF Australia* (Australia: Allen & Unwin, 1991), 3.
(3) Simon Cordery, *British Friendly Societies, 1750-1914* (New York: Palgrave Macmillan, 2003).

第6章

(1) Compiled by various authors, *A History of the Holy Catholic Inquisition* (Philadelphia: Perkins, Marvin and Co, 1835).
(2) David B. Barrett, *Secret Societies: An unbiased history of our desire for secret knowledge* (Philadelphia: Running Press, 2007), 82. See also Colin Robert Bowling, *A New Order of the Ages* (Indiana: iUniverse, 2011), 232.
(3) Armstrong Starkey, *War in the Age of Enlightenment, 1700-1789* (Connecticut: Praeger Publishers, 2003). See also Robert Wokler, *Rousseau, the Age of Enlightenment, and Their Legacies* (New Jersey: Princeton University Press, 2012).
(4) Michael Streeter, *Behind Closed Doors* (London: New Holland Publishers, 2008), 105. たとえば、「フランス革命で名を挙げた過激派のニコラ・デ・ボネビルはフリーメーソンのメンバーで、イルミナティの著名なメンバーとも親しくしていたと伝えられている」。See also Michael L. Kennedy, *The Jacobin Clubs in the French Revolution 1793-1795* (New York: Berghahn Books, 2000). 彼は、ジャコバン派という言葉が、フランス革命で最も人気があった政治派閥のすべての左翼系政治革命運動の支持者に対して適用されるものとしている。
(5) Ibid, 101-105.
(6) Michael Howard, *Secret Societies: Their Influence and Power from Antiquity to Present Day* (Vermont: Destiny Books, 2008), 74-78.
(7) Michael Streeter, *Behind Closed Doors* (London: New Holland Publishers, 2008), 91-93. See also Una Birch, *Secret Societies: Illuminati, Freemasons and the French Revolution* (Florida: Ibis Press, 2007).
(8) Victoria Solt Dennis, *Discovering Friendly and*

Fraternal Societies (United Kingdom: Shire Publications, 2008), 13.
(9) Ibid, 9-11.
(10) Manchester Unity Independent Order of Oddfellows, *"The Oddfellows Over the Years"*, accessed July 20, 2017, https://www.oddfellows.co.uk/About-us/Over-the-Years.
(11) Ibid.
(12) Victoria Solt Dennis, *Discovering Friendly and Fraternal Societies* (United Kingdom: Shire Publications, 2008), 73. 彼は、友愛組織が中産階級および労働者階級に対する共通の土台を提供し、労働者階級内での異なる社会的階層に属するメンバーが知り合えるようにした。See also Jasper Ridley, *The Freemasons: A history of the world's most powerful secret society* (New York: Arcade Publishing, 2011).

第7章

(1) Early Reminiscences of Odd Fellowship, *The Covenant, and Official Magazine of the Grand Lodge of the United States I.O.O.F., Volume 1* (1842), 80.
(2) Charles H. Brooks, *The Official History ad Manual of the Grand United Order of Odd Fellows* (Pennsylvania: Odd Fellows Journal Print, 1903), 9-10. マンチェスター・ユニティ・インディペンデント・オーダー・オブ・オッド・フェローズは、通常はユニオン・オーダーあるいはユナイテッド・オーダーと表記されるロンドンのユナイテッド・オーダー・オブ・オッド・フェローズから離脱したと理解されている。
(3) ユニオン・オーダーあるいはグランド・ユナイテッド・オーダーは、1813年までイギリスのすべてのロッジをまとめていた。初の分離あるいは離脱が起きたのは1813年である。離脱したロッジは集まって「インディペンデント・オーダー・オブ・オッド・フェローズ・マンチェスター・ユニティ」という組織を結成した。
(4) Brooks, *The Official History and Manual of the Grand United Order of Odd Fellows in America*, 12.
(5) "Oddfellows Welcome", *Grand United Order of Oddfellows*, accessed October 25, 2017, https://www.guoofs.com/.
(6) 1888年に発行された『オッド・フェローズ・マガジン』には、ドーバーの「フリー・アンド・インディペンデント・オーダー・オブ・オッド・フェローズ」という組織に触れた文章がある。
(7) Dennis, *Discovering Friendly and Fraternal Societies*, 92-94. See also entry for the Odd Fellows in Gilman, Peck and Colby, *The New International Encyclopedia*, 783.

第8章

(1) Simon Cordery, *British Friendly Societies, 1750-1914* (New York: Palgrave Macmillan, 2003), 40.
(2) Daniel Weinbren, *The Oddfellows 1810-2010: 200 years of making friends and helping people* (Lancaster: Carnegie Publishing, 2012).
(3) Henry Leonard Stillson, *The Official History of Odd Fellowship* (Massachusetts: Fraternity Publishing Company, 1900), 50.
(4) Don R. Smith and Wayne Roberts, *The Three Link Fraternity* (California: Linden Publications, 1993), 6. See also Henry Leonard Stillson, *The Official History of Odd Fellowship* (Massachusetts: Fraternity Publishing Company, 1900), 50-51.
(5) R.H. Moffrey, *A Century of Odd Fellowship* (United Kingdom: Manchester Unity Independent Order of Oddfellows, 1910), 65-67.
(6) Simon Cordery, *British Friendly Societies, 1750-1914* (New York: Palgrave Macmillan, 2003), 115.
(7) *The Times*, January 4, 1944.
(8) Manchester Unity Independent Order of Odd Fellows Friendly Society, *Ritual of the Independent Order of Odd Fellows Manchester Unity Friendly Society: For the Use of District Officers* (Manchester: Manchester Unity Independent Order of Odd Fellows Manchester Unity Friendly Society, 1989), 26.
(9) Ibid, 62-79.
(10) Ibid, 100-118.
(11) Ibid, 121.
(12) Sovereign Grand Lodge of the IOOF, *Journal of Proceedings of the International Council of the Independent Order of Odd Fellows, 1999-2001* (United States of America: Sovereign Grand Lodge, 2001), 49.
(13) Manchester Unity Independent Order of Odd Fellows Manchester Unity Friendly Society, *Ritual of the Independent Order of Odd Fellows Manchester Unity Friendly Society: For the Use of District Officers* (Manchester: Manchester Unity Independent Order of Odd Fellows Manchester Unity Friendly Society, 1989), 87-89.
(14) Sovereign Grand Lodge of the IOOF, *Journal of Proceedings of the One Hundred and Sixty-First Annual Communication of the Sovereign Grand*

Lodge of the Independent Order of Odd Fellows, 1987 (Volume LXXV) (Winston-Salem: The Sovereign Grand Lodge of the I.O.O.F., 1988), 37.
(15) Sovereign Grand Lodge of the IOOF, *Journal of Proceedings of the International Council of the Independent Order of Odd Fellows*, 1999-2001 (United States of America: Sovereign Grand Lodge, 2001), 51.
(16) Ibid.
(17) Manchester Unity Independent Order of Oddfellows Friendly Society, *"About the Oddfellows Friendly Society"*, accessed 25 October 2017, https://www.oddfellows.co.uk/about/

第9章

(1) Robert Macoy, General History, *Cyclopedia, and Dictionary of Freemasonry* (New York, Masonic Publishing Company, 1870), 271. Macoy (1870) mentioned the the Odd Fellows was introduced in the United States as early as 1799 when a lodge was constituted in Connecticut, in 1802 in Baltimore in and in 1806 in New York.
(2) Aaron Burt Grosh, *A Manual of Odd Fellowship* (New York, Clark & Maynard, 1882), 31-36.
(3) Elvin J. Curry, *Red Blood of Odd Fellowship* (Baltimore: Elvin J. Curry, 1903), 75.
(4) Sovereign Grand Lodge of the IOOF, *Journal of Proceedings of the One Hundred and Forty-Third Annual Communication of the Sovereign Grand Lodge of the Independent Order of Odd Fellows, 1969* (Volume LVII) (Baltimore: The Sovereign Grand Lodge of the I.O.O.F., 1970), 478.
(5) Ibid.
(6) Ibid.
(7) Curry, *The Red Blood of Odd Fellowship*, 80.
(8) Grosh, *A Manual of Odd Fellowship*, 32-33.
(9) Curry, *The Red Blood of Odd Fellowship*, 128-132. カレー（1903）は、すべての社交行事で男性が楽しむことができるような工夫をする傾向があったことを指摘している。メンバーは食事とアルコール、そして祝福の歌を楽しむために集まった。*The Odd Fellows' Text Book and Manual*, P36を参照。*History of American Odd Fellowship*,P 26-27も参照。1820年、デューク・オブ・ヨーク・ロッジによって発行された憲章には、このロッジがメンバーである兄弟たちが旅に出る時、旅から帰ってきた時に勇気づけ、支えるために認証されたと書かれている。ロッジの伝統として、旅に出るメンバーや、経済的苦境に陥ったり病気に悩んだりしているメンバーを支えるのは当然のことだ

った。
(10) Clawson, *Constructing Brotherhood: Class, Gender, and Fraternalism* (New Jersey: Princeton University, 1989), 120.
(11) Edward Stallings, *Searching for Treasures* (North Carolina: Sovereign Grand Lodge), 12.
(12) Ibid.
(13) Ibid.
(14) Stillson, *The Official History of Odd Fellows*, 67.
(15) Aaron Burt Grosh, *A Manual of Odd Fellowship* (New York, Clark & Maynard, 1882), 30.
(16) Aaron Burt Grosh, *A Manual of Odd Fellowship* (New York, Clark & Maynard, 1882), 40. グロッシュ（1882）は、合衆国グランドロッジは初期の行動において、当時のほほすべての友愛組織が励行していたロッジ内で水しか提供しないという慣習からいち早く脱却したと書いた。
(17) Powley, *Concise History of Odd Fellowship* (Revised edition), 14-15.
(18) Stillson, *The Official History of Odd Fellowship*, 234.
(19) Streeter, *Behind Closed Doors* (United Kingdom: New Holland Publishers, 2008), 153-155.
(20) Moffrey, *A Century of Odd Fellowship*, 46.
(21) Powley, *Concise History of Odd Fellowship* (Revised edition), 17.
(22) Stillson, *Official History of Odd Fellowship: The Three Link Fraternity*, 99-100. Stillson (1900) mentioned that a resolution to dissolve ties with Manchester Unity was adopted on September 23, 1842, and was reaffirmed on September 22, 1843.
(23) Sovereign Grand Lodge of the IOOF, *Journal of Proceedings of the One Hundred and Sixty-First Annual Communication of the Sovereign Grand Lodge of the Independent Order of Odd Fellows, 1987 (Volume LXXV)*, 35.
(24) Ibid.
(25) Ibid.
(26) Brooks, *The Official History ad Manual of the Grand United Order of Odd Fellows*, 11;
(27) Sovereign Grand Lodge of the IOOF, *Journal of Proceedings of the Right Worthy Grand Lodge of the United States, and the Sovereign Grand Lodge of the Independent Order of Odd Fellows, 1941-1944 (Volume XL)* (Baltimore: The Sovereign Grand Lodge of the I.O.O.F., 1945), 1130.
(28) Ibid, 1131.

原註　335

(29) Charles Brooks, *The Official History ad Manual of the Grand United Order of Odd Fellows* (Pennsylvania: Odd Fellows Journal Print, 1903), 12.
(30) Ibid, 12-14.
(31) Archives of Maryland, "Freedom's Friend Lodge No. 1024: Black Mutual Aid Society; Saint Michaels, Maryland", Archives of Maryland, n.d., accessed October 4, 2017, http://msa.maryland.gov/megafile/msa/speccol/sc5400/sc5496/051800/051882/html/51882bio.html
(32) David Hackett, *The Prince Hall Freemasons and the African American Church: The Labors of Grand Master and Bishop James Walker Hood, 1831-1918*, Church History, 69:4 (December 2000), 770-802.

第10章

(1) H.W. Brands, *The Age of Gold: The California Gold Rush and the New American Dream*, (New York: Doubleday, 2003), 30.
(2) G.H. Tinkham, *The Half Century of California Odd Fellowship* (Stockton, CA: Record Publishing Co, 1906), 14.
(3) Unknown author, *An Illustrated History of San Joaquin County, California* (Chicago: The Lewis Publishing Company, 1890), 52.
(4) Ibid.
(5) Unknown author, *An Illustrated History of San Joaquin County, California* (Chicago: The Lewis Publishing Company, 1890), 52.
(6) R. Cherny, M.A. Irwin, and A.M. Wilson, *California Women and Politics: From the Gold Rush to the Great Depression* (Nebraska: University of Nebraska Press, 2011), 29; See also G.H. Tinkham, *The Half Century of California Odd Fellowship* (Stockton, CA: Record Publishing Co., 1906), 15.
(7) Ibid.
(8) Ibid.
(9) Peter Sellars, *The History of the Independent Order of Odd Fellows in the City of San Francisco* (CA: Sellars, 2007), 14.
(10) G. Blainey, *Odd Fellows: A History of IOOF Australia* (Australia: Allen & Unwin, 1991), 4.
(11) Ibid, 11-12.
(12) H.L. Stillson, *The Official History of Odd Fellowship: The Three Link Fraternity* (MA: The Fraternity Publishing Company, 1900), 389; See also G.H. Tinkham, *The Half Century of California Odd Fellowship*, 10-12.
(13) G.H. Tinkham, *The Half Century of California Odd Fellowship*, 21-24.
(14) H.L. Stillson, *The Official History of Odd Fellowship: The Three Link Fraternity*, 471.
(15) G. Blainey, *Odd Fellows: A History of IOOF Australia*, 20-21.
(16) G.H. Tinkham, *The Half Century of California Odd Fellowship*, 13.
(17) R. Sullivan, *Royal Arch of Enoch: The Impact of Masonic Rituals, Philosophy and Symbolism* (Rocket Science Productions, 2011), 431-432.
(18) Ibid.
(19) G.H. Tinkham, *The Half Century of California Odd Fellowship*, 146.
(20) Sellars, *The History of the Independent Order of Odd Fellows in the City of San Francisco*; See also F. Christy and D. Smith, *Six Links of Fellowship: Sovereign Grand Lodge Sessions in California* (California: Linden Publications, 1995).

第11章

(1) Bruce Catton, *The Civil War* (Boston: Houghton Mifflin Company, 2004), 10.
(2) Ibid.
(3) Ibid.
(4) Ibid.
(5) Drew Gilpin Faust, *This Republic of Suffering: Death and the American Civil War* (New York: Alfred A. Knope, 2008), 3.
(6) Sovereign Grand Lodge of the IOOF, *Journal of Proceedings of the Right Worthy Grand Lodge of the United States, and the Sovereign Grand Lodge of the Independent Order of Odd Fellows, from its Formation in February, 1858-1862 (Volume IV)* (Baltimore: The Sovereign Grand Lodge of the I.O.O.F., 1884), 331.
(7) McBride, *The Golden Age of Fraternalism: 1870-1910*, Heredom, Volume 12, 2005, 4.
(8) Sovereign Grand Lodge of the IOOF, *Journal of Proceedings of the Right Worthy Grand Lodge of the United States, and the Sovereign Grand Lodge of the Independent Order of Odd Fellows, from its Formation in February, 1863-1867 (Volume V)* (Baltimore: The Sovereign Grand Lodge of the I. O.O.F., 1876), 3637-3638. パスト・グランド・パトリアーク、そしてイリノイ第96ロッジでボランティアを務めるジョン・C・スミス氏からの手紙を受け取った。

日付は1864年5月25日、内容はジョージア州アトランタ山脈で繰り広げられた戦闘の様子だ。この手紙によれば、敵軍による占領に伴って多くのロッジが破壊され、設備や書籍が破棄されたという。彼は書籍を何冊か回収し、グランドロッジに送ってくれた。

(9) Ross, *Odd Fellowship: Its History and Manual*, 158.
(10) Stillson, *The Official History of Odd Fellowship: The Three Link Fraternity*, 128-129.
(11) Ibid.
(12) Ibid.
(13) Sovereign Grand Lodge of the IOOF, *Journal of Proceedings of the Right Worthy Grand Lodge of the United States, and the Sovereign Grand Lodge of the Independent Order of Odd Fellows, from its Formation in February, 1858-1862 (Volume IV)*, 3410-3412.
(14) Ibid, 3411.
(15) Stillson, *The Official History of Odd Fellowship: The Three Link Fraternity*, 131.
(16) Sovereign Grand Lodge of the IOOF, *Journal of Proceedings of the Right Worthy Grand Lodge of the United States, and the Sovereign Grand Lodge of the Independent Order of Odd Fellows, from its Formation in February, 1858-1862 (Volume IV)*, 3411.
(17) Ibid.
(18) Mike Wright, *What they didn't teach you about the civil war* (New York: The Random House Publishing Group, 1996), 154.
(19) Members of the Odd Fellows and masonic fraternities receive special aid from their respective brothers from inside and outside of prison" in Robert Scott Davis, *Andersonville Civil War Prison. South Carolina* (South Carolina: The History Press, 2010), 34.
(20) Ralph Bates, *Billy and Dick from Andersonville Prison to the White House* (California: Sentinel Publishing, 1910), 33.
(21) Mike Wright, *What they didn't teach you about the civil war* (New York: The Random House Publishing Group, 1996), 154-155.
(22) Lessel Long, *Twelve Months in Andersonville* (Indiana: Thad and Mark Butler Publications, 1886), 50-53
(23) Sovereign Grand Lodge of the IOOF, *Journal of Proceedings of the Right Worthy Grand Lodge of the United States, and the Sovereign Grand Lodge of the Independent Order of Odd Fellows, from its Formation in February, 1863-1867 (Volume V)*, 3736.
(24) Ibid.
(25) Ibid.
(26) Sovereign Grand Lodge of the IOOF, *Journal of Proceedings of the Right Worthy Grand Lodge of the United States, and the Sovereign Grand Lodge of the Independent Order of Odd Fellows, from its Formation in February, 1863-1867 (Volume V)*, 3880.
(27) Stillson, *The Official History of Odd Fellowship: The Three Link Fraternity*, 134-135.
(28) *The Odd Fellow's Companion*, Oct.1865, 115.
(29) Ibid.
(30) Ibid.
(31) Stillson, *The Official History of Odd Fellowship: The Three Link Fraternity*, 200.
(32) William Barnes in J. Edward Stallings, *Searching for Treasures* (North Carolina: Sovereign Grand Lodge, IOOF, n.d.), 33.
(33) Ibid.
(34) Ibid.
(35) Sovereign Grand Lodge of the IOOF, *Journal of Proceedings of the Right Worthy Grand Lodge of the United States, and the Sovereign Grand Lodge of the Independent Order of Odd Fellows, from its Formation in February, 1863-1867 (Volume V)*, 3734-3740.
(36) Sovereign Grand Lodge of the IOOF, *Journal of Proceedings of the Right Worthy Grand Lodge of the United States, and the Sovereign Grand Lodge of the Independent Order of Odd Fellows, from its Formation in February, 1858-1862 (Volume IV)*, 3763.
(37) William Barnes in J. Edward Stallings, *Searching for Treasures* (North Carolina: Sovereign Grand Lodge, IOOF., n.d.), 33.
(38) Ibid.
(39) Ibid.
(40) Ibid.
(41) Ibid.
(42) Ibid.
(43) Ibid.
(44) *The American Odd Fellow*, October 1865, Vol.4, No.10, 337-345
(45) Ibid.
(46) Ibid.

原註

(47) Ibid.
(48) Ibid.
(49) Ibid.
(50) Ibid.
(51) Ibid.
(52) Ibid.
(53) Ibid.
(54) William Barnes in J. Edward Stallings, *Searching for Treasures* (North Carolina: Sovereign Grand Lodge, IOOF, n.d.), 34.

第12章

(1) *Arthur Schlesinger, Biography of a Nation of Joiners, American Historica Review*, 50 (October 1994), 1-25.
(2) Stinchcombe in James, *Social Structure and Organizations, Handbook of Organizations* (March Ed.), 142-143.
(3) David Beito, *From Mutual Aid to the Welfare State: Fraternal Societies and Social Services, 1890-1967* (Chapel Hill: University of North Carolina Press, 2000), 17.
(4) Ibid.
(5) Mark Carnes, *Secret Ritual and Manhood in Victorian America* (New Haven: Yale University, 1989), 85.
(6) W.S. Harwood, *Secret Societies in America, North American Review*, 164, (May 1897), 617-624.
(7) Ibid.
(8) Ibid.
(9) Ibid.
(10) Noel Gist, *Structure and Process in Secret Societies, Social Forces* 16(3), March 1938, 349-357.
(11) Ibid.
(12) W.S. Harwood, *Secret Societies in America, North American Review*, 164, (May 1897), 617-624.
(13) Ibid.
(14) Stillson, *Official History of Odd Fellowship: The Three Link Fraternity*, 525
(15) Stillson, *Official History of Odd Fellowship: The Three Link Fraternity*, 482.
(16) Annual Reports of the Grand Lodges to the Sovereign Grand Lodge ending December 31 from 1900 to 1910.
(17) Sovereign Grand Lodge of the IOOF, *Journal of Proceedings of the Right Worthy Grand Lodge of the United States, and the Sovereign Grand Lodge of the Independent Order of Odd Fellows, 1911-1912(Volume XXV)* (Baltimore: The Sovereign Grand Lodge of the I.O.O.F., 1913), 184-185.
(18) 1921年、マンチェスター・ユニティ・インディペンデント・オーダー・オブ・オッド・フェローズは928,003人、グランド・ユナイテッド・オーダー・オブ・オッド・フェローズは300,000人以上のメンバー数を報告している。
(19) Sovereign Grand Lodge of the IOOF, *Journal of Proceedings of the Right Worthy Grand Lodge of the United States, and the Sovereign Grand Lodge of the Independent Order of Odd Fellows, 1921-1922 (Volume XXX)* (Baltimore: The Sovereign Grand Lodge of the I.O.O.F., 1923), 418-424.
(20) Sovereign Grand Lodge of the IOOF, *Journal of Proceedings of the Right Worthy Grand Lodge of the United States, and the Sovereign Grand Lodge of the Independent Order of Odd Fellows, 1929-1930 (Volume XXXIV)* (Baltimore: The Sovereign Grand Lodge of the I.O.O.F., 1931), 55.
(21) Ibid, 60.
(22) Sovereign Grand Lodge of the IOOF, *Journal of Proceedings of the Right Worthy Grand Lodge of the United States, and the Sovereign Grand Lodge of the Independent Order of Odd Fellows, 1893-1894 (Volume XVI)*, 13857
(23) David Beito, *From Mutual Aid to the Welfare State: Fraternal Societies and Social Services, 1890-1967* (Chapel Hill: University of North Carolina Press, 2000), 9-12.
(24) Ibid.
(25) Ibid.
(26) Ibid.
(27) Ibid.
(28) Annual Reports of the Grand Lodges to the Sovereign Grand Lodge ending December 31 from 1900 to 1910.
(29) Annual Reports of the Grand Lodges to the Sovereign Grand Lodge ending December 31 from 1900 to 1910.
(30) Sovereign Grand Lodge of the IOOF, *Journal of Proceedings of the Right Worthy Grand Lodge of the United States, and the Sovereign Grand Lodge of the Independent Order of Odd Fellows, 1911-1912(Volume XXV)* (Baltimore: The Sovereign Grand Lodge of the I.O.O.F., 1913), 206.
(31) David Beito, *From Mutual Aid to the Welfare State: Fraternal Societies and Social Services, 1890-1967* (Chapel Hill: University of North Carolina

Press, 2000).
(32) Wolfe, *Album of Odd Fellows Home* (12th Rev. Ed.), 12
(33) Sovereign Grand Lodge of the IOOF, *Journal of Proceedings of the Right Worthy Grand Lodge of the United States, and the Sovereign Grand Lodge of the Independent Order of Odd Fellows, 1931-1932 (Volume XXXV)* (Baltimore: The Sovereign Grand Lodge of the I.O.O.F., 1933), 723.

第13章

(1) Sovereign Grand Lodge of the IOOF, *Journal of Proceedings of the Right Worthy Grand Lodge of the United States, and the Sovereign Grand Lodge of the Independent Order of Odd Fellows, 1915-1916 (Volume XXVII)* (Baltimore: The Sovereign Grand Lodge of the I.O.O.F., 1917), 366.
(2) Sovereign Grand Lodge of the IOOF, *Journal of Proceedings of the Right Worthy Grand Lodge of the United States, and the Sovereign Grand Lodge of the Independent Order of Odd Fellows, 1915-1916 (Volume XXVII)*, 95.
(3) Ibid.
(4) Ibid.
(5) Ibid.
(6) Sovereign Grand Lodge of the IOOF, *Journal of Proceedings of the Right Worthy Grand Lodge of the United States, and the Sovereign Grand Lodge of the Independent Order of Odd Fellows, 1915-1916 (Volume XXVII)*, 49-350.
(7) Sovereign Grand Lodge of the IOOF, *Journal of Proceedings of the Right Worthy Grand Lodge of the United States, and the Sovereign Grand Lodge of the Independent Order of Odd Fellows, 1917-1918 (Volume XXVIII)*, 67.
(8) Ibid, 359.
(9) Ibid, 303.
(10) Sovereign Grand Lodge of the IOOF, *Journal of Proceedings of the Right Worthy Grand Lodge of the United States, and the Sovereign Grand Lodge of the Independent Order of Odd Fellows, 1915-1916 (Volume XXVII)*, 113.
(11) Ibid, 376.
(12) Sovereign Grand Lodge of the IOOF, *Journal of Proceedings of the Right Worthy Grand Lodge of the United States, and the Sovereign Grand Lodge of the Independent Order of Odd Fellows, 1913-1914 (Volume XXVI)*, 515-516.

(13) Sovereign Grand Lodge of the IOOF, *Journal of Proceedings of the Right Worthy Grand Lodge of the United States, and the Sovereign Grand Lodge of the Independent Order of Odd Fellows, 1915-1916 (Volume XXVII)*, 89.
(14) Ibid, 91.
(15) Ibid, 104.
(16) Ibid, 104.
(17) Ibid, 109.
(18) Sovereign Grand Lodge of the IOOF, *Journal of Proceedings of the Right Worthy Grand Lodge of the United States, and the Sovereign Grand Lodge of the Independent Order of Odd Fellows, 1919-1920 (Volume XXVIX)*, 56-71.
(19) Ibid.
(20) Ibid, 69.
(21) Ibid.
(22) Ibid, 17.
(23) Sovereign Grand Lodge of the IOOF, *Journal of Proceedings of the Right Worthy Grand Lodge of the United States, and the Sovereign Grand Lodge of the Independent Order of Odd Fellows, 1915-1916 (Volume XXVII)*, 65.
(24) Ibid.
(25) Sovereign Grand Lodge of the IOOF, *Journal of Proceedings of the Right Worthy Grand Lodge of the United States, and the Sovereign Grand Lodge of the Independent Order of Odd Fellows, 1923-1924 (Volume XXXI)*, 30.
(26) Sovereign Grand Lodge of the IOOF, *Journal of Proceedings of the Right Worthy Grand Lodge of the United States, and the Sovereign Grand Lodge of the Independent Order of Odd Fellows, 1917-1918 (Volume XXVIII)*, 168.
(27) Ibid, 252.
(28) Ibid, 252.
(29) Sovereign Grand Lodge of the IOOF, *Journal of Proceedings of the Right Worthy Grand Lodge of the United States, and the Sovereign Grand Lodge of the Independent Order of Odd Fellows, 1917-1918 (Volume XXVIII)*, 517.
(30) Ibid, 252.
(31) Ibid.
(32) Ibid, 308.
(33) Sovereign Grand Lodge of the IOOF, *Journal of Proceedings of the Right Worthy Grand Lodge of the United States, and the Sovereign Grand Lodge of the Independent Order of Odd Fellows, 1919-1920*

原註

(Volume XXVIX), 21.

(34) Sovereign Grand Lodge of the IOOF, *Journal of Proceedings of the Right Worthy Grand Lodge of the United States, and the Sovereign Grand Lodge of the Independent Order of Odd Fellows, 1917-1918 (Volume XXVIII)*, 284.

(35) Ibid, 168.

(36) Sovereign Grand Lodge of the IOOF, *Journal of Proceedings of the Right Worthy Grand Lodge of the United States, and the Sovereign Grand Lodge of the Independent Order of Odd Fellows, 1919-1920 (Volume XXVIX)*, 73.

(37) Sovereign Grand Lodge of the IOOF, *Journal of Proceedings of the Right Worthy Grand Lodge of the United States, and the Sovereign Grand Lodge of the Independent Order of Odd Fellows, 1917-1918 (Volume XXVIII)*, 302.

(38) Ibid, 322-323.

(39) Sovereign Grand Lodge of the IOOF, *Journal of Proceedings of the Right Worthy Grand Lodge of the United States, and the Sovereign Grand Lodge of the Independent Order of Odd Fellows, 1919-1920 (Volume XXVIX)*, 334-336.

(40) Ibid.

(41) Sovereign Grand Lodge of the IOOF, *Journal of Proceedings of the Right Worthy Grand Lodge of the United States, and the Sovereign Grand Lodge of the Independent Order of Odd Fellows, 1919-1920 (Volume XXVIX)*, 334-336.

(42) Annual Reports to the Sovereign Grand Lodge, I.O.O.F., from 1914-1919.

(43) Sovereign Grand Lodge of the IOOF, *Journal of Proceedings of the Right Worthy Grand Lodge of the United States, and the Sovereign Grand Lodge of the Independent Order of Odd Fellows, 1919-1920 (Volume XXVIX)*, 428.

(44) Ibid.

(45) Ibid.

(46) Sovereign Grand Lodge of the IOOF, *Journal of Proceedings of the Right Worthy Grand Lodge of the United States, and the Sovereign Grand Lodge of the Independent Order of Odd Fellows,1917-1918 (Volume XXVIII)*, 383.

(47) Ibid, 366.

(48) Ibid, 64.

(49) Ibid, 66.

(50) Ibid, 369.

(51) Ibid, 376.

(52) Ibid, 377.

(53) Ibid, 365.

(54) Ibid, 64.

(55) Annual Report of Rebekah Lodges to the Sovereign Grand Lodge, I.O.O.F. year ending December 31, 1919.

(56) Annual Reports to the Sovereign Grand Lodge, I.O.O.F., from 1914-1919.

(57) Sovereign Grand Lodge of the IOOF, *Journal of Proceedings of the Right Worthy Grand Lodge of the United States, and the Sovereign Grand Lodge of the Independent Order of Odd Fellows, 1919-1920 (Volume XXVIX)*, 424.

(58) Ibid, 425

(59) Ibid, 438.

(60) Ibid, 438.

(61) Ibid, 450-451.

(62) Ibid, 450-451.

(63) Ibid, 450-451.

(64) Ibid, 428.

(65) Sovereign Grand Lodge of the IOOF, *Journal of Proceedings of the Right Worthy Grand Lodge of the United States, and the Sovereign Grand Lodge of the Independent Order of Odd Fellows, 1921-1922 (Volume XXX)*, 13.

(66) Daniel Weinbren, *The Oddfellows 1810-2010: 200 Years of making friends and helping people* (United Kingdom: Carnegie Publishing, 2010), 314.

(67) Nina Mjagkij, *Organizing Black America: An Encyclopedia of African American Associations* (New York: Garland Publishing, 2001), 219.

(68) Sovereign Grand Lodge of the IOOF, *Journal of Proceedings of the Right Worthy Grand Lodge of the United States, and the Sovereign Grand Lodge of the Independent Order of Odd Fellows, 1921-1922* (Volume XXX), 18.

(69) Ibid.

(70) Ibid, 77.

(71) Ibid.

(72) Ibid, 352.

(73) Sovereign Grand Lodge of the IOOF, *Journal of Proceedings of the Right Worthy Grand Lodge of the United States, and the Sovereign Grand Lodge of the Independent Order of Odd Fellows, 1919-1920 (Volume XXVIX)*, 660.

(74) Ibid.

(75) Ibid, 77.

(76) Ibid.

(77) Sovereign Grand Lodge of the IOOF, *Journal of Proceedings of the Right Worthy Grand Lodge of the United States, and the Sovereign Grand Lodge of the Independent Order of Odd Fellows, 1921-1922 (Volume XXX)*,150-151.
(78) Sovereign Grand Lodge of the IOOF, *Journal of Proceedings of the Right Worthy Grand Lodge of the United States, and the Sovereign Grand Lodge of the Independent Order of Odd Fellows, 1929-1930 (Volume XXXIV)*, 467.

第14章

(1) Sovereign Grand Lodge of the IOOF, *Journal of Proceedings of the Right Worthy Grand Lodge of the United States, and the Sovereign Grand Lodge of the Independent Order of Odd Fellows, 1933-1934 (Volume XXXVI)*, 724.
(2) Ibid.
(3) Ibid, 727.
(4) Robert Stewart, *The Illustrated Encyclopedia of Historical Facts from the Dawn of Christian Era to the Present Day* (United States: Barnes and Noble, 2002), 228.
(5) Sovereign Grand Lodge of the IOOF, *Journal of Proceedings of the Right Worthy Grand Lodge of the United States, and the Sovereign Grand Lodge of the Independent Order of Odd Fellows, 1933-1934 (Volume XXXVI)*, 47.
(6) Ibid.
(7) Sovereign Grand Lodge of the IOOF, *Journal of Proceedings of the Right Worthy Grand Lodge of the United States, and the Sovereign Grand Lodge of the Independent Order of Odd Fellows, 1931-1932 (Volume XXXV)*, 397.
(8) Ibid, 112.
(9) Sovereign Grand Lodge of the IOOF, *Journal of Proceedings of the Right Worthy Grand Lodge of the United States, and the Sovereign Grand Lodge of the Independent Order of Odd Fellows,1929-1930 (Volume XXXIV)*, 90.
(10) Ibid, 76.
(11) Ibid, 79.
(12) Ibid, 42.
(13) Ibid.
(14) Sovereign Grand Lodge of the IOOF, *Journal of Proceedings of the Right Worthy Grand Lodge of the United States, and the Sovereign Grand Lodge of the Independent Order of Odd Fellows, 1931-1932 (Volume XXXV)*, 397.
(15) Ibid.
(16) Ibid, 399-400.
(17) Ibid, 440.
(18) Ibid, 440.
(19) Ibid.
(20) Sovereign Grand Lodge of the IOOF, *Journal of Proceedings of the Right Worthy Grand Lodge of the United States, and the Sovereign Grand Lodge of the Independent Order of Odd Fellows, 1937-1938 (Volume XXXVIII)*, 45.
(21) Sovereign Grand Lodge of the IOOF, *Journal of Proceedings of the Right Worthy Grand Lodge of the United States, and the Sovereign Grand Lodge of the Independent Order of Odd Fellows, 1929-1930 (Volume XXXIV)*, 103-107.
(22) Sovereign Grand Lodge of the IOOF, *Journal of Proceedings of the Right Worthy Grand Lodge of the United States, and the Sovereign Grand Lodge of the Independent Order of Odd Fellows, 1931-1932 (Volume XXXV)*, 460.
(23) Sovereign Grand Lodge of the IOOF, *Journal of Proceedings of the Right Worthy Grand Lodge of the United States, and the Sovereign Grand Lodge of the Independent Order of Odd Fellows, 1933-1934 (Volume XXXVI)*, 17.
(24) Sovereign Grand Lodge of the IOOF, *Journal of Proceedings of the Right Worthy Grand Lodge of the United States, and the Sovereign Grand Lodge of the Independent Order of Odd Fellows, 1931-1932 (Volume XXXV)*, 746.
(25) Sovereign Grand Lodge of the IOOF, *Journal of Proceedings of the Right Worthy Grand Lodge of the United States, and the Sovereign Grand Lodge of the Independent Order of Odd Fellows, 1933-1934 (Volume XXXVI)*, 16-17.
(26) Sovereign Grand Lodge of the IOOF, *Journal of Proceedings of the Right Worthy Grand Lodge of the United States, and the Sovereign Grand Lodge of the Independent Order of Odd Fellows, 1923-1924 (Volume XXXI)*, 727.
(27) Sovereign Grand Lodge of the IOOF, *Journal of Proceedings of the Right Worthy Grand Lodge of the United States, and the Sovereign Grand Lodge of the Independent Order of Odd Fellows, 1933-1934 (Volume XXXVI)*, 746.
(28) Ibid.
(29) Ibid.

(30) Ibid.
(31) Ibid, 747.
(32) Sovereign Grand Lodge of the IOOF, *Journal of Proceedings of the Right Worthy Grand Lodge of the United States, and the Sovereign Grand Lodge of the Independent Order of Odd Fellows, 1929-1930 (Volume XXXIV)*, 85.
(33) Jeffrey Charles, *Service Clubs in American Society* (Chicago: University of Illinois Press, 1993).
(34) Sovereign Grand Lodge of the IOOF, *Journal of Proceedings of the Right Worthy Grand Lodge of the United States, and the Sovereign Grand Lodge of the Independent Order of Odd Fellows, 1949-1950 (Volume XLII)*, 479.
(35) Sovereign Grand Lodge of the IOOF, *Journal of Proceedings of the Right Worthy Grand Lodge of the United States, and the Sovereign Grand Lodge of the Independent Order of Odd Fellows, 1951-1952 (Volume XLIII)*, 455.
(36) Sovereign Grand Lodge of the IOOF, *Journal of Proceedings of the Right Worthy Grand Lodge of the United States, and the Sovereign Grand Lodge of the Independent Order of Odd Fellows, 1933-1934 (Volume XXXVI)*, 747.
(37) Sovereign Grand Lodge of the IOOF, *Journal of Proceedings of the Right Worthy Grand Lodge of the United States, and the Sovereign Grand Lodge of the Independent Order of Odd Fellows, 1917-1918 (Volume XXVIII)*, 252.
(38) Jason Kaufman, *For the Common Good? American Civic Life and the Golden Age of Fraternity* (New York: Oxford University Press, 2002), 29.
(39) Robert Stewart, *The Illustrated Encyclopedia of Historical Facts from the Dawn of Christian Era to the Present Day* (United States: Barnes and Noble, 2002), 231.
(40) Amy Gutmann, *Democracy and the Welfare State* (New Jersey: Princeton University Press, 1988), 3.
(41) Sovereign Grand Lodge of the IOOF, *Journal of Proceedings of the Right Worthy Grand Lodge of the United States, and the Sovereign Grand Lodge of the Independent Order of Odd Fellows, 1917-1918 (Volume XXVIII)*, 70.
(42) Lynn Dumenil, *The Oxford Encyclopedia of American Social History* (United States: Oxford University Press, 2012), 415.

(43) Sovereign Grand Lodge of the IOOF, *Journal of Proceedings of the Right Worthy Grand Lodge of the United States, and the Sovereign Grand Lodge of the Independent Order of Odd Fellows, 1931-1932 (Volume XXXV)*, 727.
(44) Sovereign Grand Lodge of the IOOF, *Journal of Proceedings of the Right Worthy Grand Lodge of the United States, and the Sovereign Grand Lodge of the Independent Order of Odd Fellows, 1933-1934 (Volume XXXVI)*, 48.
(45) Sovereign Grand Lodge of the IOOF, *Journal of Proceedings of the Right Worthy Grand Lodge of the United States, and the Sovereign Grand Lodge of the Independent Order of Odd Fellows, 1931-1932 (Volume XXXV)*, 727. 479.
(46) Sovereign Grand Lodge of the IOOF, *Journal of Proceedings of the Right Worthy Grand Lodge of the United States, and the Sovereign Grand Lodge of the Independent Order of Odd Fellows, 1951-1952 (Volume XLIII)*, 57.
(47) Ibid.
(48) Sovereign Grand Lodge of the IOOF, *Journal of Proceedings of the Right Worthy Grand Lodge of the United States, and the Sovereign Grand Lodge of the Independent Order of Odd Fellows, 1931-1932 (Volume XXXV)*, 474.
(49) Ibid, 475.
(50) Ibid, 527.
(51) Ibid, 527.

第15章

(1) Robert Stewart, *The Illustrated Encyclopedia of Historical Facts from the Dawn of Christian Era to the Present Day* (United States: Barnes and Noble, 2002), 239.
(2) Ibid, 242.
(3) Sovereign Grand Lodge of the IOOF, *Journal of Proceedings of the Right Worthy Grand Lodge of the United States, and the Sovereign Grand Lodge of the Independent Order of Odd Fellows, 1941-1944 (Volume XL)*, 967.
(4) Ibid.
(5) Ibid, 16.
(6) Ibid.
(7) Sovereign Grand Lodge of the IOOF, *Journal of Proceedings of the Right Worthy Grand Lodge of the United States, and the Sovereign Grand Lodge of the Independent Order of Odd Fellows, 1949-1950*

(Volume XLII), 28.

(8) Sovereign Grand Lodge of the IOOF, *Journal of Proceedings of the Right Worthy Grand Lodge of the United States, and the Sovereign Grand Lodge of the Independent Order of Odd Fellows, 1941-1944 (Volume XL)*, 17.

(9) Ibid.

(10) Ibid, 439.

(11) Sovereign Grand Lodge of the IOOF, *Journal of Proceedings of the Right Worthy Grand Lodge of the United States, and the Sovereign Grand Lodge of the Independent Order of Odd Fellows, 1945-1948 (Volume XLI)*, 151.

(12) Ibid, 48.

(13) Ibid, 434-435.

(14) Sovereign Grand Lodge of the IOOF, *Journal of Proceedings of the Right Worthy Grand Lodge of the United States, and the Sovereign Grand Lodge of the Independent Order of Odd Fellows, 1941-1944 (Volume XL)*, 410-411.

(15) Ibid, 810.

(16) Ibid, 54.

(17) Ibid, 480.

(18) Ibid, 482-483.

(19) Ibid, 480.

(20) Ibid, 1205.

(21) Ibid, 440.

(22) Ibid, 973.

(23) Ibid, 973.

(24) Ibid, 974.

(25) Ibid, 973-975.

(26) Sovereign Grand Lodge of the IOOF, *Journal of Proceedings of the Right Worthy Grand Lodge of the United States, and the Sovereign Grand Lodge of the Independent Order of Odd Fellows, 1941-1944 (Volume XL)*, 1291. See also Address of the Honorable Dana Porter, *Minister of Planning and Development for the Province of Ontario, to the I.O.O.F.* (1944).

(27) Sovereign Grand Lodge of the IOOF, *Journal of Proceedings of the Right Worthy Grand Lodge of the United States, and the Sovereign Grand Lodge of the Independent Order of Odd Fellows, 1941-1944 (Volume XL)*, 684.

(28) Ibid, 1215.

(29) Ibid.

(30) Ibid, 766.

(31) Sovereign Grand Lodge of the IOOF, *Journal of Proceedings of the Right Worthy Grand Lodge of the United States, and the Sovereign Grand Lodge of the Independent Order of Odd Fellows, 1945-1948 (Volume XLI)*, 44-45.

(32) Sovereign Grand Lodge of the IOOF, *Journal of Proceedings of the Right Worthy Grand Lodge of the United States, and the Sovereign Grand Lodge of the Independent Order of Odd Fellows, 1949-1950 (Volume XLII)*, 632-633.

(33) Ibid.

(34) Sovereign Grand Lodge of the IOOF, *Journal of Proceedings of the Right Worthy Grand Lodge of the United States, and the Sovereign Grand Lodge of the Independent Order of Odd Fellows, 1941-1944 (Volume XL)*, 743.

(35) Ibid.

(36) Ibid, 764.

(37) Sovereign Grand Lodge of the IOOF, *Journal of Proceedings of the Right Worthy Grand Lodge of the United States, and the Sovereign Grand Lodge of the Independent Order of Odd Fellows, 1960 (Volume XLVIII)*, 356.

(38) Sovereign Grand Lodge of the IOOF, *Journal of Proceedings of the Right Worthy Grand Lodge of the United States, and the Sovereign Grand Lodge of the Independent Order of Odd Fellows, 1945-1948 (Volume XLI)*, 917-918.

(39) Ibid, 918.

(40) Ibid, 1108.

(41) Ibid, 1258.

(42) Ibid, 927.

(43) Sovereign Grand Lodge of the IOOF, *Journal of Proceedings of the Right Worthy Grand Lodge of the United States, and the Sovereign Grand Lodge of the Independent Order of Odd Fellows, 1945-1948 (Volume XLI)*, 927.

(44) Ibid, 932.

(45) Ibid.

(46) Sovereign Grand Lodge of the IOOF, *Journal of Proceedings of the Right Worthy Grand Lodge of the United States, and the Sovereign Grand Lodge of the Independent Order of Odd Fellows, 1941-1944 (Volume XL)*, 466.

(47) Ibid, 466.

(48) Sovereign Grand Lodge of the IOOF, *Journal of Proceedings of the Right Worthy Grand Lodge of the United States, and the Sovereign Grand Lodge of the Independent Order of Odd Fellows, 1945-1948*

(Volume XLI), 91.
(49) Ibid.
(50) Ibid.
(51) Ibid, 391-399.
(52) Ibid.
(53) Sovereign Grand Lodge of the IOOF, *Journal of Proceedings of the Right Worthy Grand Lodge of the United States, and the Sovereign Grand Lodge of the Independent Order of Odd Fellows, 1949-1950 (Volume XLII)*, 364.
(54) Sovereign Grand Lodge of the IOOF, *Journal of Proceedings of the Right Worthy Grand Lodge of the United States, and the Sovereign Grand Lodge of the Independent Order of Odd Fellows, 1941-1944 (Volume XL)*, 449.
(55) Sovereign Grand Lodge of the IOOF, *Journal of Proceedings of the Right Worthy Grand Lodge of the United States, and the Sovereign Grand Lodge of the Independent Order of Odd Fellows, 1949-1950 (Volume XLII)*, 824.
(56) Ibid.
(57) Sovereign Grand Lodge of the IOOF, *Journal of Proceedings of the Right Worthy Grand Lodge of the United States, and the Sovereign Grand Lodge of the Independent Order of Odd Fellows, 1964 (Volume LII)*, 165.
(58) *Ritual of a Junior Lodge under the Jurisdiction of the Sovereign Grand Lodge of the Independent Order of Odd Fellows* (United States: Sovereign Grand Lodge, I.O.O.F., 1930).
(59) *Ritual of Theta Rho Girls Club under the Jurisdiction of the Sovereign Grand Lodge of the Independent Order of Odd Fellows* (United States: Sovereign Grand Lodge, I.O.O.F., 1975).
(60) Sovereign Grand Lodge of the IOOF, *Journal of Proceedings of the Right Worthy Grand Lodge of the United States, and the Sovereign Grand Lodge of the Independent Order of Odd Fellows, 1949-1950 (Volume XLII)*, 523.
(61) Peter Sellars, *The History of the Independent Order of Odd Fellows in the City of San Francisco* (California: Privately printed, 2007), 131.
(62) Sovereign Grand Lodge of the IOOF, *Journal of Proceedings of the Right Worthy Grand Lodge of the United States, and the Sovereign Grand Lodge of the Independent Order of Odd Fellows, 1945-1948 (Volume XLI)*, 120.
(63) Ibid.
(64) Ibid, 120-121.
(65) Ibid, 937.
(66) Ibid, 194-219.
(67) Sovereign Grand Lodge of the IOOF, *Journal of Proceedings of the Right Worthy Grand Lodge of the United States, and the Sovereign Grand Lodge of the Independent Order of Odd Fellows, 1949-1950 (Volume XLII)*, 450.
(68) Sovereign Grand Lodge of the IOOF, *Journal of Proceedings of the Right Worthy Grand Lodge of the United States, and the Sovereign Grand Lodge of the Independent Order of Odd Fellows, 1945-1948 (Volume XLI)*, 593-625.
(69) Sovereign Grand Lodge of the IOOF, *Journal of Proceedings of the Right Worthy Grand Lodge of the United States, and the Sovereign Grand Lodge of the Independent Order of Odd Fellows, 1951-1952 (Volume XLIII)*, 71.
(70) Sovereign Grand Lodge of the IOOF, *Journal of Proceedings of the Right Worthy Grand Lodge of the United States, and the Sovereign Grand Lodge of the Independent Order of Odd Fellows, 1949-1950 (Volume XLII)*, 450.
(71) Ibid, 200-205.
(72) Ibid.
(73) Sovereign Grand Lodge of the IOOF, *Journal of Proceedings of the Right Worthy Grand Lodge of the United States, and the Sovereign Grand Lodge of the Independent Order of Odd Fellows, 1951-1952 (Volume XLIII)*, 793.
(74) Speech by Grand Sire J. Paul Kuhn during the 1944 Sovereign Grand Lodge Sessions.
(75) Ibid.
(76) Sovereign Grand Lodge of the IOOF, *Journal of Proceedings of the Right Worthy Grand Lodge of the United States, and the Sovereign Grand Lodge of the Independent Order of Odd Fellows, 1949-1950 (Volume XLII)*, 598.
(77) Sovereign Grand Lodge of the IOOF, *Journal of Proceedings of the Right Worthy Grand Lodge of the United States, and the Sovereign Grand Lodge of the Independent Order of Odd Fellows, 1949-1950 (Volume XLII)*, 711.
(78) Ibid.
(79) Ibid, 599.
(80) Sovereign Grand Lodge of the IOOF, *Journal of Proceedings of the Right Worthy Grand Lodge of the United States, and the Sovereign Grand Lodge of*

the Independent Order of Odd Fellows, 1951-1952 (Volume XLIII), 234.
(81) Ibid.
(82) Ibid, 235.
(83) Sovereign Grand Lodge of the IOOF, *Journal of Proceedings of the Right Worthy Grand Lodge of the United States, and the Sovereign Grand Lodge of the Independent Order of Odd Fellows, 1949-1950 (Volume XLII)*,478; Sovereign Grand Lodge of the IOOF, *Journal of Proceedings of the Right Worthy Grand Lodge of the United States, and the Sovereign Grand Lodge of the Independent Order of Odd Fellows, 1951-1952 (Volume XLIII)*, 225-227;
(84) Sovereign Grand Lodge of the IOOF, *Journal of Proceedings of the Right Worthy Grand Lodge of the United States, and the Sovereign Grand Lodge of the Independent Order of Odd Fellows, 1949-1950 (Volume XLII)*, 940.
(85) Sovereign Grand Lodge of the IOOF, *Journal of Proceedings of the Right Worthy Grand Lodge of the United States, and the Sovereign Grand Lodge of the Independent Order of Odd Fellows, 1949-1950 (Volume XLII)*, 478. It was mentioned that Prince Bertil, Duke of Halland, was initiated as a member of the Odd Fellows Order in Sweden on May 22, 1950.
(86) Sovereign Grand Lodge of the IOOF, *Journal of Proceedings of the Right Worthy Grand Lodge of the United States, and the Sovereign Grand Lodge of the Independent Order of Odd Fellows, 1949-1950 (Volume XLII)*, 1259.
(87) Sovereign Grand Lodge of the IOOF, *Journal of Proceedings of the Right Worthy Grand Lodge of the United States, and the Sovereign Grand Lodge of the Independent Order of Odd Fellows, 1931-1932 (Volume XXXV)*, 38.
(88) Ibid.
(89) Ibid.
(90) Ibid.

第16章

(1) Sovereign Grand Lodge of the Independent Order of Odd Fellows, *Journal of Proceedings of the Right Worthy Grand Lodge of the United States, and the Sovereign Grand Lodge of the Independent Order of Odd Fellows, from its Formation in February, 1876-1878 (Volume IX)*, 7179.
(2) Russell Brooker, *The American Civil Rights Movement 1865-1950* (Maryland: Lexington Books, 2017), 98.
(3) Ira Katznelson and Martin Shefter, *Shaped by War and Trade: International Influences on American Political Development* (New Jersey: Princeton University Press, 2002), 149.
(4) Charles H. Brooks, *The Official History and Manual of the Grand United Order of Odd Fellows in America: A Chronological Treatise* (Pennsylvania: C.H. Brooks, 1902), 72.
(5) Henry Louis Gates, Jr. & Evelyn Brooks Higginbotham, *African American Lives* (NY: Oxford University Press, 2004), 702-703.
(6) Adrienne Shadd, *The Journey from Tollgate toe Parkway: African Canadians in Hamilton* (Toronto: National Heritage Books, 2010), 173.
(7) Nancy Stearns Theiss, "*One of the oldest African American organizations in Kentucky celebrates 145 years,*" Courier Journal, August 29, 2017, accessed October 4, 2017, https://www.courier-journal.com/story/news/local/oldham/2017/08/29/one-oldest-african-american-organizations-kentucky-celebrates-145-years/610308001/
(8) John Stauffer, *The Works of James McCune Smith: Black Intellectual and Abolitionist* (New York: Oxford University Press, 2006), 159.
(9) Ibid.
(10) Morrill, Monica. "*Frederick Douglass Today: 200 Years Later,*" Selous Foundation for Public Policy Research, February 27, 2018, accessed August 30, 2018, http://sfppr.org/2018/02/frederick-douglass-today-200-years-later/
(11) Nicholas Buccula, *The Political Thought of Frederick Douglass: In Pursuit of American Liberty* (NY: New York University Press, 2012), 95.
(12) Linda Duyer, "*In 1880: Frederick Douglas speaks at Salisbury Courthouse,*" Dorchester Banner, February 25, 2015, Accessed August 30, 2018, https://www.dorchesterbanner.com/dorchester/1880-frederick-douglas-speaks-salisbury-courthouse/
(13) Ibid.
(14) Lester Salamon, *The State of Nonprofit America* (District of Columbia: Bookings Institution Press, 2002), 526.
(15) Theda Skopol, Ariane Liazos and Marshal Ganz, *What a Mighty Power We Can be: African American Fraternal Groups and the struggle for*

原註 345

Racial Equality (New Jersey: Princeton University Press, 2006), 36 -37.

(16) Leslie Alexander and Walter Rucker, *Encyclopedia of African American History* (California: ABC-CLIO, 2010), 155.

(17) Charles Carey, *African-American Political Leaders* (New York: Facts On File, 2004), 6-7.

(18) Nicholas Guyatt, *Bind Us Apart: How Enlightened Americans Invented Racial Segregation* (UK: Oxford University Press, 2016), 10.

(19) Nicholas Guyatt, *Bind Us Apart: How Enlightened Americans Invented Racial Segregation* (UK: Oxford University Press, 2016), 4.

(20) James W. Loewen, *Sundown Towns: A hidden Dimension of American Racism* (New York: The New Press, 2005).

(21) William Richter, *Historical Dictionary of the Civil War and Reconstruction* (Toronto: The Scarecrow Press, 2012), 137.

(22) Darren Ferry, *Uniting in Measures of Common Good: The Construction of Liberal Identities in Central Canada* (Quebec: McGill Queen's University Press, 2008), 160.

(23) *Odd Fellows Journal*, Vol.3, January 11, 1900.

(24) Ibid.

(25) Ibid.

(26) Sovereign Grand Lodge of the IOOF, *Journal of Proceedings of the Right Worthy Grand Lodge of the United States, and the Sovereign Grand Lodge of the Independent Order of Odd Fellows, from its Formation in February, 1874-1875 (Volume VIII)*, 6347.

(27) Sovereign Grand Lodge of the IOOF, *Journal of Proceedings of the Right Worthy Grand Lodge of the United States, and the Sovereign Grand Lodge of the Independent Order of Odd Fellows, 1879-1881 (Volume X)*, 7918.

(28) Sovereign Grand Lodge of the Independent Order of Odd Fellows, *Journal of Proceedings of the Right Worthy Grand Lodge of the United States, and the Sovereign Grand Lodge of the Independent Order of Odd Fellows, 1887-1888 (Volume XIII)* (Columbus, Ohio: The Sovereign Grand Lodge of the I.O.O.F., 1889), 11122.

(29) Ann Curthoys and Marilyn Lake, *Connected Worlds: History in Transnational Perspective* (Canberra: Australian National University, 2005),

(30) Sovereign Grand Lodge of the IOOF, *Journal of Proceedings of the Right Worthy Grand Lodge of the United States, and the Sovereign Grand Lodge of the Independent Order of Odd Fellows, 1919-1920 (Volume XXVIX)*, 398-399.

(31) Ibid, 398-399

(32) Ibid, 400.

(33) Ibid, 398-399.

(34) Sovereign Grand Lodge of the IOOF, *Journal of Proceedings of the One Hundred and Fortieth Annual Communication of the Sovereign Grand Lodge of the Independent Order of Odd Fellows, 1966 (Volume LIV)*, 476.

(35) Ibid, 477.

(36) Ibid, 478.

(37) Ibid, 476.

(38) Ibid, 250.

(39) Sovereign Grand Lodge of the IOOF, *Journal of Proceedings of the One Hundred and Fortieth Annual Communication of the Sovereign Grand Lodge of the Independent Order of Odd Fellows, 1966 (Volume LIV)*, 450.

(40) Ibid, 476.

(41) Sovereign Grand Lodge of the IOOF, *Journal of Proceedings of the One Hundred and Thirty-Second Annual Communication of the Sovereign Grand Lodge of the Independent Order of Odd Fellows, 1968 (Volume LVI)*, 475.

(42) Sovereign Grand Lodge of the IOOF, *Journal of Proceedings of the One Hundred and Thirty-Sixth Annual Communication of the Sovereign Grand Lodge of the Independent Order of Odd Fellows, 1962 (Volume XLVX)*, 202.

(43) Sovereign Grand Lodge of the IOOF, *Journal of Proceedings of the One Hundred and Fortieth Annual Communication of the Sovereign Grand Lodge of the Independent Order of Odd Fellows, 1966 (Volume LIV)*, 246.

(44) Sovereign Grand Lodge of the IOOF, *Journal of Proceedings of the One Hundred and Forty-First Annual Communication of the Sovereign Grand Lodge of the Independent Order of Odd Fellows, 1967 (Volume LV)*, 363.

(45) Sovereign Grand Lodge of the IOOF, *Journal of Proceedings of the One Hundred and Thirty-Sixth Annual Communication of the Sovereign Grand Lodge of the Independent Order of Odd Fellows, 1962 (Volume XLVX)*, 59; Sovereign Grand Lodge of the IOOF, *Journal of Proceedings of the One*

Hundred and Thirty-Sixth Annual Communication of the Sovereign Grand Lodge of the Independent Order of Odd Fellows, 1962 (Volume XLVX), 345.

(46) Sovereign Grand Lodge of the IOOF, *Journal of Proceedings of the One Hundred and Thirty-Seventh Annual Communication of the Sovereign Grand Lodge of the Independent Order of Odd Fellows, 1963 (Volume LI)*, 305.

(47) Sovereign Grand Lodge of the IOOF, *Journal of Proceedings of the One Hundred and Thirty-Eight Annual Communication of the Sovereign Grand Lodge of the Independent Order of Odd Fellows, 1964 (Volume LII)*, 213.

(48) Sovereign Grand Lodge of the IOOF, *Journal of Proceedings of the One Hundred and Fortieth Annual Communication of the Sovereign Grand Lodge of the Independent Order of Odd Fellows, 1966 (Volume LIV)*, 474.

(49) Rachael Pacella, *"Towson business owner is Odd Fellows' first female African-American leader," The Baltimore Sun*, June 1, 2016, accessed August 30, 2017, http://www.baltimoresun.com/news/maryland/baltimore-county/towson/ph-tt-darlene-parker-0525-20160526-story.html

(50) Sovereign Grand Lodge of the IOOF, *Journal of Proceedings of the One Hundred and Sixty-Seventh Annual Communication of the Sovereign Grand Lodge of the Independent Order of Odd Fellows, 1993 (Volume LXXXI)*, 75.

(51) Ibid.

第17章

(1) Sovereign Grand Lodge of the IOOF, *Journal of Proceedings of the One Hundred and Sixty-Eight Annual Communication of the Sovereign Grand Lodge of the Independent Order of Odd Fellows, 1994 (Volume LXXXII)*, 593.

(2) Dave Rosenberg, *The Future of Odd Fellowship: Evolution and Change* (2015), 107.

(3) Sovereign Grand Lodge of the IOOF, *Journal of Proceedings of the One Hundred and Sixty-Eight Annual Communication of the Sovereign Grand Lodge of the Independent Order of Odd Fellows, 1994 (Volume LXXXII)*, 631.

(4) Sovereign Grand Lodge of the IOOF, *Journal of Proceedings of the One Hundred and Sixty-Third Annual Communication of the Sovereign Grand Lodge of the Independent Order of Odd Fellows, 1989 (Volume LXXVII)*, 139.

(5) Sovereign Grand Lodge of the IOOF, *Journal of Proceedings of the One Hundred and Sixty-Eight Annual Communication of the Sovereign Grand Lodge of the Independent Order of Odd Fellows, 1994 (Volume LXXXII)*, 599.

(6) Sovereign Grand Lodge of the IOOF, *Journal of Proceedings of the One Hundred and Fifty-Seventh Annual Communication of the Sovereign Grand Lodge of the Independent Order of Odd Fellows, 1983 (Volume LXXI)*, 390.

(7) Dave Rosenberg, *The Future of Odd Fellowship: Evolution and Change* (2015), 230.

(8) Dave Rosenberg, *The Future of Odd Fellowship: Evolution and Change* (2015), 10.

(9) Sovereign Grand Lodge of the IOOF, *Journal of Proceedings of the One Hundred and Sixty-Eight Annual Communication of the Sovereign Grand Lodge of the Independent Order of Odd Fellows, 1994 (Volume LXXXII)*, 593.

(10) Sovereign Grand Lodge of the IOOF, *Journal of Proceedings of the One Hundred and Thirty-Sixth Annual Communication of the Sovereign Grand Lodge of the Independent Order of Odd Fellows, 1962 (Volume XLVX)*, 423.

(11) Sovereign Grand Lodge of the IOOF, *Journal of Proceedings of the One Hundred and Thirty-Seventh Annual Communication of the Sovereign Grand Lodge of the Independent Order of Odd Fellows, 1963 (Volume LI)*, 487

(12) Sovereign Grand Lodge of the IOOF, *Journal of Proceedings of the One Hundred and Forty-First Annual Communication of the Sovereign Grand Lodge of the Independent Order of Odd Fellows, 1967 (Volume LV)*, 431.

(13) Sovereign Grand Lodge of the IOOF, *Journal of Proceedings of the One Hundred and Thirty-Seventh Annual Communication of the Sovereign Grand Lodge of the Independent Order of Odd Fellows, 1963 (Volume LI)*, 487.

(14) Sovereign Grand Lodge of the IOOF, *Journal of Proceedings of the One Hundred and Thirty-Sixth Annual Communication of the Sovereign Grand Lodge of the Independent Order of Odd Fellows, 1962 (Volume XLVX)*, 52-53.

(15) Sovereign Grand Lodge of the IOOF, *Journal of Proceedings of the One Hundred and Fortieth Annual Communication of the Sovereign Grand

Lodge of the Independent Order of Odd Fellows, 1966 (Volume LIV), 51.

(16) Sovereign Grand Lodge of the IOOF, *Journal of Proceedings of the One Hundred and Thirty-Sixth Annual Communication of the Sovereign Grand Lodge of the Independent Order of Odd Fellows, 1962 (Volume XLVX),* 52-53.

(17) Sovereign Grand Lodge of the IOOF, *Journal of Proceedings of the One Hundred and Thirty-Sixth Annual Communication of the Sovereign Grand Lodge of the Independent Order of Odd Fellows, 1962 (Volume XLVX),* 52-53.

(18) Sovereign Grand Lodge of the IOOF, *Journal of Proceedings of the One Hundred and Fifty-Seventh Annual Communication of the Sovereign Grand Lodge of the Independent Order of Odd Fellows, 1983 (Volume LXXI),* 387.

(19) Sovereign Grand Lodge of the IOOF, *Journal of Proceedings of the One Hundred and Sixty-Eight Annual Communication of the Sovereign Grand Lodge of the Independent Order of Odd Fellows, 1994 (Volume LXXXII),* 49.

(20) Sovereign Grand Lodge of the IOOF, *Journal of Proceedings of the One Hundred and Fortieth Annual Communication of the Sovereign Grand Lodge of the Independent Order of Odd Fellows, 1966 (Volume LIV),* 52.

(21) Sovereign Grand Lodge of the IOOF, *Journal of Proceedings of the One Hundred and Thirty-Sixth Annual Communication of the Sovereign Grand Lodge of the Independent Order of Odd Fellows, 1962 (Volume XLVX),* 56-57.

(22) Ibid, 52-53.

(23) Sovereign Grand Lodge of the IOOF, *Journal of Proceedings of the One Hundred and Sixty-Eight Annual Communication of the Sovereign Grand Lodge of the Independent Order of Odd Fellows, 1994 (Volume LXXXII),* 593.

(24) Sovereign Grand Lodge of the IOOF, *Journal of Proceedings of the One Hundred and Fortieth Annual Communication of the Sovereign Grand Lodge of the Independent Order of Odd Fellows, 1966 (Volume LIV),* 465.

(25) Sovereign Grand Lodge of the IOOF, *Journal of Proceedings of the One Hundred and Sixty-Eight Annual Communication of the Sovereign Grand Lodge of the Independent Order of Odd Fellows, 1994 (Volume LXXXII),* 593.

(26) Ibid.

(27) Ibid.

(28) Sovereign Grand Lodge of the IOOF, *Journal of Proceedings of the One Hundred and Thirty-Second Annual Communication of the Sovereign Grand Lodge of the Independent Order of Odd Fellows, 1968 (Volume LVI),* 85.

(29) Sovereign Grand Lodge of the IOOF, *Journal of Proceedings of the One Hundred and Fifty-Sixth Annual Communication of the Sovereign Grand Lodge of the Independent Order of Odd Fellows, 1982 (Volume LXX),* 389.

(30) Sovereign Grand Lodge of the IOOF, *Journal of Proceedings of the One Hundred and Forty-Third Annual Communication of the Sovereign Grand Lodge of the Independent Order of Odd Fellows, 1969 (Volume LVII),* 523.

(31) Ibid.

(32) Sovereign Grand Lodge of the IOOF, *Journal of Proceedings of the One Hundred and Sixty-Eight Annual Communication of the Sovereign Grand Lodge of the Independent Order of Odd Fellows, 1994 (Volume LXXXII),* 593.

(33) Sovereign Grand Lodge of the IOOF, *Journal of Proceedings of the One Hundred and Thirty-Second Annual Communication of the Sovereign Grand Lodge of the Independent Order of Odd Fellows, 1968 (Volume LVI),* 57.

(34) Sovereign Grand Lodge of the IOOF, *Journal of Proceedings of the One Hundred and Forty-Third Annual Communication of the Sovereign Grand Lodge of the Independent Order of Odd Fellows, 1969 (Volume LVII),* 523.

(35) Ibid, 480.

(36) Ibid

(37) Sovereign Grand Lodge of the IOOF, *Journal of Proceedings of the One Hundred and Thirty-Second Annual Communication of the Sovereign Grand Lodge of the Independent Order of Odd Fellows, 1968 (Volume LVI),* 83.

(38) Dave Rosenberg, *The Future of Odd Fellowship: Evolution and Change* (2015), 107.

(39) Patrick Healy, "A Ritual Gone Fatally Wrong Puts Light on Masonic Secrecy," *New York Times,* March 10, 2004, accessed August 30, 2017, https://www.nytimes.com/2004/03/10/nyregion/a-ritual-gone-fatally-wrong-puts-light-on-masonic-secrecy.html

(40) Sovereign Grand Lodge of the IOOF, *Journal of Proceedings of the One Hundred and Sixty-Sixth Annual Communication of the Sovereign Grand Lodge of the Independent Order of Odd Fellows, 1992 (Volume LXXX)*, 259.

(41) Sovereign Grand Lodge of the IOOF, *Journal of Proceedings of the One Hundred and Fifty-Fifth Annual Communication of the Sovereign Grand Lodge of the Independent Order of Odd Fellows, 1981 (Volume LXVIX)*, 164.

(42) Sovereign Grand Lodge of the IOOF, *Journal of Proceedings of the One Hundred and Fifty-first Annual Communication of the Sovereign Grand Lodge of the Independent Order of Odd Fellows, 1977 (Volume LXV)*, 245.

(43) Sovereign Grand Lodge of the IOOF, *Journal of Proceedings of the One Hundred and Sixty-Sixth Annual Communication of the Sovereign Grand Lodge of the Independent Order of Odd Fellows, 1992 (Volume LXXX)*, 259.

(44) Sovereign Grand Lodge of the IOOF, *Journal of Proceedings of the One Hundred and Sixty-Fourth Annual Communication of the Sovereign Grand Lodge of the Independent Order of Odd Fellows, 1990 (Volume LXXVIII)*, 44.

(45) Dave Rosenberg, *The Future of Odd Fellowship: Evolution and Change* (2015), 93.

(46) Sovereign Grand Lodge of the IOOF, *Journal of Proceedings of the One Hundred and Forty-Eight Annual Communication of the Sovereign Grand Lodge of the Independent Order of Odd Fellows, 1974 (Volume LXII)*, 279-280.

(47) Sovereign Grand Lodge of the IOOF, *Journal of Proceedings of the One Hundred and Sixty-Seventh Annual Communication of the Sovereign Grand Lodge of the Independent Order of Odd Fellows, 1993 (Volume LXXXI)*, 45.

(48) Sovereign Grand Lodge of the IOOF, *Journal of Proceedings of the One Hundred and Forty-Eight Annual Communication of the Sovereign Grand Lodge of the Independent Order of Odd Fellows, 1974 (Volume LXII)*, 279-280.

(49) Sovereign Grand Lodge of the IOOF, *Journal of Proceedings of the One Hundred and Sixty-Eight Annual Communication of the Sovereign Grand Lodge of the Independent Order of Odd Fellows, 1994 (Volume LXXXII)*, 604.

(50) Ibid.

(51) Sovereign Grand Lodge of the IOOF, *Journal of Proceedings of the One Hundred and Sixty-Seventh Annual Communication of the Sovereign Grand Lodge of the Independent Order of Odd Fellows, 1993 (Volume LXXXI)*, 43.

(52) Sovereign Grand Lodge of the IOOF, *Journal of Proceedings of the One Hundred and Fifty-Sixth Annual Communication of the Sovereign Grand Lodge of the Independent Order of Odd Fellows, 1982 (Volume LXX)*, 61.

(53) Sovereign Grand Lodge of the IOOF, *Journal of Proceedings of the One Hundred and Seventy-Third Annual Communication of the Sovereign Grand Lodge of the Independent Order of Odd Fellows, 1999 (Volume LXXXVII)*, 479.

(54) Sovereign Grand Lodge of the IOOF, *Journal of Proceedings of the One Hundred and Forty-Third Annual Communication of the Sovereign Grand Lodge of the Independent Order of Odd Fellows, 1969 (Volume LVII)*, 13.

(55) Sovereign Grand Lodge of the IOOF, *Journal of Proceedings of the One Hundred and Seventy-Third Annual Communication of the Sovereign Grand Lodge of the Independent Order of Odd Fellows, 1999 (Volume LXXXVII)*, 320.

(56) Sovereign Grand Lodge of the IOOF, *Journal of Proceedings of the One Hundred and Sixtieth Annual Communication of the Sovereign Grand Lodge of the Independent Order of Odd Fellows, 1986 (Volume LXXIV)*, 43.

(57) Sovereign Grand Lodge of the IOOF, *Journal of Proceedings of the One Hundred and Sixty-First Annual Communication of the Sovereign Grand Lodge of the Independent Order of Odd Fellows, 1987 (Volume LXXV)*, 50.

(58) Ibid.

(59) Ibid.

(60) Dave Rosenberg, *The Future of Odd Fellowship: Evolution and Change* (2015), 84.

(61) Ibid.

(62) Dave Rosenberg, *The Future of Odd Fellowship: Evolution and Change* (2015), 112.

(63) Sovereign Grand Lodge of the IOOF, *Journal of Proceedings of the One Hundred and Seventy-Fifth Annual Communication of the Sovereign Grand Lodge of the Independent Order of Odd Fellows, 2001 (Volume LXXXVIX)*, 32.

(64) Dave Rosenberg, *The Future of Odd*

Fellowship: Evolution and Change (2015), 296-297.

(65) Sovereign Grand Lodge of the IOOF, *Journal of Proceedings of the One Hundred and Sixty-Eight Annual Communication of the Sovereign Grand Lodge of the Independent Order of Odd Fellows, 1994 (Volume LXXXII)*, 630.

(66) Sovereign Grand Lodge of the IOOF, *Journal of Proceedings of the One Hundred and Fifty-Eight Annual Communication of the Sovereign Grand Lodge of the Independent Order of Odd Fellows, 1984 (Volume LXXII)*, 16.

(67) Sovereign Grand Lodge of the IOOF, *Journal of Proceedings of the One Hundred and Seventieth Annual Communication of the Sovereign Grand Lodge of the Independent Order of Odd Fellows, 1996 (Volume LXXXIV)*, 352.

(68) Sovereign Grand Lodge of the IOOF, *Journal of Proceedings of the One Hundred and Forty-Third Annual Communication of the Sovereign Grand Lodge of the Independent Order of Odd Fellows, 1969 (Volume LVII)*, 68.

(69) Sovereign Grand Lodge of the IOOF, *Journal of Proceedings of the One Hundred and Seventieth Annual Communication of the Sovereign Grand Lodge of the Independent Order of Odd Fellows, 1996 (Volume LXXXIV)*, 352.

(70) Sovereign Grand Lodge of the IOOF, *Journal of Proceedings of the One Hundred and Thirty-Second Annual Communication of the Sovereign Grand Lodge of the Independent Order of Odd Fellows, 1968 (Volume LVI)*, 29.

(71) Sovereign Grand Lodge of the IOOF, *Journal of Proceedings of the One Hundred and Fifty-Sixth Annual Communication of the Sovereign Grand Lodge of the Independent Order of Odd Fellows, 1982 (Volume LXX)*, 392.

(72) Sovereign Grand Lodge of the IOOF, *Journal of Proceedings of the One Hundred and Thirty-Second Annual Communication of the Sovereign Grand Lodge of the Independent Order of Odd Fellows, 1968 (Volume LVI)*, 29.

(73) Ibid.

(74) Sovereign Grand Lodge of the IOOF, *Journal of Proceedings of the One Hundred and Sixty-Seventh Annual Communication of the Sovereign Grand Lodge of the Independent Order of Odd Fellows, 1993 (Volume LXXXI)*, 35.

(75) Ibid.

(76) Sovereign Grand Lodge of the IOOF, *Journal of Proceedings of the One Hundred and Sixty-Eight Annual Communication of the Sovereign Grand Lodge of the Independent Order of Odd Fellows, 1994 (Volume LXXXII)*, 606.

(77) Ibid.

(78) Ibid, 43.

(79) Sovereign Grand Lodge of the IOOF, *Journal of Proceedings of the One Hundred and Sixtieth Annual Communication of the Sovereign Grand Lodge of the Independent Order of Odd Fellows, 1986 (Volume LXXIV)*, 261.

(80) Sovereign Grand Lodge of the IOOF, *Journal of Proceedings of the One Hundred and Sixty-Eight Annual Communication of the Sovereign Grand Lodge of the Independent Order of Odd Fellows, 1994 (Volume LXXXII)*, 43.

(81) Sovereign Grand Lodge of the IOOF, *Journal of Proceedings of the One Hundred and Sixty-Seventh Annual Communication of the Sovereign Grand Lodge of the Independent Order of Odd Fellows, 1993 (Volume LXXXI)*, 371.

(82) Ibid.

(83) Sovereign Grand Lodge of the IOOF, *Journal of Proceedings of the One Hundred and Sixty-Eight Annual Communication of the Sovereign Grand Lodge of the Independent Order of Odd Fellows, 1994 (Volume LXXXII)*, 606.

(84) Sovereign Grand Lodge of the IOOF, *Journal of Proceedings of the One Hundred and Fifty-Seventh Annual Communication of the Sovereign Grand Lodge of the Independent Order of Odd Fellows, 1983 (Volume LXXI)*, 387.

(85) Ibid.

(86) Ibid.

(87) Ibid.

(88) Ibid.

(89) Sovereign Grand Lodge of the IOOF, *Journal of Proceedings of the One Hundred and Sixty-Eight Annual Communication of the Sovereign Grand Lodge of the Independent Order of Odd Fellows, 1994 (Volume LXXXII)*, 631.

(90) Sovereign Grand Lodge of the IOOF, *Journal of Proceedings of the One Hundred and Forty-Sixth Annual Communication of the Sovereign Grand Lodge of the Independent Order of Odd Fellows, 1972 (Volume LX)*, 469.

(91) Sovereign Grand Lodge of the IOOF, *Journal*

of Proceedings of the One Hundred and Sixty-Third Annual Communication of the Sovereign Grand Lodge of the Independent Order of Odd Fellows, 1989 (Volume LXXVII), 289.
(92) Ibid.
(93) Sovereign Grand Lodge of the IOOF, Journal of Proceedings of the One Hundred and Thirty-Second Annual Communication of the Sovereign Grand Lodge of the Independent Order of Odd Fellows, 1968 (Volume LVI), 87.
(94) Sovereign Grand Lodge of the IOOF, Journal of Proceedings of the One Hundred and Sixty-Eight Annual Communication of the Sovereign Grand Lodge of the Independent Order of Odd Fellows, 1994 (Volume LXXXII), 631.
(95) Sovereign Grand Lodge of the IOOF, Journal of Proceedings of the One Hundred and Sixty-First Annual Communication of the Sovereign Grand Lodge of the Independent Order of Odd Fellows, 1987 (Volume LXXV), 206.
(96) Sovereign Grand Lodge of the IOOF, Journal of Proceedings of the One Hundred and Sixty-Seventh Annual Communication of the Sovereign Grand Lodge of the Independent Order of Odd Fellows, 1993 (Volume LXXXI), 44.
(97) Ibid, 44.
(98) Sovereign Grand Lodge of the IOOF, Journal of Proceedings of the One Hundred and Thirty-Seventh Annual Communication of the Sovereign Grand Lodge of the Independent Order of Odd Fellows, 1963 (Volume LI), 12.
(99) Sovereign Grand Lodge of the IOOF, Journal of Proceedings of the One Hundred and Sixty-Third Annual Communication of the Sovereign Grand Lodge of the Independent Order of Odd Fellows, 1989 (Volume LXXVII), 301.
(100) Sovereign Grand Lodge of the IOOF, Journal of Proceedings of the One Hundred and Thirty-Second Annual Communication of the Sovereign Grand Lodge of the Independent Order of Odd Fellows, 1968 (Volume LVI), 288.
(101) Ibid.
(102) Ibid, 289.
(103) Sovereign Grand Lodge of the IOOF, Journal of Proceedings of the One Hundred and Sixty-Seventh Annual Communication of the Sovereign Grand Lodge of the Independent Order of Odd Fellows, 1993 (Volume LXXXI), 351.

(104) Ibid.
(105) Ibid.
(106) Sovereign Grand Lodge of the IOOF, Journal of Proceedings of the One Hundred and Sixty-Eight Annual Communication of the Sovereign Grand Lodge of the Independent Order of Odd Fellows, 1994 (Volume LXXXII), 596.
(107) Ibid, 604.
(108) Ibid.
(109) Ibid, 625.
(110) Sovereign Grand Lodge of the IOOF, Journal of Proceedings of the One Hundred and Sixty-Eight Annual Communication of the Sovereign Grand Lodge of the Independent Order of Odd Fellows, 1994 (Volume LXXXII), 604-605.
(111) Ibid, 625.
(112) Ibid.
(113) Sovereign Grand Lodge of the IOOF, Journal of Proceedings of the One Hundred and Sixty-Ninth Annual Communication of the Sovereign Grand Lodge of the Independent Order of Odd Fellows, 1995 (Volume LXXXIII), 298.
(114) Ibid.
(115) Sovereign Grand Lodge of the IOOF, Journal of Proceedings of the One Hundred and Sixty-Sixth Annual Communication of the Sovereign Grand Lodge of the Independent Order of Odd Fellows, 1992 (Volume LXXX), 36.
(116) Sovereign Grand Lodge of the IOOF, Journal of Proceedings of the One Hundred and Sixty-Sixth Annual Communication of the Sovereign Grand Lodge of the Independent Order of Odd Fellows, 1992 (Volume LXXX), 295.
(117) Sovereign Grand Lodge of the IOOF, Journal of Proceedings of the One Hundred and Sixty-Sixth Annual Communication of the Sovereign Grand Lodge of the Independent Order of Odd Fellows, 1992 (Volume LXXX), 295.
(118) Ibid.
(119) Sovereign Grand Lodge of the IOOF, Journal of Proceedings of the One Hundred and Thirty-Eight Annual Communication of the Sovereign Grand Lodge of the Independent Order of Odd Fellows, 1964 (Volume LII), 12.
(120) Sovereign Grand Lodge of the IOOF, Journal of Proceedings of the One Hundred and Thirty-Second Annual Communication of the Sovereign Grand Lodge of the Independent Order of Odd

Fellows, 1968 (Volume LVI), 93.

(121) Sovereign Grand Lodge of the IOOF, *Journal of Proceedings of the One Hundred and Sixty-Eight Annual Communication of the Sovereign Grand Lodge of the Independent Order of Odd Fellows, 1994 (Volume LXXXII)*, 43-44.

(122) Ibid.

(123) Sovereign Grand Lodge of the IOOF, *Journal of Proceedings of the One Hundred and Sixty-Third Annual Communication of the Sovereign Grand Lodge of the Independent Order of Odd Fellows, 1989 (Volume LXXVII)*, 289.

(124) Sovereign Grand Lodge of the IOOF, *Journal of Proceedings of the One Hundred and Forty-Third Annual Communication of the Sovereign Grand Lodge of the Independent Order of Odd Fellows, 1969 (Volume LVII)*, 58.

(125) Sovereign Grand Lodge of the IOOF, *Journal of Proceedings of the One Hundred and Thirty-Eight Annual Communication of the Sovereign Grand Lodge of the Independent Order of Odd Fellows, 1964 (Volume LII)*, 61.

(126) Sovereign Grand Lodge of the IOOF, *Journal of Proceedings of the One Hundred and Sixty-Third Annual Communication of the Sovereign Grand Lodge of the Independent Order of Odd Fellows, 1989 (Volume LXXVII)*, 140.

(127) Sovereign Grand Lodge of the IOOF, *Journal of Proceedings of the One Hundred and Fifty-Fifth Annual Communication of the Sovereign Grand Lodge of the Independent Order of Odd Fellows, 1981 (Volume LXVIX)*, 18.

(128) Sovereign Grand Lodge of the IOOF, *Journal of Proceedings of the One Hundred and Fifty-Ninth Annual Communication of the Sovereign Grand Lodge of the Independent Order of Odd Fellows, 1985 (Volume LXXIII)*, 45.

(129) Sovereign Grand Lodge of the IOOF, *Journal of Proceedings of the One Hundred and Forty-Third Annual Communication of the Sovereign Grand Lodge of the Independent Order of Odd Fellows, 1969 (Volume LVII)*, 57.

(130) Sovereign Grand Lodge of the IOOF, *Journal of Proceedings of the One Hundred and Sixty-Seventh Annual Communication of the Sovereign Grand Lodge of the Independent Order of Odd Fellows, 1993 (Volume LXXXI)*, 324.

(131) Ibid, 351.

(132) Sovereign Grand Lodge of the IOOF, *Journal of Proceedings of the One Hundred and Forty-Third Annual Communication of the Sovereign Grand Lodge of the Independent Order of Odd Fellows, 1969 (Volume LVII)*, 73.

(133) Sovereign Grand Lodge of the IOOF, *Journal of Proceedings of the One Hundred and Thirty-Sixth Annual Communication of the Sovereign Grand Lodge of the Independent Order of Odd Fellows, 1962 (Volume XLVX)*, 50.

(134) Ibid.

(135) Sovereign Grand Lodge of the IOOF, *Journal of Proceedings of the One Hundred and Sixty-First Annual Communication of the Sovereign Grand Lodge of the Independent Order of Odd Fellows, 1987 (Volume LXXV)*, 205.

(136) Sovereign Grand Lodge of the IOOF, *Journal of Proceedings of the One Hundred and Forty-Third Annual Communication of the Sovereign Grand Lodge of the Independent Order of Odd Fellows, 1969 (Volume LVII)*, 510.

(137) Ibid.

(138) Sovereign Grand Lodge of the IOOF, *Journal of Proceedings of the One Hundred and Seventy-Third Annual Communication of the Sovereign Grand Lodge of the Independent Order of Odd Fellows, 1999 (Volume LXXXVII)*, 480.

(139) Ibid.

(140) Sovereign Grand Lodge of the IOOF, *Journal of Proceedings of the One Hundred and Sixty-Fifth Annual Communication of the Sovereign Grand Lodge of the Independent Order of Odd Fellows, 1991 (Volume LXXVIV)*, 286.

(141) Ibid.

(142) Sovereign Grand Lodge of the IOOF, *Journal of Proceedings of the One Hundred and Seventy-Third Annual Communication of the Sovereign Grand Lodge of the Independent Order of Odd Fellows, 1999 (Volume LXXXVII)*, 480.

(143) Sovereign Grand Lodge of the IOOF, *Journal of Proceedings of the One Hundred and Seventieth Annual Communication of the Sovereign Grand Lodge of the Independent Order of Odd Fellows, 1996 (Volume LXXXIV)*, 351.

(144) Ibid.

(145) Sovereign Grand Lodge of the IOOF, *Journal of Proceedings of the One Hundred and Forty-Third Annual Communication of the Sovereign Grand*

Lodge of the Independent Order of Odd Fellows, 1969 (Volume LVII), 153.

(146) Sovereign Grand Lodge of the IOOF, *Journal of Proceedings of the One Hundred and Forty-First Annual Communication of the Sovereign Grand Lodge of the Independent Order of Odd Fellows, 1967 (Volume LV)*, 126.

(147) Sovereign Grand Lodge of the IOOF, *Journal of Proceedings of the One Hundred and Forty Annual Communication of the Sovereign Grand Lodge of the Independent Order of Odd Fellows, 1966 (Volume LIV)*, 300.

(148) Ibid, 447.

(149) Sovereign Grand Lodge of the IOOF, *Journal of Proceedings of the One Hundred and Sixty-Seventh Annual Communication of the Sovereign Grand Lodge of the Independent Order of Odd Fellows, 1993 (Volume LXXXI)*, 351.

(150) Sovereign Grand Lodge of the IOOF, *Journal of Proceedings of the One Hundred and Fifty-Sixth Annual Communication of the Sovereign Grand Lodge of the Independent Order of Odd Fellows, 1982 (Volume LXX)*, 33.

(151) Sovereign Grand Lodge of the IOOF, *Journal of Proceedings of the One Hundred and Thirty-Seventh Annual Communication of the Sovereign Grand Lodge of the Independent Order of Odd Fellows, 1963 (Volume LI)*, 442.

(152) Sovereign Grand Lodge of the IOOF, *Journal of Proceedings of the One Hundred and Thirty-Sixth Annual Communication of the Sovereign Grand Lodge of the Independent Order of Odd Fellows, 1962 (Volume XLVX)*, 353.

(153) Sovereign Grand Lodge of the IOOF, *Journal of Proceedings of the One Hundred and Thirty-Second Annual Communication of the Sovereign Grand Lodge of the Independent Order of Odd Fellows, 1968 (Volume LVI)*, 86.

(154) Sovereign Grand Lodge of the IOOF, *Journal of Proceedings of the One Hundred and Fifty-first Annual Communication of the Sovereign Grand Lodge of the Independent Order of Odd Fellows, 1977 (Volume LXV)*, 48.

(155) Ibid, 51.

(156) Ibid, 48.

(157) Sovereign Grand Lodge of the IOOF, *Journal of Proceedings of the One Hundred and Fifty-Sixth Annual Communication of the Sovereign Grand Lodge of the Independent Order of Odd Fellows, 1982 (Volume LXX)*, 34.

(158) Sovereign Grand Lodge of the IOOF, *Journal of Proceedings of the One Hundred and Forty-Sixth Annual Communication of the Sovereign Grand Lodge of the Independent Order of Odd Fellows, 1972 (Volume LX)*, 461.

(159) Sovereign Grand Lodge of the IOOF, *Journal of Proceedings of the One Hundred and Fifty-Seventh Annual Communication of the Sovereign Grand Lodge of the Independent Order of Odd Fellows, 1983 (Volume LXXI)*, 18.

(160) Sovereign Grand Lodge of the IOOF, *Journal of Proceedings of the One Hundred and Sixty-Seventh Annual Communication of the Sovereign Grand Lodge of the Independent Order of Odd Fellows, 1993 (Volume LXXXI)*, 351.

(161) Sovereign Grand Lodge of the IOOF, *Journal of Proceedings of the One Hundred and Fifty-Seventh Annual Communication of the Sovereign Grand Lodge of the Independent Order of Odd Fellows, 1983 (Volume LXXI)*, 18-19.

(162) Ibid.

(163) Sovereign Grand Lodge of the IOOF, *Journal of Proceedings of the One Hundred and Forty-Sixth Annual Communication of the Sovereign Grand Lodge of the Independent Order of Odd Fellows, 1972 (Volume LX)*, 459.

(164) Sovereign Grand Lodge of the IOOF, *Journal of Proceedings of the One Hundred and Fifty-Fifth Annual Communication of the Sovereign Grand Lodge of the Independent Order of Odd Fellows, 1981 (Volume LXVIX)*, 18.

(165) Sovereign Grand Lodge of the IOOF, *Journal of Proceedings of the One Hundred and Fifty-Seventh Annual Communication of the Sovereign Grand Lodge of the Independent Order of Odd Fellows, 1983 (Volume LXXI)*, 19.

(166) Sovereign Grand Lodge of the IOOF, *Journal of Proceedings of the One Hundred and Fifty-Ninth Annual Communication of the Sovereign Grand Lodge of the Independent Order of Odd Fellows, 1985 (Volume LXXIII)*, 45.

(167) Sovereign Grand Lodge of the IOOF, *Journal of Proceedings of the One Hundred and Seventieth Annual Communication of the Sovereign Grand Lodge of the Independent Order of Odd Fellows, 1996 (Volume LXXXIV)*, 603.

原註

(168) Sovereign Grand Lodge of the IOOF, *Journal of Proceedings of the One Hundred and Seventy-Second Annual Communication of the Sovereign Grand Lodge of the Independent Order of Odd Fellows, 1998 (Volume LXXXVI)*, 277.

(169) Sovereign Grand Lodge of the IOOF, *Journal of Proceedings of the One Hundred and Sixty-Seventh Annual Communication of the Sovereign Grand Lodge of the Independent Order of Odd Fellows, 1993 (Volume LXXXI)*, 351.

(170) Sovereign Grand Lodge of the IOOF, *Journal of Proceedings of the One Hundred and Fifty-first Annual Communication of the Sovereign Grand Lodge of the Independent Order of Odd Fellows, 1977 (Volume LXV)*, 213.

(171) Sovereign Grand Lodge of the IOOF, *Journal of Proceedings of the One Hundred and Fifty-Ninth Annual Communication of the Sovereign Grand Lodge of the Independent Order of Odd Fellows, 1985 (Volume LXXIII)*, 45.

(172) Sovereign Grand Lodge of the IOOF, *Journal of Proceedings of the One Hundred and Seventy-Fifth Annual Communication of the Sovereign Grand Lodge of the Independent Order of Odd Fellows, 2001 (Volume LXXXVIX)*, 51.

(173) Ibid.
(174) Ibid.

第18章

(1) Sovereign Grand Lodge of the IOOF, *Journal of Proceedings of the One Hundred and Fifty-first Annual Communication of the Sovereign Grand Lodge of the Independent Order of Odd Fellows, 1977 (Volume LXV)*, 48.

(2) Dave Rosenberg, *The Future of Odd Fellowship: Evolution and Change* (California: Dave Rosenberg, 2015), 226.

(3) Taya Flores, "Fraternal, Service groups battle declining membership: Elks, Rotarians and Other Fraternal Groups Struggle to Attract Younger Members", *Journal & Courier*, October 11, 2014, accessed August 30, 2017, https://www.jconline.com/story/news/2014/10/11/fraternal-service-groups-battle-declining-membership/16874997/

(4) Sovereign Grand Lodge of the IOOF, *Journal of Proceedings of the One Hundred and Seventy-Fifth Annual Communication of the Sovereign Grand Lodge of the Independent Order of Odd Fellows, 2001 (Volume LXXXVIX)*, 310.

(5) Sovereign Grand Lodge of the IOOF, *Journal of Proceedings of the Right Worthy Grand Lodge of the United States, and the Sovereign Grand Lodge of the Independent Order of Odd Fellows, 1931-1932 (Volume XXXV)*, 14.

(6) Sovereign Grand Lodge of the IOOF, *Journal of Proceedings of the One Hundred and Forty-Fourth Annual Communication of the Sovereign Grand Lodge of the Independent Order of Odd Fellows, 1970 (Volume LVIII)*, 224.

(7) Lisa Hix, "Decoding Secret Societies: What are those Old Boys' Clubs Hiding?," *Collectors Weekly*, October 3, 2012, accessed August 30, 2017, https://www.collectorsweekly.com/articles/decoding-secret-societies/

(8) Sovereign Grand Lodge of the IOOF, *Journal of Proceedings of the One Hundred and Seventy-Seventh Annual Communication of the Sovereign Grand Lodge of the Independent Order of Odd Fellows, 2003 (Volume XCI)*, 121.

(9) Sovereign Grand Lodge of the IOOF, *Journal of Proceedings of the I.O.O.F* (North Carolina: Sovereign Grand Lodge, 1989), 452.

(10) Sovereign Grand Lodge of the IOOF, *Journal of Proceedings of the One Hundred and Seventy-Ninth Annual Communication of the Sovereign Grand Lodge of the Independent Order of Odd Fellows, 2005 (Volume XCIII)*, 43.

(11) Sovereign Grand Lodge of the IOOF, *Journal of Proceedings of the One Hundred and Eighty-Second Annual Communication of the Sovereign Grand Lodge of the Independent Order of Odd Fellows, 2008 (Volume XCVI)*, 140

(12) Sovereign Grand Lodge of the IOOF, *Journal of Proceedings of the One Hundred and Eighty-Fourth Annual Communication of the Sovereign Grand Lodge of the Independent Order of Odd Fellows, 2010 (Volume XCVIII)*, 16-17; 126

(13) Ibid.

(14) Sovereign Grand Lodge of the IOOF, *Journal of Proceedings of the One Hundred and Seventy-Fifth Annual Communication of the Sovereign Grand Lodge of the Independent Order of Odd Fellows, 2001 (Volume LXXXVIX)*, 319.

(15) Sovereign Grand Lodge of the IOOF, *Journal of Proceedings of the One Hundred and Fifty-Fifth Annual Communication of the Sovereign Grand

Lodge of the Independent Order of Odd Fellows, 1981 (Volume LXVIX), 2.

(16) Rick Braggy, interview with the author, June 15, 2012.

(17) Ibid.

(18) Vic Anton Somoza, interview with the author, November 10, 2014.

(19) Thomas Roam, interview with the author through facebook, June 5, 2018.

(20) Dave Rosenberg, *The Future of Odd Fellowship: Evolution and Change* (California: Dave Rosenberg, 2015), 58.

(21) Dave Rosenberg, *The Future of Odd Fellowship: Evolution and Change* (2015), 172.

(22) Dave Rosenberg, *"9 Steps to Help Resuscitate a Failing Lodge"*, Davis Odd Fellows Lodge No.169, February 26, 2018, accessed May 30, 2018, http://davislodge.org/9-steps-help-resuscitate-failing-lodge/

(23) Dave Rosenberg, *The Future of Odd Fellowship: Evolution and Change* (California, Dave Rosenberg, 2015), 32.

(24) Dave Rosenberg, *The Future of Odd Fellowship: Evolution and Change* (California, Dave Rosenberg, 2015), 225.

(25) Dave Rosenberg, *The Future of Odd Fellowship: Evolution and Change* (California, Dave Rosenberg, 2015), 169.

(26) Ibid.

(27) Sovereign Grand Lodge of the IOOF, *Journal of Proceedings of the One Hundred and Forty-Third Annual Communication of the Sovereign Grand Lodge of the Independent Order of Odd Fellows, 1969 (Volume LVII)*, 532.

(28) Dave Rosenberg, *The Future of Odd Fellowship: Evolution and Change* (California: Dave Rosenberg, 2015), 142.

(29) Scott Shaw, interview with the author, August 20, 2014.

(30) Sovereign Grand Lodge, *Journal of Proceedings of the One Hundred and Seventy-Fifth Annual Communication of the Sovereign Grand Lodge of the Independent Order of Odd Fellows, 2001 (Volume LXXXVIX)*, 310.

(31) Sovereign Grand Lodge, *Journal of Proceedings of the One Hundred and Sixty-Fifth Annual Communication of the Sovereign Grand Lodge of the Independent Order of Odd Fellows, 1991 (Volume LXXVIV)*, 285.

(32) Dave Rosenberg, *The Future of Odd Fellowship: Evolution and Change* (California: Dave Rosenberg, 2015), 264.

(33) Sovereign Grand Lodge of the IOOF, *Journal of Proceedings of the One Hundred and Fifty-first Annual Communication of the Sovereign Grand Lodge of the Independent Order of Odd Fellows, 1977 (Volume LXV)*, 47.

(34) Ibid.

(35) Dave Rosenberg, *The Future of Odd Fellowship: Evolution and Change*, 29.

(36) Chris Saur, *"Centennial: Odd Fellows Lodge is a Community Powerhouse," Davis Enterprise*, June 2, 2017, accessed October 2, 2017, https://www.davisenterprise.com/local-news/centennial-odd-fellows-lodge-is-a-community-service-powerhouse/

(37) Dave Rosenberg, *The Future of Odd Fellowship: Evolution and Change*, 132.

(38) Dave Rosenberg, *The Future of Odd Fellowship: Evolution and Change*, 58.

(39) Rachel Watts, *"The Experienced Three Links Owners Get Their Priorities from the Odd Fellows," Dallas Observer*, July 25, 2013, accessed October 4, 2017, http://www.dallasobserver.com/music/the-experienced-three-links-owners-get-their-priorities-from-the-odd-fellows-6430224 http://www.dallasobserver.com/music/the-experienced-three-links-owners-get-their-priorities-from-the-odd-fellows-6430224

(40) Ross, Robyn. *"Antiques and 'Ink Master' Play Roles in Renaissance of Fading Fraternal Order," New York Times*, May 10, 2014, accessed October 2, 2017, https://www.nytimes.com/2014/05/11/us/antiques-and-ink-master-play-roles-in-renaissance-of-fading-fraternal-order.html

(41) Dave Rosenberg, *The Future of Odd Fellowship: Evolution and Change* (California: Dave Rosenberg, 2015), 92.

(42) Dave Rosenberg, *The Future of Odd Fellowship: Evolution and Change* (California: Dave Rosenberg, 2015), 28.

(43) Linda Sailer, *"Restoring the Odd Fellows Lodge: Members helping do the work, one room at a time", The Dickinson Press*, February 13, 2016, accessed October 2, 2017, http://www.thedickinsonpress.com/lifestyle/3947511-restoring-odd-fellows-lodge-members-helping-do-work-one-room-time

(44) Sovereign Grand Lodge of the IOOF, *Journal of Proceedings of the One Hundred and Seventy-Fourth Annual Communication of the Sovereign Grand Lodge of the Independent Order of Odd Fellows, 2000 (Volume LXXXVIII)*, 43.

(45) Ibid, 43.

(46) Ibid, 44.

(47) Dave Rosenberg, *The Future of Odd Fellowship: Evolution and Change*, 63.

(48) Sovereign Grand Lodge of the IOOF, *Journal of Proceedings of the One Hundred and Sixty-Seventh Annual Communication of the Sovereign Grand Lodge of the Independent Order of Odd Fellows, 1993 (Volume LXXXI)*, 35.

(49) Robyn Ross, *"Antiques and 'Ink Master' Play Roles in Renaissance of Fading Fraternal Order"*, New York Times, May 10, 2014, accessed October 4, 2017, https://www.nytimes.com/2014/05/11/us/antiques-and-ink-master-play-roles-in-renaissance-of-fading-fraternal-order.html

(50) Dave Rosenberg, *The Future of Odd Fellowship: Evolution and Change*, 155.

(51) Ibid.

(52) Sovereign Grand Lodge of the IOOF, *Journal of Proceedings of the One Hundred and Forty-Third Annual Communication of the Sovereign Grand Lodge of the Independent Order of Odd Fellows, 1969 (Volume LVII)*, 72.

(53) Ibid.

(54) Dave Rosenberg, *The Future of Odd Fellowship: Evolution and Change*, 264.

(55) Dave Rosenberg, *The Future of Odd Fellowship: Evolution and Change*, 132.

(56) Ibid, 264.

(57) Ibid, 237-238.

(58) Ibid, 41.

(59) Sovereign Grand Lodge of the IOOF, *Journal of Proceedings of the One Hundred and Sixty-Fourth Annual Communication of the Sovereign Grand Lodge of the Independent Order of Odd Fellows, 1990 (Volume LXXVIII)*, 297.

(60) Sovereign Grand Lodge of the IOOF, *Journal of Proceedings of the One Hundred and Sixty-First Annual Communication of the Sovereign Grand Lodge of the Independent Order of Odd Fellows, 1987 (Volume LXXV)*, 49.

(61) Ashley Ford, *"Horace Bratcher Honored with Odd Fellows Meritorious Award"*, Daily Light, March 30, 2018, accessed October 3, 2017, http://waxahachietx_com.gm5-txstage.newscyclecloud.com/news/20180330/horace-bratcher-honored-with-odd-fellows-meritorious-award

(62) Dave Rosenberg, *The Future of Odd Fellowship: Evolution and Change*, 61.

(63) Jynnette Neal, *"Join the Club: Old-School Networking Made Cool Again"*, Advocate Oak Cliff, September 26, 2017, accessed on October 3, 2017 https://oakcliff.advocatemag.com/2017/09/join-club-old-school-networking-made-cool/

(64) Dave Moore, *"Dallas Odd Fellows Reviving Old-school Social Network"*, Dallas Innovates, February 23, 2017, accessed October 3, 2017, https://www.dallasinnovates.com/dallas-odd-fellows-reviving-old-school-social-network/

(65) Amy Smart, *"For First Time in 151 Years, Woman Leads Victoria Odd Fellows"*, Times Colonist, January 17, 2015, accessed October 4, 2017, http://www.timescolonist.com/news/local/for-first-time-in-151-years-woman-leads-victoria-odd-fellows-1.1734684

(66) Sara Hayden, *"Odd Fellows Ensure No One is Odd Man Out"*, Half Moon Bay Review, December 26, 2017, accessed January 5, 2018, https://www.hmbreview.com/news/odd-fellows-ensures-no-one-is-odd-man-out/article_b6e4da60-eaa0-11e7-9421-3b5f60770def.html

(67) Elizabeth Kalfsbeek, *"Reborn Arbuckle Odd Fellows Revitalizing Community"*, Daily Democrat, December 9, 2009, accessed January 5, 2018, http://www.dailydemocrat.com/article/zz/20090209/NEWS/902099769

(68) Dave Rosenberg, *The Future of Odd Fellowship: Evolution and Change*, 188.

(69) Sovereign Grand Lodge of the IOOF, *Journal of Proceedings of the One Hundred and Sixty-Eight Annual Communication of the Sovereign Grand Lodge of the Independent Order of Odd Fellows, 1994 (Volume LXXXII)*, 297.

(70) Sovereign Grand Lodge of the IOOF, *Journal of Proceedings of the One Hundred and Sixty-Seventh Annual Communication of the Sovereign Grand Lodge of the Independent Order of Odd Fellows, 1993 (Volume LXXXI)*, 298.

(71) Ibid.

(72) Sovereign Grand Lodge of the IOOF, *Journal of Proceedings of the One Hundred and Sixty-Fourth*

Annual Communication of the Sovereign Grand Lodge of the Independent Order of Odd Fellows, 1990 (Volume LXXVIII), 45.

(73) Sovereign Grand Lodge of the IOOF, *Journal of Proceedings of the One Hundred and Seventy-Sixth Annual Communication of the Sovereign Grand Lodge of the Independent Order of Odd Fellows, 2002 (Volume XC)*, 34.

(74) Ibid.

第19章

(1) Sovereign Grand Lodge of the IOOF, *Journal of Proceedings of the Right Worthy Grand Lodge of the United States, and the Sovereign Grand Lodge of the Independent Order of Odd Fellows, from its Formation in February, 1879-1881 (Volume X)*, 8215.

(2) Sovereign Grand Lodge of the IOOF, J*ournal of Proceedings of the Right Worthy Grand Lodge of the United States, and the Sovereign Grand Lodge of the Independent Order of Odd Fellows, from its Formation in February, 1879-1881 (Volume X)*, 7918.

(3) Sovereign Grand Lodge of the IOOF, J*ournal of Proceedings of the Right Worthy Grand Lodge of the United States, and the Sovereign Grand Lodge of the Independent Order of Odd Fellows, 1882-1884 (Volume XI)*, 8842.

(4) Stillson, *The Three Link Fraternity*, 420-421.

(5) Ibid, 424.

(6) Ibid, 425.

(7) Ibid, 448.

(8) Ibid, 425-426.

(9) Ibid, 438.

(10) Ibid, 440.

(11) Ibid, 444-460.

(12) Ibid, 474.

(13) Ibid, 463

(14) Ibid, 467.

(15) Ibid, 474.

(16) Sovereign Grand Lodge of the Independent Order of Odd Fellows, *Journal of Proceedings of the Right Worthy Grand Lodge of the United States, and the Sovereign Grand Lodge of the Independent Order of Odd Fellows, 1882-1884 (Volume XI)*, 9164.

(17) Sovereign Grand Lodge of the Independent Order of Odd Fellows, *Journal of Proceedings of the Right Worthy Grand Lodge of the United States, and the Sovereign Grand Lodge of the Independent Order of Odd Fellows, 1923-1924 (Volume XXXI)*, 425.

(18) Ibid, 418.

(19) Sovereign Grand Lodge of the Independent Order of Odd Fellows, *Journal of Proceedings of the Right Worthy Grand Lodge of the United States, and the Sovereign Grand Lodge of the Independent Order of Odd Fellows, 1925-1926 (Volume XXXII)*, 90-91

(20) Sovereign Grand Lodge of the Independent Order of Odd Fellows, *Journal of Proceedings of the One Hundred and Fifty-Seventh Annual Communication of the Sovereign Grand Lodge of the Independent Order of Odd Fellows, 1983 (Volume LXXI)*. 21.

(21) Website of the Grand Lodge of Cuba www.oddfellowsencuba.cubava.cu

(22) Sovereign Grand Lodge of the Independent Order of Odd Fellows, *Journal of Proceedings of the One Hundred and Eighty-First Annual Communication of the Sovereign Grand Lodge of the Independent Order of Odd Fellows, 2007 (Volume XCV)*, 152. See also Sovereign Grand Lodge of the Independent Order of Odd Fellows, *Journal of Proceedings of the One Hundred and Eighty-Second Annual Communication of the Sovereign Grand Lodge of the Independent Order of Odd Fellows, 2008 (Volume XCVI)*, 156.

(23) Sovereign Grand Lodge of the Independent Order of Odd Fellows, *Journal of Proceedings of the Right Worthy Grand Lodge of the United States, and the Sovereign Grand Lodge of the Independent Order of Odd Fellows, 1882-1884 (Volume XI)*, 8843.

(24) Sovereign Grand Lodge of the Independent Order of Odd Fellows, *Journal of Proceedings of the Right Worthy Grand Lodge of the United States, and the Sovereign Grand Lodge of the Independent Order of Odd Fellows, 1885-1886 (Volume XII)*, 9860.

(25) Sovereign Grand Lodge of the Independent Order of Odd Fellows, *Journal of Proceedings of the One Hundred and Seventieth Annual Communication of the Sovereign Grand Lodge of the Independent Order of Odd Fellows, 1996 (Volume LXXXIV)*, 39.

(26) Sovereign Grand Lodge of the Independent Order of Odd Fellows, *Journal of Proceedings of the One Hundred and Seventy-First Annual Communication of the Sovereign Grand Lodge of the Independent Order of Odd Fellows, 1997 (Volume LXXXV)*, 23.

(27) Sovereign Grand Lodge of the Independent Order of Odd Fellows, *Journal of Proceedings of the Right Worthy Grand Lodge of the United States, and the Sovereign Grand Lodge of the Independent Order of Odd Fellows, 1905-1906 (Volume XXII)*, 539.

(28) Sovereign Grand Lodge of the IOOF, *Journal of Proceedings of the One Hundred and Forty-Seventh Annual Communication of the Sovereign Grand Lodge of the Independent Order of Odd Fellows, 1973 (Volume LXI)*, 65.

(29) Sovereign Grand Lodge of the IOOF, *Journal of Proceedings of the One Hundred and Forty-Ninth Annual Communication of the Sovereign Grand Lodge of the Independent Order of Odd Fellows, 1975 (Volume LXIII)*, 39-51.

(30) Sovereign Grand Lodge of the IOOF, *Journal of Proceedings of the One Hundred and Seventy-Fourth Annual Communication of the Sovereign Grand Lodge of the Independent Order of Odd Fellows, 2000 (Volume LXXXVIII)*, 29.

(31) Sovereign Grand Lodge of the IOOF, *Journal of Proceedings of the One Hundred and Seventy-Eight Annual Communication of the Sovereign Grand Lodge of the Independent Order of Odd Fellows, 2004 (Volume XCII)*, 113.

(32) Robert Macoy, *General History, Cyclopedia, and Dictionary of Freemasonry*, 271.

(33) Sovereign Grand Lodge of the IOOF, *Journal of Proceedings of the Right Worthy Grand Lodge of the United States, and the Sovereign Grand Lodge of the Independent Order of Odd Fellows, 1901-1902 (Volume XX)*, 55.

(34) Sovereign Grand Lodge of the IOOF, *Journal of Proceedings of the Right Worthy Grand Lodge of the United States, and the Sovereign Grand Lodge of the Independent Order of Odd Fellows, 1911-1912(Volume XXV)*, 78-79.

(35) Sovereign Grand Lodge of the IOOF, *Journal of Proceedings of the Right Worthy Grand Lodge of the United States, and the Sovereign Grand Lodge of the Independent Order of Odd Fellows, 1911-1912(Volume XXV)*, 80-81.

(36) Sovereign Grand Lodge of the IOOF, *Journal of Proceedings of the One Hundred and Seventy-Eight Annual Communication of the Sovereign Grand Lodge of the Independent Order of Odd Fellows, 2004 (Volume XCII)*, 113.

(37) Sovereign Grand Lodge of the IOOF, *Journal of Proceedings of the Right Worthy Grand Lodge of the United States, and the Sovereign Grand Lodge of the Independent Order of Odd Fellows, 1876-1878 (Volume IX)*, 6871.

(38) Ibid, 6749.

(39) Sovereign Grand Lodge of the IOOF, *Journal of Proceedings of the Right Worthy Grand Lodge of the United States, and the Sovereign Grand Lodge of the Independent Order of Odd Fellows, 1874-1875 (Volume VIII)*, 5996.

(40) Sovereign Grand Lodge of the IOOF, *Journal of Proceedings of the Right Worthy Grand Lodge of the United States, and the Sovereign Grand Lodge of the Independent Order of Odd Fellows, 1876-1878 (Volume IX)*, 6749.

(41) Sovereign Grand Lodge of the IOOF, *Journal of Proceedings of the One Hundred and Thirty-Ninth Annual Communication of the Sovereign Grand Lodge of the Independent Order of Odd Fellows, 1965 (Volume LIII)*, 45.

(42) Sovereign Grand Lodge of the IOOF, *Journal of Proceedings of the One Hundred and Forty-First Annual Communication of the Sovereign Grand Lodge of the Independent Order of Odd Fellows, 1967 (Volume LV)*, 285.

(43) Sovereign Grand Lodge of the IOOF, *Journal of Proceedings of the One Hundred and Seventieth Annual Communication of the Sovereign Grand Lodge of the Independent Order of Odd Fellows, 1996 (Volume LXXXIV)*, 40.

(44) Ibid.

(45) Sovereign Grand Lodge of the IOOF, *Journal of Proceedings of the One Hundred and Seventieth Annual Communication of the Sovereign Grand Lodge of the Independent Order of Odd Fellows, 1996 (Volume LXXXIV)*, 98.

(46) Sovereign Grand Lodge of the IOOF, *Journal of Proceedings of the One Hundred and Seventy-Third Annual Communication of the Sovereign Grand Lodge of the Independent Order of Odd Fellows, 1999 (Volume LXXXVII)*, 124.

(47) Sovereign Grand Lodge of the IOOF, *Journal of Proceedings of the Right Worthy Grand Lodge of the United States, and the Sovereign Grand Lodge of the Independent Order of Odd Fellows, 1876-1878 (Volume IX)*, 6749.

(48) Sovereign Grand Lodge of the IOOF, *Journal of Proceedings of the Right Worthy Grand Lodge of*

the United States, and the Sovereign Grand Lodge of the Independent Order of Odd Fellows, 1901-1902 (Volume XX)*, 195.

(49) Sovereign Grand Lodge of the IOOF, *Journal of Proceedings of the One Hundred and Forty-First Annual Communication of the Sovereign Grand Lodge of the Independent Order of Odd Fellows, 1967 (Volume LV)*, 46.

(50) Sovereign Grand Lodge of the IOOF, *Journal of Proceedings of the Right Worthy Grand Lodge of the United States, and the Sovereign Grand Lodge of the Independent Order of Odd Fellows, 1907-1908 (Volume XXIII)*, 74; 437.

(51) Sovereign Grand Lodge of the IOOF, *Journal of Proceedings of the Right Worthy Grand Lodge of the United States, and the Sovereign Grand Lodge of the Independent Order of Odd Fellows, 1907-1908 (Volume XXIII)*, 437.

(52) Ibid.

(53) Sovereign Grand Lodge of the IOOF, *Journal of Proceedings of the Right Worthy Grand Lodge of the United States, and the Sovereign Grand Lodge of the Independent Order of Odd Fellows, 1951-1952 (Volume XLIII)*, 47.

(54) Sovereign Grand Lodge of the IOOF, *Journal of Proceedings of the One Hundred and Forty-Fourth Annual Communication of the Sovereign Grand Lodge of the Independent Order of Odd Fellows, 1970 (Volume LVIII)*, 56-57.

(55) Sovereign Grand Lodge of the IOOF, *Journal of Proceedings of the One Hundred and Forty Annual Communication of the Sovereign Grand Lodge of the Independent Order of Odd Fellows, 1966 (Volume LIV)*, 68.

(56) Sovereign Grand Lodge of the IOOF, *Journal of Proceedings of the One Hundred and Forty-First Annual Communication of the Sovereign Grand Lodge of the Independent Order of Odd Fellows, 1967 (Volume LV)*, 47.

(57) Sovereign Grand Lodge of the IOOF, *Journal of Proceedings of the One Hundred and Seventieth Annual Communication of the Sovereign Grand Lodge of the Independent Order of Odd Fellows, 1996 (Volume LXXXIV)*, 40.

(58) Sovereign Grand Lodge of the IOOF, *Journal of Proceedings of the Right Worthy Grand Lodge of the United States, and the Sovereign Grand Lodge of the Independent Order of Odd Fellows, from its Formation in February, 1847-1852 (Volume II)*, 1213.

(59) Ibid.

(60) Sovereign Grand Lodge of the IOOF, *Journal of Proceedings of the One Hundred and Sixtieth Annual Communication of the Sovereign Grand Lodge of the Independent Order of Odd Fellows, 1986 (Volume LXXIV)*, 42.

(61) Sovereign Grand Lodge of the IOOF, *Journal of Proceedings of the One Hundred and Sixty-First Annual Communication of the Sovereign Grand Lodge of the Independent Order of Odd Fellows, 1987 (Volume LXXV)*, 39.

(62) Sovereign Grand Lodge of the IOOF, *Journal of Proceedings of the One Hundred and Sixty-Eight Annual Communication of the Sovereign Grand Lodge of the Independent Order of Odd Fellows, 1994 (Volume LXXXII)*, 55.

(63) Ibid.

(64) Sovereign Grand Lodge of the IOOF, *Journal of Proceedings of the Right Worthy Grand Lodge of the United States, and the Sovereign Grand Lodge of the Independent Order of Odd Fellows, 1929-1930 (Volume XXXIV)*, 719.

(65) Ibid.

(66) Sovereign Grand Lodge of the IOOF, *Journal of Proceedings of the One Hundred and Seventy-Ninth Annual Communication of the Sovereign Grand Lodge of the Independent Order of Odd Fellows, 2005 (Volume XCIII)*, 21.

(67) Sovereign Grand Lodge of the IOOF, *Journal of Proceedings of the Right Worthy Grand Lodge of the United States, and the Sovereign Grand Lodge of the Independent Order of Odd Fellows, 1923-1924 (Volume XXXI)*, 64.

(68) Sovereign Grand Lodge of the IOOF, *Journal of Proceedings of the Right Worthy Grand Lodge of the United States, and the Sovereign Grand Lodge of the Independent Order of Odd Fellows, 1923-1924 (Volume XXXI)*, 64.

(69) Sovereign Grand Lodge of the IOOF, *Journal of Proceedings of the One Hundred and Thirty-Second Annual Communication of the Sovereign Grand Lodge of the Independent Order of Odd Fellows, 1968 (Volume LVI)*, 121.

(70) Sovereign Grand Lodge of the IOOF, *Journal of Proceedings of the One Hundred and Fifty-first Annual Communication of the Sovereign Grand

Lodge of the Independent Order of Odd Fellows, 1977 (Volume LXV), 215.

(71) Sovereign Grand Lodge of the IOOF, *Journal of Proceedings of the One Hundred and Seventy-Fourth Annual Communication of the Sovereign Grand Lodge of the Independent Order of Odd Fellows, 2000 (Volume LXXXVIII)*, 24.

(72) Sovereign Grand Lodge of the IOOF, *Journal of Proceedings of the Right Worthy Grand Lodge of the United States, and the Sovereign Grand Lodge of the Independent Order of Odd Fellows, 1911-1912(Volume XXV)*, 52.

(73) Sovereign Grand Lodge of the IOOF, *Journal of Proceedings of the Right Worthy Grand Lodge of the United States, and the Sovereign Grand Lodge of the Independent Order of Odd Fellows, 1931-1932 (Volume XXXV)*, 36.

(74) Ibid.

(75) Ibid.

(76) Website of the Odd Fellows in Belgium http://oddfellowsbelgium.com/

(77) Sovereign Grand Lodge of the IOOF, *Journal of Proceedings of the Right Worthy Grand Lodge of the United States, and the Sovereign Grand Lodge of the Independent Order of Odd Fellows, 1931-1932 (Volume XXXV)*, 43.

(78) Ibid.

(79) Sovereign Grand Lodge of the IOOF, *Journal of Proceedings of the Right Worthy Grand Lodge of the United States, and the Sovereign Grand Lodge of the Independent Order of Odd Fellows, 1923-1924 (Volume XXXI)*, 432.

(80) Sovereign Grand Lodge of the IOOF, *Journal of Proceedings of the One Hundred and Seventieth Annual Communication of the Sovereign Grand Lodge of the Independent Order of Odd Fellows, 1996 (Volume LXXXIV)*, 584.

(81) Sovereign Grand Lodge of the IOOF, *Journal of Proceedings of the One Hundred and Seventy-Second Annual Communication of the Sovereign Grand Lodge of the Independent Order of Odd Fellows, 1998 (Volume LXXXVI)*, 278.

(82) Sovereign Grand Lodge of the IOOF, *Journal of Proceedings of the One Hundred and Seventy-Third Annual Communication of the Sovereign Grand Lodge of the Independent Order of Odd Fellows, 1999 (Volume LXXXVII)*, 491.

(83) Ibid.

(84) Sovereign Grand Lodge of the IOOF, *Journal of Proceedings of the Right Worthy Grand Lodge of the United States, and the Sovereign Grand Lodge of the Independent Order of Odd Fellows, from its Formation in February, 1876-1878 (Volume IX)*, 7532.

(85) Sovereign Grand Lodge of the IOOF, *Journal of Proceedings of the Right Worthy Grand Lodge of the United States, and the Sovereign Grand Lodge of the Independent Order of Odd Fellows, 1882-1884 (Volume XI)*, 9164.

(86) Sovereign Grand Lodge of the IOOF, *Journal of Proceedings of the One Hundred and Seventy-Third Annual Communication of the Sovereign Grand Lodge of the Independent Order of Odd Fellows, 1999 (Volume LXXXVII)*, 490.

(87) *The Grand Lodge of Europe IOOF, 10 years* (Latvia: United Press Poligrafija Corporation, 2017), 24.

(88) See official website of the Grand Lodge of Denmark https://www.oddfellow.dk/loger-lejre-cantons

(89) Sovereign Grand Lodge of the IOOF, *Journal of Proceedings of the One Hundred and Eighty-Eight Annual Communication of the Sovereign Grand Lodge of the Independent Order of Odd Fellows, 2014 (Volume XCXI)*,128.

(90) See official website of the Odd Fellows in Estonia http://oddfellow.ee/

(91) Sovereign Grand Lodge of the IOOF, *Journal of Proceedings of the One Hundred and Sixty-Seventh Annual Communication of the Sovereign Grand Lodge of the Independent Order of Odd Fellows, 1993 (Volume LXXXI)*, 509.

(92) Sovereign Grand Lodge of the IOOF, *Journal of Proceedings of the One Hundred and Sixty-Ninth Annual Communication of the Sovereign Grand Lodge of the Independent Order of Odd Fellows, 1995 (Volume LXXXIII)*, 37. Sovereign Grand Lodge of the IOOF, *Journal of Proceedings of the One Hundred and Sixty-Seventh Annual Communication of the Sovereign Grand Lodge of the Independent Order of Odd Fellows, 1993 (Volume LXXXI)*, 324.

(93) Sovereign Grand Lodge of the IOOF, *Journal of Proceedings of the One Hundred and Sixty-First Annual Communication of the Sovereign Grand Lodge of the Independent Order of Odd Fellows,

1987 (Volume LXXV), 37.

(94) Sovereign Grand Lodge of the IOOF, *Journal of Proceedings of the Right Worthy Grand Lodge of the United States, and the Sovereign Grand Lodge of the Independent Order of Odd Fellows, 1925-1926 (Volume XXXII)*, 47.

(95) Sovereign Grand Lodge of the IOOF, *Journal of Proceedings of the Right Worthy Grand Lodge of the United States, and the Sovereign Grand Lodge of the Independent Order of Odd Fellows, 1927-1928 (Volume XXXIII)*, 131.

(96) *The Grand Lodge of Europe IOOF, 10 years* (Latvia: United Press Poligrafija Corporation, 2017), 27.

(97) Sovereign Grand Lodge of the IOOF, *Journal of Proceedings of the Right Worthy Grand Lodge of the United States, and the Sovereign Grand Lodge of the Independent Order of Odd Fellows, 1903-1904 (Volume XXI)*, 17.

(98) *The Grand Lodge of Europe IOOF, 10 years*, 27.

(99) Sovereign Grand Lodge of the IOOF, *Journal of Proceedings of the Right Worthy Grand Lodge of the United States, and the Sovereign Grand Lodge of the Independent Order of Odd Fellows, 1887-1888 (Volume XIII)*, 10710.

(100) Sovereign Grand Lodge of the IOOF, *Journal of Proceedings of the Right Worthy Grand Lodge of the United States, and the Sovereign Grand Lodge of the Independent Order of Odd Fellows, 1887-1888 (Volume XIII)*, 11159.

(101) Sovereign Grand Lodge of the IOOF, *Journal of Proceedings of the Right Worthy Grand Lodge of the United States, and the Sovereign Grand Lodge of the Independent Order of Odd Fellows, 1887-1888 (Volume XIII)*, 111175.

(102) Sovereign Grand Lodge of the IOOF, *Journal of Proceedings of the Right Worthy Grand Lodge of the United States, and the Sovereign Grand Lodge of the Independent Order of Odd Fellows, 1893-1894 (Volume XVI)*, 13857.

(103) Sovereign Grand Lodge of the IOOF, *Journal of Proceedings of the Right Worthy Grand Lodge of the United States, and the Sovereign Grand Lodge of the Independent Order of Odd Fellows, 1895-1896 (Volume XVII)*, 14345.

(104) Sovereign Grand Lodge of the IOOF, *Journal of Proceedings of the Right Worthy Grand Lodge of the United States, and the Sovereign Grand Lodge of the Independent Order of Odd Fellows, 1897-1898 (Volume XVIII)*, 15296.

(105) Sovereign Grand Lodge of the IOOF, *Journal of Proceedings of the Right Worthy Grand Lodge of the United States, and the Sovereign Grand Lodge of the Independent Order of Odd Fellows, 1901-1902 (Volume XX)*, 635.

(106) Ibid.

(107) Sovereign Grand Lodge of the IOOF, *Journal of Proceedings of the Right Worthy Grand Lodge of the United States, and the Sovereign Grand Lodge of the Independent Order of Odd Fellows, 1905-1906 (Volume XXII)*, 130.

(108) Sovereign Grand Lodge of the IOOF, *Journal of Proceedings of the Right Worthy Grand Lodge of the United States, and the Sovereign Grand Lodge of the Independent Order of Odd Fellows, 1901-1902 (Volume XX)*, 636-637.

(109) Sovereign Grand Lodge of the IOOF, *Journal of Proceedings of the Right Worthy Grand Lodge of the United States, and the Sovereign Grand Lodge of the Independent Order of Odd Fellows, 1931-1932 (Volume XXXV)*, 45.

(110) Ibid.

(111) Ibid.

(112) Sovereign Grand Lodge of the IOOF, *Journal of Proceedings of the fifteenth Communication of the International Council of the Independent Order of Odd Fellows held in Lucerne, Switzerland, May 18 to May 21, 1990*, 31.

(113) Sovereign Grand Lodge of the IOOF, *Journal of Proceedings of the International Council, Independent Order of Odd Fellows, 1999-2001*, 496.

(114) Stillson, 478-479.

(115) Stillson, 481.

(116) Stillson, 482.

(117) Ibid.

(118) Ibid.

(119) Sovereign Grand Lodge of the IOOF, *Journal of Proceedings of the Right Worthy Grand Lodge of the United States, and the Sovereign Grand Lodge of the Independent Order of Odd Fellows, from its Formation in February, 1871-1873*, 5270.

(120) Ibid, 5653.

(121) Sovereign Grand Lodge of the IOOF, *Journal of Proceedings of the Right Worthy Grand Lodge of the United States, and the Sovereign Grand Lodge of*

原 註

the *Independent Order of Odd Fellows, 1933-1934 (Volume XXXVI)*, 43.

(122) Ibid.

(123) Sovereign Grand Lodge of the IOOF, *Journal of Proceedings of the Right Worthy Grand Lodge of the United States, and the Sovereign Grand Lodge of the Independent Order of Odd Fellows, 1951-1952 (Volume XLIII)*, 594.

(124) Sovereign Grand Lodge of the IOOF, *Journal of Proceedings of the One Hundred and Forty-Third Annual Communication of the Sovereign Grand Lodge of the Independent Order of Odd Fellows, 1969 (Volume LVII)*, 485.

(125) Sovereign Grand Lodge of the Independent Order of Odd Fellows, *Journal of Proceedings of the Right Worthy Grand Lodge of the United States, and the Sovereign Grand Lodge of the Independent Order of Odd Fellows,1897-1898 (Volume XVIII)*, 15791-15792.

(126) Sovereign Grand Lodge of the IOOF, *Journal of Proceedings of the One Hundred and Thirty-Seventh Annual Communication of the Sovereign Grand Lodge of the Independent Order of Odd Fellows, 1963 (Volume LI)*, 479

(127) Ibid.

(128) Sovereign Grand Lodge of the IOOF, *Journal of Proceedings of the One Hundred and Fifty-Ninth Annual Communication of the Sovereign Grand Lodge of the Independent Order of Odd Fellows, 1985 (Volume LXXIII)*, 44.

(129) Sovereign Grand Lodge of the IOOF, *Journal of Proceedings of the One Hundred and Seventy-Third Annual Communication of the Sovereign Grand Lodge of the Independent Order of Odd Fellows, 1999 (Volume LXXXVII)*, 480.

(130) Sovereign Grand Lodge of the IOOF, *Journal of Proceedings of the Right Worthy Grand Lodge of the United States, and the Sovereign Grand Lodge of the Independent Order of Odd Fellows, 1893-1894 (Volume XVI)*, 13248.

(131) Sovereign Grand Lodge of the IOOF, *Journal of Proceedings of the Right Worthy Grand Lodge of the United States, and the Sovereign Grand Lodge of the Independent Order of Odd Fellows, 1895-1896 (Volume XVII)*, 14272.

(132) Sovereign Grand Lodge of the IOOF, *Journal of Proceedings of the Right Worthy Grand Lodge of the United States, and the Sovereign Grand Lodge of the Independent Order of Odd Fellows, 1897-1898 (Volume XVIII)*, 15787.

(133) Sovereign Grand Lodge of the IOOF, *Journal of Proceedings of the Right Worthy Grand Lodge of the United States, and the Sovereign Grand Lodge of the Independent Order of Odd Fellows, from its Formation in February, 1876-1878 (Volume IX)*, 7178.

(134) The journal I brought with me was destroyed by termites. I will find the source again when I visit the Sovereign Grand Lodge headquarters.

(135) Sovereign Grand Lodge of the IOOF, *Journal of Proceedings of the Right Worthy Grand Lodge of the United States, and the Sovereign Grand Lodge of the Independent Order of Odd Fellows, 1921-1922 (Volume XXX)*, 77.

(136) Sovereign Grand Lodge of the IOOF, *Journal of Proceedings of the Right Worthy Grand Lodge of the United States, and the Sovereign Grand Lodge of the Independent Order of Odd Fellows,1897-1898 (Volume XVIII)*, 15792.

(137) Sovereign Grand Lodge of the IOOF, *Journal of Proceedings of the One Hundred and Forty-Third Annual Communication of the Sovereign Grand Lodge of the Independent Order of Odd Fellows, 1969 (Volume LVII)*, 516.

(138) Sovereign Grand Lodge of the IOOF, *Journal of Proceedings of the Right Worthy Grand Lodge of the United States, and the Sovereign Grand Lodge of the Independent Order of Odd Fellows, 1925-1926 (Volume XXXII)*, 526

(139) Sovereign Grand Lodge of the IOOF, *Journal of Proceedings of the One Hundred and Sixty-Eight Annual Communication of the Sovereign Grand Lodge of the Independent Order of Odd Fellows, 1994 (Volume LXXXII)*, 347.

(140) The Grand Lodge of Europe IOOF, *10 years* (Latvia: United Press Poligrafija Corporation, 2017), 38.

(141) Ibid.

(142) Sovereign Grand Lodge of the IOOF, *Journal of Proceedings of the Right Worthy Grand Lodge of the United States, and the Sovereign Grand Lodge of the Independent Order of Odd Fellows, 1887-1888 (Volume XIII)*, 10710-10711.

(143) Sovereign Grand Lodge of the IOOF, *Journal of Proceedings of the Right Worthy Grand Lodge of the United States, and the Sovereign Grand Lodge of

the *Independent Order of Odd Fellows, 1935-1936 (Volume XXXVII)*, 411.

(144) Sovereign Grand Lodge of the IOOF, *Journal of Proceedings of the One Hundred and Forty-Ninth Annual Communication of the Sovereign Grand Lodge of the Independent Order of Odd Fellows, 1975 (Volume LXIII)*, 588.

(145) The Story, SosterLoge Andalucia Nr.1, http://www.loge69.dk:80/andalus/omvorLoge.htm

(146) History, Broder Loge Costa del Sol Nr.1, http://www.loge69.dk:80/costa/omvorLoge.htm

(147) The Grand Lodge of Europe IOOF, *10 years* (Latvia: United Press Poligrafija Corporation, 2017), 25.

(148) Sovereign Grand Lodge of the IOOF, *Journal of Proceedings of the Right Worthy Grand Lodge of the United States, and the Sovereign Grand Lodge of the Independent Order of Odd Fellows, 1882-1884 (Volume XI)*, 9506.

(149) Sovereign Grand Lodge of the IOOF, *Journal of Proceedings of the One Hundred and Forty-Third Annual Communication of the Sovereign Grand Lodge of the Independent Order of Odd Fellows, 1969 (Volume LVII)*, 265.

(150) The Grand Lodge of Europe IOOF, *10 years* (Latvia: United Press Poligrafija Corporation, 2017), 39.

(151) Sovereign Grand Lodge of the IOOF, *Journal of Proceedings of the Right Worthy Grand Lodge of the United States, and the Sovereign Grand Lodge of the Independent Order of Odd Fellows, from its Formation in February, 1871-1873 (Volume VII)*, 4984.

(152) Stillson, 500.

(153) Sovereign Grand Lodge of the IOOF, *Journal of Proceedings of the Right Worthy Grand Lodge of the United States, and the Sovereign Grand Lodge of the Independent Order of Odd Fellows, 1887-1888 (Volume XIII)*, 11111.

(154) Sovereign Grand Lodge of the IOOF, *Journal of Proceedings of the One Hundred and Sixty-Fifth Annual Communication of the Sovereign Grand Lodge of the Independent Order of Odd Fellows, 1991 (Volume LXXVIV)*, 286.

(155) Powley, *Concise History of Odd Fellowship*, 20.

(156) Sovereign Grand Lodge of the IOOF, *Journal of Proceedings of the Right Worthy Grand Lodge of the United States, and the Sovereign Grand Lodge of the Independent Order of Odd Fellows, 1876-1878 (Volume IX)*, 1876.

(157) Ibid, 7535.

(158) Sovereign Grand Lodge of the IOOF, *Journal of Proceedings of the One Hundred and Sixty-Sixth Annual Communication of the Sovereign Grand Lodge of the Independent Order of Odd Fellows, 1992 (Volume LXXX)*, 323.

(159) Sovereign Grand Lodge of the IOOF, *Journal of Proceedings of the One Hundred and Forty-First Annual Communication of the Sovereign Grand Lodge of the Independent Order of Odd Fellows, 1967 (Volume LV)*, 46.

(160) Sovereign Grand Lodge of the IOOF, *Journal of Proceedings of the One Hundred and Sixty-Sixth Annual Communication of the Sovereign Grand Lodge of the Independent Order of Odd Fellows, 1992 (Volume LXXX)*, 321.

(161) Ibid.

(162) Goeffrey Blainey, *Odd Fellows: A History of IOOF Australia*, 15.

(163) Ibid, 35.

(164) Sovereign Grand Lodge of the IOOF, *Journal of Proceedings of the Right Worthy Grand Lodge of the United States, and the Sovereign Grand Lodge of the Independent Order of Odd Fellows, from its Formation in February, 1876-1878 (Volume IX)*, 7531.

(165) Sovereign Grand Lodge of the IOOF, *Journal of Proceedings of the One Hundred and Sixty-Sixth Annual Communication of the Sovereign Grand Lodge of the Independent Order of Odd Fellows, 1992 (Volume LXXX)*, 323.

(166) Ibid, 321.

(167) Sovereign Grand Lodge of the IOOF, *Journal of Proceedings of the One Hundred and Forty-Third Annual Communication of the Sovereign Grand Lodge of the Independent Order of Odd Fellows, 1969 (Volume LVII)*, 509.

(168) Sovereign Grand Lodge of the IOOF, *Journal of Proceedings of the One Hundred and Eighty-Sixth Annual Communication of the Sovereign Grand Lodge of the Independent Order of Odd Fellows, 2012*, 18-19.

(169) Sovereign Grand Lodge of the IOOF, *Journal of Proceedings of the One Hundred and Eighty-Sixth Annual Communication of the Sovereign Grand

原註　　363

Lodge of the Independent Order of Odd Fellows, 2012, 18-19.

(170) Sovereign Grand Lodge of the IOOF, *Journal of Proceedings of the Right Worthy Grand Lodge of the United States, and the Sovereign Grand Lodge of the Independent Order of Odd Fellows, 1931-1932 (Volume XXXV)*, 36.

(171) Sovereign Grand Lodge of the IOOF, *Journal of Proceedings of the Right Worthy Grand Lodge of the United States, and the Sovereign Grand Lodge of the Independent Order of Odd Fellows, 1923-1924 (Volume XXXI)*, 112.

(172) Ibid.

(173) Ibid.

(174) Sovereign Grand Lodge of the IOOF, *Journal of Proceedings of the Right Worthy Grand Lodge of the United States, and the Sovereign Grand Lodge of the Independent Order of Odd Fellows, 1889-1890 (Volume XIV)*, 11498

(175) Ibid, 11576.

(176) Sovereign Grand Lodge of the IOOF, *Journal of Proceedings of the Right Worthy Grand Lodge of the United States, and the Sovereign Grand Lodge of the Independent Order of Odd Fellows, 1893-1894 (Volume XVI)*, 13860.

(177) Sovereign Grand Lodge of the IOOF, *Journal of Proceedings of the Right Worthy Grand Lodge of the United States, and the Sovereign Grand Lodge of the Independent Order of Odd Fellows, from its Formation in February, 1876-1878 (Volume IX)*.

(178) Sovereign Grand Lodge of the IOOF, *Journal of Proceedings of the Right Worthy Grand Lodge of the United States, and the Sovereign Grand Lodge of the Independent Order of Odd Fellows, 1939-1940 (Volume XXXIX)*. 668; Sovereign Grand Lodge of the IOOF, *Grand Lodge of the United States, and the Sovereign Grand Lodge of the Independent Order of Odd Fellows, 1941-1944 (Volume XL)*, 16-17.

(179) Ibid.

(180) Sovereign Grand Lodge of the IOOF, *Journal of Proceedings of the Right Worthy Grand Lodge of the United States, and the Sovereign Grand Lodge of the Independent Order of Odd Fellows, 1945-1948 (Volume XLI)*, 120.

(181) Ibid.

(182) Sovereign Grand Lodge of the IOOF, *Journal of Proceedings of the One Hundred and Eighty-Sixth Annual Communication of the Sovereign Grand Lodge of the Independent Order of Odd Fellows, 2012*, 18-19.

(183) Oscar William Coursey, *History and Geography of the Philippine Islands*, 24

(184) Ibid.

(185) Sovereign Grand Lodge of the IOOF, *Journal of Proceedings of the Right Worthy Grand Lodge of the United States, and the Sovereign Grand Lodge of the Independent Order of Odd Fellows,1897-1898 (Volume XVIII)*, 15768.

(186) Sovereign Grand Lodge of the IOOF, *Journal of Proceedings of the Right Worthy Grand Lodge of the United States, and the Sovereign Grand Lodge of the Independent Order of Odd Fellows, 1901-1902 (Volume XX)*, 99.

(187) Sovereign Grand Lodge of the IOOF, *Journal of Proceedings of the Right Worthy Grand Lodge of the United States, and the Sovereign Grand Lodge of the Independent Order of Odd Fellows, 1901-1902 (Volume XX)*, 643.

(188) Sovereign Grand Lodge of the IOOF, *Journal of Proceedings of the Right Worthy Grand Lodge of the United States, and the Sovereign Grand Lodge of the Independent Order of Odd Fellows, 1905-1906 (Volume XXII)*, 131.

(189) Sovereign Grand Lodge of the IOOF, *Journal of Proceedings of the Right Worthy Grand Lodge of the United States, and the Sovereign Grand Lodge of the Independent Order of Odd Fellows, 1903-1904 (Volume XXI)*, 62.

(190) Sovereign Grand Lodge of the IOOF, *Journal of Proceedings of the Right Worthy Grand Lodge of the United States, and the Sovereign Grand Lodge of the Independent Order of Odd Fellows, 1905-1906 (Volume XXII)*, 131.

(191) Sovereign Grand Lodge of the IOOF, *Journal of Proceedings of the Right Worthy Grand Lodge of the United States, and the Sovereign Grand Lodge of the Independent Order of Odd Fellows, 1911-1912(Volume XXV)*, 520.

(192) Sovereign Grand Lodge of the IOOF, *Journal of Proceedings of the Right Worthy Grand Lodge of the United States, and the Sovereign Grand Lodge of the Independent Order of Odd Fellows, 1905-1906 (Volume XXII)*, 132.

(193) Sovereign Grand Lodge of the IOOF, *Journal of Proceedings of the Right Worthy Grand Lodge of the United States, and the Sovereign Grand Lodge of

the Independent Order of Odd Fellows, from its Formation in February, 1879-1881 (Volume X), 7918.
(194) Sovereign Grand Lodge of the IOOF, *Journal of Proceedings of the Right Worthy Grand Lodge of the United States, and the Sovereign Grand Lodge of the Independent Order of Odd Fellows, 1903-1904 (Volume XXI)*, 63.
(195) Sovereign Grand Lodge of the IOOF, *Journal of Proceedings of the Right Worthy Grand Lodge of the United States, and the Sovereign Grand Lodge of the Independent Order of Odd Fellows, 1903-1904 (Volume XXI)*, 553.
(196) Sovereign Grand Lodge of the IOOF, *Journal of Proceedings of the Right Worthy Grand Lodge of the United States, and the Sovereign Grand Lodge of the Independent Order of Odd Fellows, 1907-1908 (Volume XXIII)*, 125.
(197) Sovereign Grand Lodge of the IOOF, *Journal of Proceedings of the Right Worthy Grand Lodge of the United States, and the Sovereign Grand Lodge of the Independent Order of Odd Fellows, 1923-1924 (Volume XXXI)*, 430-431.
(198) Sovereign Grand Lodge of the IOOF, *Journal of Proceedings of the One Hundred and Eighty-First Annual Communication of the Sovereign Grand Lodge of the Independent Order of Odd Fellows, 2007 (Volume XCV)*, 152.
(199) Sovereign Grand Lodge of the IOOF, *Journal of Proceedings of the One Hundred and Eighty-Second Annual Communication of the Sovereign Grand Lodge of the Independent Order of Odd Fellows, 2008 (Volume XCVI)*, 156.

第20章

(1) Sovereign Grand Lodge of the Independent Order of Odd Fellows, *Journal of Proceedings of the One Hundred and Sixty-Sixth Annual Communication of the Sovereign Grand Lodge of the Independent Order of Odd Fellows, 1992* (Winston-Salem: The Sovereign Grand Lodge of the I.O.O.F., 1993), 345.
(2) Sovereign Grand Lodge of the Independent Order of Odd Fellows, *Journal of Proceedings of the One Hundred and Eighty-Fifth Annual Communication of the Sovereign Grand Lodge of the Independent Order of Odd Fellows, 2011* (Winston-Salem: The Sovereign Grand Lodge of the I.O.O.F., 2012), 65.
(3) Sovereign Grand Lodge of the Independent Order of Odd Fellows, *Journal of Proceedings of the One Hundred and Sixty-Fourth Annual Communication of the Sovereign Grand Lodge of the Independent Order of Odd Fellows, 1990* (Winston-Salem: The Sovereign Grand Lodge of the I.O.O.F., 1991), 241.
(4) Sovereign Grand Lodge of the Independent Order of Odd Fellows, *Journal of Proceedings of the One Hundred and Sixty-Sixth Annual Communication of the Sovereign Grand Lodge of the Independent Order of Odd Fellows, 1992* (Winston-Salem: The Sovereign Grand Lodge of the I.O.O.F., 1993), 285.
(5) Sovereign Grand Lodge of the Independent Order of Odd Fellows, *Journal of Proceedings of the One Hundred and Fifty-first Annual Communication of the Sovereign Grand Lodge of the Independent Order of Odd Fellows, 1977* (Baltimore: The Sovereign Grand Lodge of the I.O.O.F., 1978), 49.
(6) Ibid, 30.
(7) Ibid, 50.
(8) Sovereign Grand Lodge of the Independent Order of Odd Fellows, *Journal of Proceedings of the One Hundred and Fifty-Sixth Annual Communication of the Sovereign Grand Lodge of the Independent Order of Odd Fellows, 1982* (Winston-Salem: The Sovereign Grand Lodge of the I.O.O.F., 1983), 35.
(9) Sovereign Grand Lodge of the Independent Order of Odd Fellows, *Journal of Proceedings of the One Hundred and Thirty-Sixth Annual Communication of the Sovereign Grand Lodge of the Independent Order of Odd Fellows, 1962* (Baltimore: The Sovereign Grand Lodge of the I.O.O.F., 1963), 43.
(10) Sovereign Grand Lodge of the Independent Order of Odd Fellows, *Journal of Proceedings of the One Hundred and Forty Annual Communication of the Sovereign Grand Lodge of the Independent Order of Odd Fellows, 1966* (Baltimore: The Sovereign Grand Lodge of the I.O.O.F., 1967), 467.

第21章

(1) Code of General Laws of the Sovereign Grand Lodge, IOOF (2017).
(2) Ibid.
(3) Ibid.

(4) Ibid.
(5) Ibid.
(6) Ibid.
(7) Ibid.
(8) Ibid.
(9) Ibid.
(10) The Grand Lodge of Europe IOOF, *10 years* (Latvia: United Press Poligrafija Corporation, 2017), 9.
(11) Ibid.
(12) Ibid.
(13) Sovereign Grand Lodge of the Independent Order of Odd Fellows, *Journal of Proceedings of the One Hundred and Eighty-Third Annual Communication of the Sovereign Grand Lodge of the Independent Order of Odd Fellows, 2009 (Volume XCVII)*, 350.
(14) Ibid, 21.
(15) Sovereign Grand Lodge of the IOOF, *Journal of Proceedings of the One Hundred and Eighty-Fourth Annual Communication of the Sovereign Grand Lodge of the Independent Order of Odd Fellows, 2010 (Volume XCVIII)*, 21.
(16) Sovereign Grand Lodge of the IOOF, *Journal of Proceedings of the One Hundred and Eighty-Third Annual Communication of the Sovereign Grand Lodge of the Independent Order of Odd Fellows, 2009 (Volume XCVII)*, 21.
(17) Sovereign Grand Lodge of the IOOF, *Journal of Proceedings of the One Hundred and Sixty-Third Annual Communication of the Sovereign Grand Lodge of the Independent Order of Odd Fellows, 1989 (Volume LXXVII)*, 18.
(18) Ibid.
(19) Ibid.
(20) Ibid.
(21) Ibid.
(22) Ibid.

第22章

(1) Mary Ann Clawson, *Constructing Brotherhood: Class, Gender, and Fraternalism*, 24-25.
(2) Sovereign Grand Lodge of the IOOF, *Journal of Proceedings of the One Hundred and Sixty-Eight Annual Communication of the Sovereign Grand Lodge of the Independent Order of Odd Fellows, 1994 (Volume LXXXII)*, 607.
(3) Sovereign Grand Lodge of the IOOF, *Journal of Proceedings of the One Hundred and Forty-Third Annual Communication of the Sovereign Grand Lodge of the Independent Order of Odd Fellows, 1969 (Volume LVII)*, 533.
(4) Clawson, *Constructing Brotherhood: Class, Gender, and Fraternalism*, 24-25.
(5) Henry Leonard Stillson, *The Official History of Odd Fellowship* (Massachusetts: Fraternity Publishing Company, 1900), 739.
(6) Webster's Dictionary.
(7) Webster's Dictionary.
(8) Catherine Bell, *Ritual: Perspectives and Dimensions*, 94.
(9) Ibid, 210.
(10) Ibid, 98-99.
(11) Eliade, 2.
(12) John Michael Greer, *The Element Encyclopedia of Secret Societies* (New York: Barnes and Nobles, 2008)
(13) Ibid.
(14) Ibid.
(15) Stillson, *The Official History of Odd Fellowship*, 740.
(16) Ibid.
(17) *Ancient Ritual of the Order of Patriotic Odd Fellows: Revised and agreed to in the Grand Lodge held at London, England, March 12, 1797*.
(18) Ibid, 12.
(19) Henry Leonard Stillson, *The Official History of Odd Fellowship*, 745.
(20) Ibid, 745.
(21) Ibid.
(22) Ibid, 746.
(23) Ibid.
(24) Ibid.
(25) Ibid.
(26) Stillson, 746-747.
(27) Aaron Burt Grosh, *A Manual of Odd Fellowship* (New York: Clark & Maynard, 1882), 1380.
(28) Sovereign Grand Lodge of the IOOF, *Journal of Proceedings of the One Hundred and Forty-Third Annual Communication of the Sovereign Grand Lodge of the Independent Order of Odd Fellows, 1969 (Volume LVII)*, 532.
(29) Joseph Powley, *Concise History of Odd Fellowship* (Toronto: The Grand Lodge of Ontario IOOF, 1943), 22.

(30) Sovereign Grand Lodge of the IOOF, *Journal of Proceedings of the One Hundred and Sixty-Eight Annual Communication of the Sovereign Grand Lodge of the Independent Order of Odd Fellows, 1994 (Volume LXXXII)*, 608.
(31) Sovereign Grand Lodge of the IOOF, *Journal of Proceedings of the One Hundred and Fifty-Fifth Annual Communication of the Sovereign Grand Lodge of the Independent Order of Odd Fellows, 1981 (Volume LXVIX)*, 23.
(32) Victoria Solt Dennis, *Discovering Friendly and Fraternal Societies* (United Kingdom: Shire Publications, 2008).
(33) Joseph Powley, *Concise History of Odd Fellowship*, 22.

第23章

(1) Sovereign Grand Lodge of the IOOF, *Journal of Proceedings of the One Hundred and Seventy-Third Annual Communication of the Sovereign Grand Lodge of the Independent Order of Odd Fellows, 1999 (Volume LXXXVII)*, 490.
(2) Ibid.
(3) Ibid.
(4) Sovereign Grand Lodge of the IOOF, *Journal of Proceedings of the Right Worthy Grand Lodge of the United States, and the Sovereign Grand Lodge of the Independent Order of Odd Fellows, 1921-1922 (Volume XXX)* (Baltimore: The Sovereign Grand Lodge of the I.O.O.F., 1923), 418-424.
(5) Powley, *Concise History of Odd Fellowship*, 35.
(6) Ibid.
(7) Nathan Billstein, *A Brief History of The Encampment Branch of the IOOF* (Baltimore: Nathan Billstein, 1927), 7-8.
(8) Sovereign Grand Lodge of the IOOF, *Journal of Proceedings of the One Hundred and Sixty-Ninth Annual Communication of the Sovereign Grand Lodge of the Independent Order of Odd Fellows, 1995 (Volume LXXXIII)*, 305.
(9) Ibid.
(10) Ibid.
(11) Sovereign Grand Lodge of the IOOF, *Concise History of the International Association of Ladies' Auxiliary Patriarchs Militant*, IOOF, 29.
(12) Sovereign Grand Lodge of the IOOF, *Journal of Proceedings of the Right Worthy Grand Lodge of the United States, and the Sovereign Grand Lodge of the Independent Order of Odd Fellows, 1921-1922 (Volume XXX)*, 335.
(13) Ibid, 543.
(14) Sovereign Grand Lodge of the IOOF, *Journal of Proceedings of the Right Worthy Grand Lodge of the United States, and the Sovereign Grand Lodge of the Independent Order of Odd Fellows, 1921-1922 (Volume XXX)*, 337.
(15) Sovereign Grand Lodge of the IOOF, *Journal of Proceedings of the Right Worthy Grand Lodge of the United States, and the Sovereign Grand Lodge of the Independent Order of Odd Fellows, 1929-1930 (Volume XXXIV)*, 269.
(16) *Ritual of Theta Rho Girls' Club under the Jurisdiction of the Sovereign Grand Lodge of the Independent Order of Odd Fellows* (United States: Sovereign Grand Lodge, I.O.O.F., 1975).
(17) Ritual of The Ancient, Mystic Order of Samaritans of the United States and Canada (Cleveland: Supreme Sanctorum, 1935).
(18) Ritual of The Ladies of the Orient of the United States and Canada (Supreme Royal Zuanna, n.d.).

第24章

(1) Sovereign Grand Lodge Independent Order of Odd Fellows, *Ritual of a Lodge of Odd Fellows of The Sovereign Grand Lodge of the Independent Order of Odd Fellows* (North Carolina: Sovereign Grand Lodge, I.O.O.F., 2004), 65.
(2) Danial Weinbren, *The Oddfellows 1810-2010: 200 Years of Making Friends and Helping People* (Lancaster: Carnegie Publishing, 2012), 61.
(3) Ibid, 62.
(4) Ibid, 62.
(5) Ibid, 61.
(6) Sovereign Grand Lodge of the Independent Order of Odd Fellows, *Journal of Proceedings of the Right Worthy Grand Lodge of the United States, and the Sovereign Grand Lodge of the Independent Order of Odd Fellows, 1893-1894 (Volume XVI)* (Baltimore: The Sovereign Grand Lodge of the I. O.O.F., 1895), 13250.
(7) Ibid.
(8) Sovereign Grand Lodge of the Independent Order of Odd Fellows, *Journal of Proceedings of the One Hundred and Forty-Eight Annual Communication of the Sovereign Grand Lodge of the*

原註　367

Independent Order of Odd Fellows, 1974 (Volume LXII) (Baltimore: The Sovereign Grand Lodge of the I.O.O.F., 1975), 246.
(9) Ibid.
(10) Sovereign Grand Lodge of the Independent Order of Odd Fellows, *Journal of Proceedings of the One Hundred and Thirty-Ninth Annual Communication of the Sovereign Grand Lodge of the Independent Order of Odd Fellows, 1965 (Volume LIII)*. Baltimore: The Sovereign Grand Lodge of the I.O.O.F., 1966), 240.
(11) Ibid, 241.
(12) Sovereign Grand Lodge of the Independent Order of Odd Fellows, *Journal of Proceedings of the One Hundred and Thirty-Eight Annual Communication of the Sovereign Grand Lodge of the Independent Order of Odd Fellows, 1964 (Volume LII)* (Baltimore: The Sovereign Grand Lodge of the I.O.O.F., 1965), 64.
(13) Sovereign Grand Lodge of the Independent Order of Odd Fellows, *Journal of Proceedings of the One Hundred and Thirty-Ninth Annual Communication of the Sovereign Grand Lodge of the Independent Order of Odd Fellows, 1965 (Volume LIII)* (Baltimore: The Sovereign Grand Lodge of the I.O.O.F., 1966), 239.
(14) Ibid.
(15) Ibid.
(16) Sovereign Grand Lodge of the Independent Order of Odd Fellows, *Journal of Proceedings of the One Hundred and Sixty-Seventh Annual Communication of the Sovereign Grand Lodge of the Independent Order of Odd Fellows, 1993 (Volume LXXXI)*. (Winston-Salem: The Sovereign Grand Lodge of the I.O.O.F., 1994), 51.
(17) Sovereign Grand Lodge of the Independent Order of Odd Fellows, *Journal of Proceedings of the One Hundred and Forty-Eight Annual Communication of the Sovereign Grand Lodge of the Independent Order of Odd Fellows, 1974 (Volume LXII)* (Baltimore: The Sovereign Grand Lodge of the I.O.O.F., 1975), 246.
(18) Sovereign Grand Lodge Independent Order of Odd Fellows, *Ritual of a Lodge of Odd Fellows of The Sovereign Grand Lodge of the Independent Order of Odd Fellows* (North Carolina: Sovereign Grand Lodge, I.O.O.F., 2004), 56.
(19) Ibid, 65.
(20) Ibid, 65.
(21) Sovereign Grand Lodge of the Independent Order of Odd Fellows, *Journal of Proceedings of the One Hundred and Sixty-Fifth Annual Communication of the Sovereign Grand Lodge of the Independent Order of Odd Fellows, 1991 (Volume LXXVIV)* (Winston-Salem: The Sovereign Grand Lodge of the I.O.O.F., 1992), 434.
(22) Mary Ann Clawson, *Constructing Brotherhood: Class, Gender, and Fraternlism* (New Jersey: Princeton University Press, 1989), 15.
(23) John Michael Greer, *The Element Encyclopedia of Secret Societies* (New York: Barnes and Nobles, 2008), 101.
(24) Weinbren, *The Oddfellows 1810-2010: 200 Years of Making Friends and Helping People*, 48.
(25) Ibid.
(26) Clawson, *Constructing Brotherhood: Class, Gender, and Fraternlism*, 3.
(27) Ibid, 40.
(28) John Michael Greer, *The Element Encyclopedia of Secret Societies* (New York: Barnes and Nobles, 2008), 135.
(29) Clawson, *Constructing Brotherhood: Class, Gender, and Fraternlism*, 118.
(30) Ibid, 118.
(31) Weinbren, *The Oddfellows 1810-2010: 200 Years of Making Friends and Helping People*, 50.
(32) Manchester Unity Independent Order of Odd Fellows, *Lectures used by the Manchester District* (Manchester: Mark Wardle, P.G. and C.S., 1824), 3.
(33) J. Edward Stallings, *Searching for Treasures* (North Carolina: The Sovereign Grand Lodge IOOF, n.d.), 8.
(34) Weinbren, *The Oddfellows 1810-2010: 200 Years of Making Friends and Helping People*, 51.
(35) Ibid, 50.
(36) Clawson, *Constructing Brotherhood: Class, Gender, and Fraternlism*, 112.
(37) Greer, *The Element Encyclopedia of Secret Societies*, 193.
(38) Sovereign Grand Lodge of the Independent Order of Odd Fellows, *Journal of Proceedings of the One Hundred and Sixty-Ninth Annual Communication of the Sovereign Grand Lodge of the Independent Order of Odd Fellows, 1995 (Volume LXXXIII)* (Winston-Salem: The Sovereign Grand Lodge of the I.O.O.F., 1996), 48.

(39) Sovereign Grand Lodge of the Independent Order of Odd Fellows, *Journal of Proceedings of the One Hundred and Seventy-Third Annual Communication of the Sovereign Grand Lodge of the Independent Order of Odd Fellows, 1999 (Volume LXXXVII)* (Winston-Salem: The Sovereign Grand Lodge of the I.O.O.F., 2000), 488.

(40) Sovereign Grand Lodge of the Independent Order of Odd Fellows, *Journal of Proceedings of the One Hundred and Seventieth Annual Communication of the Sovereign Grand Lodge of the Independent Order of Odd Fellows, 1996 (Volume LXXXIV)* (Winston-Salem: The Sovereign Grand Lodge of the I.O.O.F., 1997), 373.

(41) Sovereign Grand Lodge of the IOOF, *Journal of Proceedings of the One Hundred and Seventy-Third Annual Communication of the Sovereign Grand Lodge of the Independent Order of Odd Fellows, 1999 (Volume LXXXVII)*, 490.

(42) Weinbren, *The Oddfellows 1810-2010: 200 Years of Making Friends and Helping People*, 331-332.

(43) Sovereign Grand Lodge of the Independent Order of Odd Fellows, *Journal of Proceedings of the One Hundred and Seventy-Sixth Annual Communication of the Sovereign Grand Lodge of the Independent Order of Odd Fellows, 2002 (Volume XC)* (Winston-Salem: The Sovereign Grand Lodge of the I.O.O.F., 2003), 33.

(44) Sovereign Grand Lodge of the Independent Order of Odd Fellows, *Journal of Proceedings of the One Hundred and Seventy-Third Annual Communication of the Sovereign Grand Lodge of the Independent Order of Odd Fellows, 1999 (Volume LXXXVII)* (Winston-Salem: The Sovereign Grand Lodge of the I.O.O.F., 2000), 278.

(45) Sovereign Grand Lodge of the Independent Order of Odd Fellows, *Journal of Proceedings of the One Hundred and Seventy-Second Annual Communication of the Sovereign Grand Lodge of the Independent Order of Odd Fellows, 1998 (Volume LXXXVI)* (Winston-Salem: The Sovereign Grand Lodge of the I.O.O.F., 1999), 277.

(46) Sovereign Grand Lodge of the Independent Order of Odd Fellows, *Journal of Proceedings of the One Hundred and Seventy-Third Annual Communication of the Sovereign Grand Lodge of the Independent Order of Odd Fellows, 1999*, 504.

(47) Sovereign Grand Lodge of the Independent Order of Odd Fellows, *Journal of Proceedings of the One Hundred and Seventy-Second Annual Communication of the Sovereign Grand Lodge of the Independent Order of Odd Fellows, 1998*, 2.

(48) Sovereign Grand Lodge of the Independent Order of Odd Fellows, *Journal of Proceedings of the One Hundred and Seventy-Fifth Annual Communication of the Sovereign Grand Lodge of the Independent Order of Odd Fellows, 2001 (Volume LXXXVIX)* (Winston-Salem: The Sovereign Grand Lodge of the I.O.O.F., 2002), 20.

(49) Sovereign Grand Lodge of the Independent Order of Odd Fellows, *Journal of Proceedings of the One Hundred and Seventy-Second Annual Communication of the Sovereign Grand Lodge of the Independent Order of Odd Fellows, 1998*, 2.

(50) Sovereign Grand Lodge of the Independent Order of Odd Fellows, *Journal of Proceedings of the One Hundred and Seventy-Fifth Annual Communication of the Sovereign Grand Lodge of the Independent Order of Odd Fellows, 2001 (Volume LXXXVIX)* (Winston-Salem: The Sovereign Grand Lodge of the I.O.O.F., 2002), 20.

(51) Sovereign Grand Lodge of the Independent Order of Odd Fellows, *Journal of Proceedings of the One Hundred and Seventy-Fourth Annual Communication of the Sovereign Grand Lodge of the Independent Order of Odd Fellows, 2000 (Volume LXXXVIII)* (Winston-Salem: The Sovereign Grand Lodge of the I.O.O.F., 2001), 20.

(52) Sovereign Grand Lodge of the Independent Order of Odd Fellows, *Journal of Proceedings of the One Hundred and Sixty-Ninth Annual Communication of the Sovereign Grand Lodge of the Independent Order of Odd Fellows, 1995 (Volume LXXXIII)* (Winston-Salem: The Sovereign Grand Lodge of the I.O.O.F., 1996), 300-301.

(53) [1]Franklin Lacava, *"Hopwood woman breaks mold as leader of Odd Fellows"*, Triblive, July 18, 2015, accessed January 22, 2019, http://triblive.com/news/fayette/8717029-74/fellows-odd-cupp

(54) Rachael Pacella, *"Towson business owner is Odd Fellows' first female African-American leader"*, Towson Times, June 1, 2016, January 22, 2019, http://www.baltimoresun.com/news/maryland/baltimore-county/towson/ph-tt-darlene-parker-0525-20160526-story.html

参考文献・参考資料

1. 書籍

Alexander, Leslie and Rucker, Walter. *Encyclopedia of African American History*. California: ABC-CLIO, 2010.
Andrews, Thomas. *The Jericho Road*. Oklahoma: William Thomas Co, 1937.
Barrett, David. *Secret Societies: An unbiased history of our desire for secret knowledge*. Philadelphia: Running Press, 2007.
Bates, Ralph. *Billy and Dick from Andersonville Prison to the White House*. California: Sentinel Publishing, 1910.
Beharrell, Thomas. *Odd Fellows Monitor and Guide*. Indianapolis: Robert Douglass, 1883.
Beharrell, Thomas. *The Brotherhood: Being a Presentation of Odd Fellowship*. Indiana: Brotherhood Publishing Co., 1875.
Beito, David. *From Mutual Aid to the Welfare State: Fraternal Societies and Social Services, 1890-1967*. Chapel Hill: University of North Carolina Press, 2000.
Bell, Catherine. *Ritual: Perspectives and Dimensions*. New York: Oxford University Press, 1997.
Birch, Una. *Secret Societies: Illuminati, Freemasons and the French Revolution*. Florida: Ibis Press, 2007.
Blainey, Goeffrey. *Odd Fellows: A History of IOOF Australia*. Australia: Allen & Unwin, 1991.
Bowling, Colin Robert. *A New Order of the Ages*. Indiana: iUniverse, 2011.
Brands, H.W. *The Age of Gold: The California Gold Rush and the New American Dream*. New York: Doubleday, 2003.
Brooker, Russell. *The American Civil Rights Movement 1865-1950*. Maryland: Lexington Books, 2017.
Brooks, Charles. *The Official History ad Manual of the Grand United Order of Odd Fellows*. Pennsylvania: Odd Fellows Journal Print, 1903.
Buccula, Nicholas. *The Political Thought of Frederick Douglass: In Pursuit of American Liberty*. New York: New York University Press, 2012.
Carey, Charles. *African-American Political Leaders*. New York: Facts On File, 2004.
Carnes, Mark. *Secret Ritual and Manhood in Victorian America*. New Haven: Yale University, 1989.
Catton, Bruce. *The Civil War*. Boston: Houghton Mifflin Company, 2004.
Charles, Jeffrey. *Service Clubs in American Society*. Chicago: University of Illinois Press, 1993.
Cherny, Robert, Irwin, Mary Ann, and Wilson, Ann Marie. *California Women and Politics: From the Gold Rush to the Great Depression*. Nebraska: University of Nebraska Press, 2011.
Clark, Peter. *British Clubs and Societies 1580-1800: The Origins of an Associational World*. New York: Oxford University Press, 2000.
Clark, Peter. *British Clubs and Societies: 1580-1800*. New York: Oxford University Press, 2002.
Clawson, Mary Ann. *Constructing Brotherhood: Class, Gender, and Fraternalism*. New Jersey: Princeton University Press, 1989.
Compiled by various authors, *A History of the Holy Catholic Inquisition*. Philadelphia: Perkins, Marvin and Co., 1835.
Cooke, L. Hamel. *Democracy and Odd Fellowship*. Canada: L. Hamel Cooke, 1943.
Cordery, Simon. *British Friendly Societies, 1750-1914*. New York: Palgrave Macmillan, 2003.
Coursey, Oscar William. *History and Geography of the Philippine Islands*. South Dakota: Educator School Supply Co., 1903.
Curry, Elvin James. *The Red Blood of Odd Fellowship*. Maryland: Elvin Curry, 1903.
Curthoys, Ann and Lake, Marilyn. *Connected Worlds: History in Transnational Perspective*. Canberra: Australian National University, 2005.

Davis, Robert Scott. *Andersonville Civil War Prison. South Carolina*. South Carolina: The History Press, 2010.
Defoe, Daniel. *An Essay upon Projects*. London: R.R. for Tho. Cockerill, 1697.
Dennis, Victoria Solt. *Discovering Friendly and Fraternal Societies*. United Kingdom: Shire Publications, 2008.
Donaldson, Paschal. *The Odd Fellows Text Book*. Philadelphia: Moss & Brother, 1852.
Donaldson, Paschal. *The Odd Fellows' Pocket Companion*. Ohio: R.W. Carroll & Co, 1881.
Douglas, David Charles. *English Historical Documents*. United Kingdom: Oxford University Press, 1959.
Downs, Jonathan. *The Industrial Revolution: Britain, 1770-1810*. United Kingdom: Shire Publications, 2010.
Dumenil, Lynn. *The Oxford Encyclopedia of American Social History*. United States: Oxford University Press, 2012.
Emery, George and Emery, J. C. Herbert. *A Young Man's Benefit*. London: McGill-Queen's University Press, 1999.
Epstein, Steven. *Wage labor and guilds in Medieval Europe*. North Carolina: University of North Carolina Press, 1991.
Faust, Drew Gilpin. *This Republic of Suffering: Death and the American Civil War*. New York: Alfred A. Knope, 2008.
Ferry, Darren. *Uniting in Measures of Common Good: The Construction of Liberal Identities in Central Canada*. Quebec: McGill Queen's University Press, 2008.
Ford, Henry. *Symbolism of Odd Fellowship*. New Orleans: Cornerstone Book Publishers, 2013.
Gates, Jr., Henry Louis and Higginbotham, Evelyn Brooks. *African American Lives*. New York: Oxford University Press, 2004.
Gilman, Daniel Coit, Peck, Harry Thurston and Colby, Frank Moore. *The New International Encyclopedia*. New York: Dodd, Mead & Company, 1906.
Gist, Noel. *Patterning in Secret Society Ceremonials*. North Carolina: University of North Carolina Press, 1936.
Gosden, Peter Henry John Heather. *The Friendly Societies in England, 1815-1875*. United Kingdom: University of Manchester Press, 1961.
Greer, John Michael. *The Element Encyclopedia of Secret Societies*. New York: Barnes and Nobles, 2006.
Grosh, Aaron Burt. *The Odd Fellow's Manual*. Philadelphia: H.C. Peck & Theo Bliss, 1860.
Grosh, Aaron Burt. *The Odd-Fellows Improved Pocket Manual*. New York: Clark & Maynard, 1873.
Grosh, Aaron Burt. *A Manual of Odd Fellowship*. New York: New York: Clark & Maynard, 1882.
Gutmann, Amy. *Democracy and the Welfare State*. New Jersey: Princeton University Press, 1988.
Guyatt, Nicholas. *Bind Us Apart: How Enlightened Americans Invented Racial Segregation*. United Kingdom: Oxford University Press, 2016.
Howard, Michael. *Secret Societies: Their Influence and Power from Antiquity to Present Day*. Vermont: Destiny Books, 2008.
Katznelson, Ira and Shefter, Martin. *Shaped by War and Trade: International Influences on American Political Development*. New Jersey: Princeton University Press, 2002.
Kaufman, Jason. *For the Common Good? American Civic Life and the Golden Age of Fraternity*. New York: Oxford University Press, 2002.
Kelly, Cindy. *Outdoor Culture in Baltimore: A Historical Guide to Public Art in the Monumental City*. Maryland: The John Hopkins University Press, 2011.
King, J.B. and the Grand Lodge of Ontario, IOOF. *Odd Fellowship*. Toronto: Independent Odd Fellow Print, 1907.
Loewen, James. *Sundown Towns: A hidden Dimension of American Racism*. New York: The New Press, 2005.
Long, Lessel. *Twelve Months in Andersonville*. Indiana: Thad and Mark Butler Publications, 1886.
Macoy, Robert. *General History, Cyclopedia, and Dictionary of Freemasonry*. New York, Masonic Publishing Company, 1870.
McBride, Harriet Wain. *Fraternal Regalia in America, 1865 to 1918*. Ohio: Ohio State University, 2000.
Melling, John Kennedy. *Discovering London's Guilds and Liveries*. United Kingdom: Shire Publications, 2002.

Mjagkij, Nina. *Organizing Black America: An Encyclopedia of African American Associations*. New York: Garland Publishing, 2001.

Moffrey, Robert. *The Rise and Progress of the Manchester Unity of the Independent Order of Oddfellows*. United Kingdom: Grand Master & Board of Directors of the Order, 1904.

Moffrey, Robert. *A Century of Odd Fellowship*. United Kingdom: Manchester Unity Independent Order of Oddfellows, 1910.

Parre, W.J. *Quatuor Coronatum: Being the Transactions of the Quatuor Coronati Lodge No. 2076, London, Volume 3* (London: W. J. Parre, 1840).

P.D. *A candid enquiry into the principles and practices of the most ancient and honourable society of Bucks*. London: C. Kiernan, 1770.

Porter, Roy. *London: A Social History*. United Kingdom: Penguin, 2000.

Powell, Benson. *The Triple Links*. Kansas: Ed G. Moore & Son, 1900.

Powley, Joseph. *Concise History of Odd Fellowship*. Toronto: The Grand Lodge of Ontario IOOF, 1943.

Powley, Joseph. *Concise History of Odd Fellowship (Revised edition)*. Toronto: Macoomb Publishing, 1952.

Reedy, Tom and Thurman, Nita. *Denton Lodge No.82, I.O.O.F.: A History 1859-2009*. Maine: Acme Bookbinding, 2009.

Rebold, Emmanuel, and Brennan, J. Fletcher. *A general History of Free-Masonry in Europe: Based upon the Ancient Documents Relating to and the Monuments Erected by this Fraternity from its foundation in the year 715 BC to present time*. Ohio: Cincinnati American Masonic publishing association, 1868.

Richter, William. *Historical Dictionary of the Civil War and Reconstruction*. Toronto: The Scarecrow Press, 2012.

Ridgely, James Lot. *History of American Odd Fellowship: The First Decade*. Baltimore: James Lot Ridgely, 1878.

Ridley, Jasper. *The Freemasons: A history of the world's most powerful secret society*. New York: Arcade Publishing, 2011.

Rosenberg, Dave. *The Future of Odd Fellowship: Evolution and Change*. California: Dave Rosenberg, 2015.

Ross, Theodore. *Odd Fellowship: Its History and Manual*. New York: M.W. Hazen Co., 1888.

Salamon, Lester. *The State of Nonprofit America*. District of Columbia: Bookings Institution Press, 2002.

Seibert, Peter Swift. *Fraternally Yours: Identify Fraternal Groups and Their Emblems*. Pennsylvania: Schiffer Publishing, 2012.

Sellars, Peter. *The History of the Independent Order of Odd Fellows in the City of San Francisco*. California: Peter Sellars, 2007.

Sewell, William. *Work and Revolution in France: The Language of Labor from the Old Regime to 1848*. New York: Cambridge University Press, 1980.

Shadd, Adrienne. *The Journey from Tollgate toe Parkway: African Canadians in Hamilton*. Toronto: National Heritage Books, 2010.

Smith, Donald and Roberts, Wayne. *The Three Link fraternity*. California: Linden Publications, 1993.

Skopol, Theda, Liazos, Ariane and Ganz, Marshal. *What a Mighty Power We Can be: African American Fraternal Groups and the struggle for Racial Equality*. New Jersey: Princeton University Press, 2006.

Smith, Joshua Toulmin. *English Gilds*. London: N. Trubner & Co., London, 1870.

Spry, James. *The History of Odd Fellowship: Its Origin, Tradition and Objectives*. London: J.R.H. Spry, 1866.

Stallings, J. Edward. *Searching for Treasures*. North Carolina: Sovereign Grand Lodge, IOOF, n.d.

Starkey, Armstrong. *War in the Age of Enlightenment, 1700-1789*. Connecticut: Praeger Publishers, 2003.

Stauffer, John. *The Works of James McCune Smith: Black Intellectual and Abolitionist*. New York: Oxford University Press, 2006.

Stewart, Robert. *The Illustrated Encyclopedia of Historical Facts from the Dawn of Christian Era to the Present Day*. United States: Barnes and Noble, 2002.

Streeter, Michael. *Behind Closed Doors*. United Kingdom: New Holland Publishers, 2008.

372

Stillson, Henry Leonard. *The Official History of Odd Fellowship.* Massachusetts: Fraternity Publishing Company, 1900.

Stillson, Henry Leonard. *The Official History of Odd Fellowship.* Massachusetts: Fraternity Publishing Company, 1908.

Sovereign Grand Lodge of the Independent Order of Odd Fellows. *Members Handbook: Independent Order of Odd Fellows.* Winston-Salem: Sovereign Grand Lodge, 2013.

Sullivan, Robert. *Royal Arch of Enoch: The Impact of Masonic Rituals, Philosophy and Symbolism.* Rocket Science Productions, 2011.

Tinkham, George. *The Half Century of California Odd Fellowship.* Stockton, CA: Record Publishing Co., 1906.

Unknown Author, *An Illustrated History of San Joaquin County, California.* Chicago: The Lewis Publishing Company, 1890.

Wallace, W.W. *The Odd-Fellows' Keepsake: A Concise History of Odd-Fellowship in the United States.* New York: Office of the Mirror of the Times, 1850.

Weber, John. *An Illustrated Guide of the Lost Symbol.* New York: Sensei Publications, 2009.

Weinbren, Daniel. *The Oddfellows 1810-2010: 200 Years of Making Friends and Helping People.* Lancaster: Carnegie Publishing, 2012.

Wokler, Robert. *Rousseau, the Age of Enlightenment, and Their Legacies.* New Jersey: Princeton University Press, 2012.

Wolfe, Joseph. *Album of Odd Fellows Home.* Minnesota: J.F. Wolf Company, 1927.

Wright, Mike. *What they didn't teach you about the civil war.* New York: The Random House Publishing Group, 1996.

2. 議事録

Sovereign Grand Lodge of the Independent Order of Odd Fellows. *Journal of Proceedings of the Right Worthy Grand Lodge of the United States, and the Sovereign Grand Lodge of the Independent Order of Odd Fellows, from its Formation in February,*

——*1821-1846 (Volume I).* Baltimore: The Sovereign Grand Lodge of the I.O.O.F., 1893.

——*1847-1852 (Volume II).* Baltimore: The Sovereign Grand Lodge of the I.O.O.F., 1888.

——*1853-1857 (Volume III).* Baltimore: The Sovereign Grand Lodge of the I.O.O.F., 1884.

——*1858-1862 (Volume IV).* Baltimore: The Sovereign Grand Lodge of the I.O.O.F., 1884.

——*1863-1867 (Volume V).* Baltimore: The Sovereign Grand Lodge of the I.O.O.F., 1876.

——*1868-1870 (Volume VI).* Baltimore: The Sovereign Grand Lodge of the I.O.O.F., 1880.

——*1871-1873 (Volume VII).* Baltimore: The Sovereign Grand Lodge of the I.O.O.F., 1893.

——*1874-1875 (Volume VIII).* Baltimore: The Sovereign Grand Lodge of the I.O.O.F., 1876.

——*1876-1878 (Volume IX).* Baltimore: The Sovereign Grand Lodge of the I.O.O.F., 1884.1879-

——*1881 (Volume X).* Baltimore: The Sovereign Grand Lodge of the I.O.O.F., 1887.

Sovereign Grand Lodge of the Independent Order of Odd Fellows. *Journal of Proceedings of the Right Worthy Grand Lodge of the United States, and the Sovereign Grand Lodge of the Independent Order of Odd Fellows,*

——*1882-1884 (Volume XI).* Baltimore: The Sovereign Grand Lodge of the I.O.O.F., 1884.

——*1885-1886 (Volume XII).* Columbus, Ohio: The Sovereign Grand Lodge of the I.O.O.F., 1888.

——*1887-1888 (Volume XIII).* Columbus, Ohio: The Sovereign Grand Lodge of the I.O.O.F., 1889.

——*1889-1890 (Volume XIV).* Columbus, Ohio: The Sovereign Grand Lodge of the I.O.O.F., 1891.

——*1891-1892 (Volume XV).* Columbus, Ohio: The Sovereign Grand Lodge of the I.O.O.F., 1893.

——*1893-1894 (Volume XVI).* Baltimore: The Sovereign Grand Lodge of the I.O.O.F., 1895.

——*1895-1896 (Volume XVII).* Baltimore: The Sovereign Grand Lodge of the I.O.O.F., 1898.

——*1897-1898 (Volume XVIII).* Baltimore: The Sovereign Grand Lodge of the I.O.O.F., 1899.

———*1899-1900 (Volume XVIX)*. Baltimore: The Sovereign Grand Lodge of the I.O.O.F., 1901.
———*1901-1902 (Volume XX)*. Baltimore: The Sovereign Grand Lodge of the I.O.O.F., 1903.
———*1903-1904 (Volume XXI)*. Baltimore: The Sovereign Grand Lodge of the I.O.O.F., 1905.
———*1905-1906 (Volume XXII)*. Baltimore: The Sovereign Grand Lodge of the I.O.O.F., 1907.
———*1907-1908 (Volume XXIII)*. Baltimore: The Sovereign Grand Lodge of the I.O.O.F., 1909.
———*1909-1910 (Volume XXIV)*. Baltimore: The Sovereign Grand Lodge of the I.O.O.F., 1911.
———*1911-1912(Volume XXV)*. Baltimore: The Sovereign Grand Lodge of the I.O.O.F., 1913.
———*1913-1914 (Volume XXVI)*. Baltimore: The Sovereign Grand Lodge of the I.O.O.F., 1915.
———*1915-1916 (Volume XXVII)*. Baltimore: The Sovereign Grand Lodge of the I.O.O.F., 1917.
———*1917-1918 (Volume XXVIII)*. Baltimore: The Sovereign Grand Lodge of the I.O.O.F., 1919.
———*1919-1920 (Volume XXVIX)*. Baltimore: The Sovereign Grand Lodge of the I.O.O.F., 1921.
———*1921-1922 (Volume XXX)*. Baltimore: The Sovereign Grand Lodge of the I.O.O.F., 1923.
———*1923-1924 (Volume XXXI)*. Baltimore: The Sovereign Grand Lodge of the I.O.O.F., 1925.
———*1925-1926 (Volume XXXII)*. Baltimore: The Sovereign Grand Lodge of the I.O.O.F., 1927.
———*1927-1928 (Volume XXXIII)*. Baltimore: The Sovereign Grand Lodge of the I.O.O.F., 1929.
———*1929-1930 (Volume XXXIV)*. Baltimore: The Sovereign Grand Lodge of the I.O.O.F., 1931.
———*1931-1932 (Volume XXXV)*. Baltimore: The Sovereign Grand Lodge of the I.O.O.F., 1933.
———*1933-1934 (Volume XXXVI)*. Baltimore: The Sovereign Grand Lodge of the I.O.O.F., 1935.
———*1935-1936 (Volume XXXVII)*. Baltimore: The Sovereign Grand Lodge of the I.O.O.F., 1937.
———*1937-1938 (Volume XXXVIII)*. Baltimore: The Sovereign Grand Lodge of the I.O.O.F., 1939.
———*1939-1940 (Volume XXXIX)*. Baltimore: The Sovereign Grand Lodge of the I.O.O.F., 1941.
———*1941-1944 (Volume XL)*. Baltimore: The Sovereign Grand Lodge of the I.O.O.F., 1945.
———*1945-1948 (Volume XLI)*. Baltimore: The Sovereign Grand Lodge of the I.O.O.F., 1946.
———*1949-1950 (Volume XLII)*. Baltimore: The Sovereign Grand Lodge of the I.O.O.F., 1951.
———*1951-1952 (Volume XLIII)*. Baltimore: The Sovereign Grand Lodge of the I.O.O.F., 1953.
———*1953-1954 (Volume XLIV)*. Baltimore: The Sovereign Grand Lodge of the I.O.O.F., 1955.
———*1955-1956 (Volume XLV)*. Baltimore: The Sovereign Grand Lodge of the I.O.O.F., 1957.
———*1957-1958 (Volume XLVI)*. Baltimore: The Sovereign Grand Lodge of the I.O.O.F., 1959.

Sovereign Grand Lodge of the Independent Order of Odd Fellows. *Journal of Proceedings of the One Hundred and Thirty-Third Annual Communication of the Sovereign Grand Lodge of the Independent Order of Odd Fellows, 1959 (Volume XLVII)*. Baltimore: The Sovereign Grand Lodge of the I.O.O.F., 1960.

Sovereign Grand Lodge of the Independent Order of Odd Fellows. *Journal of Proceedings of the One Hundred and Thirty-Fourth Annual Communication of the Sovereign Grand Lodge of the Independent Order of Odd Fellows, 1960 (Volume XLVIII)*. Baltimore: The Sovereign Grand Lodge of the I.O.O.F., 1961.

Sovereign Grand Lodge of the Independent Order of Odd Fellows. *Journal of Proceedings of the One Hundred and Thirty-Fifth Annual Communication of the Sovereign Grand Lodge of the Independent Order of Odd Fellows, 1961 (Volume XLVIX)*. Baltimore: The Sovereign Grand Lodge of the I.O.O.F., 1962.

Sovereign Grand Lodge of the Independent Order of Odd Fellows. *Journal of Proceedings of the One Hundred and Thirty-Sixth Annual Communication of the Sovereign Grand Lodge of the Independent Order of Odd Fellows, 1962 (Volume XLVX)*. Baltimore: The Sovereign Grand Lodge of the I.O.O.F., 1963.

Sovereign Grand Lodge of the Independent Order of Odd Fellows. *Journal of Proceedings of the One Hundred and Thirty-Seventh Annual Communication of the Sovereign Grand Lodge of the Independent Order of Odd Fellows, 1963 (Volume LI)*. Baltimore: The Sovereign Grand Lodge of the I.O.O.F., 1964.

Sovereign Grand Lodge of the Independent Order of Odd Fellows. *Journal of Proceedings of the One Hundred and Thirty-Eight Annual Communication of the Sovereign Grand Lodge of the Independent Order of Odd Fellows, 1964 (Volume LII)*. Baltimore: The Sovereign Grand Lodge of the I.O.O.F., 1965.

Sovereign Grand Lodge of the Independent Order of Odd Fellows. *Journal of Proceedings of the One Hundred

and Thirty-Ninth Annual Communication of the Sovereign Grand Lodge of the Independent Order of Odd Fellows, 1965 (Volume LIII). Baltimore: The Sovereign Grand Lodge of the I.O.O.F., 1966.

Sovereign Grand Lodge of the Independent Order of Odd Fellows. *Journal of Proceedings of the One Hundred and Forty Annual Communication of the Sovereign Grand Lodge of the Independent Order of Odd Fellows, 1966 (Volume LIV).* Baltimore: The Sovereign Grand Lodge of the I.O.O.F., 1967.

Sovereign Grand Lodge of the Independent Order of Odd Fellows. *Journal of Proceedings of the One Hundred and Forty-First Annual Communication of the Sovereign Grand Lodge of the Independent Order of Odd Fellows, 1967 (Volume LV).* Baltimore: The Sovereign Grand Lodge of the I.O.O.F., 1968.

Sovereign Grand Lodge of the Independent Order of Odd Fellows. *Journal of Proceedings of the One Hundred and Thirty-Second Annual Communication of the Sovereign Grand Lodge of the Independent Order of Odd Fellows, 1968 (Volume LVI).* Baltimore: The Sovereign Grand Lodge of the I.O.O.F., 1969.

Sovereign Grand Lodge of the Independent Order of Odd Fellows. *Journal of Proceedings of the One Hundred and Forty-Third Annual Communication of the Sovereign Grand Lodge of the Independent Order of Odd Fellows, 1969 (Volume LVII).* Baltimore: The Sovereign Grand Lodge of the I.O.O.F., 1970.

Sovereign Grand Lodge of the Independent Order of Odd Fellows. *Journal of Proceedings of the One Hundred and Forty-Fourth Annual Communication of the Sovereign Grand Lodge of the Independent Order of Odd Fellows, 1970 (Volume LVIII).* Baltimore: The Sovereign Grand Lodge of the I.O.O.F., 1971.

Sovereign Grand Lodge of the Independent Order of Odd Fellows. *Journal of Proceedings of the One Hundred and Forty-Fifth Annual Communication of the Sovereign Grand Lodge of the Independent Order of Odd Fellows, 1971 (Volume LVIX).* Baltimore: The Sovereign Grand Lodge of the I.O.O.F., 1972.

Sovereign Grand Lodge of the Independent Order of Odd Fellows. *Journal of Proceedings of the One Hundred and Forty-Sixth Annual Communication of the Sovereign Grand Lodge of the Independent Order of Odd Fellows, 1972 (Volume LX).* Baltimore: The Sovereign Grand Lodge of the I.O.O.F., 1973.

Sovereign Grand Lodge of the Independent Order of Odd Fellows. *Journal of Proceedings of the One Hundred and Forty-Seventh Annual Communication of the Sovereign Grand Lodge of the Independent Order of Odd Fellows, 1973 (Volume LXI).* Baltimore: The Sovereign Grand Lodge of the I.O.O.F., 1974.

Sovereign Grand Lodge of the Independent Order of Odd Fellows. *Journal of Proceedings of the One Hundred and Forty-Eight Annual Communication of the Sovereign Grand Lodge of the Independent Order of Odd Fellows, 1974 (Volume LXII).* Baltimore: The Sovereign Grand Lodge of the I.O.O.F., 1975.

Sovereign Grand Lodge of the Independent Order of Odd Fellows. *Journal of Proceedings of the One Hundred and Forty-Ninth Annual Communication of the Sovereign Grand Lodge of the Independent Order of Odd Fellows, 1975 (Volume LXIII).* Baltimore: The Sovereign Grand Lodge of the I.O.O.F., 1976.

Sovereign Grand Lodge of the Independent Order of Odd Fellows. *Journal of Proceedings of the One Hundred and Fiftieth Annual Communication of the Sovereign Grand Lodge of the Independent Order of Odd Fellows, 1976 (Volume LXIV).* Baltimore: The Sovereign Grand Lodge of the I.O.O.F., 1977.

Sovereign Grand Lodge of the Independent Order of Odd Fellows. *Journal of Proceedings of the One Hundred and Fifty-first Annual Communication of the Sovereign Grand Lodge of the Independent Order of Odd Fellows, 1977 (Volume LXV).* Baltimore: The Sovereign Grand Lodge of the I.O.O.F., 1978.

Sovereign Grand Lodge of the Independent Order of Odd Fellows. *Journal of Proceedings of the One Hundred and Fifty-second Annual Communication of the Sovereign Grand Lodge of the Independent Order of Odd Fellows, 1978 (Volume LXVI).* Baltimore: The Sovereign Grand Lodge of the I.O.O.F., 1979.

Sovereign Grand Lodge of the Independent Order of Odd Fellows. *Journal of Proceedings of the One Hundred and Fifty-Third Annual Communication of the Sovereign Grand Lodge of the Independent Order of Odd Fellows, 1979 (Volume LXVII).* Baltimore: The Sovereign Grand Lodge of the I.O.O.F., 1980.

Sovereign Grand Lodge of the Independent Order of Odd Fellows. *Journal of Proceedings of the One Hundred and Fifty-Fourth Annual Communication of the Sovereign Grand Lodge of the Independent Order of Odd Fellows, 1980 (Volume LXVIII).* Baltimore: The Sovereign Grand Lodge of the I.O.O.F., 1981.

Sovereign Grand Lodge of the Independent Order of Odd Fellows. *Journal of Proceedings of the One Hundred

and Fifty-Fifth Annual Communication of the Sovereign Grand Lodge of the Independent Order of Odd Fellows, 1981 (Volume LXVIX). Winston-Salem: The Sovereign Grand Lodge of the I.O.O.F., 1982.

Sovereign Grand Lodge of the Independent Order of Odd Fellows. *Journal of Proceedings of the One Hundred and Fifty-Sixth Annual Communication of the Sovereign Grand Lodge of the Independent Order of Odd Fellows, 1982 (Volume LXX).* Winston-Salem: The Sovereign Grand Lodge of the I.O.O.F., 1983.

Sovereign Grand Lodge of the Independent Order of Odd Fellows. *Journal of Proceedings of the One Hundred and Fifty-Seventh Annual Communication of the Sovereign Grand Lodge of the Independent Order of Odd Fellows, 1983 (Volume LXXI).* Winston-Salem: The Sovereign Grand Lodge of the I.O.O.F., 1984.

Sovereign Grand Lodge of the Independent Order of Odd Fellows. *Journal of Proceedings of the One Hundred and Fifty-Eight Annual Communication of the Sovereign Grand Lodge of the Independent Order of Odd Fellows, 1984 (Volume LXXII).* Winston-Salem: The Sovereign Grand Lodge of the I.O.O.F., 1985.

Sovereign Grand Lodge of the Independent Order of Odd Fellows. *Journal of Proceedings of the One Hundred and Fifty-Ninth Annual Communication of the Sovereign Grand Lodge of the Independent Order of Odd Fellows, 1985 (Volume LXXIII).* Winston-Salem: The Sovereign Grand Lodge of the I.O.O.F., 1986.

Sovereign Grand Lodge of the Independent Order of Odd Fellows. *Journal of Proceedings of the One Hundred and Sixtieth Annual Communication of the Sovereign Grand Lodge of the Independent Order of Odd Fellows, 1986 (Volume LXXIV).* Winston-Salem: The Sovereign Grand Lodge of the I.O.O.F., 1987.

Sovereign Grand Lodge of the Independent Order of Odd Fellows. *Journal of Proceedings of the One Hundred and Sixty-First Annual Communication of the Sovereign Grand Lodge of the Independent Order of Odd Fellows, 1987 (Volume LXXV).* Winston-Salem: The Sovereign Grand Lodge of the I.O.O.F., 1988.

Sovereign Grand Lodge of the Independent Order of Odd Fellows. *Journal of Proceedings of the One Hundred and Sixty-Second Annual Communication of the Sovereign Grand Lodge of the Independent Order of Odd Fellows, 1988 (Volume LXXVI).* Winston-Salem: The Sovereign Grand Lodge of the I.O.O.F., 1989.

Sovereign Grand Lodge of the Independent Order of Odd Fellows. *Journal of Proceedings of the One Hundred and Sixty-Third Annual Communication of the Sovereign Grand Lodge of the Independent Order of Odd Fellows, 1989 (Volume LXXVII).* Winston-Salem: The Sovereign Grand Lodge of the I.O.O.F., 1990.

Sovereign Grand Lodge of the Independent Order of Odd Fellows. *Journal of Proceedings of the One Hundred and Sixty-Fourth Annual Communication of the Sovereign Grand Lodge of the Independent Order of Odd Fellows, 1990 (Volume LXXVIII).* Winston-Salem: The Sovereign Grand Lodge of the I.O.O.F., 1991.

Sovereign Grand Lodge of the Independent Order of Odd Fellows. *Journal of Proceedings of the One Hundred and Sixty-Fifth Annual Communication of the Sovereign Grand Lodge of the Independent Order of Odd Fellows, 1991 (Volume LXXVIV).* Winston-Salem: The Sovereign Grand Lodge of the I.O.O.F., 1992.

Sovereign Grand Lodge of the Independent Order of Odd Fellows. *Journal of Proceedings of the One Hundred and Sixty-Sixth Annual Communication of the Sovereign Grand Lodge of the Independent Order of Odd Fellows, 1992 (Volume LXXX).* Winston-Salem: The Sovereign Grand Lodge of the I.O.O.F., 1993.

Sovereign Grand Lodge of the Independent Order of Odd Fellows. *Journal of Proceedings of the One Hundred and Sixty-Seventh Annual Communication of the Sovereign Grand Lodge of the Independent Order of Odd Fellows, 1993 (Volume LXXXI).* Winston-Salem: The Sovereign Grand Lodge of the I.O.O.F., 1994.

Sovereign Grand Lodge of the Independent Order of Odd Fellows. *Journal of Proceedings of the One Hundred and Sixty-Eight Annual Communication of the Sovereign Grand Lodge of the Independent Order of Odd Fellows, 1994 (Volume LXXXII).* Winston-Salem: The Sovereign Grand Lodge of the I.O.O.F., 1995.

Sovereign Grand Lodge of the Independent Order of Odd Fellows. *Journal of Proceedings of the One Hundred and Sixty-Ninth Annual Communication of the Sovereign Grand Lodge of the Independent Order of Odd Fellows, 1995 (Volume LXXXIII).* Winston-Salem: The Sovereign Grand Lodge of the I.O.O.F., 1996.

Sovereign Grand Lodge of the Independent Order of Odd Fellows. *Journal of Proceedings of the One Hundred and Seventieth Annual Communication of the Sovereign Grand Lodge of the Independent Order of Odd Fellows, 1996 (Volume LXXXIV).* Winston-Salem: The Sovereign Grand Lodge of the I.O.O.F., 1997.

Sovereign Grand Lodge of the Independent Order of Odd Fellows. *Journal of Proceedings of the One Hundred

and Seventy-First Annual Communication of the Sovereign Grand Lodge of the Independent Order of Odd Fellows, 1997 (Volume LXXXV). Winston-Salem: The Sovereign Grand Lodge of the I.O.O.F., 1998.

Sovereign Grand Lodge of the Independent Order of Odd Fellows. *Journal of Proceedings of the One Hundred and Seventy-Second Annual Communication of the Sovereign Grand Lodge of the Independent Order of Odd Fellows, 1998 (Volume LXXXVI).* Winston-Salem: The Sovereign Grand Lodge of the I.O.O.F., 1999.

Sovereign Grand Lodge of the Independent Order of Odd Fellows. *Journal of Proceedings of the One Hundred and Seventy-Third Annual Communication of the Sovereign Grand Lodge of the Independent Order of Odd Fellows, 1999 (Volume LXXXVII).* Winston-Salem: The Sovereign Grand Lodge of the I.O.O.F., 2000.

Sovereign Grand Lodge of the Independent Order of Odd Fellows. *Journal of Proceedings of the One Hundred and Seventy-Fourth Annual Communication of the Sovereign Grand Lodge of the Independent Order of Odd Fellows, 2000 (Volume LXXXVIII).* Winston-Salem: The Sovereign Grand Lodge of the I.O.O.F., 2001.

Sovereign Grand Lodge of the Independent Order of Odd Fellows. *Journal of Proceedings of the One Hundred and Seventy-Fifth Annual Communication of the Sovereign Grand Lodge of the Independent Order of Odd Fellows, 2001 (Volume LXXXVIX).* Winston-Salem: The Sovereign Grand Lodge of the I.O.O.F., 2002.

Sovereign Grand Lodge of the Independent Order of Odd Fellows. *Journal of Proceedings of the One Hundred and Seventy-Sixth Annual Communication of the Sovereign Grand Lodge of the Independent Order of Odd Fellows, 2002 (Volume XC).* Winston-Salem: The Sovereign Grand Lodge of the I.O.O.F., 2003.

Sovereign Grand Lodge of the Independent Order of Odd Fellows. *Journal of Proceedings of the One Hundred and Seventy-Seventh Annual Communication of the Sovereign Grand Lodge of the Independent Order of Odd Fellows, 2003 (Volume XCI).* Winston-Salem: The Sovereign Grand Lodge of the I.O.O.F., 2004.

Sovereign Grand Lodge of the Independent Order of Odd Fellows. *Journal of Proceedings of the One Hundred and Seventy-Eight Annual Communication of the Sovereign Grand Lodge of the Independent Order of Odd Fellows, 2004 (Volume XCII).* Winston-Salem: The Sovereign Grand Lodge of the I.O.O.F., 2005.

Sovereign Grand Lodge of the Independent Order of Odd Fellows. *Journal of Proceedings of the One Hundred and Seventy-Ninth Annual Communication of the Sovereign Grand Lodge of the Independent Order of Odd Fellows, 2005 (Volume XCIII).* Winston-Salem: The Sovereign Grand Lodge of the I.O.O.F., 2006.

Sovereign Grand Lodge of the Independent Order of Odd Fellows. *Journal of Proceedings of the One Hundred and Eightieth Annual Communication of the Sovereign Grand Lodge of the Independent Order of Odd Fellows, 2006 (Volume XCIV).* Winston-Salem: The Sovereign Grand Lodge of the I.O.O.F., 2007.

Sovereign Grand Lodge of the Independent Order of Odd Fellows. *Journal of Proceedings of the One Hundred and Eighty-First Annual Communication of the Sovereign Grand Lodge of the Independent Order of Odd Fellows, 2007 (Volume XCV).* Winston-Salem: The Sovereign Grand Lodge of the I.O.O.F., 2008.

Sovereign Grand Lodge of the Independent Order of Odd Fellows. *Journal of Proceedings of the One Hundred and Eighty-Second Annual Communication of the Sovereign Grand Lodge of the Independent Order of Odd Fellows, 2008 (Volume XCVI).* Winston-Salem: The Sovereign Grand Lodge of the I.O.O.F., 2009.

Sovereign Grand Lodge of the Independent Order of Odd Fellows. *Journal of Proceedings of the One Hundred and Eighty-Third Annual Communication of the Sovereign Grand Lodge of the Independent Order of Odd Fellows, 2009 (Volume XCVII).* Winston-Salem: The Sovereign Grand Lodge of the I.O.O.F., 2010.

Sovereign Grand Lodge of the Independent Order of Odd Fellows. *Journal of Proceedings of the One Hundred and Eighty-Fourth Annual Communication of the Sovereign Grand Lodge of the Independent Order of Odd Fellows, 2010 (Volume XCVIII).* Winston-Salem: The Sovereign Grand Lodge of the I.O.O.F., 2011.

Sovereign Grand Lodge of the Independent Order of Odd Fellows. *Journal of Proceedings of the One Hundred and Eighty-Fifth Annual Communication of the Sovereign Grand Lodge of the Independent Order of Odd Fellows, 2011 (Volume XCIX).* Winston-Salem: The Sovereign Grand Lodge of the I.O.O.F., 2012.

Sovereign Grand Lodge of the Independent Order of Odd Fellows. *Journal of Proceedings of the One Hundred and Eighty-Sixth Annual Communication of the Sovereign Grand Lodge of the Independent Order of Odd

Fellows, 2012 (Volume XCX). Winston-Salem: The Sovereign Grand Lodge of the I.O.O.F., 2013.

Sovereign Grand Lodge of the Independent Order of Odd Fellows. *Journal of Proceedings of the One Hundred and Eighty-Seventh Annual Communication of the Sovereign Grand Lodge of the Independent Order of Odd Fellows, 2013 (Volume XCXI)*. Winston-Salem: The Sovereign Grand Lodge of the I.O.O.F., 2014.

Sovereign Grand Lodge of the Independent Order of Odd Fellows. *Journal of Proceedings of the One Hundred and Eighty-Eight Annual Communication of the Sovereign Grand Lodge of the Independent Order of Odd Fellows, 2014 (Volume XCXI)*. Winston-Salem: The Sovereign Grand Lodge of the I.O.O.F., 2015.

Sovereign Grand Lodge of the Independent Order of Odd Fellows. *Journal of Proceedings of the fifteenth Communication of the International Council of the Independent Order of Odd Fellows held in Lucerne, Switzerland, May 18 to May 21, 1990*. Winston-Salem: The Sovereign Grand Lodge of the I.O.O.F., 1990.

Sovereign Grand Lodge of the Independent Order of Odd Fellows. *Journal of Proceedings of the International Council, Independent Order of Odd Fellows, 1999-2001*. Winston-Salem: The Sovereign Grand Lodge of the I.O.O.F., 2001.

3．通過儀礼の儀式

Grand Lodge of Maryland and the United States. *Lectures and Charges of the Degrees of the Independent Order of Odd Fellowship*. Maryland: Grand Lodge of Maryland and the United States, I.O.O.F., 1820.

Manchester Unity Independent Order of Odd Fellows Manchester Unity Friendly Society. *Ritual of the Independent Order of Odd Fellows Manchester Unity Friendly Society: For the Use of District Officers*. Manchester: Manchester Unity Independent Order of Odd Fellows Manchester Unity Friendly Society, 1989.

Manchester Unity Independent Order of Odd Fellows. *Lectures used by the Manchester District*. Manchester: Mark Wardle, P.G. and C.S., 1824.

Ritual of The Ancient, Mystic Order of Samaritans of the United States and Canada (Cleveland: Supreme Sanctorum, 1935).

Ritual of The Ladies of the Orient of the United States and Canada (Supreme Royal Zuanna, n.d.)

Sovereign Grand Lodge Independent Order of Odd Fellows. *Ritual of a Lodge of Odd Fellows of The Sovereign Grand Lodge of the Independent Order of Odd Fellows*. North Carolina: Sovereign Grand Lodge, I.O.O.F., 2004.

Sovereign Grand Lodge Independent Order of Odd Fellows. *Ritual of a Junior Lodge under the Jurisdiction of the Sovereign Grand Lodge of the Independent Order of Odd Fellows*. Maryland: Sovereign Grand Lodge, IOOF, 1930.

Sovereign Grand Lodge Independent Order of Odd Fellows. *Ritual of Theta Rho Girls Club under the Jurisdiction of the Sovereign Grand Lodge of the Independent Order of Odd Maryland*: Sovereign Grand Lodge, IOOF, 1975.

Ward-Stillson Co. *Ancient Ritual of the Order of Patriotic Odd Fellows: Revised and agreed to in the Grand Lodge held at London, England, March 12, 1797*. Michigan: Kalamazoo Publishing, n.d.

4．インターネット資料

Archives of Maryland. "Freedom's Friend Lodge No. 1024: Black Mutual Aid Society; Saint Michaels, Maryland". Archives of Maryland, n.d. Accessed October 4, 2017, http://msa.maryland.gov/megafile/msa/speccol/sc5400/sc5496/051800/051882/html/51882bio.html

Duyer, Linda. "In 1880: Frederick Douglas speaks at Salisbury Courthouse." Dorchester Banner, February 25, 2015. Accessed August 30, 2018, https://www.dorchesterbanner.com/dorchester/1880-frederick-douglas-speaks-salisbury-courthouse/

Flores, Taya. "Fraternal, Service groups battle declining membership: Elks, Rotarians and Other Fraternal Groups Struggle to Attract Younger Members." Journal & Courier, October 11, 2014. Accessed August 30, 2017, https://www.jconline.com/story/news/2014/10/11/fraternal-service-groups-battle-declining-membership/16874977/

Ford, Ashley. "Horace Bratcher Honored with Odd Fellows Meritorious Award." Daily Light, March 30, 2018. Accessed October 3, 2017, http://waxahachietx_com.gm5-txstage.newscyclecloud.com/news/20180330/horace-bratcher-honored-with-odd-fellows-meritorious-award

Hayden, Sara. "Odd Fellows Ensure No One is Odd Man Out." Half Moon Bay Review, December 26, 2017. Accessed January 5, 2018, https://www.hmbreview.com/news/odd-fellows-ensures-no-one-is-odd-man-out/article_b6e4da60-eaa0-11e7-9421-3b5f60770def.html

Healy, Patrick. "A Ritual Gone Fatally Wrong Puts Light on Masonic Secrecy," New York Times, March 10, 2004. Accessed August 30, 2017, https://www.nytimes.com/2004/03/10/nyregion/a-ritual-gone-fatally-wrong-puts-light-on-masonic-secrecy.html.

Hix, Lisa. "Decoding Secret Societies: What are those Old Boys' Clubs Hiding?" Collectors Weekly, October 3, 2012. Accessed August 30, 2017, https://www.collectorsweekly.com/articles/decoding-secret-societies/

Kalfsbeek, Elizabeth. "Reborn Arbuckle Odd Fellows Revitalizing Community". Daily Democrat, December 9, 2009. Accessed January 5, 2018, http://www.dailydemocrat.com/article/zz/20090209/NEWS/902099769

Lacava, Franklin, "Hopwood woman breaks mold as leader of Odd Fellows". Triblive, July 18, 2015. Accessed January 22, 2019, http://triblive.com/news/fayette/8717029-74/fellows-odd-cupp

Manchester Unity Independent Order of Odd Fellows, "The Oddfellows Over the Years", Accessed July 20, 2016, https://www.oddfellows.co.uk/About-us/Over-the-Years.

Manchester Unity Independent Order of Odd Fellows, "About the Oddfellows Friendly Society", Accessed July 20, 2018, https://www.oddfellows.co.uk/about/

Moore, Dave. "Dallas Odd Fellows Reviving Old-school Social Network." Dallas Innovates, February 23, 2017. Accessed October 3, 2017, https://www.dallasinnovates.com/dallas-odd-fellows-reviving-old-school-social-network/

Morrill, Monica. "Frederick Douglass Today: 200 Years Later." Selous Foundation for Public Policy Research, February 27, 2018. Accessed August 30, 2018, http://sfppr.org/2018/02/frederick-douglass-today-200-years-later/

Neal, Jynnette. "Join the Club: Old-School Networking Made Cool Again."Advocate Oak Cliff, September 26, 2017. Accessed October 3, 2017, https://oakcliff.advocatemag.com/2017/09/join-club-old-school-networking-made-cool/

Pacella, Rachael. "Towson business owner is Odd Fellows' first female African-American leader." The Baltimore Sun, June 1, 2016. Accessed August 30, 2017, http://www.baltimoresun.com/news/maryland/baltimore-county/towson/ph-tt-darlene-parker-0525-20160526-story.html

Rosenberg, Dave. "9 Steps to Help Resuscitate a Failing Lodge". Davis Odd Fellows Lodge No.169, February 26, 2018. Accessed May 30, 2018, http://davislodge.org/9-steps-help-resuscitate-failing-lodge/

Ross, Robyn. "Antiques and 'Ink Master' Play Roles in Renaissance of Fading Fraternal Order." New York Times, May 10, 2014. Accessed October 2, 2017, https://www.nytimes.com/2014/05/11/us/antiques-and-ink-master-play-roles-in-renaissance-of-fading-fraternal-order.html

Sailer, Linda. "Restoring the Odd Fellows Lodge: Members helping do the work, one room at a time." The Dickinson Press, February 13, 2016. Accessed October 2, 2017, http://www.thedickinsonpress.com/lifestyle/3947511-restoring-odd-fellows-lodge-members-helping-do-work-one-room-time

Saur, Chris. "Centennial: Odd Fellows Lodge is a Community Powerhouse." Davis Enterprise, June 2, 2017. Accessed October 2, 2017, https://www.davisenterprise.com/local-news/centennial-odd-fellows-lodge-is-a-community-service-powerhouse/

Smart, Amy. "For First Time in 151 Years, Woman Leads Victoria Odd Fellows." Times Colonist, January 17, 2015. Accessed October 4, 2017, http://www.timescolonist.com/news/local/for-first-time-in-151-years-woman-leads-victoria-odd-fellows-1.1734684

Theiss, Nancy Stearns. "One of the oldest African American organizations in Kentucky celebrates 145 years." Courier Journal, August 29, 2017. Accessed October 4, 2017, https://www.courier-journal.com/story/

news/local/oldham/2017/08/29/one-oldest-african-american-organizations-kentucky-celebrates-145-years/610308001/

Watts, Rachel. "The Experienced Three Links Owners Get Their Priorities from the Odd Fellows." Dallas Observer, July 25, 2013. Accessed October 4, 2017, http://www.dallasobserver.com/music/the-experienced-three-links-owners-get-their-priorities-from-the-odd-fellows-6430224

５．定期刊行物、新聞、その他資料

Address of the Honorable Dana Porter, Minister of Planning and Development for the Province of Ontario, to the I.O.O.F. (1944).

Annual Reports of the Grand Lodges to the Sovereign Grand Lodge ending December 31 from 1900 to 1910.

Annual Reports of the Grand Lodges to the Sovereign Grand Lodge ending December 31 from 1914-1919.

Annual Report of the Rebekah Lodges to the Sovereign Grand Lodge, I.O.O.F. year ending December 31, 1919.

Code of General Laws of the Sovereign Grand Lodge of the Independent Order of Odd Fellows (2012).

European History Quarterly (London: SAGE), vol. 16 (1986).

Early Reminiscences of Odd Fellowship. *The Covenant, and Official Magazine of the Grand Lodge of the United States I.O.O.F.*, vol. 1 (1842).

English Westerners' Society. *English Westerners' Tally Sheet*. Vol.33-38 (1986).

Gilman, Peck and Colby. *The New International Encyclopedia*.

Hackett, David. *The Prince Hall Freemasons and the African American Church: The Labors of Grand Master and Bishop James Walker Hood, 1831-1918*, Church History, 69:4 (December 2000).

Harwood, W.S. *Secret Societies in America*, North American Review, 164, (May 1897).

Noel Gist, *Structure and Process in Secret Societies*, Social Forces 16(3), March 1938.

McBride, *The Golden Age of Fraternalism: 1870-1910*, *Heredom*, Volume 12, 2005.

Odd Fellows Journal, Vol.3, January 11, 1900.

Pacific Appeal, Number 11, November 8, 1873.

Speech by Grand Sire J. Paul Kuhn *during the 1944 S.G.L Sessions*.

Stinchcombe in James, *Social Structure and Organizations, Handbook of Organizations* (March Ed.).

Schlesinger, Arthur. *Biography of a Nation of Joiners*, American Historical Review, 50 (October 1994).

The American Odd Fellow, October 1865, Vol.4, No.10.

The Odd Fellow's Companion, October 1865.

The Oddfellows' Magazine of 1888.

The Times, January 4, 1944.

６．インタビュー

Harald Thoen (Past Grand Sire of the Grand Lodge of Norway, I.O.O.F.), interview with the author, August 19, 2012.

Rick Braggy (Member, Sycamore Lodge No. 129, Hayward, California), interview with the author, June 15, 2012.

Scott Shaw (Past Grand, Columbia Lodge No.2, Victoria, British Columbia, Canada), interview with the author, August 20, 2014.

Thomas Roam (Member), interview with the author through facebook, June 5, 2018.

Vic Anton Somoza (Past Grand, Watchdog Odd Fellows Lodge No.1, Dumaguete, Philippines), interview with the author, November 10, 2014.

７．公式ウェブサイト

www.glpaioof.org
www.guoofs.com
www.ioofsa.org.au

www.oddfellows.ch
www.oddfellows.co.uk
www.oddfellows.de
www.oddfellow.dk
www.oddfellow.ee
www.oddfellow.fi
www.oddfellow.is
www.oddfellows.nl
www.oddfellow.no
www.odd-fellows.org
www.oddfellows.ph
www.oddfellows.pl
www.oddfellow.se

著者について

ルイ・ブレイク・セイル・サルミエント
Louie Blake Saile Sarmiento, M.A.

弁護士。フィリピンにおけるインディペンデント・オーダー・オブ・オッド・フェローズ（IOOF）の再建活動を先導し、IOOFフィリピン・グランドロッジ創設者のひとりとなる。

ノースカロライナ州にあるオッド・フェローズ国際本部に通算3年間滞在し、オッド・フェローズに関連するあらゆる刊行物、歴史書、手引書、パンフレット、儀式、秘伝、工芸品に触れる。オッド・フェローズなどの友愛組織に関する調査と事例研究を行うため、6年以上にわたって世界各地を歴訪。米国とカナダ全土の100以上のロッジといくつかのグランド・ロッジを訪問するとともに、記録文書、議事録、書籍の閲覧・調査や、会議や通過儀礼の見学を行い、北米、ラテンアメリカ、ヨーロッパ、東南アジア、オーストラレーシアの地域、国、国際レベルの指導者たちへのインタビューを実施する。

歴史的な友愛組織、奉仕団体、市民団体の擁護者であり、IOOFのさまざまな関連団体のメンバーでもある。他の数多くの友愛組織にも所属している。

Email: louieblakesailesarmiento@gmail.com
Facebook: /www.facebook.com/louieblakesailesarmientoauthor/
Instagram: instagram.com/louieblakesailesarmiento
Twitter: twitter.com/LouieBlake
Youtube: youtube.com/IOOF1819

ルイ・ブレイク・セイル・サルミエントの著作

Ancient Rites of Odd Fellowship: Revisiting the Revised Ritual of the Order of Patriotic Odd Fellows, 1797

Odd Fellows: Brief History and Introduction to the Degrees, Symbols, Teachings, and Organization of Patriarchal Odd Fellowship

Odd Fellows Manual: Modern Guide to the Origin, History, Rituals, Symbols and Organization of the Independent Order of Odd Fellows

訳者について

宇佐和通（うさ・わつう）

1962年、東京都生まれ。東京国際大学卒業後、南オレゴン大学にてビジネスコース修了。商社、通信社勤務を経て、翻訳家・ノンフィクション作家に転身。著書に『あなたの隣の「怖い噂」』（学研）、『THE 都市伝説』（新紀元社）、『都市伝説の真実』、『都市伝説の正体』（ともに祥伝社）、『陰謀論時代の闇』、『AI 時代の都市伝説』（ともに笠間書院）、翻訳書に『エンジェルアストロロジー』（JMA・アソシエイツ）、『「ロスト・シンボル」の秘密がわかる33のカギ』（ソフトバンククリエイティブ）、『死刑囚最後の晩餐』（筑摩書房）、『デムーリン・ブラザーズの華麗なる秘密結社グッズカタログ』（ヒカルランド）などがある。

Odd Fellows: Rediscovering More Than 200 Years of History,
Traditions, and Community Service
by Louie Blake Saile Sarmiento
Copyright © 2019 Louie Blake Saile Sarmiento
Japanese translation rights arranged with
the Author Louie Blake Saile Sarmiento
and The English Agency (Japan) Ltd.

人類救済の究極原理〈友情/愛/真理〉の伝道者
知られざる巨大秘密結社オッド・フェローズ
世界史を動かした【謎の組織】の全貌

第一刷 2024年9月30日

著者 ルイ・ブレイク・セイル・サルミエント
訳者 宇佐和通

発行人 石井健資
発行所 株式会社ヒカルランド
〒162-0821 東京都新宿区津久戸町3-11 TH1ビル6F
電話 03-6265-0852　ファックス 03-6265-0853
http://www.hikaruland.co.jp　info@hikaruland.co.jp
振替 00180-8-496587

本文・カバー・製本——中央精版印刷株式会社
ブックデザイン——吉原遠藤
DTP——株式会社キャップス
編集担当——小澤祥子

落丁・乱丁はお取替えいたします。無断転載・複製を禁じます。
©2024 Usa Watsu Printed in Japan
ISBN978-4-86742-395-0

ヒカルランド 好評既刊!

地上の星☆ヒカルランド　銀河より届く愛と叡智の宅配便

[黄金の夜明け団]入門
現代魔術の源流
著者:チック・シセロ/サンドラ・タバサ・シセロ
訳・解説:江口之隆
四六ハード　本体3,333円+税

ウェイト＝スミス・タロット物語
著者:K・フランク・イェンセン
訳者:江口之隆
Ａ５ソフト　本体3,333円+税

SS先史遺産研究所アーネンエルベ
著者:ミヒャエル・H・カーター
監訳:森 貴史　訳者:北原 博、溝井裕一、横道 誠、舩津景子、福永耕人
四六ハード　本体9,000円+税

スーパーナチュラル・ウォー
第一次世界大戦と驚異のオカルト・魔術・民間信仰
著者:オーウェン・デイヴィス
訳者:江口之隆
四六ハード　本体3,200円+税

トランプ時代の魔術とオカルトパワー
著者:ゲイリー・ラックマン
監訳:安田 隆
四六ソフト　本体3,500円+税

デムーリン・ブラザーズの華麗なる秘密結社グッズカタログ
著者:ジュリア・スーツ
訳者:宇佐和通
Ａ５ソフト　本体3,300円+税

ヒカルランド 好評既刊!

地上の星☆ヒカルランド　銀河より届く愛と叡智の宅配便

光のカバラ
トラウマ×ネガティブ絶対集中領域【潜在意識の雁字搦め】はこうして解放される!
著者：キャサリン・シェインバーグ
監訳：ミキマキコ
訳者：住友玲子
Ａ５ソフト　本体 5,000円+税

サイン
宇宙の「シークレットランゲージ」の法則
著者：ローラ・リン・ジャクソン
訳者：田元明日菜
四六ソフト　本体 3,600円+税

世界のパワースポット250地点を網羅
地球周波数【共鳴共振】最大化レッスン
著者：メリッサ・アルバレス
訳者：平田三桜
Ａ５ソフト　本体 8,000円+税

ウブントゥ
人類の繁栄のための青写真
著者：マイケル・テリンジャー
訳者：田元明日菜
推薦：横河サラ
Ａ５ソフト　本体 2,500円+税

地球大崩壊を超えていく《意識進化》の超パワー!
いま最もメジャーな人たちの重大メッセージ
著者：ロバート・アトキンソン／カート・ジョンソン／デボラ・モルドウ
訳者：喜多理恵子
四六ソフト　本体 3,000円+税

すべてが叶う究極の次元〈アッパールーム〉の教え
【自己実現】の超法則
著者：ポール・セリグ
訳者：斉藤宗美
四六ソフト　本体 3,300円+税

元氣屋イッテル（神楽坂ヒカルランド みらくる：癒しと健康）

大好評営業中!!

東西線神楽坂駅から徒歩2分。音響チェアを始め、AWG、メタトロン、タイムウェーバー、フォトンビームなどの波動機器をご用意しております。日常の疲れから解放し、不調から回復へと導く波動健康機器を体感、暗視野顕微鏡で普段は見られないソマチッドも観察できます。
セラピーをご希望の方は、お電話、または info@hikarulandmarket.com まで、ご希望の施術名、ご連絡先とご希望の日時を明記の上、ご連絡ください。調整の上、折り返しご連絡致します。
詳細は元氣屋イッテルのホームページ、ブログ、SNSでご案内します。
皆さまのお越しをスタッフ一同お待ちしております。

元氣屋イッテル（神楽坂ヒカルランド みらくる：癒しと健康）
〒162-0805　東京都新宿区矢来町111番地
地下鉄東西線神楽坂駅2番出口より徒歩2分
TEL：03-5579-8948　　メール：info@hikarulandmarket.com
不定休（営業日はホームページをご確認ください）
営業時間11：00～18：00（イベント開催時など、営業時間が変更になる場合があります。）
※ Healing メニューは予約制。事前のお申込みが必要となります。
ホームページ：https://kagurazakamiracle.com/

みらくる出帆社ヒカルランドが
心を込めて贈るコーヒーのお店

絶賛焙煎中!

コーヒーウェーブの究極のGOAL
神楽坂とっておきのイベントコーヒーのお店
世界最高峰の優良生豆が勢ぞろい

今あなたがこの場で豆を選び
自分で焙煎(ばいせん)して自分で挽(ひ)いて自分で淹(い)れる

もうこれ以上はない最高の旨さと楽しさ!

あなたは今ここから
最高の珈琲ENJOYマイスターになります!

《不定期営業中》
●イッテル珈琲(コーヒーとラドン浴空間)
　http://www.itterucoffee.com/
　ご営業日はホームページの
　《営業カレンダー》よりご確認ください。
　セルフ焙煎のご予約もこちらから。

イッテル珈琲
〒162-0825　東京都新宿区神楽坂3-6-22　THE ROOM 4F

みらくる出帆社
ヒカルランドの

ヒカルランドの本がズラリと勢揃い！

　みらくる出帆社ヒカルランドの本屋、その名も【イッテル本屋】。手に取ってみてみたかった、あの本、この本。ヒカルランド以外の本はありませんが、ヒカルランドの本ならほぼ揃っています。本を読んで、ゆっくりお過ごしいただけるように、椅子のご用意もございます。ぜひ、ヒカルランドの本をじっくりとお楽しみください。

　ネットやハピハピ Hi-Ringo で気になったあの商品…お手に取って、そのエネルギーや感覚を味わってみてください。気になった本は、野草茶を飲みながらゆっくり読んでみてくださいね。

〒162-0821 東京都新宿区津久戸町3-11 飯田橋 TH1ビル7F　イッテル本屋

不思議・健康・スピリチュアルファン必読！
ヒカルランドパークメールマガジン会員とは??

ヒカルランドパークでは無料のメールマガジンで皆さまにワクワク☆ドキドキの最新情報をお伝えしております！　キャンセル待ち必須の大人気セミナーの先行告知／メルマガ会員だけの無料セミナーのご案内／ここだけの書籍・グッズの裏話トークなど、お得な内容たっぷり。下記のページから簡単にご登録できますので、ぜひご利用ください！

◀ヒカルランドパークメールマガジンの登録はこちらから

ヒカルランドの新次元の雑誌「ハピハピ Hi-Ringo」 読者さま募集中！

ヒカルランドパークの超お役立ちアイテムと、「Hi-Ringo」の量子的オリジナル商品情報が合体！　まさに"他では見られない"ここだけのアイテムや、スピリチュアル・健康情報満載の１冊にリニューアルしました。なんと雑誌自体に「量子加工」を施す前代未聞のおまけ付き☆持っているだけで心身が"ととのう"声が寄せられています。巻末には、ヒカルランドの最新書籍がわかる「ブックカタログ」も付いて、とっても充実した内容に進化しました。ご希望の方に無料でお届けしますので、ヒカルランドパークまでお申し込みください。

Vol.7 発行中！

ヒカルランドパーク
メールマガジン＆ハピハピ Hi-Ringo お問い合わせ先
● お電話：03－6265－0852
● FAX：03－6265－0853
● e-mail：info@hikarulandpark.jp
・メルマガご希望の方：お名前・メールアドレスをお知らせください。
・ハピハピ Hi-Ringo ご希望の方：お名前・ご住所・お電話番号をお知らせください。

ヒカルランド 好評既刊&近刊予告!

地上の星☆ヒカルランド　銀河より届く愛と叡智の宅配便

霊肉創造の神ドラマ
【オアスペ全訳 第1巻】
宇宙創成、人類誕生から紀元前約3950年まで
自動書記：ジョン・ニューブロー
監修：秋山眞人＋布施泰和
翻訳：福永裕史
Ａ５ソフト　本体 6,000円＋税

霊的上昇の神オペラ
【オアスペ全訳 第2巻】
紀元前約3950年から紀元後約1450年まで
自動書記：ジョン・ニューブロー
監修：秋山眞人＋布施泰和
翻訳：福永裕史
Ａ５ソフト　本体 6,000円＋税

第3の復活とエーテリア
【オアスペ全訳 第3巻】
紀元後約1450年から現在、未来へ
自動書記：ジョン・ニューブロー
監修：秋山眞人＋布施泰和
翻訳：福永裕史
Ａ５ソフト　本体 6,000円＋税

聖なるロシアの復興
東ローマ帝国（ビザンチン）からプーチンへ引き継がれるその理念・歴史・オカルト思想
著者：ラックマン
訳者：堀江広行
四六ソフト　本体 6,000円＋税

［新装復刻版］家畜制度全廃論序説
動物と人間は兄弟だった
著者：太田 龍
四六ソフト　本体 3,000円＋税

ボディ・エレクトリック
電磁気と生命の基盤（仮）
著者：ロバート・О・ベッカー
2024年冬刊行予定／予価未定